U0106563

易學典籍選刊

漢上易傳

上

〔宋〕朱震 撰

种方 點校

中華書局

圖書在版編目(CIP)數據

漢上易傳/(宋)朱震撰;种方點校. —北京:中華書局,2020.8
(易學典籍選刊)
ISBN 978-7-101-14680-6

Ⅰ.漢… Ⅱ.①朱…②种… Ⅲ.周易-研究 Ⅳ.B221.5

中國版本圖書館 CIP 數據核字(2020)第 136833 號

責任編輯:王 娟

易學典籍選刊
漢上易傳
(全二册)
〔宋〕朱 震 撰
种 方 點校
*
中 華 書 局 出 版 發 行
(北京市豐臺區太平橋西里 38 號 100073)
http://www.zhbc.com.cn
E-mail:zhbc@zhbc.com.cn
北京瑞古冠中印刷廠印刷
*
850×1168 毫米 1/32 · 24 印張 · 4 插頁 · 400 千字
2020 年 8 月北京第 1 版 2020 年 8 月北京第 1 次印刷
印數:1-3000 册 定價:78.00 元

ISBN 978-7-101-14680-6

目録

上册

下册

點校説明

漢上易傳，又名周易集傳，作者朱震（一〇七二～一一三八），字子發，謚文定，人稱漢上先生，是兩宋之際著名的理學家、易學家。漢上，一説爲朱震號，一説爲朱震所居之地。朱震的籍貫，一説爲荆門軍（今湖北荆門市），一説爲邵武軍（今福建邵武市）。其生平事迹可見宋史儒林傳。朱震於北宋政和五年（一一一五）中進士，累仕州縣，以廉潔著稱。靖康元年（一一二六），除太學春秋博士，與同樣精通春秋的著名學者胡安國相友善。宋室南渡之後，胡安國薦朱震於高宗，召爲司勳員外郎，稱疾不至。參知政事趙鼎又薦其「廉正守道，士人冠冕，使備講讀，必有裨益」，因此朱震得以奏對高宗，高宗問以易、春秋之旨，應對頗合上心，除祠部員外郎，兼川、陜、荆、襄都督府詳議官。當時正值百廢待興之時，朱震意識到江漢流域的經濟地位和戰略地位，提出利用軍屯法穩住陣脚，並鼓勵以軍隊爲管理機構，沿江發展商業活動，善加經營，伺機北圖。之後，朱震遷秘書少監，侍經筵，轉起居郎兼資善堂贊讀。資善堂是宋代皇子的讀書處。紹興五年（一一三五），皇子趙瑗（即後來的宋孝宗）被封爲建國公，高宗聽從趙鼎的建議，以范沖充當翊善，朱震充當贊讀，時稱「極天下之選」。高宗云：「朕令國公見沖、震必設拜，蓋尊重師傅，不得不如此。」後朱震又屢遷中書舍人兼翊善、給事中兼直學士院、翰林學士等職，其間多有嘉言善策。紹興八年（一一三八），朱震謝病乞宫觀，旋知禮部貢舉，會疾卒。

據宋史藝文志所載，朱震的著作有易傳十一卷，卦圖三卷，易傳叢説一卷，但朱震進周易表自稱「易傳九卷」，而今日見到的所有版本，易傳部分均爲十一卷。至於歷代目録，明朱睦㮮萬卷堂書目著録的易傳爲九卷，焦竑國史經籍志則著録了一部署名爲朱震的集傳十一卷，叢記一卷，與一部未署著者的漢上易傳九卷。其他目録，如陳振孫直齋書録解題、晁公武郡齋讀書志等，著録的漢上易傳亦均爲十一卷。陳振孫云「序稱九卷，蓋合説、序、雜卦爲一也」，道出了卷數不合的成因。此外，郡齋讀書志還收録了朱震的另一部著作，即論語直解十卷，此書是其擔任資善堂翊善時講解論語的記録，遺憾的是，該書已亡佚。

朱震所生活的年代約在二程與朱熹之間，此時正是宋代道學與易學發展變化的關鍵時刻。黄宗羲撰寫宋元學案時，將朱震定位爲謝良佐門人，歸於上蔡學案，全祖望則注意到朱震思想的特殊性，在不改「上蔡門人」定位的同時，單獨分出漢上學案。實際上，朱震推崇二程、張載，又說「良佐之賢，親傳道學，舉世莫及」，並曾爲謝良佐之子克念請官，但紹興六年陳公輔上書，認爲當下「伊川學」之風當糾，朱震當時身在經筵，不發一言爲此事力爭，被人詬病。故而宋史最終將他歸入儒林傳，而非道學傳。

漢上易傳成書於紹興四年（一一三四），是朱震花費十八年心血的成果。其中的易學理論與易學思想，極富個人特色。

從解易理論的角度來説，他一定程度上可歸入象數派，但也顯示出獨立於時代風氣的個人取向。漢上易傳中大量使用漢魏古注所偏愛的取象説來解釋周易，同時接受了邵雍的象數學，又廣泛採用了爻變、反對、互體、之卦、乾坤生六子、辟卦等輔助取象説的解易理論，甚至連納甲、值日、爻辰、星位這一類象數派學者亦多不取的理論，朱震也有所運用。如僅在卦變這一方面，他説「易之爲書，无非變也」，認爲卦變是周易成書的基礎，並且總結出「京房八卦相生，變而成六十四卦之説」、「虞翻、蔡景君、伏曼容旁通之説」、「左氏所記卜筮之言曰之某卦之説」、「虞氏所論動爻之説」、「虞氏、蔡景君、伏曼容、蜀才、李之才所謂自某卦來之説」六種卦變理論，並全部予以肯定。

但從最終判定依據，即易學思想上來説，他又應歸入由王弼開創、興盛於宋代的義理派，體現出了理學家治易的時代風氣，如信服二程、張載，致力於從周易卦爻中挖掘微言大義，如君子小人之别，君子謹守中正之道的修身工夫，以及人君選賢任才、平治天下的方法等等。總體看來，義理發揮才是朱震闡釋周易的最終落脚點，而種種象數理論，只是其梳理文本的工具。一言以蔽之，即其以取象爲「器」，以義理爲「道」。正因如此，在解釋周易時，朱震也採用了很多與義理闡發相關的理論，如爻位説、二位中爻説、乘承比應説等等。

正如朱震在進周易表中所説，該書的宗旨是「以易傳爲宗，和會雍、載之論，上採漢、魏、吴、晉、元魏，下逮有唐及今」，即以程頤的周易程氏傳爲基礎，合會漢、宋之間易學各家的各種理論與説法，試圖創造出打破象數、義理二派對立，融會貫通的易學。縱觀易學史，取象、爻位這兩套解易理論系統，往往互相對立，非此即彼，而朱震卻試圖將二者融會貫通，這正是其易學最爲獨特之處。

朱震對需卦九三爻辭「需於泥，致寇至」的一段解釋，很能體現出這種融會貫通的特點。他説：「坎水坤土，水澤之際，爲泥。九三剛健之極，進逼於險，已將陷矣，『需於泥』

也。上六坎在外，爲災，故曰『需於泥，災在外也』。九三守正可也，動則上六乘之。坎爲盜，盜有戎兵，寇也。……上乘三成坤，爲輿，坎爲車多眚，則敗也。九三正而明，能抑其剛健，持之以敬慎而不動，誰能敗哉？敬者，持其正也。」這一段話，首先以坎水坤土的八卦取象，解釋「需」、「泥」、「寇」等意象的來歷，從而解釋爻辭，其次結合九三陽爻剛極有險的爻位特點，説明爻辭判斷爲不順利的緣故。這兩部分其實並不衝突，因爲前者解釋的是爻辭的字面意思，後者解釋的是爻辭的吉凶判斷。最後，則根據爻位的特點，進一步闡發敬慎持正則不敗的道理。這一整段闡釋條理分明，是典型的朱震解易法，包括取象、爻位、義理闡發三部分論證，顯示出「三段式」的邏輯結構。在朱震的易學體系中，取象、爻位兩種易學理論各有分工，偏重不同，完美結合在一起，共同爲最終的義理升華服務，多了第一層象數分析，相比其他盡掃象數的義理學家們，反而更增添了一層説服力。

漢上易傳的價值，還在於對宋以前的珍貴易説以及異文這兩方面資料的保存和研究，因此頗受歷代考據學者們的重視。如附録周易叢説中記載「郭璞曰：魚者，震之廢氣也，巽王則震廢」，就被李道平收録在周易集解纂疏之中。再如針對隨卦象傳「天下隨時」

的「時」字，朱震辨析説「胡旦曰：『王肅本作「隨之」』，篆字『之』爲『㞢』，『時』爲『旹』，轉隸者增『日』爲『時』」，胡説爲長」，具體辨析的正誤尚需再論，但作爲異文資料來説，具有重要價值，後來惠棟在周易述中，就選擇改「時」爲「之」。

漢上易傳現存的版本情況比較簡單。目前最早的版本爲中國國家圖書館藏宋刊本，四部叢刊續編已影印出版。可惜原本現已不知去向，影印版除一些細微痕跡，如個别文字之漫漶變化過程無法完全體現出來之外，基本保存了這部宋版書的原貌，且該宋版本身品質較高，因此這次整理將其定爲底本。此本卷一、卷二及卷五若干頁原闕，四部叢刊續編影印時即選毛氏汲古閣影宋抄本予以配補。此本附録只有漢上先生履歷一卷（亦係配補），本書亦將其收入附録部分。

本次整理使用的校本有三：

一，國家圖書館藏汲古閣影宋抄本，簡稱「汲古閣本」。此本中華再造善本已影印出版。稍加對比即可看出，該本正是由本書底本，即四部叢刊續編所影之宋本影抄而成，此校本底本原藏汲古閣，鈐有汲古閣收藏印，且二者除一些鈐印外，内容、版式、行款完全相同。四部叢刊續編影印出版宋刊本時曾對一些漫漶文字進行了描補，致誤不少，校以汲古閣本，即可還原底本原貌。

二，通志堂經解所收漢上易傳，簡稱「通志堂本」。通志堂本應屬另一版本系統，該本與底本、汲古閣本多有異文，校勘精當，具有較高參考價值，且在履歷之外，還附有前二本所無之朱震進周易表一篇，以及周易卦圖三卷、周易叢説一卷，這四卷附録雖然晚出，但是與宋史藝文志及進周易表所言相合，宋元學案毫不懷疑地予以引用，同時内容符合朱震的一貫思想，具有一定可信度，所以一同被收入本書附録。

三，文淵閣四庫全書所收漢上易傳，簡稱「四庫本」。該本顯以通志堂本爲底本，異文多與通志堂本相同，且同樣收録了進表、卦圖、叢説（無履歷）。四庫本偶有抄寫造成的錯訛，這次整理主要將其作爲通志堂本的輔助使用。

除以上四種附録外，本書還附録了建炎以來繫年要録（節選）、宋史朱震傳、漢上學案、漢上易傳提要等内容，以便讀者進一步瞭解朱震其人其事。

本次校勘秉持審慎不輕改的原則。底本顯誤改字出校，但版刻易混字，如己、已、巳，戊、戌等徑改不出校；校本顯誤則不出校。但爲保存異文，如底本非顯誤，異文亦可通，則選擇不改字出異文校。如底本、校本均誤，造成没有依據、只能進行理校的情況，則以不改字出校爲主。前四個附録因只有通志堂本、四庫本有所收録，則靈活藉助本校與他校。另外，漢上易傳書中的引文，均參考相關書籍予以他校，但只對可能會影響理解的異文出校。

周易集傳序

聖人觀陰陽之變而立卦，效天下之動而生爻，變動之别，其傳有五：曰動爻、曰卦變、曰互體、曰五行、曰納甲。

而卦變之中又有變焉：一三五陽也，二四六陰也，天地相函，坎離相交，謂之位；七八者，陰陽之稚，六九者，陰陽之究，稚不變也，究則變焉，謂之策；七八九六或得或失，雜而成文，謂之爻。昔周人掌三易之灋，一曰連山，二曰歸藏，三曰周易。七八者，連山歸藏也；六九者，周易也。經實備之：策三變而成爻，爻六變而成位。變者以不變爲體，不變者以變者爲用。四象並行，八卦交錯，而天地萬物之情可見矣。其在繫辭曰「爻象動乎内，吉凶見乎外」，又曰「道有變動故曰爻」。此見於動爻者也。

乾生三男，坤生三女。乾交乎坤，自姤至剥，坤交乎乾，自復至夬，十有二卦，謂之辟卦。坎離震兑謂之四正，四正之卦分主四時，十有二卦各主其月。乾貞於子而左行，坤貞於未而右行，左右交錯，六十卦周天而復。陰陽之升降、四時之消息、天地之盈虚、萬物之盛衰，咸繫焉。其在易之復曰「七日來復」，象曰「至日」，在革曰「先王以治曆明時」，在説卦曰「震，東方也」、「巽，東南也」、「離，南方之卦也」、「兑，正秋也」、「乾，西北之卦也」、「坎，正北方之卦也」、「艮，東北之卦也」。此見於卦變者也。

乾生者四卦，坤生者四卦，八卦變復生六十二。坎、離，肖乾、坤者也。大過、小過、頤、中孚，肖坎、離者也。故乾、坤不動而坎、離四卦亦莫之動。其略陳於雜卦，其詳具於六十四卦之象。所謂「辨是與非」者也。此卦變之中又有變焉者也。一卦含四卦，四卦之中復有變動。上下相揉，百物成象。其在易則離、震合而有頤，坤、離具而生坎。在繫辭則罔罟取離、耒耨取益、爲市取噬嗑、舟楫取涣、服乘取隨、門柝取豫、杵臼取小過、弧矢取睽、棟宇取大壯、棺槨取大過、書契取夬，又曰「八卦相盪」，又曰「六爻相雜，唯其時物也」，又曰「雜物撰德」。此見於互體者也。

一生水而成六，二生火而成七，三生木而成八，四生金而成九，五生土而成十。生於陽者成於陰，三天兩地也；生於陰者成於陽，兩地而三天也。天以三兼二，地以二兼三，五位相得，合而爲五十。其在繫辭曰「天一地二、天三地四、天五地六、天七地八、天九地十」，在説卦曰「巽爲木」、「坎爲水」、「離爲火」。此見於五行者也。

乾納甲壬、坤納乙癸、震納庚、巽納辛、坎納戊、離納己、艮納丙、兑納丁。庚戊丙三者，得於乾者也；辛己丁三者，得於坤者也。始於甲乙，終於壬癸，而天地五十五數具焉。其在易之蠱曰「先甲三日，後甲三日」，在巽曰「先庚三日，後庚三日」，在離曰「己日乃孚」，在繫辭曰「懸象著明莫大於日月」。此見於納甲者也。

凡此五者之變，自一二三四言之謂之數，自有形無形言之謂之象，自推考象數言之謂之占。聖人無不該也，無不徧也，隨其變而言之謂之辭。辭也者，所以明道也。故辭之所指，變也、象數也、占也無不具焉，是故可以動、可以言、可以制器、可以卜筮。蓋不如是不足以明道之變動，而盡夫時中也，故曰「繫辭焉而命之，動在其中矣」。

夫易，廣矣，大矣，其遠不可禦矣，然不越乎陰陽二端，其究則一而已矣。一者，天地之根本也，萬物之權輿也，陰陽動靜之源也，故謂之太極。學至於此止矣，卦可遺也，爻可忘也。五者之變反於一也，是故聖人之辭因是而止矣。

周易上經乾傳第一[一]

翰林學士左朝奉大夫知制誥兼侍讀兼資善堂翊善
長林縣開國男食邑三伯户賜紫金魚袋朱震集傳

☰乾下乾上

乾，元亨利貞。

乾，健也。元，始也。亨，通也，升降往來，周流六虚而不窮者也。利者，得其宜也。貞者，正也。初九、九三、九五，正也。九二、九四、上九，變動亦正也，故九二曰「龍德而正中者也」。乾具此四德，故爲諸卦之祖，程頤曰：「一德不具不足謂之乾。」伏羲初畫八卦，乾坤坎離震巽兑艮。因而重之，歸藏之初經是也。商人作歸藏，首坤

[一] 通志堂本「傳」下多「卷」字，四庫本題作「漢上易傳卷一」，下均同。

次乾，夏后氏作連山，首艮而乾在巳〔一〕，其經卦皆六十有四。至于文王，首乾次坤，以乾坤坎離爲上篇，震巽艮兑爲下篇，繫以卦下之辭，周公繼之，乃有爻辭。

初九，潛龍勿用。九二，見龍在田，利見大人。九三，君子終日乾乾，夕惕若，厲，无咎。九四，或躍在淵，无咎。九五，飛龍在天，利見大人。上九，亢龍有悔。用九，見群龍无首，吉。

易有四象：六、七、八、九。七、八，不變者也。六、九，變者也。歸藏、連山用七、八，易用六、九，而七、八在其中。變者以不變者爲基，不變者以變者爲用。陸績曰：「陽在初稱初九，去初之二稱九二，則初復七；陰在初稱初六，去初之二稱六二，則初復八矣。」卦畫七、八，經書九、六。七、八爲彖，九、六爲爻。四者互明，聖人之妙意也。乾爲馬，六爻皆以龍言之，何也？乾體本坤，陽以陰爲基也。自震變而爲乾，震變乾則乾爲龍，乾變震則震爲馬，故震其究爲健。

彖曰：大哉乾元，萬物資始，乃統天。雲行雨施，品物流形。大明終始，六位時成。

〔一〕「巳」，四庫本作「七」。

時乘六龍以御天。乾道變化，各正性命，保合大和，乃利貞。首出庶物，萬國咸寧。

夫子作上彖、下彖、上象、下象、文言、上繫、下繫、説卦、序卦、雜卦十篇以贊易道，其篇不相附近，不居聖也。至陳元、鄭衆傳費氏易，馬融作傳，鄭康成傳之。康成之後，注連經文。王輔嗣始分象辭附於爻下，乾存古文也。

一者，數之始，乾之元也。陽生於子，萬物資之而有氣，一變而七，七變而九，四之爲三十六，六之爲二百一十有六，而乾之策備矣。乾，天也，萬物資始於天，天之道始於一，故曰「乃統天」，此贊元也。六爻天地相函，坎離錯居。坎離者，天地之用也：「雲行雨施」，坎之升降也；「大明終始」，離之往來也：所謂亨也。萬物殊品，流動分形，陰陽異位，以時而成。乾自子至戌，坤自未至酉，男卦從乾而順，女卦從坤而逆，所謂時也。六位循環，萬物生生而不窮者乎，此贊亨也。聖人「時乘六龍」，潛、見、躍、飛，御天而行，體元亨也。乾坤相交，是生變化，萬物散殊，各正性命。性源同而分異，命稟異而歸同。「太和」者，相感絪緼之氣，天地之所以亨也。「各正性命」，保之而存，合之而聚，不貞則不利，故曰「乃利貞」。不曰「乾坤」而曰「乾道」者，乾行坤從，天之道也，此贊利貞也。乾爲首，震生萬物；坤爲衆，變震爲蕃庶。積震成乾，首出乎庶物之上，五辟、四諸侯、三公、二大夫、初元士，各正其位，「萬國咸寧」，體利貞也。乾，君道，體「元亨利貞」，而後盡大君之道。

象曰：天行健，君子以自彊〔一〕不息。

易者，象也，有卦象，有爻象。「象也者，言乎象者也」，言卦象也。「爻象動乎内」，言爻象也。夫子之大象，别以八卦取義，錯綜而成之。有取兩體者，有取互體者，有取卦變者。大槩象有未盡者，於大象申之。

天所以爲天者，健也。萬里一息，其行不已，君子以是自彊不息，不敢横私其身也。夫不息則久，久則徵，徵則悠遠，悠遠則博厚，博厚則高明。博厚配地，高明配天。乾言「不息」，配天也，坤言「厚德」，配地也，兩者誠而已矣。獨於乾言誠者，誠，天之道也。

「潛龍勿用」，陽在下也。「見龍在田」，德施普也。「終日乾乾」，反復道也。「或躍在淵」，進无咎也。「飛龍在天」，大人造也。「亢龍有悔」，盈不可久也。用九天德，不

〔一〕「彊」，原作「疆」，據通志堂本、四庫本改。

可爲首也。

夫子小象辭也。晉太史蔡墨曰：「在乾之姤曰『潛龍勿用』，在乾之同人曰『見龍在田』。」此繫辭所謂乾一索、再索、三索，陸績所謂初九、九二也。初九變坤，下有伏震，「潛龍」也，陽氣潛藏在下之時。玄曰：「昆侖旁薄，幽也。」二居地表，田也。坤變爲離，離爲文，文章炳明，「見龍」也。龍德而見，如日下照，施及於物者普矣。玄曰：「龍出乎中，龍德始著也。」三變離、兑，日在下，「終日」也。初九、九二，「乾乾」也。初九始正也，九三終正也。終則有始，反復乾乾，動息不離于道者也。三則極，極則反，反則復，非「終日乾乾」，能之乎？玄曰：「首尾可以爲庸。」程顥曰：「『終日乾乾』，『對越在天』，蓋上天之載，无聲臭也。」初、二、三有伏震，震爲龍、爲足，五爲坎，九四變離、兑，兑爲澤，澤，淵也，足進乎五，「或躍」也，伏震爲龍，退而「在淵」也。九居四，履非其位，宜有咎，進則无咎。堯老而舜攝，舜老而禹徂征之時乎？玄曰：「東動青龍，光離于淵。」程頤易傳曰：「量可而進，其適〔一〕時則无咎。」九五坎變離，離爲飛，乾爲

〔一〕程傳「其適」作「適其」，於義更通。

天，離淵而飛，「飛龍在天」也。離爲目，見也，九五動，九二大人應而往造之，「利見大人」也。玄曰：「龍幹于天，長類無疆。」上九變兑，兑爲毁折，亢滿之累也。盈極則虛，不可久也。玄曰：「南征不利。」九，陽剛之極，乾天德在萬物之先，復用陽剛之極，則剛過矣，人所不能堪也。九、六，陰陽之變也。九變則六，六變則九，九、六相用，剛柔相濟，然後適乎中。關子明曰：「以六用九。」易傳曰：「以剛爲天下先，凶之道也。」伏爻何也？曰：京房所傳飛伏也。乾坤、坎離、震巽、兑艮〔一〕，相伏者也。見者爲飛，不見者爲伏。飛，方來也；伏，既往也。説卦巽「其究爲躁卦」，例飛伏也。太史公律書曰「冬至一陰下藏，一陽上舒」，此論復卦初爻之伏巽也。

文言曰：元者，善之長也。亨者，嘉之會也。利者，義之和也。貞者，事之幹也。君子體仁足以長人，嘉會足以合禮，利物足以和義，貞固足以幹事。君子行此四德者，故曰「乾，元亨利貞」。

文言者，錯雜四德、六爻，反復成文，設爲問答，往來相錯，亦文也。故太玄準之

〔一〕「艮」字後原有「兑」字，以理斷之，當爲衍文，故删。

以玄文。

「天地之大德曰生」，元者，生物之始，善之長也，其在人則仁也。亨者，天地之極通，衆美之期會也。利由屈信相感而生，或屈或信，各得其宜。義者，宜也，語義則利在其中矣。貞，正也，在物則成也，玄所謂「水包貞」也。有德乃有事，德不正則事不立，立事之謂幹。唯仁者宜在高位，故「君子體仁足以長人」，凡長於人皆長也。物不可以苟合，必致飾焉，故「嘉會足以合禮」，「嘉會」如「嘉魂魄」是也。利，順物理而行之，各得其所欲者也，故「利物足以和義」。守正堅固，不爲萬物之所橈奪，乃能建立庶事，故「貞固足以幹事」。君子剛健不息，行此四德，故曰「乾，元亨利貞」。張載曰：「天下之理得，元也。亨，會而通也。説諸心，利也。一天下之動，貞也。」

初九曰「潛龍勿用」，何謂也？子曰：龍德而隱者也。不易乎世，不成乎名。遯世无悶，不見是而无悶。樂則行之，憂則違之。確乎其不可拔，潛龍也。

九二曰「見龍在田，利見大人」，何謂也？子曰：龍德而正中者也。庸言之信，庸行之謹，閑邪存其誠。善世而不伐，德博而化。易曰「見龍在田，利見大人」，君德也。

九三曰「君子終日乾乾，夕惕若，厲，无咎」，何謂也？子曰：君子進德脩業。忠信所以進德也，脩辭立其誠所以居業也。知至至之，可與幾也；知終終之，可與存義也。是故居上位而不驕，在下位而不憂。故乾乾因其時而惕，雖危无咎矣。九四曰「或躍在淵，无咎」，何謂也？子曰：上下无常，非爲邪也；進退无常〔一〕，非離群也。君子進德脩業，欲及時也，故无咎。九五曰「飛龍在天，利見大人」，何謂也？子曰：同聲相應，同氣相求。水流濕，火就燥，雲從龍，風從虎，聖人作而萬物覩。本乎天者親上，本乎地者親下，則各從其類也。上九曰「亢龍有悔」，何謂也？子曰：貴而无位，高而无民，賢人在下位而无輔，是以動而有悔也。

乾之變化，「龍德」也。初九變坤謂之「潛龍」，「龍德而隱」者也。初之四，變九爲六，易世也。初九隱伏，「不易乎世」也，「易」如「天下有道，吾不與易也」之「易」。曆有元會運世，「世」者，辰也。初九子之四易午，故曰「易世」。震爲聲，巽見震伏，「不成乎名」也。二爲中，二動爲庸，初九依乎中庸，初之四成兑説，「遯世而无悶」也。初

〔一〕「常」，四庫本及王弼周易注作「恒」。

九變不正，「不見是而无悶」也。「不見是而无悶」者，舉世非之而不加損也。之四，行也，兑説，樂也，「樂則行之」也。退而失位爲憂，憂則退違之也。巽爲木在下，「確乎其不可拔，潛龍也」。初九一爻之四，或曰遯，或曰行，何也？曰：自依乎中庸言之，二陰，遯也；自初九之四言之，行也。此所謂曲而中也。

九二之動，「龍德而正中」者也。「庸」者，中之用也。二之五，兑爲口、爲言，上行爲行，「言」、「行」也。言中庸而應，「庸言之信」也；行中庸而正，「庸行之謹」也。言行變化不失其中，故謂之庸。初九、九三上下正，「閑邪」也。九二動正中，「存誠」也。誠自成也，非外鑠也。閑邪則誠自存，猶之煙盡火明，波澄水静，閑之者誰歟？莫非誠也。言信行謹，閑邪存誠，其德正中。自二之五，善涉乎世矣，然且不自伐，以正中而遊人閑者也。兑，隱矣。二，不行矣。不聞其言，不見其行，「不伐」也。德施而光普，「博」也；文明而巽，「化」也。唯至誠爲能化，其德如是，宜之五爲君也，是以利見九五之大人，故曰「君德」，五，君位也。顔子擇乎中庸而弗失之，夫子告之以爲邦，九二君德故也。

乾剛之德自初至三，「進德」也。九二動成巽，巽爲事，業者事之成，動而巽，「脩業」也。兑爲口，正以動，「忠信」也。忠信，所以進德也。巽言不離於忠信，「脩辭」

也。二正，「誠」也。巽爲股，「立」也。脩辭以立誠，誠立而其業定，脩辭所以居業也。初九知中之可至，則行而至之，初可與乎幾也；九三知中之不可過，則動而終之，三可與存乎義也。「義」者，時措之宜也。玄曰：「諸一則始，諸三則終，二者其得中乎。」是故九三動而弗處，「居上位而不驕」也；初九遯而无悶，「在下位而不憂」也。是則「乾乾」者，進德脩業立誠以居之而已，非安夫上位而不去也。故「乾乾因其時而惕，雖危无咎」。巽爲多白眼，「惕」也。九三之動，危厲也。離日在上爲朝，在五爲晝，在三四爲日昃、爲夕、爲終日，在二爲暮夜、爲明入地中。日在三故曰「夕惕」。

九四動之五，進而上也，復之四，退而下也，故曰「或躍」。或，疑辭也，謂非必也。九四動，正也，之五不正，疑「爲邪」。四臣位，五君位，出乎臣之類，「離群」也。三陽爲群，然上下、進退无常者，乃九三「進德脩業」，至是欲及時爾，故進則无咎，不然四近君多懼，安得无咎？易傳曰：「聖人之動，无不時也。」

五變之二成巽，下有伏震，巽風震雷，「同聲相應」也；二動之五成兑，下有伏坎，兑澤坎水，「同氣相求」也。五之二，兑澤流坎，「水流濕」也；二之五，離火見，離，燥卦，「火就燥」也。五變來之二，二有伏震，「雲從龍」也；二巽往之五，五兑成虎，「風從虎」也。九五中正而居天位，「聖人作」也；二震爲萬物，離目爲覩，「萬物覩」也。

九五變六，六本乎地，故親下而見二；九二應五，九本乎天，故親上而見五。易傳曰：「乾之二、五，則聖人既出，上下相見，共成其事，所利者見大人也。」九居上處極，貴而失尊位，「无位」也。王弼謂初、上无位，誤也。三變成坤，坤爲衆，「民」也。三不變，「高而无民」也。賢人九三，剛正也，不變以應之。賢人在下位而上无輔也，故動則有悔。貴高而盈，亢則窮也。爻辭曰「大人」，文言曰「聖人」。聖人，有大之極而不爲其大，大而化也。

「潛龍勿用」，下也。「見龍在田」，時舍也。「終日乾乾」，行事也。「或躍在淵」，自試也。「飛龍在天」，上治也。「亢龍有悔」，窮之災也。乾元用九，天下治也。

易傳曰：「言乾之時也。」「潛龍勿用」，時在下也。「見龍在田」，時可止也。舍，止也。井初六爲九五捨之，與此象異。二陽方進而未泰，故可舍止，音「茇舍」之「舍」。九二變遯，艮有止意。「終日乾乾」，進而行事之時，非乾乾不能堪其事。巽，行事也。「或躍在淵」，上下進退无常，「自試」時也。「飛龍在天」，在上而致治時也。「亢龍有悔」，陽窮於九，陰窮於六，位窮於上，窮則變，變則通，通則久，上九窮不知變，窮之災也。天災曰災，數極時也。玄有三統九會，陽以九終，以極數也，然天人有交勝之理，故有悔。天德不可爲首，用九不見其首則不過，不過，中也，六位得中，「天下治也」。

「潛龍勿用」，陽氣潛藏。「見龍在田」，天下文明。「終日乾乾」，與時偕行。「或躍在淵」，乾道乃革。「飛龍在天」，乃位乎天德。「亢龍有悔」，與時偕極。「乾元用九」，乃見天則。

易傳曰：「言乾之義也。」乾伏坤見，「陽氣潛藏」，故曰「潛龍勿用」。坤文離明，德施之普，光于天下人，「文明」也，故曰「見龍在田」。三陽方行，亦與之行，故「終日乾乾」，行不息也。周公繼日待旦之時乎？四，人位，五，天位，離人之天，水火相息，乾道革矣，故曰「或躍在淵」，天不可階而升也。不曰位乎君位，而曰「位乎天德」者，成性躋聖也，張載曰「受命首出，則所性不存焉」，故曰「飛龍在天」。「亢龍有悔」，上極也。「消息盈虛，與時偕行」則无悔，「偕極」則窮，故有悔也。六九相變，天地之道不可違之則也。「乾元」，始也。於其始也用九，其終不過矣，以其不可過也，故曰「天則」。「見天則」，則知中道乃固然之理，非人能爲之也。

「乾元」者，始而「亨」者也。「利貞」者，性情也。乾始能以美利利天下，不言所利，大

矣哉。大哉乾乎！剛健中正，純粹精也。六爻發揮，旁通情也。時乘六龍，以御天也。雲行雨施，天下平也。

「元」者，乾之始，剛反而動，「亨」在其中矣。「利貞」者，乾之性情也，性情猶言資質也。動而生物，利也。不有其功，常久而不已，貞也。貞，正也。始則亨，亨則利，利則貞在其中。諸卦言利者，指事而言之，利於此或不利於彼。乾始，萬物資之，天下至大无不蒙其利者，不言所利則其利大矣，故謂之「元」，元又訓大故也。夫子欲言乾道之大，其辭有不能盡者，故曰「大哉乾乎」。乾，總言之，則剛不橈也，健不息也。健者，積剛而成也。悉數之，則中正而不倚也，純全而粹美也。一、三、五，正也。二、五，中也。中而正者，其九五乎？八卦皆純也，純而粹者，其重乾乎？故玄準之以睟，其首辭曰「陽氣袀睟清明」。道至於純粹，无以復加矣，而六者皆原於一。一者何？乾始也。天地之本，萬物之一源，精之又精，剛健中正，純粹自此而出，故曰「剛健中正，純粹精也」。易傳曰：「精謂六者之精極也。」以一言該之曰正，正者，乾之性也。六爻發越揮散，旁通於諸卦，被於三百八十四爻，无往而不利者，乾之情也。情，變動也；性，不變者也。「時乘六龍」者，以御天而行也。「雲行雨施」者，天下平均也。二者體元亨也，元亨則利貞在其中矣。蓋「雲行雨施，品物流形」，則萬物各正其性命矣。鄭康成本作「情性」。

君子以成德爲行，日可見之行也。「潛」之爲言也，隱而未見，行而未成，是以君子弗用也。

君子學以聚之，問以辯之，寬以居之，仁以行之。易曰「見龍在田，利見大人」，君德也。

九三重剛而不中，上不在天，下不在田，故「乾乾」因其時而「惕」，雖危「无咎」矣。

九四重剛而不中，上不在天，下不在田，中不在人，故「或」之。或之者，疑之也，故「无咎」。

夫「大人」者，與天地合其德，與日月合其明，與四時合其序，與鬼神合其吉凶。先天而天弗違，後天而奉天時。天且弗違，而況於人乎？況於鬼神乎？

「亢」之爲言也，知進而不知退，知存而不知亡，知得而不知喪。其唯聖人乎！知進退存亡而不失其正者，其唯聖人乎！

君子「積善成德」，以其成德行之爲行。日可見於外而不可掩者，行也，九二是也。隱之爲言，隱伏而未見於世，行而其德未成，是以弗用。張載曰：「未至於聖，皆行而未成之地。」

初九正其始，二益之而説，「學以聚之」也。聚者，升而上也。兑爲口，「問以辯之」也。二動中虚，虚則有容，「寬以居之」也。動而以巽行，「仁以行之」也。學、聚、問、辯，寬、居、仁、行，二與五應，有君德也，是以言行如上云。

九三、九四以剛乘剛而不中，過乎剛也。二爲田，九三居下位之上，雖上不在天，而下已離田，動則危且有咎，故「乾乾」不息，因其可危之時而惕，則「雖危无咎」矣。中二爻，人也。四上不在天，下不在田，或進而之五，則中不在人，可懼之地也，故疑而未決。上下進退，不必於處，是以无咎。九三之惕、九四之疑，可謂能用九矣，雖重剛不中，何患於過乎？

道者，循萬物之理而行其所无事者也。天地之覆載，日月之照臨，四時之消長，鬼神之吉凶，豈有意爲之哉？大人其道與天地日月四時鬼神合，故順至理而推行之，先、後天而不違，天且不違，而況於人乎？況於鬼神乎？鬼神者，流行於天地之間者也。是以九五利見大人也。

亢者，處極而不知反者也。萬物之理，進必有退，存必有亡，得必有喪。亢知一而不知二，故道窮而致災。人固有「知進退存亡」者矣，其道詭於聖人，則未必得其正，不得其正則與天地不相似。「知進退存亡而不失其正」者，其唯聖人乎。故兩言之，前曰「大人」，此曰「聖人」，知進退存亡不失其正，則德合陰陽，與天地同流而无不通矣，此大而化之者也。

䷁坤下坤上

坤，元亨利牝馬之貞。君子有攸往，先迷，後得主利。西南得朋，東北喪朋。安貞吉。

彖曰：至哉坤元，萬物資生，乃順承天。坤厚載物，德合无疆，含弘光大，品物咸亨。「牝馬」地類，行地无疆，柔順利貞，君子攸行，先迷失道，後順得常。「西南得朋」，乃與類行。「東北喪朋」，乃終有慶。安貞之吉，應地无疆。

萬物資乾以始而有氣，資坤以生而有形。乾始而亨，无所待也，是以能大。坤待乾而行，乃能至於大，有氣而後有形也。故乾元曰「大哉」，坤元曰「至哉」。天，健也，坤順而承之，故曰坤。天先地後而生萬物，坤爲大輿，自下載之，積厚也。天，无疆者也，坤，所以配之者。載物之德合乎无疆，故地配天，坤合乾，乾坤之始皆謂之「元」。「光」者，坎離也；「大」者，乾陽也。靜翕，「含」之也，以育其根；動闢，「弘」之也，以成其形。一靜一動，品物咸亨，故曰「亨」。「品物咸亨」者，離之時也。乾爲馬，坤變之爲牝馬，「牝馬地類」也。「无疆」者，乾之行也。坤依乾而行，以柔承剛，以順承健，乃能行地无疆，故曰「利牝馬之貞」。利牝馬之貞，則非不言所利，此坤之利所以異於乾之利歟。君子乾之象，柔順坤之德。一、三、五，天也；二、四、六，地也。陽以奇爲正，陰以偶爲正。陽先陰後，柔順承乾，乃得坤正，則柔順者利於承乾，以爲正也。是以君子體坤而行，行者，「攸往」也，故曰「君子攸往」，猶乾言「時乘六龍」、「首出庶物」也。一、三、五不得其正，「先迷」也，失坤道也。牝雞无晨，西雲不雨，故曰「先迷」。二順一、四順三、六順五，順乾得主，坤道有常，有常者坤之利也，臣待君唱，女須男行，故曰「後得主利」。子夏傳曰：「先迷後得主也。」二進至三，坤體成，「西南」，坤也；止而不進成艮，「東北」，艮也。坤陰生於午，至申三陰成矣，自申抵戌，群陰「得朋」，宜若有得也，而至亥成坤，萬物皆虛，故曰「西南得朋，乃與類行」。乾陽生於子，至寅三陽成矣，自寅抵辰，陰類浸亡，宜若有喪也，而至巳成乾，萬物皆盈，故曰「東北喪朋，乃終有慶」。是以得君者臣之慶，得親者子之慶，得夫者婦之慶，三者未有不離其朋類而得者也，故曰「東北喪朋，乃終有慶」。坤以順爲正，而地之順天而无疆者，順夫正也。臣有獻替，婦有警戒，子有幾諫，各安其正，乃能悠久而無窮。安貞之吉，應乎地之所以無疆也，故曰「安貞吉」。張載曰：「東北喪朋，雖得主有慶而不可懷也。」虞翻以月之生死論之，曰「從震至乾，與時偕行」，「消乙入坤，滅藏於癸」，「坤終復生」。「陰陽之義配日月」，其大致則同。

象曰：地勢坤，君子以厚德載物。

天高西北，地傾東南，以順之故。水潦有所歸而萬物各得其所，君子積順德而至博厚，故能容載萬物。

初六，履霜堅冰至。象曰：「履霜堅冰」，陰始凝也。馴致其道，至堅冰也。

陰者，小人之道也。一陰生於午，剥乾之初也。五陰而霜降，六陰而堅冰。初六之動，柔成剛，「陰始凝」也。莫之禦焉，駸駸然馴致乎盛陰，而小人之道極矣。故觀其所踐履，則一陰始凝，知其必至於「履霜堅冰」也。震爲足，自下而進，履也。或曰：坤之初六，五月也，何以有履霜堅冰之象？曰：所謂見微者也。寒露者，剥之初六也；霜降者，剥之六五也。剥之初六即坤之初六也，剥之六五即坤之六五也，剥窮成坤上六也。露者，坤之氣，寒氣入之，故露爲霜。立冬水始冰，亦坤之初六也，於斗建爲亥。乾金之氣爲冰，故坤之初六一爻，自姤卦言之爲五月，自剥卦言之爲九月，至五陰而霜降，自坤卦言之爲十月、爲亥，至六陰而成冬，玄所謂「水凝地坼」。非見不見之形者，其能知小人之禍於甚微之時乎？

六二，直方大，不習无不利。象曰：六二之動，直以方也。「不習无不利」，地道光也。

六二中正而動，中故直，正故方。直者，遂也。方者，不易其宜也。易曰：「乾其静也專，其動也直，是以大生焉。」又曰：「坤至柔而動也剛，至静而德方。」而説卦乾爲直，坤爲方，方亦剛也，故曰「六二之動，直以方也」。重坎爲習，二動成坎，「不習」也。動而之五得正，「不習无不利」也。坎爲光，光，大也。易傳曰：「二爲坤之主，中正在下，盡地之道，故以『直方大』三者形容其德。由直方大，故不習而无不利，不習謂自然也，在坤道則莫之爲而爲也，在聖人則從容中道。」

六三，含章可貞，或從王事，无成有終。象曰：「含章可貞」，以時發也。「或從王事」，知光大也。

坤、離爲文、明，三文之成爲章，坤見離伏，「含章」也。人臣當含章不耀，以其美歸之君。六三不正，非容悦者也，可正也。六三動則正，惟含章也，故當可動而動，「以時發也」。坤德含弘光大，含章者，坤之静也，以時發者，坤之動也。静而含，動而弘，坤之所以承天歟。乾爲王，伏巽爲事，三内卦之上爲成，上爲外卦之終。「或從王事」者，三之上也。坤作成物，无以成功自居，有終其事而已。爲臣而終其事，職當然也。六三以是從王事，得恭順之道，「知光大」矣。坎離合爲知，知如日月之明，光大也。邵雍曰：「陽知其始而享其成，陰效其法而終其勞。」

六四，括囊，无咎无譽。象曰：「括囊无咎」，慎不害也。

坤爲囊，六四動成艮，艮爲手，「括囊」也。六四正，動則不正。四有伏兑，兑爲口。不正，「无譽」可也，「无咎」何邪？六四當天地否塞、賢人遯藏之時，不利君子正，故止其口而不出者，慎也，慎以全身，故於義不害。若立人之本朝，道不行矣，而括囊緘默，罪也，安得无咎？故此爻不以位言之。

六五，黄裳，元吉。象曰：「黄裳元吉」，文在中也。

五，尊位，六居之。人臣當此，唯守中居下，乃得元吉，否則必凶。「黄」，地之中色。「文」者，地道之美見於山川動植者也。「裳」，下體之飾。曰黄則守中，有地道之美而不過，故曰「文在中也」。曰裳則居下，雖處尊位而不失坤之常，唯守中不過，斯能居下矣。以是而動，動則得二，「元吉」也。「元吉」者，言其始本自吉，非變而吉也，故元吉在吉爲至善。

上六，龍戰于野，其血玄黄。象曰：「龍戰于野」，其道窮也。

上六坤之窮，十月也，其位在亥，乾之位，十一月復震，震變乾爲龍。上六變乾，乾爲天，卦外，天際也，「野」之象。野莫知所適之地，坤道已窮，動而不已，臣疑於君，乾坤交戰，君臣相傷，不知變通故也。

用六，利永貞。象曰：「用六永貞」，以大終也。

六，陰柔之極，不濟之以陽剛，則邪佞之道，故以九用六，乃能永久不失其正。杜欽曰：「地道貴斂〔一〕，陽始之，陰終之，未始離陽，故曰『以大終也』。」

文言曰：坤至柔而動也剛，至静而德方。後得主而有常，含萬物而化光。坤道其順

〔一〕「斂」，原作「欽」，據通志堂本、四庫本改。

乎，承天而時行。

積善之家必有餘慶，積不善之家必有餘殃。臣弑其君，子弑其父，非一朝一夕之故，其所由來者漸矣，由辯之不早辯也。易曰「履霜堅冰至」，蓋言順也。

直，其正也。方，其義也。君子敬以直內，義以方外，敬義立而德不孤。「直方大，不習无不利」，則不疑其所行也。

陰雖有美，含之以從王事，弗敢成也。地道也，妻道也，臣道也。地道无成而代有終也。

天地變化，草木蕃；天地閉，賢人隱。易曰「括囊，无咎无譽」，蓋言謹也。

君子黃中通理，正位居體，美在其中，而暢於四支，發於事業，美之至也。

陰疑於陽必戰，爲其嫌於无陽也，故稱龍焉。猶未離其類也，故稱血焉。夫「玄黃」者，天地之雜也，天玄而地黃。

至柔、至静者，坤之體也。動而剛方者，坤之用也。方亦剛也，以其不可易言之謂之方。其體則坤，用則隨乾，觀其所動，而坤之順德見矣。含萬物而生之〔一〕者，陰

〔一〕四庫本無「之」字。

含陽也。玄曰「天鬱化精，地隱魄榮」，隱，所謂「含萬物」也。及其化生，「品物咸章」，保厥昭陽，坤道乃光，坤之「光」即乾之「光大」也。玄曰：「天炫炫出於无眕，熿熿出於无垠。」炫炫、熿熿，所謂「化光」也。坤道至矣，一言可盡，其順矣乎。天動地隨，其行有時，故「承天而時行」。

善不善之報必有餘者，馴而不已，積之既久，則末流必多，乾坤是也。「家」，言臣子也。坤積至五，子弒父，臣弒君，離日坎月，自下而進，非一朝一夕之故，其所由來者漸矣，辯之不早，其禍至此，矧不辯乎？先儒嘗以乾坤論之，謂君子之道有時而消，於是有坤化陽滅者矣，然而復出爲震者，「餘慶」之不亡也；小人之道有時而消，於是有陽息陰盡者矣，然而極姤生巽者，「餘殃」猶在也。觀諸天道，月之生死，晦盡而生明，既滿而成虧，先儒餘慶、餘殃之論，爲不誣矣。是故有虞之子不肖而陳、齊永祚，商辛之後有國而禄父再亡。

「敬」者，操持其誠心而弗敢失也，一動以直，「敬以直内」也。直内，言内省不疚，其理直也。「方」者，義之不可易也，有所不爲、有所不行也，二往之五，「義以方外」也。「誠」者，合内外之道，内直外方，「敬義立」矣。敬義立則相應、相與，其德不孤，放諸四海而準，以「直方大」也。爻動爲行，巽爲不果，二動震見巽伏，「不習无不利」，則「不疑其所行」也。上曰中則直，此言「直其正」，何也？曰：正而不中者有矣，中則正矣。

天地之間，萬物粲然而陳者，皆陽麗於陰，託之以爲美者也。陽盡則陰之惡畢見，不能自美矣。然陰雖有陽之美，當含蓄之以從王事，待時而發，不有己也，豈敢當其成功哉？乾巽，「從王事」也。地道无成，順天而行。乾知太始，坤代有終，自然之道也。故臣終君之事，妻終夫之事，不言子者，臣、子一也。

泰之時，天地變化，草木亦蕃，而況人乎？否之時，天地閉塞，賢人亦隱，而況草木乎？三才一理也，是故併言之。「括囊无咎」，非閉其言而不出，蓋言謹也。謹者，莊子所謂「慎爲善」也。陰進至三成否，否泰反其類，故其言如此。

坤五「黄中」，動而成坎，傳所謂「坤之比」也。坎爲通，有美在中而通於理。理者，中正也，天地萬物之所共由者也。通於理則大美具矣，美在其中矣。五，君位，六變九，「正位」也。正位而居坤體，不失爲臣之道，「黄裳」也。九五艮，艮爲手，二五相易成震，震爲足，「暢於四支」也。巽爲事，業者事之成，「發於事業」也。誠則形，形則不可掩，故「美在其中」。暢於四支，發於事業，通於理者，无往而不通，其伊尹、周公、共伯和之事乎？

月盛則掩日，臣彊則疑君，「陰疑於陽必戰」。十月純坤用事而稱龍者，天地未嘗一日而无陽，亦未嘗一日而无君子，爲其純陰嫌於无陽也，故稱龍焉，乾在故也。上六之動，坤成乾，其體剥。剥者復之反，震變也。十一月復，復初九庚子，子，坎之位，坎爲血，震爲玄黄。血，幽陰也。上六疑陽，未離陰類，故稱「血」焉。震者，天地之一交，天玄而地黄，玄者，坎中之陽，黄者，離中之陰，天地之雜也。「其血玄黄」者，君臣相傷也。雖欲力勝，莫之助也。故聖人於初六戒之，上六則无及已。鄭本作：「爲其兼於陽也，故稱龍焉。」

或問：初之四、二之五、三之上，六爻反復相應，何也？曰：京房所傳世應也。三畫之卦，一二三重爲六爻，四即初，五即二，上即三，各以其類相應。邵雍曰：「有變必有應也，變乎内者應乎外，變乎外者應乎内，變乎下者應乎上，變乎上者應乎下。」本乎天者親上，本乎地者親下。變之與應，常反對也。故卦一世者四應，二世者五應，三世者上應，四世者初應，五世者二應，六世者三應。在易言應者，一十有九卦。昔之言應，如子太叔論「迷復凶」是也，至虞翻始傳其秘，然未盡善。繫辭曰：「變動不居，周流六虚。上下无常，剛柔相易。」世應者，相易之一也，故曰「兩則化，一則神」。

䷂震下坎上

屯，元亨利貞，勿用有攸往，利建侯。

彖曰：屯，剛柔始交而難生，動乎險中，大亨貞。雷雨之動滿盈，天造草昧，宜建侯而不寧。

自屯彖而下，乃以卦變爲象。屯、臨之變自震來，四之五。震者，乾交於坤，一索得之，「剛柔始交」也。四之五成坎，坎，險難，「剛柔始交而難生」也。易傳曰：「始交而未暢爲屯，在時則天下未亨之時。」此以震、坎釋屯之義也。

安乎險而不動與動乎險中不以正，皆非濟屯之道。初九，正也。四之五得位，大者亨以正而利也。以天地觀之，剛柔始交，鬱而未暢，雷升雨降，其動以正，則萬物滿盈乎天地之間，有不大亨乎？此以初九、九五釋「元亨利貞」也。震，雷也。坎，雨也。兑澤上而成坎，故爲雨。初九，屯之主也。初往之五，行必犯難，益屯而不能亨矣。

君子宜守正待時，故「勿用有攸往」。此言初九也。天造之始，草創冥昧，人思其主，能乘時衆建諸侯，使人人各歸以事主，雖有强暴，誰與爲亂哉？四爲諸侯，九五在上，六四正位，分民而治，「建侯」也。雖則建侯，而未始忘乎險難。震爲草，乾之始也，坤爲冥昧，坎爲勞卦，故曰「天造草昧」，「宜建侯而不寧」。此再言初九、九五也。

以卦氣言之，十月卦也，太玄準之以礥。

或曰：聖人既重卦矣，又有卦變，何也？曰：因體以明用也。易无非用，用无非變。以乾坤爲體，則以八卦爲用；以八卦爲體，則以六十四卦爲用；以六十四卦爲體，則以卦變爲用；以卦變爲體，則以六爻相變爲用。體用相資，其變无窮，而乾坤不變。變者，易也，不變者，易之祖也，所謂「天下之動，貞夫一」也。故曰「剛柔相推，變在其中矣。繫辭焉而命之，動在其中矣」，又曰「辭也者，各指其所之」。考其所命之辭，尋其辭之所指，則於變也，若辨白黑矣。夫易之屢遷，將以明道，而卦之所變，舉一隅也。推而行之，觸類而長之，存乎卜筮之所尚者，豈有既哉？故在春秋傳曰某卦之某卦者，言其變也，若伯廖舉豐之上六曰「在豐之離」，知莊子舉師之初六曰「在師之臨」。其見於卜筮者，若崔子遇困之大過者，六三變也；莊叔遇明夷之謙者，初九變也；孔成子遇屯之比者，初九變也；南蒯遇坤之比者，六五變也；陽虎遇泰之需者，六五變也；陳仲遇觀之否者，六四變也。周官太卜掌三易之灋，其經卦皆八，其別皆六十有四。八卦謂之經，則六十四卦爲卦變可知，故曰「卦之所變，舉一隅也」。王弼盡斥卦變以救易學之失，救之是也，盡斥之非也。

象曰：雲雷屯，君子以經綸。

坎在上爲雲，雷動於下，雲蓄雨而未降，屯也。屯者，結而未解之時，雨則屯解矣。彖言「雷雨之動滿盈」者，要終而言也。解絲棼者，綸之經之。「經綸」者，經而又綸，終則有始。屯自臨變，離爲絲，坎爲輪，綸也。離南坎北，南北〔一〕爲經，「經綸」也。君子經綸以解屯難，凡事有未決，反復思念，亦此象也。

初九，盤桓，利居貞，利建侯。象曰：雖「盤桓」，志行正也。以貴下賤，大得民也。

初九剛正，屯難之始。上有正應，震，動體，進則犯難成巽，爲進退。九居四不安，故「盤桓」。子夏傳曰：「盤桓猶桓旋也。」盤桓不進，利於守正，不進非必於退也，

〔一〕四庫本脱「南北」二字。

志在行其正也。初九不忘上行之謂「志」，志，剛中也。「志行正」也，可不盤桓以待時乎？初動濟屯，四，諸侯位，建國命侯資以輔。五屯難未解，衆陰不能自存，有剛正之才，使之有國，則衆從之。陽貴陰賤，坤衆爲民，九退復初，「以貴下賤，大得民也」，故曰「利建侯」。夫子時楚有四縣，趙簡子命下大夫受郡，必言「利建侯」者，建侯，萬世之利也。或問：震又成巽，何也？曰：所謂「雜物撰德」也。撰，數也。且以屯論之。坎，陽物也。震，動也。四比於九五，自三柔爻數之，至於九五，巽也。震，陽物也。巽，陰物也。剛者陽之德，柔者陰之德，剛柔雜揉不相踰越，故曰「雜而不越」。先儒傳此謂之互體，在易噬嗑彖曰「頤中有物，曰噬嗑」，離、震相合，中復有艮。明夷彖曰「内文明而外柔順，以蒙大難」，又曰「内難而能正其志」，坎，難也，離、坤相合，中復有坎。在繫辭曰「八卦相盪」，先儒謂坎、離卦中互有震、艮、巽、兑。在春秋傳見於卜筮，如周太史説觀之否曰「坤，土也。巽，風也。乾，天也。風爲天於土上，山也。有山之材而照之以天光，於是乎居土上」。自三至五〔一〕有艮，互體也。王弼謂互體不

〔一〕「五」，原作「四」，觀卦三、四二陰爻無法成艮，以理改之。

足，遂及卦變，鍾會著論力排互體，蓋未詳所謂易道甚大矣。

六二，屯如邅如，乘馬班如，匪寇婚媾，女子貞不字，十年乃字。象曰：六二之難，乘剛也。「十年乃字」，反常也。

九五，屯之主，六二中正而應，共濟乎屯者也，故曰「屯如」。二乘初九，欲往應五，迫於剛强，邅回而不能去，故「邅如」。乾變震爲作足之馬，震爲足，「乘馬」也。初不應五，二欲應之，與馬別矣，故「乘馬班如」。春秋傳曰「有班馬之聲」，杜氏曰「班，別也」。五坎爲盜，盜據山險，「寇」也。男曰婚，女曰姻，媾，男女合〔一〕也，九五應六二，「婚媾」也。五自初九視之，有險難之象，「寇」也。自六二視之，「匪寇」也，「婚媾」也，特以「乘剛」故耳。初九、六二，正也。而致六二之難者，剛乘柔則順，柔乘剛則逆。妻不亢夫，臣不敵君，天地之道，故曰「六二之難，乘剛也」。二五相易，五之二成兑，兑，女子也，二之五成坤，坤爲母。女子而爲母，字育也。坤見坎毁，剛柔以中正相濟，屯解之象。坤爲年，其數十，六二守正，不苟合於初而貞於五，是以「不字」。屯

〔一〕「合」，四庫本作「別」。

難之極，至于十年。二五合，剛柔濟，兑女「乃字」。屯本臨二之五，合則九反二、六反五，坤爲常，故曰「反常也」。王弼曰「屯難之世，其勢不過十年」，孰謂弼不知天乎？坤爲年，何也？曰：歲，陽也。陽生子爲復，息爲臨、爲泰，乾之三爻也。夏后氏建寅，商人建丑，周人建子，无非乾也。古之候歲者，必謹候歲始，冬至日、臘明日、正月旦日、立春日，謂之四始，四始亦乾之三爻也。坤，十月，陰也，禾熟時也。故詩「十月納禾稼」，春秋書「有年」、「大有年」，喪禮三年者，二十七月也。

六三，即鹿无虞，惟入于林中，君子幾不如舍，往吝。象曰：「即鹿无虞」，以從禽也。君子舍之，往吝窮也。

六三柔不當位，不安於屯，妄動以求五。五，君位，艮爲黔喙，震爲決躁，鹿也，言有求於君也。若上六變而應三，艮變巽、離，有結繩爲罔罟之象，艮爲手，虞人，指蹤而設罔罟者也。上六在君之側而不應，譬之即鹿无虞人以導其前，豈惟不得鹿乎？往而徒反，退之三，陷于林莽中矣。艮爲山，震爲木，林也。三、四爲中，「林中」也。六三有「從禽」之欲，不知事有不可，貪求妄動，是以陷于林中而不恤，故曰「即鹿无虞，以從禽也」。君子，初九也，知不可往，往无所獲，且有後患，故見幾而舍之。舍，止也，艮也。君子安於屯，不若六三徒往而窮，自取疵吝。

六四，乘馬班如，求婚媾，往吉无不利。象曰：求而往，明也。

六四柔而正，上承九五。坎爲美脊之馬，艮爲手，「乘馬」也。四自應初，五自應二，其情異，乘馬而班别者也，故曰「乘馬班如」。六四雖正，有濟屯之志，五不求而往，豈能行其志哉？五求四，男下女，陰陽相合，斯可往矣，往之上得位，故「吉无不利」。艮爲手，求也，坎爲月，震，東方，「明」之時也。九五有明德，故求，故求而往吉无不利，否則志不應，有凶。易言出入、往來，何也？曰：出入以度，内外也。卦有内外，自内之外曰出，自外之内曰入。出者，往也；入者，來也。往者，屈也；來者，伸也。出入、往來、屈伸，相感而无窮。天道東面望之，來也；西面望之，往也。故晉之出爲明夷之入，蹇之往爲解之來。

九五，屯其膏，小貞吉，大貞凶。象曰：「屯其膏」，施未光也。

坤爲民，兑爲澤，五之二成兑，有膏澤下于民之象，膏澤下則五之所施光矣。坎爲月，有光之象故也。屯之時，九五得尊位，六三不正，處内卦之極，震體而有坤，權臣挾震主之威，有其民者也。六三壅之，九五之膏澤不下，故曰「屯其膏」，言人君之屯也。九五中正守位，六二、六四、上六自正，陰爲小，故「小貞吉」。五動而正三，以君討臣，則三復乘五，蓋膏澤不下，五之施未光，民不知主，禍將不測矣，故「大貞凶」。易傳曰：「膏澤不下，威權已去，而欲驟正之，求凶之道也。」魯昭公、高貴鄉公之事是也。若盤庚、周宣修德用賢，復先王之政，諸侯復朝。以道馴致，爲之不暴，又非恬然不爲。若唐之僖、昭也，不爲則常屯，以至於亡矣。

上六，乘馬班如，泣血漣如。象曰：「泣血漣如」，何可長也。

上六，屯之極也。五坎爲美脊之馬，動而乘之，上應三，五自應二，雖欲用五濟屯，其情異矣，乘馬而班别也。上動成巽，巽爲號，上反三成離，爲目，坎爲血，「泣血」也。上不得乎君以濟屯，難極矣，无如之何，是以泣盡繼之以血，連而不已，上之三，連兩離爻，故曰「漣如」。然屯極矣，極則必變，「何可長也」？巽爲長。

䷃坎下艮上

蒙，亨，匪我求童蒙，童蒙求我。初筮告，再三瀆，瀆則不告，利貞。

彖曰：蒙，山下有險，險而止，蒙。「蒙亨」，以亨行，時中也。「匪我求童蒙，童蒙求我」，志應也。「初筮告」，以剛中也。「再三瀆，瀆則不告」，瀆蒙也。蒙以養正，聖功也。

止於外不可進也，險在内不可止也。險而止，莫知所適，蒙也。此以艮、坎二體言蒙也。

蒙者屯之反，屯者物之穉，故蒙而未亨，有屯塞之義。九二引而達之，屯塞者亨矣。屯九五大者亨，五反爲二，以亨道行也。蒙有可亨之理，當其可亨之時而亨之，使不失其中者，「時中」也。學者禁於未發，發而後禁，則過時而弗勝，故曰「蒙亨，以亨行，時中也」。此以九二言亨也。

艮爲少男，「童蒙」也。「我」者，二自謂也。二在下不動，有剛中之德以自守，「匪我求童蒙」也。二柔順，與五相應，艮爲手，求之象，「童蒙求我」也。童蒙求我，然後二以志應五，志謂「剛中」也。二爲衆陰之主，四陰皆求於二，而「志應」者，應五也。震爲草，以手持草，「筮」也。筮，占決也。五動二應，「初筮告」也。初筮告者，「以剛中」也。不問而告與問一而告二，皆非剛中。夫不憤不啓，不悱不發，蒙塞極矣，於是求達焉。則一發而通，通則不復塞矣，此初筮所以告也。六三、六四不與二相應，「再三瀆，瀆則不告」也。不待其欲達，隨其屢問而告之，決之不一，不知所從，則必燕譬廢學，褻其師訓。「瀆」與「黷」同。此以二、三、四爻言亨蒙之道也。

蒙自二至上體頤，頤，養也。九二一爻，自發蒙者言之，「剛中」也，然而未正，故戒之以「利貞」；自蒙者言之，純一之德未發，童蒙養之，至于成德，躋位乎中正，則聖功成矣。蓋學未至於聖，未足謂之成德。故夫子十五志于學，至于七十而縱〔一〕心所欲不踰矩，則「蒙以養正」，作聖之功也。虞翻曰：「二志應五，變得正而蒙亡。」此以二、五言利貞也。

在卦氣爲正月，故〔二〕太玄準之以童。

象曰：山下出泉，蒙，君子以果行育德。

坎水在山下，有源之水，泉也。「山下出泉」，未有所之，蒙也。泉積盈科，其進莫之能禦，故君子果其行必育其德。德者，行之源；育德者，養源也。果行則發而必至，

〔一〕「縱」，四庫本作「從」。

〔二〕「故」，原作「卦」，據通志堂本、四庫本改。

震爲行，乾剛爲德，坎水上爲雲、下爲雨，在山下爲泉，象其物宜也。

初六，發蒙，利用刑人，用説桎梏，以往吝。象曰：「利用刑人」，以正法也。

初六之動，「發蒙」也。蒙蔽之民，不善其始，至死於桎梏而不悔。初六發蒙，利用此刑人，刑人非惡之也，「以正法」也。於其始也，正法以示之，蒙蔽者知戒，終不陷於刑辟，「用説桎梏」之道也。艮手震足，交於坎木，「桎梏」之象。坎爲律法也，初六動而正，「正法」也。兑爲刑殺，兑見坎毁，「説桎梏」也。治蒙之初，威之以刑，然後漸知善道，過此以往則吝矣。卦言「童蒙」，爻言「刑人」，刑所以輔教也。易傳曰：「立法制刑，乃所以教也，後之論刑者不復知教化在其中矣。」

九二，包蒙吉，納婦吉，子克家。象曰：「子克家」，剛柔接也。

六五，柔也；九二，剛也。五以柔接剛，爲二所包，含章有美而效之君，臣道之正也，二之吉也，故曰「包蒙吉」。二以剛接柔，爲五所納，艮男爲夫，巽女爲婦，婦有相成之道，虛其中以納之，君道之正，五之吉也，故曰「納婦吉」。二在内爲家，坎爲乾之子，父有子而至於納婦，子克荷其家者也。九二而致其君虛中納之，非其道廣、其施博，積誠以包蒙，能若是乎？譬之「子克家」者也。二不能包，則五不肯納，上柔不接，家道廢矣，故曰「子克家，剛柔接」也。二〔一〕爲家，何也？曰：二，内也，大夫之位，大夫有家，雜卦曰「家人，内也」。

六三，勿用取女，見金夫，不有躬，无攸利。象曰：「勿用取女」，行不順也。

六三，蒙而不正之陰，坎有伏離，離目爲見，上九不正，下接六三成兑，兑爲少女，「取女」也。艮，少男，夫也。乾變爲金，「見金夫」也。坤爲身，兑折之爲躬，三之上，「不有躬」。坤爲順，三不正，行不順，「无攸利」，故戒以「勿用取女」。取女貴正，女正則家人吉。六三見利而悦，不能自有其躬，上九説之以利，於德爲不正，於理爲不順，取是女而欲正家，是亦蒙矣。

六四，困蒙，吝。象曰：困蒙之吝，獨遠實也。

陽爲實，九二剛實，發蒙之主。二與五應，三動而近二，四獨遠之，若動而應初，則與二相近。四懷居不動，獨遠於二，介於不正，无以發其蒙，困不〔二〕知學，吝自取

〔一〕「二」，原作「一」，據通志堂本、四庫本改。

〔二〕「不」，通志堂本、四庫本作「而」。

也。二坎三動成兑，澤無水，困也，故曰「困蒙之吝，獨遠實也」。陽爲實，何也？曰：陰消爲虚，陽息爲實。消息盈虚，相爲去來。消則降，息則升；實則滿，虚則耗。升者，貴也；降者，賤也；滿者，富也；耗者，貧也。陰陽相循，禍福更纏，故又爲貴賤、貧富、禍福之象。太玄曰：「盛則入衰，窮則更生。有實有虚，流止无常。」又曰：「息與消糺，貴與賤交，禍至而福逃。」

六五，童蒙吉。象曰：童蒙之吉，順以巽也。

艮，少男，童也。五求於二成坤，坤，順也；二往資五成巽，巽，巽也。順則易從，巽則易入。順則樂告之以善道，巽則優柔以開導之。以此治蒙，優於天下矣，「童蒙之吉」也。五，君位，成王求助之爻乎。

上九，擊蒙，不利爲寇，利禦寇。象曰：「利用禦寇」，上下順也。

爲寇者，九二也。擊蒙禦寇者，上九也。坎爲盜，體師盜，用師寇也。艮爲手，擊也。爲寇者利於蒙〔一〕闇昏亂之時，蒙極而解，則是非定，蒙暗明，故曰「不利爲寇」。

〔一〕「蒙」，原作「家」，據通志堂本、四庫本改。

上九乘其蒙解之時，自上之三擊之，坎毀成兑，民悦而從之，上下之情順也，孟子謂「取之而燕民悦」也，坤爲順，故曰「利用禦寇，上下順也」。易傳曰：「若舜征三苗，周公誅三監，禦寇也。」蒙，屯之反，何也？曰：姤變者六，復變者六，遯變者十有二，臨變者十有二，否變者十有二，泰變者十有二。反復相變，聖人所以酬酢也。陸震亦曰：「卦有反合，爻有升降，所以明天人之際，見盛衰之理焉。」

䷄乾下坎上

需，有孚，光亨，貞吉，利涉大川。

彖曰：需，須也，險在前也。剛健而不陷，其義不困窮矣。「需，有孚，光亨，貞吉」，位乎天位以正中也。「利涉大川」，往有功也。

需，須也，須，待也。剛健上行，遇險未動，待時者也，故曰「需，須也，險在前也」。坎，險也。陽陷於陰中，「陷」也。「困」者，水在澤下也。需自二而上，有困反之象。三陽剛而健，能須以進，動而不屈，不陷於險，善用剛健者也，故曰「剛健而不陷，其義不困窮矣」。此以兩體言乎需也。

須以進者，需有孚而後進也。孚者，己也；孚之者，人也。豈能遽孚之哉？需自大壯變，大壯四陽同德，四與五孚，未進之時，雖未得天位，其德固已剛健有孚，特道未彰爾。及其自四而進，則「位乎天位」，乃「光亨」也。光，坎離之象。「光亨」者，以貞吉也。九五正中，待物之須而不匱者，唯正中乎，故曰「貞吉」。需道至於光亨，位乎天位，爲須之主，萬物需之，「貞吉」也。二者，夫子之待價也。五者，天下之望成湯也。此以二、五言需之才也。坎爲大川，自四之五，「往」也。乾剛須時而往，何難不濟？故曰「利涉大川，往有功也」。

於卦氣爲二月，故太玄準之以耎、傒。

象曰：雲上於天，需，君子以飲食燕樂。

雲上於天，蓄膏澤而未降，須也。君子蓄其才德，未施於用，亦須也。飲食以養其氣體，燕樂以養其心志，居易俟命，待時而動，蓋需有飲食之道。膏澤，所以養萬物也。坎爲水，兑爲口、爲和説。

初九，需于郊，利用恒，无咎。象曰：「需于郊」，不犯難行也。「利用恒，无咎」，未失常也。

三乾，天際也。四在内外之交，曰「郊」。五坎爲險難，初九正應六四，而險難在前，當守正不動，以需其應，不先時而動，不犯難而上行，故曰「需于郊，不犯難行也」。風雷相與，不失其正。天地可久之道曰「恒」，謂五變，四動而交乎下也。九五虚中以需，六四屈己以下之，如是應時之需，則上下相與，可久而无咎。陰之從陽，地道之常也。初九陽在下，需六四之應而以巽行，以上下言之，「未失常也」。九五剛健中正而曰「犯難」者，非其應而往，無因而至，前志未通也。或問：「利用恒」也、「順以巽」也、「乾道乃革」也，何取於卦也？曰：卦變也，所謂之某卦也。需「利用恒」者，需之恒也。蒙六五「順以巽」者，蒙之觀也。乾九四「乾道乃革」者，乾之小畜也，小畜之中又有離、兑，故曰革，是謂天下之至變。

九二，需于沙，小有言，終吉。象曰：「需于沙」，衍在中也。雖小有言，以吉終也。

五坎爲水，二、三兑爲澤。水往矣，而其剛留於澤者，剛鹵也，二在澤中，剛而柔，沙之象，沙，近於險者也。五不應二，故二需之。九二得中，剛而能柔，待時而動，其動必以正。積誠既久，二五相合，坎化爲坤，險難易而爲平衍矣。需于沙而不妄動，則平衍固在其中矣，故曰「需于沙，衍在中也」。六四與五，近而相得。四見二不應而需之，與已〔一〕異趨，「小有言」宜矣，兑口爲言也。君子自守，亦何傷哉？夫子不進猶不免於有言，矧餘人乎？二非終不進也，動則正，正則吉，而兑毁，雖小有言，終无凶也，故「終吉」。象言「以吉終」者，二之五以吉行，故有終，勉之也。

九三，需于泥，致寇至。象曰：「需于泥」，災在外也。自我致寇，敬慎不敗也。

坎水坤土，水澤之際，爲泥。九三剛健之極，進逼於險，已將陷矣，「需于泥」也。上六坎在外，爲災，故曰「需于泥，災在外也」。九三守正可也，動則上六乘之。坎爲盜，盜有戎兵，寇也。寇雖險，我動不正，而迫之已甚，則至，故曰「致寇至」。上乘三成坤，爲輿，坎爲車多眚，則敗也。九三正而明，能抑其剛健，持之以敬慎而不動，誰能敗哉？敬者，持其正也。三、四下有伏艮，艮，止也，慎之象。故曰：「自我致寇，敬慎不敗也。」

六四，需于血，出自穴。象曰：「需于血」，順以聽也。

乾變坎爲血，九五大壯乾變，故曰「血」。坎爲隱伏，兑爲口，穴也。六四，處險者

〔一〕「已」，四庫本作「五」。

也。據坎、兑之際，三陽自下而進，故曰「出自穴」。六四安其位，以一陰礙之，有險在前，進退不可，則陰陽必至於相傷，小人安險，不傷不已，故曰「需于血」。爲六四者，不競而順以聽之則善，故曰「需于血，順以聽也」。惟順以聽，是以三陽出自穴而无違焉。六四，坤，順也；坎，耳，聽也。

九五，需于酒食，貞吉。象曰：「酒食貞吉」，以中正也。

需至于五，陰已退聽，難已獲濟，位乎天位，應天下之須。坎、震爲酒，兑口在下，酒食之象。酒食，所以養人者也，故曰「需于酒食」。九五爲需之主，應之以中正而已。天下之需於五者，无須不獲，各足其量而止，如飲酒者止於醉，食者止於飽，需者无窮，應者不動，故「貞吉」。「貞吉」者，以中而正也。中則養之者不過，過則應之有時而窮，故曰「酒食貞吉，以中正也」。坎〔一〕、震爲酒，何也？曰：震爲禾稼，麥爲麴糵，東方穀也，故東風至而酒湧。

上六，入于穴，有不速之客三人來，敬之終吉。象曰：不速之客來，敬之終吉。雖不

〔一〕「坎」，原作「次」，據通志堂本、四庫本改。

當位，未大失也。

需者訟之反。三陽自外而入，坎、兑爲穴，故曰「入于穴」。客在外，主人以辭速之曰「吾子入矣，主人須矣」。九五，需之主也。三陽乾，兑居西北之位，客也，自外而入，主人未應，「不速之客」也。三人者，三爻也，故曰「不速之客三人來」。「敬」者，持其正也。上六、九三當位而應，九二、初九不當位而不應。君子固有至於是邦，无上下之交者，豈可以不速之客而不敬乎？三陽，同類也，敬其一不敬其二，則需之者所失大矣。爻辭言「不速之客三人來，敬之終吉」，而象辭去其三人，止曰「不速之客來」者，爲上六也。上六於二、於初爲不當位也，當位而應則得一人，不當位而兼應之則得三人。自不當位言之則失也，自得三人言之，則「雖不當位，未大失」也。「終吉」者，不失其正，故吉。卦體需也，有所失人，則失需之義矣。卦四陽君子，二陰小人，於六四戒之以順聽，於上六戒之以敬客，君子得位則小人必得其所，故爲小人謀者如此。

䷅坎下乾上

訟，有孚，窒惕，中吉，終凶。利見大人，不利涉大川。

彖曰：訟，上剛下險，險而健，訟。「訟，有孚，窒惕，中吉」，剛來而得中也。「終凶」，訟不可成也。「利見大人」，尚中正也。「不利涉大川」，入于淵也。

乾，健也。坎，險也。兩者相敵，所以訟也。无險則无訟，无健則不能訟，險而健故訟。此以兩體言訟也。

訟自遯來，九三之二，二有孚于五。剛來揜於二陰之中，剛實有孚信，而見窒於人，不窒則无所事於訟矣。雖有孚也，然剛失位，見窒於二陰。邪正是非，上未辯也，能惕懼處柔，訟而不過乎中，則免矣。離爲目，巽爲多白眼，惕之象，故曰「有孚，窒惕，中吉，剛來而得中也」。此以訟三之二言九二之才也。

訟剛過而不反，終成其訟，必凶，故曰「終凶，訟不可成也」。此以成卦上九言訟之終也。

九五，大人聽訟者也。中正在上，无所偏係，君子、小人各得其平，故九二利見之，以中正爲尚也。離爲目，見也，有善聽者然後孚信，懼而得中吉，故曰「利見大人，尚中正也」。此以九五言訟之主也。

訟一變巽、二變鼎、三變大過，坎水變兑，川壅爲澤，乾首没于澤中，「入于淵」也。天下之難，未有不起於争。剛、險不相下，君子、小人不相容，難始作矣。聖人見其訟也，戒之中正，戒之不可成。若濟之以争，是以亂益亂，相激而爲深矣。漢唐之亂始於小人爲險，君子疾之已甚，其弊至於君子、小人淪胥以敗而國從亡，故曰「不利涉大川，入于淵也」。此以卦變終言一卦之義也。

在卦氣爲清明三月節，故太玄準之以争。

卦一變、二變，何説也？曰：在賁之彖曰「柔來而文剛，分剛上而文柔」，在无妄之彖曰「剛自外來而爲主於内」，此舉一隅也。剛柔相變，上下往來，明利害吉凶之无常也。是故一卦變六十有三，此焦延壽易林之説也。

象曰：天與水違行，訟，君子以作事謀始。

天西行，水東行，「違行」也，行相違乃有訟。巽爲事，乾陽始於坎，作事而謀始則訟不作，窒訟之源也。

初六，不永所事，小有言，終吉。象曰：「不永所事」，訟不可長也。雖小有言，其辯明也。

初與四應，九二間之，此初六所以訟也。初往訟二，四來應初，坎毁巽降兑見，坎，險也，兑，説也，巽爲事，坎又爲可，不永所訟之事也。訟，事之險者，「不永所事」，以訟不可長也，永其訟者，未有不及禍者也。兑爲言，陰爲小，「小有言」也。初六往而直己，九四體離而明，四剛、初柔各得其正，故雖小有言，而其辯易明，明故「終吉」，初以四爲終也。易傳曰：「在訟之義，同位而相應，相〔一〕與者也，故初與四爲獲其辯明；同位而不相得，相訟者也，故二與五爲對敵也。」

九二，不克訟，歸而逋，其邑人三百户无眚。象曰：不克訟，歸逋竄也。自下訟上，患至掇也。

二五本相應，以兩剛不相下，此二所以訟五也。然五，君也，其德中正，以不正而訟中正，不可也，況以臣訟君乎？「不克訟」者，義不克也，故退歸而逋，則其邑人三百户得以无眚，不然五來討二，禍及邑人矣。「歸」者，二自五而反。「逋」者，失位而竄。

〔一〕「相」，原脱，據通志堂本、四庫本補。

坎爲隱伏，坤爲衆，坎動入於衆中，竄也，故曰「不克訟，歸逋竄也」。自下訟上，於勢爲逆，於義爲非，禍患至於逋竄，自取之，猶掇拾也。二去成艮手，掇拾之象。乾策三十有六，坤策二十有四。九二變則二、三坤策，四、五乾策，合而言之，「三百」也。坤爲戶，二在大夫位，爲邑。自三至五歷三爻，坎在内爲眚，二動去位則无眚，故曰「其邑人三百戶无眚」。太玄曰「兩虎相牙，掣者全也」，歸而逋之謂乎？古者諸侯建國，大夫受邑。諸侯之下士，視上農夫，食九人，中士倍下士，上士倍中士，大夫倍上士，卿四大夫，君十卿禄，天子之大夫視子男，大國之卿當小國之君，然則諸侯之卿，當天子之大夫也，食二百八十有八人。三百戶，舉全數也。

六三，食舊德，貞厲，終吉。或從王事，无成。象曰：「食舊德」，從上吉也。

乾爲剛德，上九陽極而老，「舊」也。三之上成兑爲口，「食舊德」也。食舊者，食其素分，猶言不失舊物也。古者分田制禄，公卿以下必有圭田，以德而食，其來舊矣。公卿以下所食，如周官家邑、小都、大都之田是也。三公位乾，上九，郊之象。六三當爭勝之時，不喪其舊，以下訟四而從上也。三從上而四間之，宜有訟。然三柔而明，柔則不能訟，明則知不可訟而止，是以從上而食舊德。六三介九二、九四兩剛之間而失位，「厲」也。往從上九，則上屈其剛就之，无所事訟，得位而食，「終吉」也。三之從上，非苟從也，「或從王事」，以成功歸之。已終其事，不以无事而食，是以「食舊德」也，非從上之吉乎？乾五爲王，巽爲事，三，内卦之成，上，外卦之終，故曰〔一〕「或從王事」，「无〔二〕成」有終。寶嬰訟田蚡，上下相激，至亡其身，不知六三之吉也。易傳曰：「訟者剛健之事，故初則不永，三則從上，二爻皆以處柔不終而得吉，四亦不克而渝得吉，訟以能止爲善也。」

九四，不克訟，復即命，渝安貞，吉。象曰：「復即命，渝安貞」，不失也。

訟生於仇敵，故有忿争，不安其命者焉。九四上承五，下乘三，而初爲應。五，君也，不可訟也。三從上，初從四，无與爲敵者，故「不克訟」。乃克其剛强欲訟之心，而與初相應，相應則情義相得，各復其所，何訟之有？各復其所者，「復即命」也。命者，正理也。復即命則變前之失，安於正理矣。訟者，始於剛强而不明。九四處柔體離、

〔一〕「曰」字，四庫本無。

〔二〕四庫本「无」字前多一「以」字。

巽，柔巽故无狠怒，明則知可否，斯九四所以能復者歟？巽爲命，何也？曰：巽爲風，風者，天之號令，在人則命也，受之於天也，故先儒以巽爲命、爲號令、爲事。巽象曰「申命行事」，正與否則繫乎爻位之得失。陸績曰：「訟之復，乾變而巽。」

九五，訟，元吉。象曰：「訟元吉」，以中正也。

九五聽訟之主，未能使人无訟，何謂「元吉」？大人得尊位，以中正在上，无所偏係，邪枉之道不行，故吉。「元吉」者，其始本吉，吉之至善者也，此皋陶、淑問、召伯聽訟之爻。

上九，或錫之鞶帶，終朝三褫之。象曰：以訟受服，亦不足敬也。

三限乎上下之際，腰之象也。上九之三，「或錫之」。乾變爲金，腰以金飾，「鞶帶」也。三，離日之上，爲「終朝」。兑爲毁折，伏艮爲手、爲「受服」。三復位，鞶帶毁，有褫之象也，故曰「或錫之鞶帶，終朝三褫之」。自五之三歷三爻，「三褫」也。「敬」者，人以其正足憚，故敬之。上九成訟而居上位，受服不以正，知其雖有是物，亦不足取敬於人，内自愧恥，不安其服，是以「終朝三褫之」。争訟逆德，非人之本心，故不克訟則歸而逋竄，以訟受服則愧而三褫。

䷆坎下坤上

師，貞，丈人吉，无咎。

彖曰：師，衆也。貞，正也。能以衆正，可以王矣。剛中而應，行險而順，以此毒天下而民從之，吉又何咎矣。

坤，衆也。五陰而一陽爲之主，利於用衆。二有震體，震，動也，聚衆而動之，亦用衆也。周官自五人爲伍，積之至於二千五百人爲師，亦衆也，故曰「師，衆也」。用師之道，以正爲本。九二動之五，正也。苟動不以正，出於忿鷙驕矜，雖迫之以威，非得其心也。惟一本於正，使衆人皆得其正，天下之民將歸往之，王者之道也。師自復來，初之二者也。一變師，二變謙，三變豫，四變比，至比而得尊位，可以王矣，要終而言也，故曰：「貞，正也。能以衆正，可以王矣。」丈人者，尊嚴可信，長者之稱。身在險中，服其勤勞，則衆應之，「能以衆正〔一〕」者也。震爲長之象，言九二也。武王之於尚

〔一〕「正」字原脱，據通志堂本、四庫本補。

父、宣王之於方叔是已。子夏傳本作「大人」。

將帥之道，不剛則慢而不肅，剛而不中則暴而无親，剛中矣，而上无柔中之主以應之，則睽孤内顧，動輒見疑，己且不暇恤，其能成功乎？古者人君之用將，既得其人矣，跪而推轂，付之斧鉞，進止賞罰，皆決於外，不從中制，是以出則有功。語天下之至險者，无若師也。師動以義而民從之，雖至險而行之以順也。坎自初之二，進而上行，「行險而順」也。凡藥石攻疾謂之毒，師之所興，傷財害物，施之天下至慘也，聖人不得已而用之，以去民之害，猶用毒藥以攻疾，雖曰毒之，其實生之。以此毒天下，而民安有不從者哉？兼是五者唯九二乎？是以吉而无喪敗，合於義而无咎也。坎爲險，又爲毒者，險難之所伏也，醫師聚毒藥以攻疾，所以濟險難也，故又爲藥，故曰：「剛中而應，行險而順，以此毒天下而民從之，吉又何咎矣。」

在卦氣爲立夏四月，故太玄準之以衆。

象曰：地中有水，師。君子以容民畜衆。

物之在天地間至多者，无若水也。地中能有之，師之象也。故土雖緻密而含通流泉，河海之大，不能出其涯涘。君子寬以容民，又有度量，上下維持以畜衆。繫辭曰「陽一君而二民，陰二君而一民」，民謂陰爻也，有陽爻則陰爻爲民。所謂「容民」者，言内卦也。坤爲衆，所謂「蓄衆」者，言外卦也。或曰：隱至險於大順，伏師旅於民衆，井田之法也。

初六，師出以律，否臧凶。 象曰：師出以律，失律凶也。

坎、坤爲律，律謂之法者，度量衡之法，起於黄鍾之九寸，黄鍾，坎位也。爾雅曰：「坎，律銓也。」兵法：「地生度，度生量，量生數，數生稱，稱生勝。」「師出以律」，則教道素明，兵卒有制，勝敵之道也。初六不正，動則坤、坎毁，師失律之象也。「否臧」，失律也，否讀爲「可否」之「否」，劉遵曰「否字，古之不字也」，失律者爲不善，否臧則不善，杜預亦曰「否，不也」。故辭曰「否臧」，象曰「失律」，失律則凶矣。或曰：師出无名而以律，可謂臧乎？曰：司馬掌九伐之灋，不正而動，是亦失律，安得不凶？春秋傳晉荀首曰：「在師之臨，曰『師出以律，否臧凶』。執事順成爲臧，逆爲否。衆散爲弱，川壅爲澤，有律以如己也，故曰『否臧』，其律竭也。盈而以竭，大〔一〕且不整，所以凶也。」

〔一〕「大」，春秋左傳作「夭」。

曰師之臨者，初六動而成兑也。坤爲衆，坎爲律、爲川。坤毁則衆散，坎毁則川壅而律竭。

九二，在師中，吉，无咎，王三錫命。象曰：「在師中吉」，承天寵也。「王三錫命」，懷萬邦也。

卦五陰聽於一陽，在下而專制其事者也。人臣惟在師可以專制，然專制疑於擅權，不專制无成功之理，得中道乃吉，而於義无咎。九二剛居柔，威和並用，得中者也，故能承天寵。「天寵」者，龍光也。乾在上爲天，五坎爲光，二震爲龍，二〔一〕之專制以五寵之。譬之地道，「含萬物而化光」，非天地之施乎？惟在師得中乃能承天寵，不然，怙寵而驕，必有凶咎。莫敖自用，得臣剛而無禮，安能承天寵哉？坤在上爲邦，四諸侯，三公，五乾爲王。九自四歷三爻，二有伏巽爲命，「王三錫命，懷萬邦也」。古者諸侯入爲天子之卿，天子之卿爲六軍之將，王錫命之至于三，極數也，然亦不過乎中，萬邦所以懷歟。過則濫賞，有功者不悦，非所以懷來之。九自五之二，懷來也。

〔一〕「二」，原作「一」，據通志堂本、四庫本改。

六三，師或輿尸，凶。象曰：「師或輿尸」，大无功也。

九二以剛中之才行師，上下當順以聽，坎耳坤順也。六三在下卦之上，又動而主之，則尸其事者衆也，故曰「師或輿尸」。坤爲輿，輿又訓衆，三動得位，尸之也。坎變兑，毁其師也，故大者无功而凶。荀卿論兵曰：「權出一者彊，權出二者弱。」易傳曰：「軍旅之任不專一，覆敗必矣。」

六四，師左次，无咎。象曰：「左次无咎」，未失常也。

六四之動，震爲左，日〔一〕在地下，暮夜之時。師宿爲次。坎，阻水也。險難在下，救者當倍道赴之，動而左次，阻水以自固，豈用師之常哉？宜有咎。然六四柔能自正，而下无應，知其不可行，量敵慮勝，臨事而懼，未失坤之常也，於義爲无咎。春秋書齊師、宋師次于聶北救邢，按兵待事，卒能救邢，何咎於次哉？易傳曰：「度不能進而完師以退，愈於覆敗遠矣。可進而退，乃爲咎也。」易發此義以示後世，其仁深矣。」

六五，田有禽，利執言，无咎。長子帥師，弟子輿尸，貞凶。象曰：「長子帥師」，以中

〔一〕「日」，原作「目」，據四庫本改。

行也。「弟子輿尸」，使不當也。

五應二，二爲田。震爲稼，坎爲豕，田豕害稼，四時之田皆爲去害。二往之五成艮手，爲執，伏兑爲言，「執言」者，奉辭罰罪也。六五柔中以任將帥，二執言而行，去民之害，不得已而用師。譬如田獵，田既有禽，然後取之。田有禽則非无名，興師執言則我有辭，於義无咎矣，故曰：「田有禽，利執言，无咎。」然六五柔，於用人不可不戒。九二震爲長子，帥衆而衆從之者，以剛居柔，威克厥愛，以中道行師也。若五動成艮，於震爲弟，於乾爲子，之三則坎毀。既使二主師，又使三主之，「輿尸」也。所任不一，雖正亦凶。九五，正也。艮手有上使之意，上使不當也。輿尸之凶聖人再言之者，任將不可不重也。易傳曰：「自古任將不專而致覆敗者，如晉荀林父邲之戰，唐郭子儀相州之敗是也。」

上六，大君有命，開國承家，小人勿用。象曰：「大君有命」，以正功也。「小人勿用」，必亂邦也。

上六動，乾在五上。五，君位，「大君」也。大君者，號令之所自出也，故履之上九、臨之六五，皆曰「大君」。上之三成巽，巽爲命，「大君有命」也。有命以正，有功也。有大功者，「開國」使建國；有小功者，「承家」使受邑也。四，諸侯位，震爲長子，主宗廟社稷，開國者也。二，大夫，爲家，初陰在下承之，承家者也。巽三在二、四之中，有「開國承家」之象，上師之，成宗廟之位。古者賞人必於祖廟，示不敢專，故於上六併言之。六三不正爲小人，三之上，小人用於上，成坤，「必亂邦也」。行師之時，貪愚皆在，所使未必皆君子。及其成功而行賞，則君子當使之開國承家，小人厚之以金帛，優之以禄位，不害其爲賞功也。蓋胙之土，萬世之利，尊有德所以示訓，若小人无厭，有民人社稷，其害必至於亂邦。周頌賚「大封于廟」，言錫予善人也。光武中興，臧宮、馬武之徒，奉朝請而已，得此道也。然寇、鄧諸賢无尺寸之土，亦過矣。易傳曰：「小人易致驕盈，况挾功乎？漢之英、彭所以亡也。」或問：坤爲土，爲國邑，古亦有言之者乎？曰：周太史爲陳侯之子筮之，遇觀之否。觀四[一]，諸侯之位也。坤爲土，變而爲乾，乾父坤母，繼父母之國者也，故曰「其代陳有國乎」。内卦坤爲土，風行地上，不處者也，故曰「風行而著於土，其在異國乎」。此皆以坤土爲國也。畢萬將仕

[一] 通志堂本、四庫本「四」前多一「六」字。

於晉，遇屯之比，初九變也。辛廖占之曰：「震爲土，車從馬，公侯之卦。」又曰：「公侯之子孫必復其始。」二，大夫位也，言自大夫復爲諸侯，以坤土動於下也。

䷇坤下坎上

比，吉，原筮，元永貞，无咎。不寧方來，後夫凶。

彖曰：比，吉也。比，輔也，下順從也。「原筮，元永貞，无咎」，以剛中也。「不寧方來」，上下應也。「後夫凶」，其道窮也。

「比吉」者，比而吉也。凡物孤則危，群則彊。父子、夫婦、朋友，未有孤危而不凶者，人君爲甚。故比而吉，謂九五也。「比，輔也」，一陽在上，四陰在下順從之，比所以吉也，故曰「比，吉也。比，輔也」。此合兩體言比也。

然比當慎，不可以不與善，不可以不長久，不可以不正。有是三者，乃可以无咎。以其當慎也，故「原筮」以決其所從，原，再也，如原蠶、原廟之原。比自復來，一變師，二變謙，三變豫，自謙至豫，有艮手持震草占筮之象，故曰「原筮」，原筮則其慎至矣。復初九始於正，四變成比，不離於貞，「元永貞」也。元，君德也，善之長也，乾剛之始也。蓋比道之難，既原筮以審之，其始也相比以善，其終也永貞，則无咎矣。不然，慮之不審，其始比之不善，或貞而不永，豈能无咎？「原筮，元永貞」者，九五也。九五之剛，乾元也，故曰元，位乎中正，故永貞，故曰「以剛中也」。坎往則坤來，坎，勞卦，不寧也，坤爲方，「不寧方來」也。比之時，下雖比輔，不敢自寧，則上下相應，多方來矣，故曰「不寧方來，上下應也」。謙坤三四五爻先來比之，上六獨安其位而不來，欲來則已，後不來則履險而逼，道窮而不知變，故凶。上六之所以凶者，後夫三爻也，故曰「後夫凶」，比道貴先故也。

象曰：地上有水，比，先王以建萬國，親諸侯。

地上有水，相比而无間。乾五，王也；四，諸侯位。坤土在上，國也。坤爲衆，萬國諸侯，衆多也。比，師之反，九二爲五，有先王「建萬國、親諸侯」之象。「建萬國」者，衆建也。建萬國則民比其國君，親諸侯則國君比于天子。封建自上古聖人至于三代不廢，享國久長，秦罷侯置守，二世而亡，此封建不可廢之驗也。患封建不得其道耳，得其道者，建萬國是已。夏承唐虞，執玉帛者萬國，成湯之時七千七百七十三國，成周千八百國。而夫子必曰「建萬國」者，衆建諸侯而少其力也，衆建則多助，少其力則易制。觀此，則周官諸侯之制，疑若非周公之意也。

初六，有孚，比之无咎，有孚盈缶，終來，有它吉。象曰：**比之初六，有它吉也。**

初六不正，未能信者也。比道以信爲本，中心不信，人誰親之？以是比人，宜有咎。四與初本相應，初動而正，往比之，則有孚信矣，孚者，信之應也，春秋傳曰「小信未孚」，故「有孚，比之无咎」。初六坤土，坤爲腹，動之四成兑，兑爲口，巽爲繩。土器有腹、有口，而繩引之，坎水盈其中，「盈缶」也。缶所以汲，質素之器，誠之象。水盈其中，亦誠信充實而無閒之象，「有孚」之謂也。比之有孚，何咎之有？故曰「有孚盈缶」。初，始也；四，終也。初自四復位，「終來」也。四非正應，謂之「它」，子夏曰「非應稱它」。初比之以誠信，其終也來，有它之吉矣。若始比不以誠，其能終有它乎？故曰「比之初六，有它吉也」。陸績曰「變而得正，故吉」，是也。

六二，比之自内，貞吉。象曰：「**比之自内**」，**不自失也。**

六二、九五，中正相比，剛柔正而位當。聖人猶曰「比之自内」者，六二，柔也，恐其自失也。二處乎内，待上之求然後應之，比之自内者也，故「貞吉」，正則吉也。不能自重，汲汲以求比，動而自失其正，道亦不可以行矣。枉尺直尋，未有能直人者也，故曰「比之自内，不自失也」。易傳曰：「士之修己，乃求上之道。降志辱身，非自重之道也。故伊尹、武侯救天下之心非不切，必待禮至而後出也。」

六三，比之匪人。象曰：「比之匪人」，不亦傷乎。

「比之匪人」與「否之匪人」同義，子夏曰「處非其位，非人道也」。三、四處中，人位也。人道相比以正，六三柔而不正，處非其位，遠比于上六，以非道而不應，近比乎六四、六二，以不正而不受。天地之間未有不相親比而能自存者也，比之而人莫與，不亦可傷乎？虞翻曰：「體剥，傷象。」彌子瑕曰「孔子主我衛，卿可得也」，孔子曰「有命」。魯桓公求會於衛，至桃丘，衛侯弗與之見。求比而不得，不亦可傷乎？可傷則悔吝不必言也。

六四，外比之，貞吉。象曰：外比於賢，以從上也。

四以五爲外，内外相形而後有也。六四當位，不内比於初，絶其繫應，外比於五，守正不動，則相比以誠矣，故「貞吉」。五以德言之，剛健中正，賢也；以位言之，君上也。以正比賢，以臣比君，外比之所以吉歟？易曰「東北喪朋，安貞吉」，六四之謂乎？

九五，顯比，王用三驅，失前禽，邑人不誡，吉。象曰：顯比之吉，位正中也。舍逆取順，「失前禽」也。「邑人不誡」，上使中也。

九五，比之主，坎爲明，顯明比道者也，故曰「顯比」。五位乎正中，比者因以比之，不規規以求比於物，比之以正中之道，所以吉也，故曰「顯比之吉，位正中也」。乾五爲王，自四至二歷三爻。坤爲輿、爲衆，坎爲輪，田獵之象，「王用三驅」也。艮爲黔喙，坎爲豕，震爲決躁，内卦爲後，外卦爲前，嚮上爲逆，順下爲順，故曰「失前禽」也。顯比之道，譬之從禽。王者之於田也，三面驅之，闕其一面，逆而嚮我則舍之，背而順我之射則取之，舍之者，明比也，取之者，明不比也，所謂正中也。施於征伐，叛者伐之，服者舍之，故曰「舍逆取順，失前禽也」。坤在下爲邑，謂二也。邑人者，二乾也。二之五，艮見兑伏，兑爲口，「邑人不誡」也。王者之比，天下无遠邇、无内外、无親疎，不以邑人近則告誡而親之，不以僻陋之國遠則不誡而疎之，使人人以中道相比，無適無莫，則吉若顯比矣，其道猶狹未吉也，故曰「邑人不誡，上使中也」。或曰：安知捨逆之爲嚮我，取順之爲射取之？曰：觀其所殺而知也。射者，從禽左而射之，由左達右，詩曰「公曰左之，舍拔則獲」。故田有三殺：自左膘達于右腢爲上殺，射右耳本爲中殺，射左髀達于右髃爲下殺。面傷不獻，剪毛不獻。鄭康成曰：「禽在前來，不逆而射之也，去又不射也，唯其走者，順而射之。」王弼亦曰：「趣己則舍之，背己而走則射之。」

上六，比之无首，凶。象曰：「比之无首」，无所終也。

六三動而比上，上比乎三成乾，乾爲首。三者上〔一〕之始，上者比三之終，三不知比上則比之无首，上不知比三則比之无終，「比之无首，无所終」矣。正者宜吉，然上六不免於凶者，正而不知〔二〕用也。道與人，同者也，不相親比與比之而无首，雖正亦凶。

☰乾下巽上

小畜，亨，密雲不雨，自我西郊。

象曰：小畜，柔得位而上下應之，曰小畜。健而巽，剛中而志行，乃亨。「密雲不雨」，

〔一〕「上」前疑脱「比」字。
〔二〕四庫本無「知」字。

尚往也。「自我西郊」，施未行也。

柔自姤進而上行，至四得位，上下五剛説而應之，説則見畜矣。一柔畜五剛，小畜大，臣畜君也，爻非所應，亦曰「應之」，陰者，陽之所求也，故曰「柔得位而上下應之，曰小畜」。此以六四言小畜之義也。

下乾，健也；上巽，巽也。九二、九五，剛中也。健而濟之以巽則易入，剛不過乎中則志行，於上下兩者得則柔道亨，而陽爲陰所畜矣，故曰「健而巽，剛中而志行，乃亨」。此以兩體、二五言小畜之才也。

兑，盛陰也。「密雲」者，兑澤之氣上行也。「雨」者，陽爲陰所得，相持而下者也。六四志在畜君，以往爲尚，畜君者，好君也，不得於君，其能畜乎？故曰「密雲不雨，尚往也」。此再以六四言小畜也。

乾，天也，在内外之交而見天際，郊之象。兑，西也。「我」者，内爲主，柔自下升。天地之理，陽唱則陰和，西郊，陰也，密雲不雨，陰先唱也，以臣畜君，雖尚往也，然不待唱而先之，則其施未行。「施」者，膏澤下流也。柔得位，待唱而往，則君施行矣，故曰「自我西郊，施未行也」。聖人言此，示臣强之戒。且曰：陰畜陽，小畜大，終不可以成大事。乾，天下之至健，至難畜者，非剛健篤實，輝光日新其德，豈能畜之？

在卦氣爲四月，故太玄準之以斂。

象曰：風行天上，小畜，君子以懿文德。

天，剛德，文，柔德，風行天上，剛爲柔所畜，小者畜也，君子以是懿文德。傳言：「太虛無礙，大氣舉之。」

初九，復自道，何其咎，吉。象曰：「復自道」，其義吉也。

聖人欲明陽不受畜於陰之義，故以履、小畜二卦反復明之。小畜，履之反，初本在上，二本在五，三本在四，故初、二皆以復言之，三，受畜而不得復者也。初者，九之位，正也，正者君子之道。初九不受畜而復，四猶未爲得，所宜有咎。然由正道而復，四亦以柔道下之，何其咎哉？於義吉也。

九二，牽復，吉。象曰：牽復在中，亦不自失也。

小畜以一陰畜五陽，五本二之位，五動則二應，同志者也。二乾體剛健，五巽體柔巽，二進而欲復其所，五以同志牽挽而復之。巽爲繩、爲股，艮爲手，「牽復」也。二，牽挽而後復者，畜之已深，不若初九自道而復爲易。然在小畜之時，五能下之，引類自助，爲得中道，二復而在中，亦不自失其正，而吉兩得之也。易傳曰：「同患相憂，二、五志同，故相牽連而復，二陽並進則陰不能勝，得遂其復矣。」

九三，輿説輻，夫妻反目。象曰：「夫妻反目」，不能正室也。

子夏傳、虞翻本「輻」作「輹」，當作「輹」。上九、九三本相應，若動而成震，坤，其輿也，陽畫，輿下横木也，爲輹。九三見畜不可動，兑爲毁折，「輿説輹」矣，其能進乎？震爲夫，離爲妻，爲目，巽爲多白眼。九三剛而不中，見畜而怒，故反目相視，妻制其夫，男女失位，不能正室也。三、四巽、離，有家人象，故以室言之。妻，齊也，敵夫之辭。震、離同象，故曰「夫妻」。初、二畜於巽而復，獨九三畜於六四而不復者，九三失道，比於四而悦之也。陽无失道，陰豈能畜之？聖人詳言此者，爲陽畜於陰之戒。易傳曰：「未有夫不失道而妻能制之也。」春秋傳晉獻公筮嫁伯〔一〕姬於秦，遇歸妹之睽，史蘇占之，曰「車脱其輹」。歸妹外卦震也，上六變離震毁，車脱其輹，與此爻及大畜九二同象。

六四，有孚，血去惕出，无咎。象曰：「有孚惕出」，上合志也。

〔一〕「伯」，原作「相」，據通志堂本、四庫本改。

五，君位，體巽，四近而相得，以正相比，臣畜君者也。四不繫於初，誠信孚于上，「有孚」也。三陽務進而上，四以一陰乘之，若畜之以力，陰陽相傷，可不惕懼乎？唯誠信孚于上，而與上之志合，則物莫之傷，而惕懼遠矣。伏坎爲血、爲加憂，巽爲多白眼，惕也。「血去惕出」者，四五相易，合志之象。象辭不言「血去」，蓋「惕出」則血去可知。九五之剛，六四在下，止畜其欲，非誠信感之，上下志合，是嬰龍鱗也，豈能畜哉？惟其有孚志合，守正而見信，故以此處上下之際而无咎。自古人臣得位，上畜乎〔一〕君，下畜乎衆，君子不如六四之有孚，未有不傷。霍光之於魏相、蕭望之，卒見傷也。

九五，有孚攣如，富以其鄰。象曰：「有孚攣如」，不獨富也。

五近四相得，无應以分其志，有孚也。易言「交如」者，巽體交也；言「攣如」者，同體合也。四、五同巽體，君臣合志，「攣如」也。小畜一陰畜五陽，常恐力不足而見傷。五〔二〕於畜時，雖得尊位而不能畜，以其富也。委之於鄰，併力而畜之，「有孚攣如」，則

〔一〕「乎」，原脱，據通志堂本、四庫本補。
〔二〕「五」，原作「王」，據通志堂本、四庫本改。

衆陽皆爲我用矣。陽實爲富，陰虚爲貧，四虚五實，而五與之共位食禄，四得盡其心，能以富用其鄰也。「以」，如「師能左右之曰以」。相比爲鄰，巽、離亦鄰也。「富以其鄰」，「不獨富」，謂富善人也。

上九，既雨既處，尚德載，婦貞厲，月幾望，君子征凶。象曰：「既雨既處」，德積載也。「君子征凶」，有所疑也。

大畜畜之以止，畜極則散；小畜畜之以巽，極則畜道成矣。上九動而畜三，九三止而見畜，坎見兑澤流，「既雨」也，既雨則陽與陰和矣。九三不往而還其所，「既處」也，既處則不進矣。陽剛健，既雨、既處豈一日畜之哉？柔巽易入，陽説而受制，則剛者退避，柔者尚之，積之甚微，至於載之而有不知也。坎爲輪，乾，陽德也，而在下，巽，陰德也，而在上，陽反載之矣。巽爲婦，當以柔巽從夫爲德，陰而畜陽，柔而畜剛，非德之正。以是爲正，守而不變，危厲之道。譬之月也，望則陰道盛滿，即復虧而成巽，巽畜乾，豈婦德哉？坎爲月，離日在兑西，月望之時也。六四未中，「幾望」也。君子，上九也。陰盛陽消，君子有害，動而去之則正。「征」，以正行也，然不可動，動則凶，故不得已而處，「有所疑」也，巽爲不果，疑也。可動者，其唯小畜之初乎？

䷉兑下乾上

履虎尾，不咥人，亨。

彖曰：履，柔履剛也。説而應乎乾，是以「履虎尾，不咥人，亨」。剛中正，履帝位而不疚，光明也。

履，踐也。言踐履之道，一柔而履二剛，上爲乾剛所履，不言「剛履柔」者，三柔，履之主也，以柔履剛，踐履之難，處之得其道，履之至善也，故曰「柔履剛」。此以六三一爻言履之義也。

卦後爲尾，兑爲虎、爲口，虎口，咥人者也。乾，健也，上九極乾，六三以柔履其後，上九與三相易，上復成兑，是履猛虎之尾，怒而見咥者也。三，兑體，下説乎人之情，上應乎乾，上極健而我應之以和，雖剛而不忤，和而不流，柔而不犯，推是道以行，蹈吕梁之險可也，故處乎五剛之間，柔而能亨。關子明曰：「履而不處，其周公乎。」故曰：「説而應乎剛，是以履虎尾，不咥人，亨。」此合兩體言履至危而亨也。

九五以天德臨下，剛不中正，有所偏繫，則君子畏禍將去之，小人以柔邪而進，陽爲陰所病矣。九五中正，踐帝位，立乎萬物之上，无所累其心，舜、禹之有天下也，履道至此，光明格于上下矣。離爲明，疚，病也，陰陽失位爲病。六三不正，五不應之，「不疚」也。故夫子贊之曰：「剛中正，履帝位而不疚，光明也。」今之王，古之帝也。獨於履言「帝位」者，易君德而當君位者五卦，否、无妄、同人、遯，乾體也，而无履之時。有是德，有是時，而履是位者，唯履而已。上下履位，物物循理之時也。

在卦氣爲六月，太玄準之以禮。

象曰：上天下澤，履，君子以辯上下，定民志。

天澤相際，目力之所極，則視之一也，而上下實異體，不可不辯。禮者，人所履，表微者也。坤爲民，巽爲不果，疑也，故君子以禮辯上下，定民志。古之治天下者，思去民之疑志以定之爾。

初九，素履，往无咎。象曰：素履之往，獨行願也。

初在履之下而正，安於下，不援乎上者也。四動而求之，斯可往矣。往以正，不失其素履。往成巽，巽爲白，亦素也，故「往无咎」。履九五中正，君位也，四爻不正，初九獨正，往之四者，將以正夫衆不正，「獨行願」也。非厭貧賤也，非利富貴也，是以

「往无咎」。易傳曰：「夫人不能自安於貧賤之素，則其進也乃貪躁而動，求去乎貧賤爾，非欲有爲也。既得其進，驕佚必矣，故往則有咎。」

九二，履道坦坦，幽人貞吉。象曰：「幽人貞吉」，中不自亂也。

二動成震，震爲大途，坤爲平衍，「履道坦坦」也，道中正也。初動二成坎，坎爲隱伏，初未往，二伏于坎中，「幽人」也，幽人言静而无求。及〔一〕初復位，動而不失其正，幽人之貞也，正則吉。初之應四，動而往，静而來，上下无常也。而幽人守正，所履坦坦者，自若其中，不自亂也。坤爲亂，二正得中，「不自亂」也。久幽而不改其操者，其唯九二乎？易傳曰：「九二陽志上進，故有幽人之戒。」

六三，眇能視，跛能履，履虎尾，咥人凶，武人爲于大君。象曰：「眇能視」，不足以有明也。「跛能履」，不足以與行也。咥人之凶，位不當也。「武人爲于大君」，志剛也。

六三離爲目，兑毁之，眇也，眇者不能視遠，言其知不足以有明也；巽爲股，兑折之，跛也，跛者不能行遠，言其才雖有上九之應，不足以相與而行也。卦一陰介五陽

〔一〕「及」，原作「反」，據通志堂本、四庫本改。

剛健之中，才知不足，處非其位，柔不勝剛，必有凶禍，故曰「咥人之凶，位不當也」。卦後爲尾，兑爲虎、爲口，履乾之後，三往乎上成兑，虎口嚙之，咥人之象。六三位不當，一也。在卦言「不咥人，亨」，爻言「咥人，凶」者，卦體説而應乎乾，應則以柔應剛，以説應健，如列禦寇所謂「達其怒心」也，爻則才知不足而有爲于大君，妄動也，是不知宋王之猛者也。乾五爲君，上九，大君也。兑，西方，肅殺之氣，武也。天右行，故天事武。三居中，志也。六柔居三，「志剛」也。六三往之上九，武人有爲于大君，志剛則決，不慮其才知不足而決於有爲，致咥之道，盆成括是已。觀六三妄動而凶，則知初九之往爲吉矣。

九四，履虎尾，愬愬，終吉。象曰：「愬愬終吉」，志行也。

九四履三陽之後，下有兑虎，「履虎尾」也。五剛，四近君多懼，然以陽居陰，謙而不處，動成震，震爲恐懼，「愬愬」也。恐懼則敬慎，敬慎則動无非正。始也履虎尾，終也恐懼不失其正，而志上行于君，「終吉」也。中爲志，動則行。

九五，夬履，貞厲。象曰：「夬履貞厲」，位正當也。

六三「履虎尾，咥人，凶」者，位不當也。九五其位正，其德當，而「貞厲」者，剛天德不可爲首也。九五履乎正位，當用六三之柔濟乎剛，健而説，決而和，斯可以履天下之籍矣。人君擅生殺之柄，不患乎无威，患乎剛過不能以柔濟，則臣下恐懼而不進，人君守此不變，危厲之道。兑爲決，三、五相易成夬，故曰「夬履」。或曰：六三不正，何以用之？義取柔濟剛也。易傳曰：「古之聖人居天下之尊，明足以照，剛足以決，勢足以專，然未嘗不盡天下之議。」

上九，視履考祥，其旋元吉。象曰：元吉在上，大有慶也。

祥者吉之先，見生於所履者也。視我之所履，則吉之來可考而知之矣。天下之理未有出而不返者也，上九所履不邪，其旋反者必元吉也。陽爲大、爲慶，上動以正，乃致大有吉慶之道，故曰「元吉在上」。三在内爲離目，「視履」也。上動而三有慶，「其旋元吉」也。上，履之終，故其祥可考焉。

周易上經乾傳第一〔一〕

〔一〕「周易上經乾傳第一」，四庫本作「漢上易傳卷一」，下均同。

周易上經泰傳第二

翰林學士左朝奉大夫知制誥兼侍讀兼資善堂翊善
長林縣開國男食邑三伯户賜紫金魚袋朱震集傳

䷊乾下坤上

泰，小往大來，吉亨。

象曰：「泰，小往大來，吉亨」，則是天地交而萬物通也，上下交而其志同也。内陽而外陰，内健而外順，内君子而外小人，君子道長，小人道消也。

小者自内而往，大者自外而來。陰陽之氣，往來相交故亨，交以正故吉，「吉亨」者，吉以亨也。以天地言之，乾坤交而成震，震，「萬物通」也，天地之泰也；以上下言之，上下交而二、五不失中，「其志同」也，君臣之泰也。不交則不通，不同則不交，此再言「泰小往大來」，所以「吉亨」也。

以氣言之，内陽而外陰則通；以德言之，内健而外順則通；以天下言之，内君子而外小人則通。泰者，通而治也。是故君子内則其道日長，小人外則其道日消，如是乃能存泰而不入於否矣。關子明曰：「乾來内，坤往外，則君子闢，小人闔，故名之曰泰，反是名之曰否。作易者其闢君子而通小人之闔也，故以君子名其卦。」

在卦氣爲正月，故太玄準之以達、交。

象曰：天地交，泰，后以財成天地之道，輔相天地之宜，以左右民。

泰者，天地交也。「財成」、「輔相」者，以人道交天地也。兑刻制，坤成物，因天地之道而財成之也，則物不屈於欲。震左兑右，「輔相」也，因天地之宜而輔相之，則人不失其利。「左右」，亦震、兑也。坤爲民，「財成」、「輔相」、「以左右民」者，立人道也。財、裁古通用。

初九，拔茅茹，以其彙征，吉。象曰：拔茅征吉，志在外也。

茅上柔下剛而潔白，君子之象也。拔其一則其根牽引，連茹而起，君子引類之象也。茹，根也。三陽同志，外有應，初九上應四，四來援之成巽，初往成震。震爲蕃鮮，巽爲白，茹者，初九之剛也。初往則二、三同類牽連而進。伏艮爲手，拔茅連茹，「以其彙征」也。征，正行也，利於正行故吉。君子在上，必引其類，將以合君子之類，併天下之力，以濟其道於泰，不然，小人以朋比而强，君子以寡助而弱，亦何由泰哉？

九二，包荒，用馮河，不遐遺，朋亡，得尚于中行。象曰：「包荒，得尚于中行」，以光大也。

兑爲澤，震爲萑，陂澤荒穢之象。二之五，以陽包陰，「包荒」也。坎爲大川，出乾流坤，行於地中，河之象也。震足蹈川，徒涉也，徒涉曰馮，「馮河」也，勇於蹈難而不顧者也。二近五遠，「不遐遺」也。陽與陽爲朋，二絶其類而去，「朋亡」也。人忸於泰，政緩法弛之時，當有包含荒穢之量，以安人情，用馮河越險之勇，以去弊事。民隱忽於荒遠，人材失於廢滯，故戒以「不遐遺」。近己者愛之，遠己者惡之，大公至正，或奪於私昵，故戒以「朋亡」。四者具，乃得配六五而行中道，所以然者，光明廣大，不狹且陋也。六五柔中以下九二，二剛中而配五，坎離日月，充滿六合而无私照，其道光大，如是則无一物不泰矣。易言道大无所不容者曰「光大」，思慮褊狹者，未光大，陋之謂也。時已泰矣，苟淺中不能容之，則輕人才，忽遠事，植朋黨，好惡不中，不足以厭服人心，天下復入于否。六五曰「中以行願也」，九二曰「中行」，中道者所以存泰也。横渠曰：「舜、文之治不過是矣。」

九三，无平不陂，无往不復，艱貞无咎，勿恤其孚，于食有福。象曰：「无往不復」，天地際也。

初、二上往，四、五復位。坤，平衍也，化爲山澤，平者陂矣。若九三不守其位，而又往上六，坤復泰將成否，故戒之。觀「无平不陂」，則知「无往不復」矣。九三在天地之際，往者當復，泰者當否，時將大變，唯艱難守貞，確然不動，乃无咎。三與上六，有孚者也。陰陽失位爲憂，憂，恤也。三、上相易，「恤其孚」也。天地反復之際，外之小人必因内之君子有危懼之心，乘隙而動，著信於我，君子應之，則大事去矣，禍至於覆其宗。「艱貞」，「勿恤其孚」，不以利害之心移其守，以拒險詖之勢，以塞反復之路，自信而已，「于食有福」矣。兑爲口，三陽爲福。君子之干禄也，修身俟命，人之信否，无以爲也，故能永享安榮，與有泰之福。或曰：時運已往，艱貞其如何？曰：天人有交勝之理。關子明曰：「象生有定數，吉凶有前期，變而能通，故治亂有可易之理。」大哉人謨，其與天地終始乎！

六四，翩翩，不富以其鄰，不戒以孚。象曰：「翩翩」、「不富」，皆失實也。「不戒以孚」，中心願也。

陽實爲富，陰虚爲貧。以，用也。鄰，五與上也。陽必求陰，陰必求陽，陰陽之情也。三陽在下，上與三陰相應，故陰得其主而安於上，君子在内小人安於外之象也。三陽相率而往，三陰失實，各復其所，故翩翩然下之初六成巽，巽爲雞，而五與上亦從之而復，不富而用其鄰也。「不富」者，「失實」也。「翩翩」者，回翔而後下之意，譬如葉墜井中，翩翩而下，以井氣扶之也。君子初去位，小人猶有顧忌，君子盡去，然後飛揚矣。君子有益於世也如此，可使一日去位乎？兑口，「戒」也。上下相應，「孚」也。君子往則小人來，兑象毁，「不戒以孚」也。不正之間獨行正者，君子之願也；衆正之間而行不正者，小人之願也。願皆出於中心，而分君子、小人者，正不正之間耳，是以君子「艱貞」。聖人言此，明天地將閉，上下各復其所，雖有聖智，莫能止也。易傳曰：「理當然者，天也；衆所同者，時也。泰既過中，則變矣。」

六五，帝乙歸妹，以祉元吉。象曰：「以祉元吉」，中以行願也。

史謂湯爲天乙，又有帝祖乙、有帝乙，陽虎謂帝乙爲微子之父，而子夏曰「『帝乙歸妹』，湯之歸妹也，湯一曰天乙」。京房載湯嫁妹之辭曰：「无以天子之尊而乘諸侯，无以天子之富而驕諸侯。」陰之從陽，女之順夫，本天地之義也。往事爾夫〔一〕，必以禮義。則「帝乙」，湯也。

五，君位，乾九二居之，「帝」也。帝，天德也。女以嫁爲「歸」。震爲長男，兑爲少女，由長男言之，妹也。六五降其尊位，下交九二，「帝乙歸妹」之象。五以柔中下交九二剛明之賢，而順從之，九二復以剛中上交於五，而其道上行，五以是成治泰之功，則以中道致福而獲元吉也，故曰「以祉元吉」。祉，福也。「元吉」者，吉之至善也。夫上交於五者，豈唯九二之願？亦六五之願。二、五道行，君臣並吉，非其願乎？故曰「中以行願也」。

上六，城復于隍，勿用師，自邑告命，貞吝。象曰：「城復于隍」，其命亂也。

上六治極而亂，以一卦言之，闕土爲「隍」，積而成「城」，泰兑之象。城高而墜，復

〔一〕「爾夫」，原作「爾天」，通志堂本作「爾夫」，四庫本作「而復」，據通志堂本改。

歸于隍，泰反爲否也。師，衆也，坤爲衆。「城復于隍」，則天地閉塞，君失其民，故「勿用師」。邑，二也。巽爲命，泰兑口爲告，坤爲亂。四之初成巽，「告命」也。五之二，「自邑告命」也。上之三成坤，「其命亂」也。當是時，雖九五正，其道不行于下，「貞吝」也。雖自邑人人而告諭之，其命曰亂，不可正矣。蓋泰之方中，君臣同心乃可以治泰，過此則變，必至於大亂而後已。

䷋坤下乾上

否之匪人，不利君子貞，大往小來。

象曰：「否之匪人，不利君子貞，大往小來」，則是天地不交而萬物不通也，上下不交而天下无邦也。内陰而外陽，内柔而外剛，内小人而外君子，小人道長，君子道消也。

天地相交，是生萬物，其卦爲泰。人於其中，爲天地萬物之主，觀之人則天地相交，萬物咸備，故三偶在上，三奇在下，鼻口居天地之中，交泰也。天地當交而否之，匪人道也。聖人位乎兩間以立人道，否之則人道絶滅矣，故曰「否之匪人」。泰初、三、四、上得位，二、五以正相易，正者衆，君子多也；否初、三、四、上不正，二、五獨正，正者少，不正者衆，小人多也。泰多君子，否多小人，豈天降之才有殊哉？否時君子消，小人長，自中人以下化之爲不正，雖有君子，寡徒少偶，難乎免於衰世，於是有「善人載尸」、「哲人之愚」。「括囊，无咎无譽」，故曰「不利君子貞」。大者自内而往，小者自外而來。乾、坤不交，震反成艮，艮者，萬物之終也，故曰「萬物不通也」。坤在上爲邦，在下爲邑，治天下之道，自庶人達于大夫，大夫達于諸侯，諸侯達于天子，上下不交，坤反於下，則民困而主不恤，下怨而上不知，俗已敗而政不修，雖有邦國，内外塞矣，故曰「天下无邦也」。

以氣言之，内陰而外陽，乾闔而坤也；以形言之，内柔而外剛，氣反而死也。一陰自姤長而爲遁、爲否，小人之道日長，君子之道日消，其禍至於空國而无君子，極坤疑乾，君臣相傷，故聖人於此終言之。

象曰：天地不交，否，君子以儉德辟難，不可榮以禄。

天地不交，上下否塞也。泰坤，吝嗇，「儉」也。兑澤，險〔一〕難也。震，蕃鮮，「榮」

〔一〕「險」，原作「儉」，據通志堂本、四庫本改。

也。否反泰，乃有君子當天地不交之時，以儉德避難，不食而遯去，雖有厚禄，不可榮之之象。

初六，拔茅茹，以其彙，貞吉，亨。象曰：拔茅貞吉，志在君也。

初六自下引九四以退，有艮、巽。九四應初，巽成震。艮爲手，「拔」也。巽爲白，震爲蕃鮮，上柔下剛而潔白者，「茅」也。「茹」，九四之剛也。三陽同類，「以其彙」也。四應初，正也。能與其類，退而守正，得處否之吉，身雖退伏，其道亨矣。五爲君，四近君，志中也。屈伸進退，相爲用也。君子之退，以小人得志，故安於下以俟其復，未嘗一日忘君也。君子所以屈而能伸，退而能進，此否所以爲泰之本歟？故曰：「拔茅貞吉，志在君也。」

六二，包承，小人吉，大人否，亨。象曰：「大人否，亨」，不亂群也。

五包二，二承之，「包承」也。順以承上，小人之正也。六二在否之時，得位在内，小人也，故曰「小人吉」。九五中正在外，包小人而容之，雖包小人，而亦不亂於小人之群。坤爲亂，三陰，小人群也。包則和，不亂群則不流，此大人處否而亨歟？不曰君子者，處否而亨，非大人不能，若同流合汙，則否而已，焉得亨？天地相函，陰陽相包，否六二、六三，姤九三，皆以陽包陰，大者宜包小也。

六三，包羞。象曰：「包羞」，位不當也。

六三得時，進而處上，九四辭尊，退居於下，見六三則包容之，而六三始有處不當位之羞。何以知其羞乎？體巽而自動，是以知其羞也。管仲謂齊侯「恭而氣下，言則徐，見臣有慙色」是也。六二、六三，小人之致否者也。君子與之力争，則否結而不解矣。自古君子不忍於小人以及禍害者常多，故易爲君子謀，必包容之，使下者知所承，上者知所愧，庶幾有泰之漸也。三、四相易，巽成離，離爲目，羞愧之象，與恒九五「或承之羞」同。

九四，有命无咎，疇離祉。象曰：「有命无咎」，志行也。

九四否道已革，故於此言濟否之道。四爲朝廷，五爲君，巽爲命。「疇」，類也。「祉」，福也。九四剛而履位，有濟否之才而近君，能下君命於朝廷。五錫以六二之祉福，則陽德亨矣，否可以濟矣，人誰咎之哉？四應初，三應上，君子之類，附麗其祉以進，九四之志行乎下矣。五錫二成離，離，麗也，志者，中也。荀諝謂：「志行乎群陰也。」易傳曰：「君道方否，據逼近之地，所惡在居功取忌，若動必出於君命，威福一歸於上，則无咎而其志行矣。」

九五，休否，大人吉，其亡其亡，繫于苞桑。象曰：大人之吉，位正當也。

「休」，息也。九四否道已革，九五息否之時，二、五相易，陰息于五，故曰「休否」，言九五之動也。大人居尊位，正也，中正而健，德當乎位也。位者，聖人之大寶，雖有其德无其位不可也，有其位无其時不可也。息天下之否者，其唯有其位、有其德，又有其時乎？故曰「大人之吉，位正當也」，言九五之不動也。然未離乎否也，故又戒之。九五不動，不能與二相易，則安其位者也，保其存者也，有其治者也。安其位者必危，保其存者必亡，有其治者必亂，故曰「其亡其亡」，此又因九五不動以明戒也。「苞桑」，其葉叢生者也。巽爲木，上玄下黄，三陽積美而根于坤土，其根深固，「苞桑」也。巽爲繩，繫也，維也。慮其危亡且亂，當繫之、維之，使其根深固，以防否之復，故曰「繫于苞桑」，如是則大人吉。非位正德當，能无凶乎？易傳曰：「漢之王允，唐之李德裕，不知此所以致禍敗也。」

上九，傾否，先否後喜。象曰：否終則傾，何可長也？

上九否之終，天運極矣，人情厭矣。君子動於上，六三應於下，否毁兑成，如決積水而傾之，莫之能禦也。始也否塞，「先否」也；終也傾否，「後喜」也。兑爲説，陰陽得位爲喜，巽爲長，理極必反，否終則傾，何可長也？易傳曰：「反危爲安，易亂爲治，必有剛陽之才，故否之上九則能傾否，屯之上六不能變屯。」

☰☲離下乾上

同人于野，亨，利涉大川，利君子貞。

象曰：同人，柔得位、得中而應乎乾，曰同人。同人曰「同人于野，亨，利涉大川」，乾行也。文明以健，中正而應，君子貞〔一〕也，唯君子爲能通天下之志。

姤陰自初進，至二成卦。以陰居陰，「得位」也。二，「得中」也。乾九五位正德當，二以柔順應之，各得其正而其德同，故曰「同人」。人道父子、君臣、夫婦、朋友、長幼，其位不同而相與會於大同者，中也，過與不及，睽異而不同矣。人受天地之中以生，未始不同，得其所同然則心同，心同則德同，故曰「柔得位、得中而應乎乾，曰同

〔一〕「貞」，四庫本、周易注作「正」，朱震下文引用時亦作「正」。

人」。此以二、五釋同人之義也。

「乾」，天也，曰「同人」何也？三畫以初爲地，二爲人，三爲天，重卦四即初也，五即二也，上即三也。六二應乎九五，同人也，以其同人，故曰「同人」、「曰同人」。上九，天際也，故曰「野」，野者，曠遠无適莫之地。常人之情，其所同者不過乎暱比之私，而同人之道，不以繫應，達于曠遠，无適无莫，其道乃亨，有一不同爲未亨也。同人至于上九，則遠近内外无不同者，故曰「同人于野，亨」。二自下至上皆成兑澤，決爲大川，險阻艱危之象。乾，健也，能與天下同之，其行健矣，則險阻艱危何往不濟？故曰「利涉大川，乾行也」。乾行自子至巳，坤行自午至亥，二柔上進，乾爻下行。不曰「坤行」者，同人坤變乾，初九子上至巳，聖人因以寓乾坤之行焉。坤爲文，坤變離爲文明。文，理也。萬物散殊，各有其理，而理則一。聖人視四海之遠，百世之後如跬步、如旦暮者，通於理而已。惟獨理明則能明乎同人之義，然非〔一〕克己行之以健，不蔽於欲者，不能盡其道，克己則物與我一矣。文明以健，然後中正无私，靡所不應，天

〔一〕「非」，原作「則」，據四庫本改。

下之志通而爲一。夫同人之義，以四言該之，文明也，健也，中也，正也；以一言盡之，正而已矣。不正則燭理必不明，行己必不剛，施諸人必无相應之理，反求於心不能自得，其能通天下之志乎？故曰「文明以健，中正而應，君子正也」。唯君子爲能通天下之志。此合二五、兩體以言同人之才也。

易傳曰：「小人惟同其私意，故所惡者雖是而異，所比者雖非亦同，其所同者則阿黨，蓋其心不正也，故同人之道利在君子貞。」

以卦氣言之爲七月，故太玄準之以昆。

象曰：天與火，同人，君子以類族辨物。

天體在上而火炎上，二、五相與，「天與火」也，同人之道，同而无間，如天與火然，故曰「天與火，同人」。離，麗也，一陰麗於二陽，陽本乎天，炎上者，「類」也，故君子以「類族」。然乾，陽物也，離，陰物也，其物各異，故君子以「辨物」。類族者，合異爲同；辨物者，散同爲異。

初九，同人于門，无咎。象曰：出門同人，又誰咎也？

初九動艮爲門，人道，同乎人者也。同人於門内，不若同人於門外之爲廣也，故曰「同人于門」。初九動失正，宜有咎，四來同之，初、四各得其正，蓋善者人之所同然，其誰咎我哉？故曰「出門同人，又誰咎也」。

六二，同人于宗，吝。象曰：「同人于宗」，吝道也。

二往同五，復成離，五來同二，復成乾，往來相同，乾、離各反其本宗，「同人于宗」，所同狹矣，吝道也。易傳曰：「同人不取君義，私比非人君之道。」

九三，伏戎于莽，升其高陵，三歲不興。象曰：「伏戎于莽」，敵剛也。「三歲不興」，安行也。

離爲甲冑，爲戈兵。三動有震、巽、艮之象。震、巽，草木，「莽」也。艮爲山，在下體之上，「陵」也。震爲足，巽爲高，「升于高陵」也。三不動則「伏戎于莽」，言九三剛而不中，不能同人，與五争，應二者五之所同，九三貪其所比，據而有之，故伏戎于莽，將以攻五，慮其不勝，又升高陵而望焉。然五陽剛居尊位，二本同五，非三之所當有，於義屈矣，故望其敵知不可犯也，反於中知義不可行也，乃退而守，下比於二，二亦自若。然則非道而同乎人者，動而争之不可得也，不動而比之不可得也，奚益矣？終豈能行哉？故曰「伏戎于莽，敵剛也」。三歲不興，安行也」。乾爲歲，三歲，三爻也。

九四，乘其墉，弗克攻，吉。象曰：「乘其墉」，義弗克也，其吉則困而反則也。

九三動而争二，成坤土，在内外之際，「墉」也。九四乃欲擣虚，自上乘之，故曰「乘其墉」。四動入坎險，有弓矢相攻之象，故曰「攻」。三非犯己，二非己應，雖乘墉入險，豈其宜哉？故曰「乘其墉，義弗克也」。二〔一〕動四乘之成坎，四動上復乘之成兑，兑、坎，困象也，故曰「困」。弗克攻則已矣，何謂「吉」？吉者，正也，謂其乘墉入險，力已盡而二不應，困而知反，反而不失其則也，是以吉。則者，理之正，天地萬物之所不能違者，豈勢力所能奪哉？古易本云「反則得則，得則吉也」，一本云「反則得，得則吉也」，定本作「其吉則困而反則也」。

九五，同人先號咷而後笑，大師克相遇。象曰：同人之先，以中直也。「大師克〔二〕相遇」，言相克也。

三「伏戎于莽」，四「乘其墉」，動而争二、五，成巽、震、坤，坤爲喪，巽爲號，震爲

〔一〕「二」，通志堂本、四庫本作「三」。

〔二〕通志堂本、四庫本、周易注無「克」字。

聲，「號咷」也。二非三、四之所能有，三、四不動，二自往同於五，離目動爲笑，理之所同，非争之所能得，非不争之所能亡，故曰「九五，同人先號咷而後笑」。當三、四動時，九五若動而争之，非用大師，不能克三、四之强而與二相遇。坤爲衆，自上入險而克三，三亦自下而克五，有師之象，言用力如是其難，始克相遇，遇非會之正也，故曰用大師克相遇，言相克也。三、五相克而與二遇，豈會之正哉？王弼謂「執剛用直，不能使物自歸」是也。然同人之先號咷何耶？曰「以中直也」，直者，乾之動也，理之所在也。理直矣，三、四抑之，望人者深，故號咷也。觀乎所同，物情見矣，故不得其所同則怨，怨而无告則號咷隨之。豈惟人哉？鳥雀亡其類則啁啾而鳴，大獸亡其群則躑躅而悲，未有失其所同，不如同人之先者也。易傳曰：「九五君位而爻不取人君同人之義者，蓋人君當與天下大同，而五專以私暱應於二，失其中正之德，非君道也。又先隔則號咷，後遇則笑，乃私暱之情，非大同之體也。二之在下，尚以同於宗而爲吝，況人君乎？」

上九，同人于郊，无悔。象曰：「同人于郊」，志未得也。

上九在外，遠於二，未得志也。動而得正，内同九三，雖未得二，不爲无所同也，故動而无悔。九三乾，天際而在内外之交，有郊之象。同人於剛健之爻，三伏戎，四乘墉，五用大師，上九遠於二，處不争之地，動而无悔，九三自至。同人之義，其在於不與物争而物情自歸乎？

䷍乾下離上

大有，元亨。

彖曰：大有，柔得尊位，大中而上下應之，曰大有。其德剛健而文明，應乎天而時行，是以元亨。

小畜「柔得位而上下應之」，六四也。六四畜之以巽，是以小畜。大有「柔得尊位」則有利勢，得「大中」之道則得人心，而又執柔履謙，有而不恃，故上下五陽皆應，能有其大。六五而言大中，五者，大中之位，柔得之也，故曰「大有」。不言有大者，大不可有也。此以六五一爻言有其大。

夫天下，至大也，有其大者未必能元亨，致元亨者由乎其才。内乾，剛健也；外離，文明也。剛健則不息，文明則能順萬物之理而明。有是德矣，推而行之，不失其時者，隨天而行也。蓋六五自同人之二，固始以正矣，以時而行，是以元亨。此合兩體推原六五，言大有之才也。才者，能爲是德者也。

同人曰「文明以健」，大有曰「剛健而文明」，何也？同人九五，健矣，不言剛者，剛「天德不可爲首」，不言剛，抑之也。大有六五柔得尊位，嫌於剛不足，故曰剛健。或曰：大有，師賓之道也。曰大有尚賢自六五言，上九乃有師賓之象，彖言「尚賢」者，唯大畜也。

象曰：火在天上，大有，君子以遏惡揚善，順天休命。

大有自姤，一陰四變，皆有惡與善之象。惡者，不正也；善者，正也。乾陽，休善也。巽，命也。至于五變成離，離爲火，在天上，明盛大有之時。惡者遏絶，善者顯揚，此豈人力之所能爲哉？「順天休命」而已。故古者進賢退不肖之命，謂之「休命」，或謂之「明命」。

初九，无交害，匪咎，艱則无咎。象曰：大有初九，无交害也。

初九守正无交，在他卦未有害，大有「柔得尊位，大中上下應之」，而初九无交則害也。正匪可咎，艱以守正，擇可而後交，則无咎。交道難，不可苟合也。四來下初，己乃可動，此王丹自重之爻乎？

九二，大車以載，有攸往，无咎。象曰：「大車以載」，積中不敗也。

六五不有其大，屈體下交九二，而倚任之，猶「大車」也。坤爲輿，乾變坤爲大車。九二剛中而居柔，剛則不勝，中則不過，居柔則謙順，具此三者，往之五，以任天下之重，猶車載也。大有，物歸者衆，富有之時。六五中而未極，故「有攸往，无咎」，往之得正也，盛極則不可往矣。陽爲重，五，中也，積重其中而剛不傾撓，「積中不敗」也。「大車以載」者，貴夫「積中不敗」也。大有六五而任小才，不勝其任矣。

九三，公用亨于天子，小人弗克。象曰：「公用亨于天子」，小人害也。

三者公之位，春秋傳晉文公將納王，使卜偃筮之，遇大有之睽，曰：「吉，遇『公用亨于天子』之卦，戰克而王亨，吉孰大焉。」杜預曰：「大有九三爻辭也。」則卜偃時讀易作「公用亨于天子」，杜預亦然。京房曰：「亨，獻也。」干寶曰：「亨，燕也。」姚信作「亨祀」。義雖小異，然讀爲亨則同，今從舊讀。三、五相交，三乾變離、兑。乾爲天，離爲日，兑爲澤，卜偃謂「天爲澤以當日，天子降心以逆公」，是也。夫天子施澤于下，降心而説，有粲然之文者，莫如公之享于天子也。天子饗諸侯之禮必于祖廟，六五承上九宗廟，饗于祖廟之象也。上六備九獻之禮，乃以圭瓚祼賓客，設太牢體薦之俎，備金石之樂，升歌下管於獻酬之時，王以琥璜、繡黼、束帛送爵。坤、離爲文明，三、五相際之象。九三剛健而正，與五同功，故用此爻當天子之饗，則无驕亢矣。若小人處之，柔弗勝其任，處之不當，必有滿盈之害，豈特害于而家哉？三、五既交，易剛爲柔，聖人因柔以著戒焉。

九四，匪其彭，无咎。象曰：「匪其彭，无咎」，明辯〔一〕晢也。

「彭」，子夏傳讀作「旁」，旁，盛滿貌。離，大腹象也。大有至四盛矣，昧者處之，盈滿而不知變，安得无咎？九四不安其位，震見離毀，懼而守正，抑損不至於滿，「匪其彭」，故无咎。所以然者，以其明而辯，於盈虛之理甚白也。離爲明，兑口爲辯，晢，荀氏作晣。

六五，厥孚交如，威如吉。象曰：「厥孚交如」，信以發志也。威如之吉，易而无備也。

五執柔守中，以誠信交於下，而其孚在二。「孚」，信之應也。二交於五，體異志

〔一〕「辯」，通志堂本、四庫本作「辨」。

同，「厥孚交如」也。二以誠信交五，發五之剛志。謂之「發」者，五本有剛，因二而發之，「信以發志」，積誠不已，至於不怒而威則吉。「威」，剛嚴也。六柔變九而在上，威之象也。大有之時，人心安易，若專尚柔順，則下无戒備，凌慢生矣。二乾爲易交，五離變乾，二復成離，離爲戈兵，下有戒備之象。易傳曰：「夫以柔孚接下，衆志悦從，又有威嚴使之有畏，善處大有者也。」

上九，自天祐之，吉无不利。象曰：大有上吉，自天祐也。

繫辭曰：「天之所助者順也，人之所助者信也，履信思乎順，又以尚賢也，是以『自天祐之，吉无不利』。」此特曰：「大有上吉，自天祐也。」上九大有之極，盛極則衰，凶將至矣，而「上吉」者，以「自天祐」也。六五履信思順，尚賢而人助之，人助之則天助之，「吉无不利」。上、五相易，乾成兑，兑爲言，而正，信也。坤，順也，乾爲天，兑爲右，右，助之也。上九動而正，正則吉，故曰「大有上吉」。

䷎艮下坤上

謙，亨，君子有終。

彖曰：謙，亨。天道下濟而光明，地道卑而上行。天道虧盈而益謙，地道變盈而流謙。鬼神害盈而福謙，人道惡盈而好謙。謙尊而光，卑而不可踰，君子之終也。

復三變、剥四變，皆成謙。彖辭以剥上九言之者，在上而降下者，謙也，處下而能卑者，常也，未足以盡謙之義。上九降三，六三升乎上，此謙所以亨也。尊卑相去，其位不同，於是情睽勢隔，上下不通，尊者既屈，卑者獲伸，然後上下交而功勳成矣。以天地言之，天道下濟，地道上行，萬物化生，其道光明。而所以光明者，陽濟乎陰也，非「謙亨」乎？曰「濟」、曰「光明」，坎象也。此以剥之上九、六三升降言謙亨也。

天陽地陰，鬼神者，天地之大用，人也者，參天地而行鬼神者也。天地也，鬼神也，人也，以分言之則殊，以理言之則一。故觀日月之進退，則知天地之虧益矣；觀山川之高庳，則知地道之變流矣；觀人事之得喪，則知鬼神之禍福矣；觀物論之取捨，則知人情之好惡矣。變禍爲害者，言不利也，是數者无不以盈爲去，以謙爲尚。九在上，盈也，三往損之，則爲「虧盈」，爲「變盈」，爲「禍盈」，爲「惡盈」；三在下，謙也，九來益之，爲「益謙」，爲「流謙」，爲「福謙」，爲「好謙」。「流」之者，坎也，「益」之、「福」之、「好」之者，陽也。此再以上九、六三論盈虚之理，明謙也。

九三自上位降而言之，則「尊而光」，「天道下濟」是也。自九三卑位言之，則「卑而不可踰」，山在地中是也。謙之爲德，其至矣乎？所處尊矣，道則彌光也；所執卑矣，而德則彌尊也。君子觀諸天地，驗諸幽明，故處卑而不争，居尊而能降，愈久而不厭，乃能有終，故曰「君子有終」。此再以九三言君子體謙而終也。上者，外卦之終；三者，内卦之終也。

以卦氣言之，小寒也，故太玄準之以少。

象曰：地中有山，謙，君子以裒多益寡，稱物平施。

「裒」，鄭、荀諸儒讀作「捊」，取也，字書作「掊」。山在地中，則高者降而下，卑者升而上，高卑適平。劉表曰：「謙之爲道，降己而升人者也。」以象考之，上三陰，「多」也，下二陰，「寡」也，艮爲手，掊也，故君子取有餘益不足。以貴下人，則貴賤平矣；以財分人，則貧富平矣；以德分人，則賢不肖平矣。然物之不齊，物之情也。所謂「平」者，非漫無[一]尊卑上下差等也，稱物而施，適平而止。平者，施之則也。坎爲水，天下

〔一〕「無」，原闕，據通志堂本、四庫本補。

之平施者，无若水也。

初六，謙謙君子，用涉大川，吉。象曰：「謙謙君子」，卑以自牧也。

初六本復之六三，以柔退居謙之下，謙之又謙者也，謙謙，故能得衆。用之以犯大難，況居平易乎？三坎爲大川，初動之四成巽股，「涉大川」也。「自牧」者，自養也。牧畜者，擾之得其宜，一童子自後鞭之，足以制其剛，夫然後其剛可用也。坤爲牛，艮爲少男。初處柔在内，其動剛，「卑以自牧」也。君子卑以自牧則能謙，謙則能得衆，此爻施之於自牧則可，施之於他則卑已甚矣。

六二，鳴謙，貞吉。象曰：「鳴謙貞吉」，中心得也。

謙自初六卑以自牧，積其德至於六二，柔順而中正，其樂發於聲音而不自知，故「鳴謙」。動成兑，兑爲口、爲説，雖鳴也，而非求應，以正爲吉，吉自有也，是以求福不回，守正而已，非中心自得，无待於外者，能之乎？何以知其自得？以「鳴謙」也。

九三，勞謙，君子有終，吉。象曰：勞謙君子，萬民服也。

坎，勞卦，三與五同功，九三勞而有功，以陽下陰，安於卑下，艮見兑伏，勞而不伐，有功而不德，君子致恭以存其位之道也。内卦以三爲終，故曰「勞謙，君子有終，吉」。夫有血氣者必有争心，故有能而矜之，有功而伐之，未有不争，争則危矣。九三致恭，上下五陰宗之，萬民服矣，其誰争之？所以能存其位，存其位所以有終吉也。萬，盈數，合乾坤陰陽之策乃盈是數，唯天地之元始生萬物足以當之。易言「萬國」、「萬民」、「萬夫」，大之辭也。易傳曰：「古人有當之者，周公是也。」

六四，无不利，撝謙。象曰：「无不利，撝謙」，不違則也。

六四坤體，柔順而正，上以奉六五之君，下以下九三勞謙之臣，上下皆得其宜，故曰「无不利，撝謙」。艮爲手，止也。震，起也。手止而復起，有揮散之象。六四揮散，其謙之道布於上下，「撝謙」也。所以奉上下，下「无不利」者，非事是君爲容悦也，非持禄養交也，不違其則而已。人之大倫，天下之正理也，理之所至，天地萬物之所不能違，故謂之「則」。不違其則，无往而不得其宜，則无不利矣。子夏曰「『撝謙』，化謙也，言上下化其謙也」，京房曰「上下皆通曰揮謙」，是也。謂三撝之、四化之，誤矣。

六五，不富以其鄰，利用侵伐，无不利。象曰：「利用侵伐」，征不服也。

陽實，富也；陰虚，貧也。「鄰」，謂四與上也。「以」，用也，能左右之也。富而能以其鄰者，常也；不富而能以其鄰者，以六五處尊位而謙虚也。能以其鄰，則能得衆，得衆故「利用侵伐，无不利」。五動成離、坎，上與四變，有弓矢、甲冑之象，「以其鄰」也。動之二，入坎險，「侵伐」也。「征」者，上伐下，以正而行也。司馬法曰「負固不服則侵之」，聖人慮後世觀此爻有干戈妄動、不省厥躬者，故發之曰「征不服也」。六五謙虚，六二恃險不應，乃可以侵伐，禹征有苗是也。若我不謙虚，彼不肯服，自其宜也。

上六，鳴謙，利用行師征邑國。象曰：「鳴謙」，志未得也，可用行師征邑國也。

六五「征不服」，上六又曰「征邑國」者，征邑國非侵伐也，克己之謂也。君子自克，人欲盡而天理得則誠，誠則化物无不應，有不應焉，誠未至也。上六極謙至柔，九三當應，止於下而不來，故「鳴」。陰陽相求，天地萬物之情，坤爲牛，應三震，有鳴之象，故曰「鳴謙」。鳴而求應，志未得也，然則如之何？反求諸己而已，其在勝己之私乎？克己則无我，物我誠〔一〕一，則物亦以誠應之矣。坤在侯位爲國，在大夫位爲邑，上至二體師，上以正行之。三，正也，三之上，坎險平，「征邑國」也，故曰「可用行師征

〔一〕「誠」，原闕，據通志堂本、四庫本補。

邑國也」。易傳曰：「邑國，己之私有也。征邑國，謂自治其私也。」

䷏坤下震上

豫，利建侯行師。

彖曰：豫，剛應而志行，順以動，豫。豫順以動，故天地如之，而況建侯行師乎？天地以順動，故日月不過而四時不忒；聖人以順動，則刑罰清而民服。豫之時義大矣哉！

豫，謙之反，謙九三反而之四，四動群陰應之，其志上行，以順理而動也。我動彼應，豈不豫乎？豫，和豫也，休逸閑暇之謂也，故曰「豫，剛應而志行，順以動，豫」。此以九四合坤、震二體而言豫也。

謙九三在三公之位，自二以上有師體，反之則三升四，四爲諸侯，三公出封之象，故「利建侯」。師動而往，行師之象，故「利行師」。二者皆順以動。周之大封，湯武之征伐，无非順民欲也。順民欲則民説之，説，豫也。「豫順以動」，雖天地之大，猶不能違，故天地如其理而動，「而況建侯行師乎」？乾坤，天地也。坎有伏離，日月也，二至也。天之動，始於坎，歷艮與震而左行；地之動，始於離，歷坤與兑而右行。是以日月會爲牽牛〔一〕，萬物成於艮，故曰「天地以順動，故日月不過而四時不忒」。此以九四互體論坤、震之義也。

坎爲律，「刑罰」也。坤爲衆，「民」也。艮，止也。聖人之動，必順乎萬物之理。法之所取，必民之所欲也；法之所去，必民之所惡也。故法律止於上，刑罰清簡也，衆止於下，民服從也，故曰「聖人以順動，則刑罰清而民服」。此以互體之坎變艮推廣坤、震，以盡豫之義也。

然意味淵長，言之有不能盡，故夫子贊之曰「豫之時義大矣哉」。易傳曰「豫、遯、姤、旅〔二〕言『時義』，坎、睽、蹇言『時用』，頤、大過、解、革〔三〕言『時』，各以其大者也。」以卦氣言之，春分也，太玄準之以樂。

或問：互體之變有幾？曰：體有六變。春秋傳畢萬筮仕於晉，遇屯之比，辛廖占

〔一〕「牛」，原脱，據通志堂本、四庫本補。
〔二〕「旅」，原脱，據伊川易傳補。
〔三〕「革」，原作「萃」，據伊川易傳改。

之曰：「震爲土，車從馬，足居之，兄長〔一〕之，母覆之，衆歸之，六體不易。」廖以震、坤合而言六體也。且以豫卦九四論之，自四以上，震也，四以下，艮也，合上下視之，坎也。震有伏巽，艮有伏兑，坎有伏離，六體也。變而化之則無窮矣，故曰「雜物撰德」，其「微顯闡幽」之道乎？

象曰：雷出地奮，豫。先王以作樂崇德，殷薦之上帝，以配祖考。

雷之出地，奮然而作萬物，豫之時也。九四具天地、日月、雷霆、風雨，萬物化生。「作樂」，起於冬至黄鍾之象。郊野者，天際也，在内外之際爲郊。坤爲牛，坎爲血，陽爲德。豫自復三變，初九升四，「作樂崇德」也。殺牛於郊，薦上帝也。「上帝」，乾在上之象。「殷」，盛也。自四至上，震變坤，坤爲衆，故曰「殷」。禮有「殷奠」、「殷祭」，言盛也。五變比，乾爲考，六變剥，乾爲祖，「以配祖考」者，報本反始也。

初六，鳴豫，凶。象曰：「初六鳴豫」，志窮凶也。

四者豫之主，初六不中正而順，從逸豫者也。初、四相易成震，震爲聲，有相應而鳴

〔一〕「居之兄長」，原闕，據通志堂本、四庫本補。

之象，從逸豫而發於聲音者也，故「鳴」。初六豫之始，於其始也鳴豫，至于末流則志窮而凶。中爲「志」，謂四也。初復動而之四，則止[一]而不行，其志窮矣，太康、后羿之事乎？

六二，介于石，不終日，貞吉。象曰：「不終日，貞吉」，以中正也。

四艮爲石，初、三不正，二介于不正之間，上交於三而不諂，下交於初而不瀆，確然如石，不可轉也。夫始交者，安危之幾，不諂、不瀆則不過乎中，故曰「介于石」。三爲内卦之終，二動離爲日，「不終日」也。所謂「幾」者，始動之微，吉之端可見而未著者也。離目[二]爲見，見之是以不俟終日而作，作則動也。豫之時，上下逸豫失正，諸爻之才多與時合。二以中正自守，不溺於豫，可謂見幾矣，備豫之道也。不俟終日而作以貞，故吉。「貞」者，守正之謂也。心不動則中正，中也故見不中，正也故見不正，中正故知微、知柔，不罹于咎，故曰「介于石」，焉用終日？

六三，盱豫悔，遲有悔。象曰：盱豫有悔，位不當也。

[一]「止」，原作「上」，據通志堂本、四庫本改。
[二]「目」，原作「日」，據四庫本改。

三、四處位不當，同而不和者也。睢盱，上視而不正也，向秀曰「小人喜悦佞媚之貌」。四，豫之主，三以柔順承之，動成巽，巽爲多白眼，睢盱上視，佞媚以求豫，而四不動，則悔其動〔一〕，故「盱豫悔」。三不能去，且静而待之，四又不動，故「遲有悔」，悔其不動。四，艮體，止於上。三動巽，爲進退，故動静皆有悔。三猶豫如是，无他，位不當也。小人悦於豫，寧悔，而終不以所處爲不當而去之，柔不正故也。

九四，由豫，大有得。勿疑，朋盍簪。象曰：「由豫，大有得」，志大行也。

四爲豫之主，五陰順從，由己以致豫，故曰「由豫」。以一陽而得〔二〕五陰，大者有得也，故曰「大有得」。然不免於疑者，在近君危疑之地，无同德之助，衆陰不從五而從己也。「疑」謂伏巽，巽爲不果。坎見巽伏，故「勿疑」。「盍」，合也，五交四也，言積誠不已，下情通於上也。坎爲髮、爲通，四剛在上下衆柔之際，交而通之，猶簪也。髮非簪則散亂不理，安有髮之柔順而不從簪乎？夫朋歸己而致疑於五者有二：招

〔一〕「則悔其動」，原作「則悔悔其不動四」，據通志堂本、四庫本改。

〔二〕「得」，通志堂本、四庫本作「從」。

權也、專功也。下情通於上，上下既交以誠，何疑於招權？不有其功，歸美于上，其中洞然，何疑於專功？四、五相易，伏巽象毁，則四剛中之志上行，率天下而從五，何疑於朋之衆乎？五不疑四，四不疑五，君臣上下各守其正，爲由豫也大矣。先儒以坎爲髮，何也？曰：以巽爲寡髮而知也，乾爲首，柔其毛也，故須象亦然。

六五，貞疾，恒不死。象曰：「六五貞疾」，乘剛也。「恒不死」，中未亡也。

四以剛動爲豫之主，衆之所歸，權之所主也。五以柔弱沈冥於逸豫而乘其上，豈能制四哉？六五受制於四而不可動，亦不復安豫矣。故此爻獨不言豫，不可動則於正爲有害，故曰「貞疾」。「恒」，震、巽也，天地可久之道也。六五動則有震、巽恒久之象，人君中正，然後六二爲之用，九四同德也，何「乘剛」之有？五不可動，以失正也，故九四爲腹心之疾，然主祭祀、守位號而猶存者，正雖亡而「中未亡」也。「中」者，人心也，中盡亡則滅矣，故曰「貞疾，恒不死」，言貞雖有疾，其中固在，能動以正則可久矣，恒未常死也。坤爲死，震爲反生，「未亡」之象。周室東遷，齊、晉二〔一〕伯託公義以

〔一〕「二」，原作「一」，據通志堂本、四庫本改。

令諸侯，「中未亡」也。失天下者多矣，必曰「豫」者，威權之失必自逸豫也。諛臣進，女謁行，大臣專主威，則社稷移矣。易傳曰：「若五不失君道，而四主於豫，乃任得其人，安享其功，如太甲、成王也。」

上六，冥豫，成有渝，无咎。象曰：冥豫在上，何可長也？

上六豫之終，沈冥於豫，成而不變者也。坤爲冥昧。古之逸豫之人，固有不恤名聲之醜、性命之危而樂之者，不知因佚樂之過。變前之爲，乃善補過也，何咎之有？故曰：「成有渝，无咎。」聖人發此義，以勉夫困而學者焉。上六動之三成巽，巽爲長，四坎爲可，冥豫在上而不變，未有不反，何可言也。

䷐震下兑上

隨，元亨利貞，无咎。

彖曰：隨，剛來而下柔，動而説，隨。大亨貞，无咎，而天下隨時，隨時之義大矣哉。

隨自否來，上九之初。剛，人之所隨；柔，隨人者也。上九過剛而不反，君子、小人相絶，非道也。剛來下於柔，柔往而隨之，下動而上説，動而可説，所以隨也。自初九言之，君子之道，爲衆所隨，人君屈己以隨善者也。自六二、上六言之，臣下之奉命，學者之徙義，臨事之從長，无非隨也，故曰「隨」。此以剛柔相易，合兩體而言隨也。上九之初，大者亨也，其亨以貞也。上九過剛，嘗有咎矣，无咎者，善補過也。大者亨以貞，利於正也，又善補過，至於无咎，天下豈不動而説以隨之乎？故曰「元亨利貞，无咎」。此以初九一爻言隨之道也。

易傳曰：「隨之道利在於正，隨得其正，然後能大亨而无咎。失其正，則有咎矣，豈能亨乎？」春秋傳穆姜往東宮，筮之，遇艮之八，史曰「是謂艮之隨」，姜曰「是於周易曰『隨，元亨利貞，无咎』，有四德者，隨而无咎」。蓋穆姜時以「元亨利貞」爲隨之四德。夫子作彖辭，然後明「元亨利貞」者，大亨正，非若乾之四德也。

夫天下之隨君子者，隨其正也。君子之動者，隨其時也。時无常是，以正爲是。君子得其正，天下是之，是之斯隨之矣。天下之物，静而在下莫如澤也。驚蟄既至，雷動於澤中，澤氣隨之。下者上，静者動，誰爲之哉？時也。故曰「大亨貞，无咎，而天下隨時」。然隨時之義，非達權知變者不能盡，或因或革，或損或益，人之所説，不以强去，人所不説，不以强留，如天地之隨時，乃无咎矣，故曰「隨時之義大矣哉」。「天下隨時」，王昭素曰「舊本多不連『時』字」，王弼亦曰「得時則天下隨之矣，隨之所施，唯在於時也」，胡旦曰「王肅本作『隨之』」。篆字「之」爲「㞢」，「時」爲「旹」，轉隸者增「日」爲「時」，胡説爲長。

在卦氣爲驚蟄二月中，故太玄準之以從。

象曰：澤中有雷，隨，君子以嚮晦入宴息。

雷降於兑，息於坤。坤，「晦」也。澤中有雷，「嚮晦」也。天地之動静，陰陽之明晦，自大觀言之，晝夜之道也。君子隨時之道，著而易見者，莫若隨晝夜也。晝則嚮明而動作，夜則嚮晦而宴息，自有天地而來，未有能違之者，知此則知用天地陰陽矣。君子日用而知，小人日用而不知。

初九，官有渝，貞吉，出門交有功。象曰：「官有渝」，從正吉也。「出門交有功」，不失也。

五乾爲君，巽爲命，四，受命於君以帥其屬官之象也。初應四動，其屬也。初隨四，四隨事，事有變動，剛而不知變，不足以隨事。渝，變也，故曰「官有渝」。變有正否，變而不正，惟官是隨，非交修不逮也，不知大亨正无咎也。九四變而正，以剛下柔，其道足以使人隨之。初九隨之者，隨其正也，不隨其不正也。正則吉，故曰「從正吉也」。人之情，隨同而背異，隨親昵而背疎遠，故朋友責善，或牽於妾婦附耳之語，溺於私也。初在内安之，又比於二，二、初相易，皆失正，私昵之爲害也，故戒之以「出門交有功」。四艮爲門，初捨二，出交於四，「出門」也。出門交之，不失其正，何往而无功？故曰不失其正也。易傳曰：「隨當而有功。」

六二，係小子，失丈夫。象曰：「係小子」，弗兼與也。

四艮爲少男，有乾父坤母，小子也。初震爲長男，有巽婦，夫也。隨利於正，初九，正也，九四，不正也，二與四同功。以情言之，柔必隨剛，陰必隨陽，初九、九四，皆陽剛也，其能兼與之乎？四雖在上，不正也；初雖在己之下，正也。六二係情於四，比初不專，雖與之相比而情不親，雖有中正之德而所隨非其人，其失在於不能權輕重也，故曰「係小子，失丈夫，弗兼與也」。臨事擇義，於六二、六三見之。

六三，係丈夫，失小子，隨有求，得，利居貞。象曰：「係丈夫」，志舍下也。

先儒舊讀「舍」音「捨」，張弼讀「舍」，與乾九二「時舍也」之「舍」同。辭曰「利居貞」，象曰「志舍下也」，以「舍」訓「居」，弼讀爲長。三、四相比，近也。四、三无應，宜相親也。以陰承陽，以下隨上，順也。三寧失其親比而順者，而係情於初，以初正四不正也，故曰「係丈夫，失小子」。三柔不能自立而隨初，是去昏而隨明，背非而隨是，違不善而從善，得隨之宜也，初亦以三同體而又下之。故三之隨初，有求而得。艮爲手，求也。初、三相易，得正也。三苟知隨而已，不知自處以正，人將拒我，其能久乎？蓋隨人宜以柔，處己當以正。六三之隨，「利居貞」也，此三所以係初歟？巽爲繩，係也。

九四，隨有獲，貞凶。有孚在道，以明何咎。象曰：「隨有獲」，其義凶也。「有孚在道」，明功也。

三不隨四，四據而有之，「獲」也。「獲」，難辭也。二與三當隨五，爲四所隔，下而從初。四在大臣之位，處可懼之地，與五争三，能无凶乎？三、四易位，正也，雖正亦凶，義不可有三，故曰「貞凶」，象曰「其義凶也」。然四終不可以有三乎？曰：非不可有也。動而有孚于道，无意於有三，而三自隨之，可也。初九其行以正，所謂道也，道之所在，故初九爲隨之主。四動正，與初相應，「有孚在道」也。四正而誠孚于道，則三亦唯正之隨，豈唯有三，而二亦隨初，是率天下以隨五，而成隨之功也。三、四易位成離，離爲明，以明則无獲三之咎，无咎則无凶可知，故「有孚在道」者，明之功也。易傳曰：「孚誠積中，動必合道，故下信而上不疑。古人有行之者，伊尹、周公、孔明是也。」

九五，孚于嘉，吉。象曰：「孚于嘉，吉」，位正中也。

陽爲美，九五位正中，美无以加於是矣，故曰「嘉」。「于嘉，吉」者，誠信孚于二也。二，正中也，五不有其美，隨六二之中道，則得物之誠，二樂告以善，故能不過而止于至善，觀乎位正中，則知孚于二而吉矣。道之中，天地萬物所不能違，有之則生，无之則死，故謂之至善，謂之至美。雖子路之勇、禹之智、大舜之明德，不能加毫毛矣。易傳曰：「自人君至于庶人，隨道之吉，惟在隨善而已。下應六二之正中，隨善之義也。」或問：午亦有美矣，何謂陽爲美？曰：陰，舍陽以爲美者也。至兑而陰見陽伏，至坤而萬物虚，陽美盡，則午之美亦盡。故「嘉之會」者，謂乾亨也，坤「品物咸亨」者，「含弘光大」也，坤豈能專之？是以坤三含美以從王，天保歸美以報上。

上六，拘係之，乃從維之，王用亨于西山。象曰：「拘係之」，上窮也。

上六，隨之窮也。窮則變，變則不隨。然而隨者非禮義拘係之，又從而維持之，不能也。三、上相應，三有艮、巽。艮手，拘之也；巽繩，係之也。上窮反三，復成巽，乃從而繫維之也。拘之使不動，係之使相屬，繫維之使不得去。三，坤也，坤爲衆，衆之悦隨上六，固結有如此者。昔周之太王用此爻以亨于西山，杖策而去，隨之者如歸市，非得民之隨，豈能使已窮而更隨，至於不可解乎？兑，西也，艮爲山，乾五爲王。三、上往來不窮，亨也。先儒以此爲文王之爻，誤矣，故易傳正之曰：「周之王業蓋興於此。」

䷑巽下艮上

蠱，元亨。利涉大川，先甲三日，後甲三日。

彖曰：蠱，剛上而柔下，巽而止，蠱。「蠱，元亨」，而天下治也。「利涉大川」，往有事也。「先甲三日，後甲三日」，終則有始，天行也。

春秋傳秦醫曰：「於文，皿蟲爲蠱，穀之飛亦爲蠱。在周易，女惑男，風落山，謂之蠱。」尚書大傳曰：「乃命五史，以書五帝之蠱事。」雜卦曰：「蠱則飭也。」則蠱非訓事，事至蠱壞乃有事也。泰初九之剛上而爲艮，上六之柔下而爲巽，剛上柔下，各得其所。事已治矣，下巽而已，莫予違也，上亦因是止而不復有爲，則禍亂之萌乃伏於已治之中，遂頹靡而不振，亦何異於皿蟲、穀飛、男惑、山落之類哉？故曰「剛上柔下，巽而止，蠱」。此以泰變合二體而言蠱也。

然治蠱之道不遠，在乎上下之志交而元亨，則天下復治矣。泰初九，始也，始而動，剛柔相易而亨，「元亨」也，元亨而「天下治」，始而亨者也。兑爲澤，決之爲川，初九越兑成艮，艮爲指，「利涉大川」也。初九犯難，顧望而不爲，蠱不可得而治矣。上下志交，動以濟大難，往事乎蠱也，巽爲事，故曰「元亨，利涉大川，往有事也」。此因初、上之交言治蠱之道也。

天道之行，終則有始，无非事者，聖人於蠱、巽二卦明之。蠱，東方卦也；巽，西方卦也。「甲」者，事之始；「庚」者，事之終。始則有終，終則更始，往來不窮。以日言之，春分旦出於甲，秋分暮入於庚。以月言之，三日成震，震納庚，十五成乾，乾納甲，三十日成坤，滅藏於癸，復爲震。甲、庚者，天地之終始也。蠱，事之壞也；巽，行事也。變更之始，當慮其終；事久而蠱，當圖其始。「先甲三日」，圖其始也。蠱一變大畜，乾納甲，再變賁，離爲日，乾三爻在先，「先甲三日」也；三變頤，四變噬嗑，離爲日，五變无妄，乾納甲，乾三爻在後，「後甲三日」也。先甲者，先其事而究其所以然；後甲者，後其事而慮其將然。究其所以然，則知救之之道；慮其將然，則知備之之方。一日、二日至于三日，慮之深，推之遠，故能革前弊，弭後患，久而可行，圖始者至矣。漢不嘗削諸侯之地矣，唐嘗討弑君之賊矣，令下而兵起，言出而禍隨，昧治蠱之道也。不曰「乾行」者，周而復始也。納甲之説，乾納甲子、甲寅、甲辰，而壬在其中，納壬午、壬申、壬戌，而甲在其中，坤納乙、癸亦然。易傳曰：「後之治蠱者，不明乎聖人『先甲』、『後甲』之戒，慮淺而事近，故勞於救亂而亂不革，功未及成而弊已生矣。」

夫蠱言「先甲」、「後甲」於彖，巽言「先庚」、「後庚」於九五一爻，何也？曰：蠱者，巽九五之變也，上剛下柔，巽而止，所以爲蠱也。巽則九五位乎中正，事有過中而當變更，則更之而適於中。蠱何由生乎？明此九五之功也。

以卦氣言之三月卦，故太玄準以務、事。

象曰：山下有風，蠱，君子以振民育德。

風，木之氣。山，百物之所阜生。木氣動摇於土石之下，陽升風鼓，草木敷榮，飭蠱之象。黄帝書曰：「東方生風，風生木。」傳言：「景霽山昏，蒼埃際合，崖谷若一，巖岫之風也。」君子體之，於民也，振作之使不倦。將振作之，則自育其德，德日進則民德生矣。震動在外，「振民」也；兑澤在内，「育德」也。育德者，振民之本。史言「風落山」，取女説男蠱之象，此言飭蠱之象，故取象異。

初六，幹父之蠱，有子考无咎，厲，終吉。象曰：「幹父之蠱」，意承考也。

乾爲父，泰初九之上，父往矣，「考」也。坤子來居父之位，父往而其事不正，「咎」也。有子幹之，考可以无咎矣。厲，危也。子居父之位以事之，不正，爲危厲之道，則變而之正，於考爲「无咎」，於己爲「終吉」，堪任其事者也，故曰「有子」。然變其事而之正，无乃改父之道乎？曰：柔巽者，子承考之意也，變其事而之正，致其考於无咎者，子「幹父之蠱」也。巽柔而已，陷父於有咎而不恤焉，豈考之意哉？故以我之意逆父之意而承之，則變其事可也，變其事者，時有損益，不可盡承，所以從道也。孝子生也諭父母於道，及其没也以意承考，事死如事生之道也。貞，事之幹也，「幹父之蠱」，則初六變而正矣。「意」者，中心之所欲也，坤爲中，巽柔坤也，故曰「意」。

九二，幹母之蠱，不可貞。象曰：「幹母之蠱」，得中道也。

坤居尊位，母也。以陰居陽，處之不當，事之蠱也。九二巽爲子，應五而處内，

「幹母之蠱」者也。坤陰柔爲難輔，處之不當則當正，然正之則剛或至於傷恩，不正之則致母於有咎，故「不可貞」。言巽而動，優柔不迫，得中道則善矣，事柔弱之君亦然。易傳曰：「以周公之聖輔成王，成王非甚柔弱也，然能使之爲成王而已，不失其道則可矣，固不能使之爲羲、黄、堯、舜之事也。」

九三，幹父之蠱，小有悔，无大咎。象曰：「幹父之蠱」，終无咎也。

上九處位不當，父之蠱也。九三重剛，「幹父之蠱」而剛過中者也。剛過動則小有悔，然无大咎者，雖過而正也。三，下卦之終，故又曰「終无咎」。夫无大咎未免小有咎，聖人以謂「終无咎」，以其體巽也。易解曰：「不應上，子之能争而不從其父令者也。」

六四，裕父之蠱，往見吝。象曰：「裕父之蠱」，往未得也。

六四柔而止〔一〕，不能去上九之蠱，寬裕自守而已。「裕父之蠱」者，諸爻以剛爲幹蠱之道。九二、九三、初六、六五之動曰「幹」，六四曰「裕」者，不剛也，不能動也。「吝」者，安其位而不能往，動成離，離目爲見，故「往見吝」。初六應之，牽於下，亦不

〔一〕「止」，原作「上」，據通志堂本、四庫本改。

得往矣，故曰「往未得也」，漢之元帝是已。

六五，幹父之蠱，用譽。象曰：幹父用譽，承以德也。

六五居尊位尚柔，下應九二，二與之。體兑，兑爲口，「譽」之象也。二易五，柔成剛，其德中正，上承上九，「幹父之蠱，用譽」也。以德承父，下之服從者衆，以是去蠱，用力不勞，則幹父之蠱〔一〕莫善於用譽矣。蠱之患非一世，譬如人嗜酒色、餌金石，傳氣於子孫者，潰爲癰疽，死與不死，在治之如何耳。秦皇、漢武窮兵黷武一也，秦亡而漢存者，始皇无子而武帝有子以幹之也。必曰「承以德」者，譽謂德譽，非虚譽也。隋煬以儉聞，以奢敗，虚譽也。

上九，不事王侯，高尚其事。象曰：「不事王侯」，志可則也。

蠱之終有「不事」者，上九自巽往於外，處蠱之上而不當位。巽爲事、爲高。尚，上也。五王、四侯、三公位，上執剛不屈，「不事王侯，高尚其事」。夫自臺輿至王公，无非事者，不事王侯，何以貴之？謂其志於三，三无應則去之，不累於物，其志爲可則也。

〔一〕「蠱」，原作「譽」，據通志堂本、四庫本改。

易傳曰：「伊尹、太公望之始，曾子、子思之徒是也。」所謂「志可則」者，進退合道也。

䷒兑下坤上

臨，元亨利貞，至于八月有凶。

彖曰：臨，剛浸而長，説而順，剛中而應，大亨以正，天之道也。「至于八月有凶」，消不久也。

剛自復浸浸以長大，而後有臨。一氣不頓，進兑爲澤。三、四、五進而不已，「浸長」也。臨以大臨小，其進非一日而大，大則小者自順，此臨之時也，故曰「臨」。兑説坤順，説而順，其民也。九二剛中，六五應乎外，則説而順者，非苟説之，順乎理也。臨之道成而「大亨」矣，然其端始於復之初九。剛反動於初，正也，浸長而之九二，大者亨以正，故亨，造端不正，其能大亨乎？此臨之道也。夫天之道，剛始於子，進而至臨，又進而至泰，然後萬物通，亦以正也，故曰「元亨利正〔一〕」。彖曰「説而順，剛中而

〔一〕「正」，通志堂本、四庫本作「貞」。

應，大亨以正，天之道也」，天之道，言乾也。「至于八月有凶」，戒進之不已也。陰陽消長，循環无窮，自子至未，八月而二陰長，陰長陽衰，其卦爲遯。「小人道長，君子道消」，不可以久。不直曰「凶」者，有凶之道，聖人闔，小人闢君子，凶未必至。范長生以八月爲否，誤也，周正建子。劉牧曰「遯之六二消臨之九二」，卦略曰「臨剛長則柔危，遯柔長故剛遯[一]」，是也。臨在復、泰之中，方長而戒之，不俟乎極也，故堯、舜、禹三聖人相戒，必於臨民之初，過此則无及已。

在卦氣爲十二月，故太玄準之以狩。

象曰：澤上有地，臨，君子以教思无窮，容保民无疆。

水，天下之至柔也，以土制水，宜若易者。然迫之以險隘，奔潰四出，壞之而後已，居之以寬大，則畜而爲澤矣，君子之於民也亦然。臨之以勢，勢有盡也；親之以教，教无窮也。是以忘有盡之勢，思无窮之教。「教思无窮」，則待之非一日也，故包容之、保有之，而「无疆」。「无疆」者，坤德也，厚之至也。三代之民，不忘乎先王之澤

[一] 此二句，原作「臨剛長則柔微柔長故剛遯」，據四部叢刊景宋本周易注改。

者，教之也；三代而下，一決則横流而不可復者，臨之以勢也。説卦以坎爲盜，兑爲少女，大象以澤爲民，何也？曰：善保之則吾民也，坎非坤衆能爲盜乎？易傳曰：「『无窮』，至誠无斁也。」

初九，咸臨，貞吉。象曰：「咸臨，貞吉」，志行正也。

以大臨小者，臨之道；以上臨下者，臨之位。故諸爻位以上爲臨。五者，臨之尊位也。初九、六五，非應也。初處下而説五，自應之，初，兑體，之五成艮，山澤相感之象。「咸」，徧感也，无心相感也，故曰「咸臨」。初九正，正其始也。初與四爲正應，然之四不正，五感之，動而上行，則正位以臨其民，而萬物正矣。舜德升聞，豈有心乎？有心則凶，不正亦凶，故曰「貞吉」。初九其始正者，非一日正也。古之人正其心，及感之而動，舉斯心以加諸彼，「志行正也」。

九二，咸臨，吉无不利。象曰：「咸臨，吉无不利」，未順命也。

二有剛中之德而應五，動而正，「吉无不利」。无心於臨，五自感之。二之五成艮，澤山象也，故亦曰「咸臨」。九居二有不利，然處下而説，曰「吉无不利」者，以「未順命」也。九二待時者乎？二至四有伏巽，巽爲命，坤，順也。易傳曰：「『未』者，非遽然之辭。孟子或問『勸齊伐燕，有諸』，曰『未也』，亦非遽然之也。」夫初九有應而不應，九二有應而未順，君子之樂，「王天下有不與存焉」，臨非君子之所樂也。

六三，甘臨，无攸利。既憂之，无咎。象曰：「甘臨」，位不當也。「既憂之」，咎不長也。

六三有臨下之位，而无臨人之德。柔不當位，以口説人，「甘臨」也。若當位，則不言而信，何俟於説人哉？子朝之文辭，新室之姦言，内不足也。處則不當，之上則不應，「无攸利」也。雖「甘臨」，能无咎乎？陽浸長，自下進，宜憂也。六三知處不當位，能下九二之賢，降尊接卑，二、三相易成坎，坎爲加憂，陰陽失位，既憂之，又加憂，則正，正則无咎。夫咎豈長哉？在我而已。二至四有伏巽，巽爲長，二、三相易，巽變坎，故曰「既憂之，咎不長也」。

六四，至臨，无咎。象曰：「至臨无咎」，位當也。

臨以大臨小，四居下之上，爲五所任而比於下，得君而近民者也。臨道尚近，臨之至也。以陰處四爲得正，體坤爲處順，與初相應爲下賢，得君近民而又兼此三者，所以无咎。此无他，位正德當也，故曰「至臨无咎，位當也」。

六五，知臨，大君之宜，吉。象曰：「大君之宜」，行中之謂也。

兼天下之明而不自用者，知也。五處尊位，虚中而納二，五[一]、二相易成坎，坎爲水，内景知也。兼九二之明而不自用其明，陽爲大，此大君用天下之明以臨天下，於臨之義爲宜。相易而正，正則吉，故曰「知臨，大君之宜，吉」。所謂「大君之宜」者，行中之謂也。二以剛中上行，五以柔中下行，上下相交，五兼二而用之，上下行中道也。不交，則明何由生，義何由明？故曰「大君之宜，行中之謂也」。王弼曰：「聰明者竭其視聽，智力者盡其謀能。」

上六，敦臨，吉无咎。象曰：敦臨之吉，志在内也。

上六臨之極，極則窮，變而通之，其「敦臨」乎？上與二非正應，而陰必求陽，志在乎内者，處臨之極，非内有賢人之助，不能資其臨下之道。尊賢取善，以剛益柔，厚之至也，故曰「敦臨」，坤，厚也。二之上成艮，爲篤實，厚而篤實，「敦」之象，天正則吉无咎。上、二相易而曰「吉」、曰「无咎」者，得九二之助，然後上安其位，臨道不窮，安其

[一]「五」，原作「九」，據四庫本改。

位所謂「吉」，不窮所謂「无咎」，故曰「敦臨之吉，志在内也」。易傳曰：「臨陰柔在上，非能臨者，宜有咎，以其厚於順剛則无咎。」

䷓坤下巽上

觀，盥而不薦，有孚顒若。

彖曰：大觀在上，順而巽，中正以觀天下。「觀，盥而不薦，有孚顒若」，下觀而化也。觀天之神道而四時不忒，聖人以神道設教而天下服矣。

觀成卦之義在於九五。九五剛大，履至尊之位，四陰觀之，大者在上，而下爲小者之所觀。坤爲衆，巽爲多白眼，有〔一〕觀上之象，故曰「大觀在上」。此以九五釋觀也。下順上巽，順物之理，巽而施之也。九五无偏黨反側，建極立表，天下注目，故曰「順而巽，中正以觀天下」。此合坤、巽言九五大觀在上之道也。

觀，臨之覆。臨兑爲澤，艮爲手，上爲宗廟。巽，入也，入宗廟而澤手，「盥」也，與

〔一〕「有」，原闕，據四庫本補。

内則「沃盥」之「盥」同。坤爲牛，兑爲刑殺，殺於下，手薦之於上，「薦」也。孚者，九五之誠信孚于下也。乾爲首，兑變之，肅然在上，莊而不憧，有敬順之貌，「顒若」也。觀之道至簡而不煩，其要在誠而已，无待於物也，故明之以宗廟之禮焉。宗廟之禮，所以致誠敬也。散齋七日，致齋三日。祭之初，迎尸入廟，天子涗手而後酌酒，涗謂之「盥」。酌酒獻尸，尸得之，灌地而祭，謂之祼。祼之後，三獻而薦腥，五獻而薦熟，謂之薦。故獻之屬莫重於祼。而「盥」者，未祼之時，精神專一，誠意未散，不言之信，發而爲敬順之貌者，顒顒如也。故下觀而化，金聲而玉色，莫不有敬順之心。及其薦獻，禮文繁縟，人之精一不若始盥之時，雖强有力者，猶有時而倦惰矣。以此見下之觀上，在誠而不在物，其道豈不至簡而不煩乎，是以觀盥而不觀薦也。巽眼視艮而兑伏，觀盥而不觀薦之象也。巽，巽也，坤，順也，二應於五，化爲巽順，故曰「觀，盥而不薦，有孚顒若，下觀而化也」。聖人嘗觀諸天也，四時本於陰陽，陰陽合而爲一，一則神。神者，天之道也，故陰陽自行，四時自運，人見其始於艮、終於艮，无有差忒而已。孰爲此者？一也。聖人觀天設教，亦一而已矣。一則誠，誠則明，明則變，變則化，不假强聒，人自服從。亦豈知所謂一哉？惟天下至誠爲能化，故曰「觀天之神道而四時不忒，聖人以神道設教而天下服」。此推原觀卦之始，要其終而言之，以明大觀在上，其道止於誠，誠則順而巽，中正以觀天下矣。

以卦氣言之，八月節也，故太玄準之以視。

象曰：風行地上，觀，先王以省方，觀民設教。

風行地上，无所不周觀也。先王以巡省四方，象風之行，觀民設教，象風行於地上，巽而順萬物也。巽爲多白眼，「觀」也，坤爲民。易傳曰：「『觀民設教』，如奢者示之以儉，儉者示之以禮。『省方』，觀民也。『設教』，爲民觀也。」

初六，童觀，小人无咎，君子吝。象曰：「初六童觀」，小人道也。

初六坤冥不正而往觀五，小人之觀君子也，烏覩所謂正哉？不足咎小人不足以知君子，猶童稚之觀成人也。艮爲少男，故曰「童觀」。初九動則正，以正而往觀者，君子之觀君子也。然不動焉，吝也，故曰「小人无咎，君子吝」。

六二，闚觀，利女貞。象曰：闚觀女貞，亦可醜也。

大觀在上，六二不往，闔户而觀之，所見狹矣，故曰「闚觀」。禮「女不逾閾」，守正不動，女之貞也，故曰「利女貞」。二離爲女、爲目，坤爲闔户，女處乎内而闚外之象。

九五以中正觀天下，六二守闚觀而爲女貞，亦可醜也，陰爲醜。此爻女子居之則利，君子爲之則醜。

六三，觀我生進退。象曰：「觀我生進退」，未失道也。

卦以九五爲主，「我」謂九五也。生，動也。五之三，震爲動，動謂之「生」者，陽剛反動，天地之生。五之三，三則進而上；五不動，三則退而止。進退動止，觀九五而已。巽爲進退，三不當位，在上下之際，故其象如此。六三不能自必其進退者，在九五不在六三也，九五中正，其動必正，故六三雖不當位，未爲失觀之道。

六四，觀國之光，利用賓于王。象曰：「觀國之光」，尚賓也。

四觀五也。四侯位，坤爲國，五王位。六四上賓於五，五降而接之，成坎、離，光也，故曰「觀國之光」。四爲朝廷，艮爲門闕，乾五爲玉，動之四爲金，坤爲布帛。乾、坤玄黄，幣帛之文。升自門闕，陳於庭，王降而接賓，賓下升於西北，「賓于王」也。「尚」者，主人以賓爲上，尚之也。古者諸侯入見于王，王以賓禮之，士而未受禄亦賓之。九五中正在上，六四體巽而正，觀國之光，知尚賓，忘勢矣。尚賓者，國之光也。禮主人尊賓，故坐賓於西北，主人接人以仁厚之氣，故坐於東南。易言賓位者，乾也，西北方也；主人位者，巽也，東南也。

九五，觀我生，君子无咎。象曰：「觀我生」，觀民也。

五自觀也。五，君也，坤爲民。五動之二，坤變震爲動，動謂之「生」。天動則地應，觀天道之得失，觀諸地可也。天爲君，地爲民。君者民之所觀，而時之治亂、風俗之美惡繫之，觀其民則知君。君之自觀其得失者，亦觀諸民而已。中庸曰：「君子之道，本諸身，徵諸庶民。」故君道得其民，君子也，於己爲无咎；君道失其民，小人也，必有失道之咎。有堯、舜之君，則必有堯、舜之民矣。五之二，陽爲君子，故曰「君子无咎」。成湯曰：「萬方有罪，在予一人。」先王〔一〕省方，命太師陳詩觀民風，乃所以自觀也。

上九，觀其生，君子无咎。象曰：「觀其生」，志未平也。

上觀五也。上來之三，仰觀九五，觀其動之所自出，故曰「觀其生」。三動於中，「志」也。坎險，「不平」也。三觀於五，有難焉，其志不能平，乃往於外。三動，正也，

〔一〕「王」，原作「主」，據通志堂本、四庫本改。

君子也，正則无咎。上九過剛也，過則有咎。自古觀其君而去者，以未平之志爲忿世疾邪之事，多失之於矯激太過，豈能无咎？夫聰明深察而近於死者，好譏議人也；辯博閎遠而危其身者，好發人之過者也。梁鴻作五噫，以顯宗之賢猶不能堪之，非失之過乎？夫子不合者多矣，進退无咎者，君子之道也。巽究爲躁，故以君子戒之。易解曰：「知微知彰，知柔知剛，然後能觀其生而不失進退之幾焉。」

周易上經泰傳第二

周易上經噬嗑傳第三

翰林學士左朝奉大夫知制誥兼侍讀兼資善堂翊善
長林縣開國男食邑三百户賜紫金魚袋朱震集傳

䷔震下離上

噬嗑，亨，利用獄。

彖曰：頤中有物，曰噬嗑，噬嗑而亨。剛柔分，動而明，雷電合而章。柔得中而上行，雖不當位，利用獄也。

離、震合而成體，爲「頤中有物」之象。九四之剛，頤中之物。嗑，合也。噬而合之，剛決而上下亨矣。推之人事，上下之際有間之者，彊梗讒邪，姦宄弗率，噬而合，合而亨。易傳曰：「君臣、父子、親戚、朋友之間，有離貳怨隙者，蓋讒邪間於其間也，除去之則合矣。」間隔者，天下之大害也，故曰「頤中有物，曰噬嗑，噬嗑而亨」。此合兩體言「噬嗑」與「亨」之義也。

夫互體之變難知也，聖人於噬嗑象明言之，其所不言者，觀象玩辭可以類推。固者爲之，彼將曰：艮、震，頤也，賁離而求艮，離豈艮哉？故曰：「知者觀其彖辭，則思過半矣。」噬嗑自否來，否之時剛柔不分，天地閉塞。九五之剛分而之初，剛下柔也；初六之柔分而之五，柔上行也。「剛柔分」則上下交矣，「動而明」則否塞通矣。以陰陽言之，震，陽也，離，陰也，雷動電明，剛柔相交〔一〕，合一而成章，則天地亨矣，故曰「剛柔分，動而明，雷電合而章」。此以初、五相易合兩體以言噬嗑之才也。

噬嗑，除間之卦，不止於用獄。言「利用獄」者，專以六五言噬嗑之用。坎爲律、爲棘，「獄」象也。六五之柔得中而上行，下據九四之坎，「用獄」也。所謂「上行」者，以柔道行之於上也。五，君位，唯剛健中正足以當之。六五柔中，不當位也。雖不當位，而施之於用獄，則无若柔中之爲利矣。或曰：柔中足以用獄乎？曰：人君者止於

〔一〕「交」，底本漫漶似「文」，據通志堂本、四庫本改。

仁，不以明斷稱也。古之用獄者，史以獄成告于正，而正聽之，正以獄成告于大司寇，聽之棘木之下，大司寇以獄之成告于王，王命三公參之，三公以獄之成告于王，王三宥之，然後制刑。宥之者，柔也。三宥之然後制刑者，柔中也。制刑者有司之事，不得已而聽、而制刑者，人君之德。德歸于上，有司不失其職於下，是以其民畏而愛之，愛之斯戴之矣，故曰：人君之用獄，无若柔中之爲利也。皋陶之美舜曰：「與其殺不辜，寧失不經。好生之德，洽于民心。」夫殺不辜，則民將以虐我者爲讎，好生之德洽于民心，則天下樂推而不厭。曾子曰：「上失其道，民散久矣。如得其情，則哀矜而勿喜。」士師，有司也。曾子告之如此，況人君乎？觀皋陶、曾子之言，則在於寧失也，在於哀矜也，不在乎明斷審矣。自易失其傳，參之以申、韓之學，人君用明斷決獄訟，躬行有司之事，其弊至於刻薄少恩，民心日離，思與之偕亡。讀易不察之過也，故不可不與之辯焉。

卦氣秋分也，故太玄準之以鬭。

象曰：雷電噬嗑，先王以明罰勑法。

「勑」當作「敕」。明其罰之輕重，使人曉然易避，效電之明也。正其法令以警懈憧，效雷之動也，九四坎爲律法也。三不正，「敕法」也。上三爻不正，「明罰」也。先王將明罰必先敕法，非謂法其威怒以致刑，此卦至爻變始有用刑之象。

初九，屨校滅趾，无咎。象曰：「屨校滅趾」，不行也。

否下體艮爲指，在下體之下爲趾。巽變震，爲足、爲草木，以草木連足，指象没矣，「屨校滅趾」也。荀卿曰：「菲紂屨。」紂，枲也。尚書大傳曰「唐、虞之象刑，上刑赭衣，中刑雜屨」，「雜屨」即傳所謂「蔍蒯」之屨。要之中刑之屨，或菲或枲，或蔍或蒯，皆草爲之，疑古者制爲菲屨赭衣，當刑者服之以示愧恥，非无肉刑也。慎子謂「以屨當刖」，誤矣。周官掌囚「下罪桎」，「桎」，足械也，械亦曰「校」。大罪者小罪之積，否初九不正，其行不已，故屨校以没其足，使止而不行，所懲者小，所戒者大，乃所以无咎。震爲行，艮止之，「不行」也。无咎，正也。卦以初、上爲受刑，二至五爲用刑者，用刑貴中也。王弼謂初、上无位，非也，六爻非奇則偶，豈容无位？

六二，噬膚滅鼻，无咎。象曰：「噬膚滅鼻」，乘剛也。

艮陰爲膚，柔而近革，噬之爲易，六三是也。何以知艮陰爲膚？剥六四曰「剥牀以膚」，坤剥乾成艮也。六三不當，六二噬之，中正而動剛，乘剛而往，所刑者當，兑爲口，故曰「噬膚」。艮爲鼻，二動兑見艮毀，「滅鼻」也。鼻在面中，滅鼻則當息，不息則勢不能久。言三雖不當，而二之用刑亦不過中，故无咎，二動宜有咎也。横渠曰：「六三居有過之地而已噬之，乘剛而動，爲力不勞，動未過中，故无咎。」

六三，噬腊肉遇毒，小吝，无咎。象曰：「遇毒」，位不當也。

鳥獸全體乾之爲「腊」，噬之最難者也。九四不正，間於上下之際，强梗者也。艮爲黔喙之屬，離爲雉，日熯之，「腊肉」之象。六三位不當，以柔噬剛，刑人而不服，必反傷之，故「遇毒」。毒，坎險也。何知坎爲毒？師曰「以此毒天下」，謂坎也。「小吝」者，六三位不當而柔也。然「无咎」者，動則正，兑見坎毀，强梗去矣。兑口，「噬」也。荀爽曰：「噬腊謂四也。」

九四，噬乾胏，得金矢，利艱貞，吉。象曰：「利艱貞，吉」，未光也。

附骨之肉謂之「胏」，胏古文作⿱亼⿱囟一。横渠謂五也，六五柔中，有剛在二剛之中，日熯之，「乾胏」之象。胏比腊爲易，比膚爲難，九四剛直不撓，往則克之，「得金矢」也。乾變爲金，巽爲木，坎爲矯、爲弓，離爲兵，矯木施金，加於弓上，「矢」也。金剛矢直，噬之則剛直行矣。四、五易，坎毁成頤，「噬乾胏，得金矢」也。九四不正，動而正，唯恐其不正，不正不足以噬，故「利艱貞」乃吉，不然則凶。艱貞乃吉者，以其道「未光」，道光則安用艱貞哉？或曰：五君位，四噬之可乎？曰：噬嗑爻辭取上下相噬，明用刑難易而已，不以君位言之。卦五不以君位言者六卦，訟也，噬嗑也，恒也，遯也，明夷也，旅也。訟不言君者，人君不以聽訟爲主，故風美召伯，頌言皋陶而已。恒不言君者，君道不可以柔爲恒。遯不言君者，君不可遯也。明夷不言君者，失君之則也。旅不言君者，君不可以旅也，春秋天王居于鄭書「出」，諸侯去國書「奔」。噬嗑，決獄有司之事，非人君之職，若以五爲君，則二大夫、三公、四侯相噬。何哉？易不可一端盡也。

六五，噬乾肉，得黄金，貞，厲无咎。象曰：「貞，厲无咎」，得當也。

噬上也，上剛而居柔，離日熯之，「乾肉」之象。乾肉比膚爲難，比胏爲易。五與上易成兑口，故曰「噬乾肉」。「黄」，中色，離中之坤也。上乾變爲金，故曰「得黄金」。言自五噬上，噬之亦難，噬之而服，則於剛爲得中矣。九居五，貞也，故曰「貞」。五未易上，有强不能噬，於正爲厲，於德爲有咎。噬上九而當，雖厲終无咎也，故曰「厲无咎，得當也」。「得當」者，於五剛中爲當也。或曰：用刑言噬，何也？曰：此聖人之深意也。夫示之德讓，使人安於至足之分則不争，不争則无訟。今物至於噬而後合，德下衰矣。噬之當也，猶愧乎无訟，矧噬之有不當乎？末流之禍，怨亂並興，反覆相噬，且萬物同體而使物至於噬，自噬之道也。故四之剛直上九之剛，未免於噬。夫子曰「必也使无訟乎」，叔向曰「三辟之興皆興於叔世」，聖人之意不其深乎。

上九，何校滅耳，凶。象曰：「何校滅耳」，聰不明也。

四坎爲耳，上九之三，巽爲木，巽見坎毁，「何校滅耳」也。上九有耳，不明乎善，罪大惡積，陷于凶而不知，宜曰「耳不聰」。曰「聰不明」何也？坎水離火，日月之光。火，外景也，於目爲視；水，内景也，於耳爲聽。視聽之用，无非明也。氣交則通，精併則專。矌者專視，併耳之用於目也；瞽者專聽，併目之用於耳也。上之三，離目毁，无見善之明，又不能專聽，是聰復不明。「何校滅耳」，責其有耳之形，无耳之用也。

䷕離下艮上

賁，亨，小利有攸往。

彖曰：「賁，亨」，柔來而文剛，故亨。分剛上而文柔，故「小利有攸往」。天文也〔一〕。文明以止，人文也。觀乎天文以察時變，觀乎人文以化成天下。

賁本泰也，坤之上六來居於二，以一柔而文二剛，則柔得中而亨。「文」，柔德也，故曰「賁，亨」。九二分而往於上，以一剛而文二柔，剛不得中而柔得中，小者之利也。然剛不往則小者无以濟之，不能文矣，故曰「小利有攸往」。「柔來文剛」而得中，「分剛上而文柔」，柔者亦得中，上下相文而不失乎中，則「賁」也。非過飾也，故曰「賁」。賁者，文飾之道。曰「往」、曰「來」者，往來相錯，因其質而文之。易傳曰：「質必有文，自然之理。理必有對待，生生之本也。有上則有下，有此則有彼，有質則有文。一不獨立，二則爲文。」以天文言之，无非剛柔交錯。陰陽之精在地，象物成列，光耀離合，皆剛柔也。日，陽也，而爲離；月，陰也，而爲坎。緯星，動者，陽也，而太白、辰星爲陰；經星，不動者，陰也，而析木、鶉首爲陽。北斗、振天二極不動，故曰「天文也」。以人文言之，坤來文乾而成離，坤文而離明，「文明」也。艮，止也。父剛子柔，君剛臣

〔一〕郭京周易舉正稱「天文也」前脱「剛柔交錯」四字。

柔，夫剛婦柔，朋友者剛柔之合，長幼者剛柔之序，五者交錯，粲然成文，天理也，非人爲也。上下、内外、尊卑、貴賤，其文明而不亂，各當其分而止矣。文明以止，則禍亂不生，災害不作，故日月軌道，五星順序，萬物自遂。天文、人文，其理一也，故曰「文明以止，人文也」。此合乾坤剛柔、艮離兩體而言賁也。

聖人觀乎天文，則知剛柔有常矣，故南面而立，視昏旦之星，日月之次，以知四時寒暑之變。春震、秋兑，泰之時也；夏離、冬坎，賁之時也。泰易爲賁，四時互變，「時變」之象也。觀乎人文，知天下之情必麗乎中正，中正者，理之所當得者也，故彰之車服，明之藻色，天下自化矣。「柔麗乎中正」者，化成天下之道也。乾，天也；一變艮，成也；二柔麗乎中，正也。仰觀天文，俯觀人文，不順乎天則反求乎人文而已矣。此推原卦變以盡賁之道也。

在卦氣爲八月，故太玄準之以飾。

象曰：山下有火，賁，君子以明庶政，无敢折獄。

山下有火，託物以明，異乎晉之「自昭明德」也。賁，飾之象。君子體之以明庶政者，初、二、三、四，正。坤爲衆。「政」者，正也。「无敢折獄」者，折獄之道，在於用常人吉士，哀矜獄情，不恃明察也，不尚文飾也。或曰：噬嗑亦明也，「明罰」何也？曰：噬嗑六三、九四、六五、上九不正，不正者罰之。賁「无敢折獄」，下四爻正也。庶政明而後折獄，乃无枉濫。

初九，賁其趾，舍車而徒。象曰：「舍車而徒」，義弗乘也。

艮爲指，初在下體之下，動而應，足趾也。坤爲輿，二坎爲輪，車也。四震爲大途，爲足，足趾行乎大途者，徒行也。初九於六二爲近，於六四爲遠，舍二車弗乘，寧徒行而弗辭者，六二非正應，「義弗乘」也。夫車所以賁其行，義弗當乘而乘之，辱也，非賁也，是以寧徒行，雖跣足，賁也。古之人有弗肯乘人之車，緩步以當車者，守義故也。

六二，賁其須。象曰：「賁其須」，與上興也。

二言賁飾之道。毛在頤曰須，在口曰髭，在頰曰髯。三有頤體，二柔在頤下，須之象。二、三剛柔相賁，「賁其須」也。夫文不虛生，譬之須生於頤。血盛則繁滋，血衰則減耗，非增益爲之飾，「與上興也」。「與」，相與也。二、三相賁而成震，起也。柔道上行，有「興」之象。是故冠弁衣裳，黼黻文章，雕琢刻鏤，玄黄之飾，因其有尊卑貴賤之實而明之，實既不同，其文亦異。不豐不殺，惟其稱也。棘子成曰「質而已矣，何以文爲」，不知文待質而後興也。

九三，賁如濡如，永貞吉。象曰：永貞之吉，終莫之陵也。

六二以柔賁剛，「賁如」也。九三坎體，以剛賁柔，坎水濡之，澤潤而有光耀，「濡如」也。剛柔相賁，文飾之盛，禮之致隆者也。然二非正應，以近相得，故相賁、相濡以成文。九三守正不動，二亦柔麗乎中正，故「吉」。三賁將變動而失正，則上且自外而陵之。禮者，法之大分，去爭奪之道也，永正誰能陵之？今夫富商之財，足以金玉其車，文錯其服，而木楗韋藩，過于朝而不歉者，知禮法之不可以干也。苟失其正，乘其間者有競心焉，安能自免於陵轢乎？故「終莫之陵」者，「永貞之吉」。三，下卦之終，三不動，「永貞」之象。

六四，賁如皤如，白馬翰如，匪寇婚媾。象曰：六四當位，疑也。「匪寇婚媾」，終无尤也。

六四、初九，以正相賁也。六四之柔下賁初九，「賁如」也。初九之剛上賁六四，成巽，六二爲須，巽爲白，「皤如」也。言初之賁四，純白相賁飾也。六四當位，伏巽爲不果，有「疑」志也。四所以疑者，初間於三，坎爲盜，盜據内外之際，四有乘剛之險，初、四未獲賁也。雖未獲賁，而應之志其疾如「白馬翰如」，飛騰而赴之，匪九三之寇則遂「婚媾」矣。初離爲雉，之四巽爲雞，「翰如」也。翰，剛爻也。震爲作足之馬，震變巽，故曰「白馬翰如」。震長男，離中女，男女合故曰「婚媾」。純白无僞，誰能間〔一〕之？始疑而終合，故曰「終无尤也」。四之所尤者三也，三，下卦之終。

六五，賁于丘園，束帛戔戔，吝，終吉。象曰：六五之吉，有喜也。

艮爲山，爲果蓏，山半爲丘而有果蓏，「丘園」也。五尊位柔中，外資上九之賢，故曰「賁于丘園」。坤爲帛，艮手束之，束帛五兩，坤數也，三玄二纁，天地奇耦之文，上、五相賁之象。「戔戔」，委積貌，坤爲衆，束帛其上，多而委積，用之以外聘，故曰「束帛戔戔」。夫五得尊位，當賁天下，六二不應，近比上九，「吝」道也。然柔中厚禮，上九自外賁之，始吝而終吉，正則吉也。陰陽得位曰「喜」，上來賁五，陽得位而正，喜豈僞爲之哉？好賢樂善，有得于誠心，故曰「六五之吉，有喜也」。

〔一〕「間」，原作「聞」，據汲古閣本、通志堂本、四庫本改。

上九，白賁，无咎。象曰：「白賁，无咎」，上得志也。

上九賁之極，有不賁者焉。聖人因天地自然之文立王制，爲天下之大隆，是非之封界，分職、名象之所起也。其志在於著誠去僞，使人各由其情，不失其本真矣。末流之弊，尚文勝質而本真衰焉，豈賁飾之初志哉？志者，動於中之謂也。上九變動反三，三有伏巽而離體，離者，乾再索而成，巽之變也。巽爲白，離爲文，有色生於无色，故曰「白賁」。白，質也；賁，文也。五色本於素，五味本於淡，五聲本於虚。質者，文之本。上九變動而反本，則文何由勝？咎何由有？我志得矣，故曰「大禮必簡」，「至敬无文」，然貴本之謂文，親用之謂理，兩者合而成文，以歸太一，夫是之謂大隆。故酒醴之美，玄酒、明水之尚；黼黻文繡之美，疏布之尚；莞簟之安，而蒲〔一〕越藁鞂〔二〕之尚；丹漆雕幾之美，而素車之尚。荀子曰：「禮始於脱，成於文，終於梲〔三〕。」夫終則有始，質者文之始。上九之「白賁」，文在其中矣。變而通之，三代損益之道，是以「无咎」而「得志」。不然，事生

〔一〕「蒲」，原作「簿」，據四庫本、禮記改。
〔二〕「鞂」，原作「韎」，據四庫本、禮記改。
〔三〕「梲」，荀子作「税」。

送死而无敬文。墨子之道，烏得爲无咎？賁四至上，其變皆以巽，人文相賁，以禮讓爲本。

䷖坤下艮上

剥，不利有攸往。

象曰：剥，剥也，柔變剛也。「不利有攸往」，小人長也。順而止之，觀象也。君子尚消息盈虚，天行也。

剥本乾，陰侵陽，進而剥之。柔剥乎剛，下剥其上，回邪剥正道，小人剥君子，剛爲柔變，故曰「剥，剥也，柔變剛也」。此以五陰剥陽言剥也。

剥而不已，一陽僅存，小人既長，君子道消，往亦无與，何所之哉？當巽言屈身避害而已，故曰「不利有攸往，小人長也」。此以上九言剥也。

聖人患君子不往，人道將絶，故又發其義曰「順而止之」，坤順艮止也。止，小人之道，當順其理而止之，乃〔一〕可以止。蓋以象觀之，剥極當止之時，五變陰，陽有可反

〔一〕「乃」，原漫漶似「尸」，據汲古閣本、通志堂本、四庫本改。

之理，剥反晉，晉反大有，而乾體復矣。天道之行，消於巽，息於兑，盈於乾，虚於坤，消極則息，盈久則虚。君子尚之，與時偕行，能柔能剛，任理而已矣。漢、唐之季，小人道長，諸賢不能順而止之，悉力以抗小人，是以无成功。王弼謂「强亢激拂，觸忤以隕身，身既傾焉，功又不就，非君子之所尚也」，故曰「順而止之，觀象也」。君子尚消息盈虚，天行也」。此以艮、坤二體，剥、復升降，明處剥之道也。

在卦氣爲九月，故太玄準之以割。

鄭康成以萬物零落謂之剥者，論卦氣也。彖言「象」者三，剥也，鼎也，小過也。剥、小過，卦變之象也。卦變自辟卦言之，坤變復，六變而成乾，乾變姤，六變而成坤。自反對言之，復、姤變十二卦，遯、否、臨、泰變四十八卦。自下而變也，觀剥之象則知之矣。自相生言之，復、姤五變成十卦，臨、遯五復五變成二十四卦，泰、否三復三變成十八卦。上下相變也，觀小過之象則知之矣。鼎，互體之象也，卦以陰陽、虚實、剛柔、奇耦交錯互變於六爻之中，而象其物宜，觀鼎之象則知之矣。觀是三者，易之象舉積此矣。

象曰：山附於地，剥，上以厚下安宅。

山剥而附於地，則其下厚矣。爲人上者觀此，故裕民敦本，務厚其下，是乃「安宅」不傾之道。書曰：「民爲邦本，本固邦寧。」

初六，剥牀以足，蔑貞凶。 象曰：「剥牀以足」，以滅下也。

劉牧讀「剥牀以足蔑」，按六四曰「剥牀以膚」，則「剥牀以足」當爲句絶。坤變乾也。坤，西南方也。初動成巽，巽爲木，設木於西南之奥，乾人藉之，「牀」之象也。剥以其足，寢其上者危矣。初有伏震，震爲足，陰之剥陽，必自下始。「蔑」，無之也，無君子之正則凶矣。象曰「滅」者，滅盡也，無君子之正者以滅盡之也，小人之害正如此。

六二，剥牀以辯，蔑貞凶。 象曰：「剥牀以辯」，未有與也。

鄭康成曰：「足上稱辯。近膝之下，屈則相近，申則相遠，故謂之辯。辯，分也。」崔璟曰：「辯當在笫足之間，牀胜也。」巽爲木、爲股，艮爲指，在初爲趾，二在股、趾之間，近膝之下，股之象，胜即股也。陰浸長，次及於二，猶剥牀至於股也。九二无應，未有與之者，是以小人无所忌憚。二當内不失正以自守，斯可矣，若迫窮禍患，蔑所守之正，則凶。「蔑」，無之也。曰「蔑貞凶」，戒六二也。剥之方長，君子而有與，猶可勝也，剥而自守其正，小人雖勝，猶未凶也。

六三，剥之无咎。 象曰：「剥之无咎」，失上下也。

上九以剛居一卦之外，六三在小人中，以柔應剛，獨有輔上救亂之志，易傳謂漢之吕彊是也。然上九不當位，其勢微弱，不能相應而有爲，「失上」也。衆陰並進，三獨爲君子，初、二既剥，安能免於衆陰之所剥乎？「失下」也。上下皆失，三雖不免於剥，而義則无咎，非特立不懼者能如是乎？

六四，剥牀以膚，凶。 象曰：「剥牀以膚」，切近災也。

艮爲膚，柔而近革，六四之象。巽爲牀，剥牀及膚，「切近災」也。五，君位，剥陽至四而乾毁，其凶可知。象言「災」者，陰長剥陽，天也，剥道至此，三不能止，君子其如天何？

六五，貫魚，以宫人寵，无不利。 象曰：「以宫人寵」，終无尤也。

巽爲魚、爲繩，艮爲手，持繩，下連衆陰，「貫魚」也。艮、坤爲宫，止於中也，乾爲人，巽爲進退，「以宫人寵」也。宫人，嬪婦御女之屬，古之進御於君者。望前先卑，望後先尊，尊卑迭爲進退。五得尊位，其動也正，與上同德，下制衆陰，若貫魚然咸順於上。以宫人寵之，使尊卑有序，厚恩錫予，不及以政。寵均則勢分，不及以政則无權。小大相持乃可爲也，故「无不利」。六居五，宜有尤，而以正制小人者，盡道，「終无尤」也。五有伏兑爲口，尤之也。不然，魚脱於淵，其能制乎？或曰：先儒以巽爲魚，何也？曰：以重卦離知之。包犧氏「結繩而爲罔罟，以佃以漁，蓋取諸離」，離中有巽，巽爲魚，「以漁」也；離爲雉，「以佃」也。魚、龍同氣，東方鱗蟲，龍爲之長，震爲龍，木之王氣，巽爲魚，木之廢氣，故太玄以三八爲木、爲鱗，兼震、巽言之。

上九，碩果不食，君子得輿，小人剥廬。象曰：「君子得輿」，民所載也。「小人剥廬」，終不可用也。

坤陰剥乾四成巽，爲木，至五成艮，爲果，陽爲大，衆陰不能剥之，「碩果」也。兑爲口，艮見兑伏，「不食」也。君子在外不爲小人剥喪之象。「碩果不食」，下而復生，剥反爲復，必然之理。天地間未嘗一日无陽，亦未嘗一日无君子。剥終復始，間不容髮也。坤爲輿、爲衆，極亂之後，五陰奉一陽，君子於是得衆而民載之，故曰「君子得輿，民所載也」。易傳曰：「詩匪風、下泉所以居變風之終也。」艮爲舍，乾爲天，天際在外，野也，舍在野，廬之象。陽爲君子，小人託庇於君子。上九剥而爲六，小人用事，自徹其庇，至於无所容其軀，而在外之君子亦失其所，故曰「小人剥廬，終不可用也」。

☷☳震下坤上

復，亨。出入无疾，朋來无咎。反復其道，七日來復，利有攸往。

彖曰：復，亨。剛反動而以順行，是以「出入无疾，朋來无咎」。「反復其道，七日來復」，天行也。「利有攸往」，剛長也。復其見天地之心乎。

復本坤而乾交之，陰陽之反皆自内出，非由外來，而「出入」云者，以剥、復明消息之理也。剥極成坤，陽降而入；坤極而動，陽升而出。入，其反也；出，其動也。其出其入，群陰莫能害之。害之之謂「疾」，言剛反動而得位也。坤爲順，剛反動而得位，以順道而上行，斯復所以亨歟？朋，陽之類也，一陽來復而得位无咎者，以正也。剛動則不累於物，以順行則不違其時，正則和而不同，斯「朋來」所以「无咎」也。夫復所以亨者，豈一君子之力哉？譬如舟車必相濟達，已先則拔之，彼先則推之，然後并心協力，其道大行，故曰「復，亨。剛反動而以順行，是以出入无疾，朋來无咎」。此合坤震兩體、初九之動以言復亨也。

天道之行，極則來反，往則必復。其復之數，自午至子不過於七。陽生於子，陰生於午，剥、復七變，陽涉六陰，極而反初。日也，月也，歲也，天地五行之數所不可違，而必曰「七日」者，明律曆之元也。故日月五星始於牽牛，氣始於夜半，曆始於冬至，律始於黄鍾。子雲得之，爲八十一首，以盡一元六甲三統九會二百四十二章之數。邵雍得之，明日月星辰元會運世，以窮天地消長无極之數，而雍嘗謂子雲作太玄其得天地之心乎，故曰「反復其道，七日來復，天行也」。此推剥、復之變言復之數也。

陽自復而往爲臨、爲泰、爲大壯、爲夬、爲乾，孰禦之哉？君子之道，剛進而長，莫或禦之，必至於盛。夫子曰「如有用我者，期月而已，三年有成」，孟子曰「以齊王猶反手也」，荀卿曰「三年，天下如一，諸侯爲臣」，非虚語也，故曰「利有攸往，剛長也」。此自復推之至乾以言復之成也。

易以天地明聖人之心，以爲无乎不可也，以爲有乎不可也。觀諸天地則見其心矣。天地以萬物爲心，其消也乃所以爲息，其往也乃所以爲來，往極而來復，復則萬物生生者，天地之大德也。以其所見論其所不見，天地之心其可知矣，故曰「復其見天地之心乎」。此以初九剛動言復之始也。始而亨，亨則有成矣。王弼謂「天地以本爲心，寂然至无，是其本矣」，此「雷在地中之象」也。彖之取象在於陽剛反動而已。易无非象也，彖也，大象也，小象也，其象各有所宜，不可以一槩論。

在卦氣爲冬至，故太玄準之以周。

象曰：雷在地中，復。先王以至日閉關，商旅不行，后不省方。

天下之至動莫如雷，「雷在地中」，動復於靜，復本之時也。復，冬至之卦。剥艮爲門闕，反則「閉關」，閉關以止動者也。巽爲近利市三倍，風行地上，爲觀民設教，復震見巽伏，故「商旅不行，后不省方」。「不行」、「不省方」，則動者靜。夏小正「十一月萬物不通」，夫子贊易兼用夏小正矣。

初九，不遠復，无祇悔，元吉。象曰：不遠之復，以脩身也。

外爲遠，内爲近。剥初嘗失矣，變復，九自外來，内不遠也，反動而剛復也。失而後有復，不失則无復矣。初者九之位，正其固有也。初正者善之端，脩身之始，未有不正其心而能脩身者。以天地言之，始於剛反動而正，乃能遂萬物而成其德，故曰「不遠復，以脩身也」，坤爲身。易傳曰「祇，抵也」，馬融音之是反。初動不正，不正則抵于悔，知不正爲不善之端，而復于正則「无祇悔」。俟其悔至而後復之，復亦遠矣。

「无祇悔」則「元吉」，元吉者吉之至善，故曰「无祇悔，元吉」。夫幾者動之微，吉之先見也。顔子不善未嘗不知，知之未嘗復行，「无祇悔」也，故夫子贊之曰「顔氏之子，其殆庶幾乎」。

六二，休復，吉。象曰：休復之吉，以下仁也。

休，息也。初九剛復，克己復禮，爲仁者也。六二正中，在上无應以分其親仁之意，近而相得，乃下之。見初九「不遠復」，其心休焉。中者，天下之大本，人受天地之中以生。中則正，正則大，大者仁之體。仁豈外求哉？在我而已矣。初九知幾，「知至至之」者也。六二不動，即至于正中，動則失正，因是「休」矣。休則吉，所謂「吉祥止止」也，故曰「休復之吉，以下仁也」。荀卿曰「學莫便於近其人〔一〕」，六二之謂乎。

六三，頻復，厲，无咎。象曰：頻復之厲，義无咎也。

頻，水厓也。説文曰「人所賓附，頻蹙不前而止」，先儒作「嚬蹙」訓之，其義亦通。三者震動之極，極則反之正成坎，坎在坤際，水厓也，水厓謂之「頻」。六三厥初妄動，

〔一〕「人」，原作「仁」，據汲古閣本、四庫本及荀子改。

自厓而反，則「頻復」也。頻者危道，故曰「頻復，厲」。頻而復，雖晚矣，不猶愈於迷而不復者乎？於義爲得，故曰「義无咎也」。六三困而學之者也，叔孫病不能相禮，退而學禮之爻乎？

六四，中行獨復。象曰：「中行獨復」，以從道也。

五陰冥行，去道日遠，適越而北首者也。六四行於五陰之中，獨反而復，下從於初。「道」，言初九也。震爲大途，亦「道」也。鄭康成曰「度中而行，四獨應初」，是也。不言「吉无咎」者，正則吉可知，「獨復」則无咎。「頻復」之厲，猶无咎也。四「獨復」、五「敦復」不言「吉」者，不以利害言也。虞翻曰：「四在外體，不在二、五，何得稱中？」夫「中」無一定之中，自初至三，以二爲中，自四至上，以五爲中，復卦五陰自二至上，則四爲中，康成謂「爻處五陰之中」。

六五，敦復，无悔。象曰：「敦復无悔」，中以自考也。

六五遠於初九，中而未正，非「敦復」則有咎。五，坤體，厚也。五動而正，成艮，艮爲篤實，厚而篤實，「敦」也。「成言乎艮」，故艮又有成之意。「考」，成也，誠者自成也。以體言之謂之中，以天道言之謂之誠，以受之於天言之謂之性。有是性則有是體，有是體則有是道，萬物皆備於我，反身而誠則自成矣，其於復也何遠之有？厚而篤實，用力於仁者也。荀卿曰「以中自成」，易傳曰「以中道自成」。

上六，迷復，凶。有災眚，用行師終有大敗，以其國君凶，至于十年不克征。象曰：迷復之凶，反君道也。

復之終以一卦言之。剥之上九反而爲初，初九已復，上六迷道而不復，故曰「迷復，凶」。上窮矣，不可動，動則降三成坎。坎，災眚也，災自外至，眚已招也。有災眚則天禍人患无所不有，故曰「凶」，又曰「有災眚」。三動六上行，有師體，「用師」也。行師之義，以正去不正，已迷不復而行師，人誰服之？終有大敗。師六三「師或輿尸，凶」，坎爲血，大无功也。三，下之終，故曰「終有大敗」。坤四諸侯位，國也，五君位，上反三成震、坎，「以其國君」也。震動，「以」也。坎，陷也。用此行師，終有大敗。妄動之禍，至於以其國君陷之於凶，故曰「以其國君凶」，言迷復動則凶矣。自古迷復妄動，不勝其欲，而用兵，雖驟勝，終有大敗。驟勝者，厚其毒而降之罰，是以禍至於亡身。「十」者，坤之極數。不可動則无師象，「不克征」也。「十年不克征」者，災也，上窮也，「用行師終有大敗，以其國君凶」者，眚也，二者反君道故也。上六反初九，初九，「道」也。易傳曰「居上治衆，當從天下之善」，夫從天下之善則改過不吝，舉錯當於人心，以此用衆則師克，以此用國則民聽，天佑人助，何凶之有？

☰☳震下乾上

无妄，元亨利貞。其匪正有眚，不利有攸往。

象曰：无妄，剛自外來而爲主於内，動而健，剛中而應，大亨以正，天之命也。「其匪正有眚，不利有攸往」，无妄之往何之矣？天命不祐行矣哉？

无妄，天理也；有妄，人欲也。人本无妄，因欲有妄，去其人欲，動静語默无非天理。動非我也，其動也天，故曰「无妄」。此合乾、震言无妄也。

无妄，大畜之反，大畜上九之剛「自外來爲主於内」，「主」言震也。「自外來爲主於内」，如舜、禹之有天下，天下，大物也，可妄而有乎？无非天也，故曰「剛自外來而爲主於内」。此以初九言无妄之主也。

震，動也，乾，健也，動而震，无妄之時，其健不息，不有其已，體天而已，故曰「動而健」。此再以乾、震言无妄也。

九五剛中在上，六二以柔中應之，剛柔相與，上下不過乎中，中則无妄。上下循天之理，故曰「剛中而應」。此以二、五言无妄也。

初九之尊位，大夫[一]得尊位，「大亨」也，其端始於初九，「剛自外來爲主於内」而正，是以大亨。剛中而應，動不以正，亦何由健、何由應乎？故曰「大亨以正」。此以初九、九五言无妄也。

「動而健，剛中而應，大亨以正」者，无妄之才也，有是才乃可當无妄之時，致天下於无妄。易言「剛中而應」者五卦，師也，臨也，萃也，升也，无妄也，「大亨以正」者三卦，萃也，臨也，无妄也，獨於无妄言「天之命」者，「剛自外來而爲主於内」也。剛自外來可也，安能必其爲主於内？動而健可也，安能使剛中而必應以正，而必至於大亨乎？非天命不能也。天命即天理也，非人爲也。乾爲天，巽爲命，故曰「天之命」也。此以乾、巽言无妄也。

三、四、上三爻「匪正有眚」，匪正妄行而干天命，其眚自取者也。无妄之世，九五

[一]「夫」，大易集義粹言引作「者」。

在上受天所命，六二應之，三、四、上匪正而无應，欲往何之？三、四以五在上不可行，上九已窮，三、上相易成坎險，何所往哉？兑爲右，大有六五「尚賢」，上九易五成兑，故曰「自天祐之」。无妄、大畜三、四正位兑體，有祐之象，大畜反兑爲巽，不正之爻「不利有攸往」，故曰「天命不祐行矣哉」。

在卦氣爲寒露，故太玄準之以去。

象曰：天下雷行物與，无妄。先王以茂對時，育萬物。

天下雷行而物與之者，无妄也；雷行非時而物不與者，妄也。虞翻曰「震以動之，萬物出乎震」，故震爲萬物始。始[一]震終艮，「時」也，伏兑爲澤，「育」也，二應五、三應上，「對」也，先王以是茂對時而育萬物。「茂」，盛也。萬物繁興，不茂不足以育物，不對則妄矣，如「春毋麛、毋卵，夏毋伐大木」之類。

初九，无妄往吉。 **象曰：无妄之往，得志也。**

初九正，无妄也；九四不正，妄也。初九以正動上往，九四應之，往而正，正則吉，

〔一〕「始」，原脱，據通志堂本、四庫本補。

其正行乎上，志者動於中也。易傳曰：「誠至於物，无不動者。以之脩身則身正，以之治事則事得其理，以之臨人則人感而化，无所往而不得志也，故吉。」

六二，不耕獲，不菑畬，則利有攸往。象曰：「不耕獲」，未富也。

二動體而順乎中正，无妄者也，故極言无妄可往之理。初至五有益體，「耕」也。二震爲稼，艮爲手，二往之五，五來應二，兑見震毁，艮手兑金，銍刈之象，「獲」也。二爲田，田一歲曰「菑」，三歲曰「畬」。初九震足動，田之始菑象也。五〔一〕來之二，歷三爻而有獲象，「畬」也。乾爲歲故也。夫耕者獲之始，畬者菑之成，耕必有獲，菑必有畬，事理之固〔二〕然，非私意所造，君子隨時而已，无妄也。譬如農夫，有當首事而耕者，有當終事而獲者。其於田亦然，有當首事而菑者，有當終事而畬者。當其時之可耕、可菑，則薅荼蓼，闢荒穢，不爲不足；當其時之可獲、可畬，則有倉廩，多田稼，不爲有餘。初，耕者也，二當不耕而獲，耕則妄矣；初，菑者也，二當不菑而畬，菑則妄矣。

〔一〕「五」，原漫漶似「三」，據汲古閣本、通志堂本、四庫本改。
〔二〕「固」，原作「同」，據汲古閣本、通志堂本、四庫本改。

吾无決擇，順乎中正，可動而動，无所容心也，如是「則利有攸往」。「有攸往」者，二往五則獲、畬有成矣。昔伏羲創法以利天下，神農氏、黄帝氏相繼而出，至堯、舜氏而法成。若夏、商、周之損益，皆因其禮，无妄作也，其視前人創法猶己爲之，是故前聖後聖若出一人，彼時此時同爲一事。不然，不待時而爲，則雖攬天下之美猶爲妄也。曰「未富」者，盈虚之理，盈則虧之，虚則實之。二陰虚而未盈，故不耕而獲，若已盈則亦不獲矣，莊子所謂「天下既已治矣」是也。

六三，无妄之災，或繫之牛，行人之得，邑人之災。象曰：行人得牛，邑人災也。

六二中正，无妄也，三、四不正，有妄也，故以兩爻明六二无妄之災。坤爲牛，四巽繩，艮手，「或繫之牛」。「或」，疑辭，四見疑，以不正故疑之。三震爲大途、爲足，「行人」也。四不繫之牛，人以其不正，或疑之，妄也。三不正而躁，亦妄也。往乘四，妄而又妄，不得位。「行人得牛」，牛非行人之所當得，妄動而干之，非順乎理者也。四來乘三，三〔一〕在險中，三自取之，有妄而災，則其宜也，非災之者也。坤土在下爲

〔一〕「三」，原漫漶似「二」，據汲古閣本、通志堂本、四庫本改。

邑，邑人謂六二，六二中正順理，静而不往，无妄何災矣？然三動則二亦近於險，非自取也。莊周謂「魯酒薄而邯鄲圍」者乎？關子明曰：「无妄而災者，災也。」君子於无妄之災如之何？夭壽不貳，脩身以俟之，所以立命也。故三、四復位，六二卒與五應。

九四，可貞无咎。象曰：「可貞无咎」，固有之也。

明人情終不妄也。九四剛而不正，剛則私慾不行，私慾不行則至於无妄，无妄則无咎。然且有咎者，不正也。正者四之所固有也，操存舍亡，非外鑠也。九既剛矣，動則正，正則无妄，故曰「可貞无咎〔一〕，固有之也」，致无妄者必自剛。夫妄始於慾，慾之爲害，自一芥取諸人，充之至於爲盜。舜與跖之分，其初甚微也。剛者能絶之，不以小害爲无傷而不去，故此爻在妄爲剛者，聖人與之，可正也，正則剛在其中。上九亦剛，不曰「可貞」者，妄之極也。

九五，无妄之疾，勿藥有喜。象曰：无妄之藥，不可試也。

九五、六二无妄相與，而九四以妄間之，九五之疾也。疾者，陰陽失位之象。五

〔一〕「咎」，原作「妄」，據通志堂本、四庫本改。

動四成坎，坎爲毒藥之象，醫師聚毒攻邪，濟人於險者也。易傳曰：「治之而不治，率之而不從，化之而不革，若舜之有苗，周公之管、蔡，孔子之叔孫武叔。」然而无妄之疾非妄所致，「勿藥」可也。蓋九五至正，戒之在動。動而求所以攻之則不正，復入於妄。以妄治妄，其疾愈深。待之以正，則邪妄自復，故曰「不可試也」，「試」猶「嘗試」，言不可妄動少有所試。二不能往，五得位而二應，「勿藥有喜」也。不正則二不應，其能喜乎？「喜」，陽得位之象。

上九，无妄行有眚，无攸利。象曰：无妄之行，窮之災也。

无妄之時，妄者三爻，六三、九四、上九是也。九四「可貞」，六三下體之極，上九上體之極。上九，妄之尤極者也。上行之三成離，離有伏坎，坎爲眚。三行之上成兑，兑爲毁折，「行有眚」也。上九、六三之妄，行即得正，然且有眚者，妄極而窮，窮之災，雖行其能免乎？爻言「眚」，象言「災」，處妄之極，不有人禍必有天殃，故夫子極天人以告之。

☶☰乾下艮上

大畜，利貞，不家食吉，利涉大川。

象曰：大畜，剛健，篤實，輝光，日新其德。剛上而尚賢，能止健，大正也。「不家食吉」，養賢也。「利涉大川」，應乎天也。

「剛健」，乾也。「篤實」，艮也。大畜者，大壯九四變也。一變爲需，再變爲大畜。需有坎、離，相合發爲「輝光」。進而上行成艮，互有兑、震，兑西震東，日所出入，「日新其德」也。剛健則不息，篤實則悠久，兩者合一，畜而爲德，動而有光，其光揮散，又日新无窮，進而不已，自畜其德者也，故曰「剛健，篤實，輝光，日新其德」。此合乾、艮兩體而又推大壯之變以言大畜也。

剛，賢者也。大壯再變，九四之剛進居君位之上，賢者置之上位，六五以柔下之，「尚賢」也。三陽自内而往，難畜者也。「剛健，篤實，輝光，日新其德」，自畜其德矣，又尊賢忘勢，「剛上而尚賢」，具此五者，然後能止畜其健，「大正」也，「大正」乃爲天下國家之利。君子當在上，小人當在下，正也。初九、九三當位，二、五相易而正，大者正也。所以大畜者，以其利於大者正，故曰「剛上而尚賢，能止健，大正也」。此以上九在上，六五、九二相易，以言大畜之利正也。

「剛上而尚賢」，尊之也。尊之而不與之共天位、治天職、食天禄，賢者不可得而畜也。三至上體頤，「養賢」也。二在内爲家，兑口爲食。六五尊德樂道，下交九二，九二受畜而往應之，「不家食」也。王公之尊賢而又養之，賢者如是而食，則吉正也。非獨一身之吉，天下之吉。不然，分國與之，視猶錙〔一〕銖也，故曰「不家食吉，養賢也」。此以二、三、四、五言大畜賢者止而受養也。

上能止健，賢者止而食，乃能得盡其心，與之犯難而不辭。兑爲澤，決之爲大川。震變兑成坎、艮，震足艮指而越坎，「涉大川」也。乾爲天，五天位，巽爲命，天命有德者，爲萬民也。六五下應乾，九二之五，大畜止健，賢者不家食，應乎天而行，何險難之不濟哉？故曰「利涉大川，應乎天也」。此再以二、五言大畜養賢之功。

在卦氣爲白露，故太玄準之以積。

象曰：天在山中，大畜。君子以多識前言、往行，以畜其德。

「天在山中」，以人所見爲象，猶言水中觀天也。聖人論天地日月皆以人所見言之，天大無外而在山中，其所畜大矣。内卦兑口，「前言」也；外卦震爲行，「往行」也。

〔一〕「錙」，原作「輜」，據通志堂本、四庫本改。

二陰四陽，陽爲多。大畜自大壯來，一變需，離爲目，「識前言」也，再變大畜，「識往行」也。德者剛健，「多識前言、往行」，故能考迹以觀其用，察言以求其心，而「畜其德」矣。夫以方寸之地，觀萬世之變，塗之人而上配堯、禹，非多識之其能畜乎？

初九，有厲，利已。象曰：「有厲，利已」，不犯災也。

「已」，先儒讀作「已」，「矣」之「已」，王弼讀作「己」，今從先讀。三陽務進，初九剛健之始，六四柔得位，當止畜之地，不度而進，處位不當，危厲之道也，不如已而受畜則利。夫不受畜而往，危實自取。不曰「眚」而曰「災」者，初九正也，大畜之時宜止而往，雖正亦厲，故曰「災」。子夏傳曰：「居而待命則利，往而違上則厲。」初往四成離，離有伏坎，故曰「犯災」，不直曰「災」也。

九二，輿説輻。象曰：「輿説輻」，中无尤也。

「輻」當作「輹」，王弼注作「輹」。坤爲輿，自三以上爲震，震爲木，輿下横木，「輹」也。二不動，兑毁折之，「輿説輹」也。不動未正，宜有尤。兑爲口，尤之者也。然遇畜而止，「説輹」不進，知以不動爲中，是以「无尤」，故曰「中无尤也」。初剛正也，二剛中也，四、五柔也，柔能畜剛，剛知其不可犯而安之時也。夫氣雄九軍者，或屈於賓贊之儀，才蓋一世者，或聽於委裘之命，故曰「大畜，時也」。

九三，良馬逐，利艱貞，曰閑輿衛，利有攸往。象曰：「利有攸往」，上合志也。

乾爲馬，九三得位爲「良馬」。震爲作足。三陽並進，「良馬逐」也。九三剛健當位得時，上九畜極，變而應之，利以馳逐。然馳逐不已，必有〔一〕奔蹶之患，不可恃應而不備，故戒之以「利艱貞」。九三，正也，動則失正，艱難守正則利，「曰閑輿衛」可也。古文作「粵」，粵，于也，發語之辭。兑，口象。艮，止也。坤爲輿，四正，「閑輿」也。三乾爲人，震爲足，爲大途，人傍輿而行，閑輿而衛之象。「閑輿衛」，以其「利艱貞」也。九三如此，猶謹啣策，清道路，節良馬之步而徐驅焉，其進利矣，故「利有攸往」。上九陽也，變而應三，三以剛往，與上合志，志動於中者也。茂陵中書，武功爵十一，二級曰「閑輿衛」，有取於此乎？夫恃應而不知備，鋭進而不知戒，鮮不及矣。

六四，童牛之牿，元吉。象曰：六四元吉，有喜也。

坤爲牛，坤初爲童牛。「童牛」，始角時也。六四坤體，四之初爲童牛，初剛往四，

〔一〕「有」，原作「自」，據汲古閣本、通志堂本、四庫本改。

角觸之象，四不來初，屈而不動，童牛牿之也。「牿」，横角之木，周官謂之「楅」。初之四則二成巽木，初復位則剛伏于木下，牿牛之象。六四當位止剛，不以威武爲之，以漸優而柔之，使无犯上之心，剛柔各得其正，故「元吉」。「元吉」者，自其始吉，吉之至善也。「喜」者，陽得位。初九不動而應己，剛者反爲柔用，六四所以「有喜」也。

六五，豶豕之牙，吉。象曰：六五之吉，有慶也。

九二犯五則三成坎，坎爲豕，五成巽，巽爲白，自三至上體頤，豕頤中有剛且白者，「豕之牙」也。六五得尊位柔中，二退而受畜，三坎毁，兑金刻制其下而剛伏，「豶豕之牙」也。牡豕曰「豭」，攻其特而去之曰「豶」。豶豕則馴擾，剛躁自止，牙不能害物矣。「慶」者，三陽受畜而爲用，陰以陽爲慶。「六五之吉，有慶也。」二應五得正，故「吉」。古之善畜天下者，知有血氣皆有争心，難以力制，務絶其不善之本而已，猶去豕牙之害而「豶」之也。順民之欲，因民之利，成民之才，率之以柔中，其效至於垂衣拱手而天下服。易傳曰：「民有欲心，見利則動，苟不知教，雖刑殺日施，其能勝億兆欲利之心乎？」

上九，何天之衢，亨。象曰：「何天之衢」，道大行也。

畜極則通，止極則動。震爲大塗，兑爲口，上乾爲天，「天衢」也。「何」，大其聲也。上動亨也，言何其天衢之亨如是乎。正者，道也，大塗亦道也，三陽上進，「道大行」也。

䷚震下艮上

頤，貞吉。觀頤，自求口實。

彖曰：「頤，貞吉」，養正則吉也。「觀頤」，觀其所養也。「自求口實」，觀其自養也。天地養萬物，聖人養賢以及萬民，頤之時大矣哉。

鄭康成曰：「頤者，口車之名。震動於下，艮止於上，口車動而止，因輔嚼物以養人，故曰頤。」此合震、艮兩體而成頤也。

頤者，養也，養之以正則吉，養不以正則凶，故曰「頤，貞吉」。此以初九之正言頤養之道也。

頤自臨九二變之，一變明夷，離爲目，「觀」也。自内觀外，觀其人之所養也。所養正歟，君子也；所養不正歟，小人也。觀其所養，是非美惡无所逃矣，故曰「觀頤」。

此以臨二、初變，明在人者，養之之道當正也。

四變頤，自離變艮，艮爲手，「求」也。自外觀内，反觀己之自養，以考正與不正。「口實」者，頤中之物也。四爻皆陰，陰爲虚，虚則无物，故「自求口實」。无物而求，正與不正未定也。二、四正，三、五、上不正。「自養」者正歟，君子之道也，雖貧賤不去也；自養者不正歟，小人之道也，雖富貴不處也。故曰「自求口實，觀其自養也」。此以上九及頤中四爻，明在己者，養之之道當正也。

觀人之所養，然後觀吾之自養，則所養正矣。養之道甚大，「天地之養萬物」，「聖人養賢以及萬民」，亦不過震動艮止也。乾，天也，坤，地也，震，東方，萬物發生，「天地之養萬物也」。上九尚賢，在五位之上，坤衆爲民，「聖人養賢以及萬民」也。天地之生，其動以正，陽降陰升，萬物自遂其盛，至於盈乎天地之間，各極其分而後止，天地不勞也，動以正而已。養萬民者本於養賢，賢者在上，萬民自遂其生，聖人不勞也，止於養賢而已，故震動艮止之象。自己之養推之至於人之養，自人之養推之至於天地聖人。然養之道不過乎此，頤之時豈不大乎？故曰「天地養萬物，聖人養賢以及萬民，頤之時大矣哉」。此以頤之成卦終言頤之道也。易傳曰：「或云用，或云義，或云時，以其大者也。萬物之生養以時爲大，故云時。」

以卦氣言之十一月卦，故太玄準之以養。

或曰：初變明夷則有離，四變成頤非離也，何以有觀之象？曰：此可以意會，難以言傳。明夷之離爲小過之「飛鳥」，訟之坎爲中孚之「豚」，小過、中孚豈有離、坎？論其所生也。變卦之法，一卦七變，八卦爲六十四，四、五、六之變无復本體矣，而五行盛衰皆以本卦言之，何哉？故曰「察性知命，原始見終」。

象曰：山下有雷，頤。君子以慎言語，節飲食。

「山下有雷」，以養萬物，而動亦不可過也。震爲決躁，艮止之，「慎言語」也。噬嗑有飲食之象，頤中无物，「節飲食」也。言語不慎則招禍，飲食不節則生疾，皆非養之道。易傳曰：「慎言語以養德，節飲食以養體。」事之至近而所係至大者，莫過於言語、飲食。在身爲言語，於天下則命令、政教出於身者皆是，慎之則无失；在身爲飲食，於天下則貨財、資用養於人者皆是，節之則无傷。

初九，舍爾靈龜，觀我朵頤，凶。象曰：「觀我朵頤」，亦不足貴也。

頤自明夷之離，四變而成頤，故頤初九有龜之象。伏于坤土之下，龜蟄時也。龜所以靈者，蟄則咽息不動，无求於外，故能神明而壽。君子在下，自養以正，「靈龜」之類也。六四安位，无下賢之意，初不待求，往之四成離，離爲目，「觀我」也。初震動體，下頤而動，口雖徒嚼，志已先動，是「舍爾」所以爲「靈龜」者，「觀我」而朵其頤也。「爾」言初九，「我」言六四。「舍爾」、「觀我」，忘己從欲，動而不正，凶之道也。夫貴乎陽者，爲其特立不屈於欲，故能无祿而富，无爵而貴，守道脩德，淡然无營。今躁妄以求，无恥自辱，亦不足貴也。

六二，顛頤，拂經于丘頤，征凶。象曰：六二征凶，行失類也。

二比於初，不能養其下，而反資初九之賢以自養，乾爲首在下，「顛頤」也。六二，「經」也，「顛頤」則拂違其經矣。養之經，陽養陰，上養下，陽當在上養之，陰當在下而受養，故天子養天下，諸侯養一國，士、庶人各以其職受養。五處君位，二當受養于五，六五養道不足，然二亦不可越五而上征。「丘」者，上九應二之象也。艮爲山，山半爲丘，王肅曰「丘，小山也，物之所聚以養人者也」。蓋二近於初而相得，資之以養，雖曰「顛頤」，未爲无所養。若近捨初九，遠資上九，正行亦凶，何哉？五雖養道不足，以陰陽言之，己類，又在相應之地，上九應二則失其類矣。

六三，拂頤，貞凶。十年勿用，无攸利。象曰：「十年勿用」，道大悖也。

六三當受養於上九，而六三不正，動而正，則上九不來，不動以待初九，則初九不應。既不受之於上，又无以資之於下，「拂頤」也，故「貞凶」。十，坤數之極，坤爲年，「十年勿用」，言十年不可動，上下无所利，養道大悖也。

六四，顛頤，吉。虎視眈眈，其欲逐逐，无咎。象曰：顛頤之吉，上施光也。

頤以上養下，六四當位，下交初九，乾首在下，「顛」也。求賢自助於剛，柔爲正，正則吉，故曰「顛頤，吉」。「虎視」，謂四交初也，初往成艮、離，艮有伏兑爲虎，離爲目，「虎視」也。易通卦驗「小寒虎始交際，垂其首」，垂其首者，下視也。艮、坤互有坎，重厚而深沉，「眈眈」也。虎首下視眈眈然，「下交不瀆」矣。六四「其欲」在於初九，不瀆則初九「逐逐」而往。震爲作足，「逐」也，古文作「跾」。初往之四不正，宜有咎，然「无咎」者，以不瀆故无咎。「虎視眈眈，其欲逐逐，无咎。」六四在上，施之下者，「光」也。光，坎離下照之象。或曰：虞仲翔曰坤爲虎，又曰艮爲虎，馬融曰兑爲虎，郭璞以兑、艮爲虎，三者孰是？曰：三者異位而同象。坤爲虎者，坤交乾也，其文玄黄，天地之文。艮爲虎者，寅位也，泰卦乾、坤交也，在天文，尾爲虎，艮也，大雪十一月節後五日，復卦六二爻，虎始交。兑爲虎者，參、伐之次，占家以庚辛爲虎者，兑也，龍德所衝爲虎，亦兑也。兑下伏艮，具此三者之象，故先儒並傳之，舉兑則三象具矣。

六五，拂經，居貞，吉。不可涉大川。象曰：居貞之吉，順以從上也。

正者養之經，上養下，陽養陰，正也。六五柔得尊位，養道不足，資上九之賢以爲養，「拂經」也。上九助五之養，有正之道，五寬以居之，順從於上，則得正而吉。艮，止也，有居之象，故曰「居貞之吉，順以從上也」。人君養天下以正，得衆以用其健，乃可涉難。六五「拂經」，其才不足，故不可涉難。上、五相易成坎，无震足巽股之象，「不可涉」也。易傳曰「艱難之際，非剛明之主不可恃，不得已而濟險難者有之矣」，其可常乎？

上九，由頤，厲，吉。利涉大川。象曰：「由頤，厲，吉」，大有慶也。

一陽處上，下有四陰，六五體柔无應，才不足以養天下，而天下由之以養者也，故曰「由頤」。然非養道之正也，權重位高，衆忌之則必危，人臣當此任，可不兢畏而懷危懼乎？故「厲」。以剛居柔位，厲也，厲則不敢安其位，下從王事，无成有終，上下並受其福，故「大有慶」。鄭康成曰「君以得人爲慶」，虞仲翔曰「陽得位故大有慶」。上之三成坎，有震足象，「利涉大川」也。上九佐五，以養道養天下而得民，利於涉難也。象不言者，「大有慶」則涉難在其中。上艮體頤，以静止爲善，故三爻皆吉。

䷛巽下兑上

大過，棟橈。利有攸往，亨。

彖曰：「大過」，大者過也。「棟橈」，本末弱也。剛過而中，巽而説行，「利有攸往」，乃亨。大過之時大矣哉。

大過陽過陰，大者過越也。鄭康成曰：「陽爻過也。」卦四陽二陰，陽居用事之地，故曰「大過，大者過也」。此以六爻言大過也。

巽爲木、爲長，上兑者巽之反，長木反在上，爲「棟」。巽風，「橈」萬物者也，而體弱。陽爲重，四陽在中，任重也。長木在上而任重，本末皆弱，「棟橈」也。天地之理，剛柔不可以相无。剛以柔爲用，柔以剛爲體，柔既不足，剛亦无自而託。譬之棟也，中雖剛强而端柔弱，棟豈能勝其任哉？故曰「棟橈，本末弱也」。此以巽、兑兩體言大過之時也。

大過自遯六二變，剛過者九三〔一〕、九四，中者九二、九五，興衰救弊，補其偏而不起之處，非剛過不可也，中則无剛過之患。「剛過而中」，所謂時中也。過非過於理也，以過爲中也。猶之治疾，疾勢沉痼，必攻之以瞑眩之藥，自其治微疾之道觀之則謂之過，自藥病相對言之則謂之中。巽在内者，巽乎内也；兑在外者，説乎外也。内巽外説而志行，抑剛之有餘以濟柔之不足，則剛來柔往，陰得位不窮，大者不過，「乃亨」。「乃」者，難辭也。君子强，小人弱，六二不往以濟之，亦何由亨？夫剛過而不反，不肖之心應之，未有不爲君子害者也。東漢之季，清議大勝，君子、小人至不相容，大過已極而不知反，是以不亨，故曰「剛過而中，巽而説行，乃亨」。此以卦變合二體而言濟大過之道也。

大過之時，君子過越常分以濟弱，能達乎時中矣。又巽而説行，以是而往，利於有爲，建大功、立大事，非大過人者不能趨此時，故曰「大過之時大矣哉」。

在卦氣爲小雪，故太玄準之以失、劇。

〔一〕「三」，原作「二」，據汲古閣本、通志堂本、四庫本改。

象曰：澤滅木，大過。君子以獨立不懼，遯世无悶。

「澤」，養木者也。過而滅没其木，大過也。初六以一柔巽於四剛之下而不變，巽爲股，「立」也，巽見震伏，震爲恐懼，獨立而不懼也，所謂「以天下非之而不顧」者乎？上六處一卦之外，「遯」也，兑爲説，「无悶」也，「遯世無悶」，所謂「舉世不知而不悔」者乎？二者非大過人不能也，王輔嗣曰「非凡所及也」。

初六，藉用白茅，无咎。象曰：「藉用白茅」，柔在下也。

「巽爲白、爲草，交乎乾剛，草白而剛，「白茅」也，先儒謂「秋茅」也。以柔藉剛，「藉」也。大過爻畫，有足、有腹、有耳，器之象。坤爲地，置器者。苟措諸地可也，而藉用潔白之茅。茅之爲物，薄而用重，過慎也，過慎者，慎之至也。大過君子將有事焉，以任至大之事，過而无咎者，其唯過於慎乎？過非正也，初六執柔處下，不犯乎剛，於此而過，其誰咎之？雖不當位，无咎也，故曰：「慎斯術以往，其无所失矣。」

九二，枯楊生稊，老夫得其女妻，无不利。象曰：老夫、女妻，過以相與也。

兑爲澤，巽爲木，澤木，「楊」也。兑正秋，「枯楊」也，言陽已過也。二變而與初、三〔一〕成艮，巽木在土下，根也，枯楊有根，則其稊秀出。「稊」，穉也，楊之秀也，伏震之象，故曰「枯楊生稊」，鄭氏易作「荑」。艮爲夫，陽過，「老夫」也。巽爲艮妻，初陰，「女妻」也。老夫得女妻，過而相與，猶足成生育之功，「无不利也」。蓋九二剛中，用柔以濟之，則无過極之失矣。

九三，棟橈，凶。象曰：棟橈之凶，不可以有輔也。

九三巽爲長木，居中任重，「棟」也。大過陽過，陰弱爻，以陽濟陰，爲濟過之道。九三有上六正應，當相濟，六濟九則陽不過，陰不窮矣。則上六者，九三之輔助也。九三以大過之陽，復以剛自居而不中，過乎剛者也。以過甚之剛，動又不正，不正則上六不應，人所不與，安能當大過之任？如是有摧折敗橈而已，凶之道也。所以致凶者，以不可以有其輔也。易傳曰：「三居過而用剛，巽既終而且變，豈復有用柔之義？應者謂志相從也，三方過剛，上能係其志乎？」

九四，棟隆，吉，有它吝。象曰：棟隆之吉，不橈乎下也。

〔一〕「三」，諸本作「二」，據上下文意當作「三」，故改。

九四反巽在上，巽爲長木，「棟」之象。陽處陰而不過，能用柔以相濟者也。動而正，正則不橈乎在下之柔，故曰「棟隆之吉，不橈乎下也」。易傳曰：「隆謂不係於初，不曲以從下也。」大過之時，以剛濟柔爲得宜，剛柔得宜而志復。應初有佗也，初六、九四非正應，故以初六爲「它」。九四近君，當大過之任，不能絶去偏係，不足以任九五之重，吝道也。易傳曰：「二比初則无不利，四應初則爲吝，何也？曰：二得中而比於初，以柔相濟之義也。四與初，志相係者也。剛柔得宜而係於陰，則害剛矣，故可吝也。」

九五，枯楊生華，老婦得其士夫，无咎无譽。象曰：「枯楊生華」，何可久也？「老婦士夫」，亦可醜也。

兑爲澤，巽爲木，澤木，「楊」也。五兑變而與上兑成震，兑，説也，震爲旉、爲蕃鮮，其旉、蕃鮮可説，「生華」也。巽爲長而伏，何可久也？巽爲婦，上六陰已窮，「老婦」也，震爲長男，「得士夫」也。九變六，陰居陽，宜有咎。以陽濟陰，故「无咎」。兑爲口，震成兑毁，故「无譽」。雖曰「无咎无譽」，然以陽而配窮，陰又不能濟，得無醜乎？蓋上六過極之陰，雖五當位剛中，濟之以柔，不能成功也。以陽濟陰，其在於未極之時乎。

上六，過涉滅頂，凶，无咎。象曰：過涉之凶，不可咎也。

乾爲首，上六在首之上，「頂」也。上六本遯之六二，自二進而上行，涉四爻至上成兑，兑澤滅没其頂，涉難之過也。九二、九四剛陽過越以濟難，乃克有濟。上六柔而處大過之極，不量其力，至於滅頂。然上六正也，志在拯溺，不可咎也。過涉之凶，所謂「以貞勝」也。象有言「不可咎」者，義不可咎也，有言「又誰咎」者，自取禍也。

☵坎下坎上

習坎，有孚，維心亨，行有尚。

象曰：「習坎」，重險也。水流而不盈，行險而不失其信。「維心亨」，乃以剛中也。「行有尚」，往有功也。天險不可升也，地險山川丘陵也。王公設險以守其國，險之時用大矣哉。

坎一陽二陰，在地爲水。水之流動，陽也，其静，陰也。流動乎陰中者，陽陷乎陰也，陷爲險難。八卦皆一字，重坎加「習」，然後盡險之象，故曰「習坎」。此以兩坎言坎也。

坎自臨變，初九之五。坎爲水，九二兑澤，決而流，流而不出乎中，「不盈」也。凡水之流，有物阻之然後盈，流而就下則不盈。不盈者，中也。初之五復爲坎，「行險」也。行險而不出乎中，五必應二，「不失其信」也。水必就下流濕，萬折而必東，有諸己之謂乎？必曰「習坎」者，唯習坎乃見其然。君子動而不過，臨難而不苟，似之。故辭曰「有孚」，彖曰「水流而不盈，行險而不失其信」。此以卦變言坎之德也。

「心」者，中也，二、五也。「亨」者，自初之五，陽得位而亨。水之流行，雖處至險，无所不通者，「亨」也，乃以剛中而不變也。君子之在險亦然，身雖蹈難，其心則亨，亦以剛中也。初之五者，「往」也。剛得中而亨者，「往有功」也，坎之道有尚乎此。君子濟難出險，亦豈離乎剛中哉？剛中者，誠實也，誠實則金石可貫，水火可蹈，天地可動，故曰「維心亨，乃以剛中也」。行有尚，往有功也」。此以卦變明處險之道也。

險者，坎之用也，能用乎險則无惡乎險矣。天地之大不可以去險，況王公乎？坎在上，「天險」也，天之所以險者，震足止於下，不可升也。坎在下，「地險」也，地之所以險者，艮爲山，坎爲川，半山爲丘陵也。坤在上，「國」也，五乾爲王，三爲三公，四爲諸侯，坤國而坎據之，「王公設險以守其國」也。設險不唯城郭溝池、兵甲之利、綱紀法度，人所不能踰者皆是，所以法天地也，故曰「天險不可升也，地險山川丘陵也。王公設險以守其國」。此推明二、五反復以盡習坎之義也。

難生者，險之時也。用之以道，濟天下之難者，險之用也。不知其時，不得其用，行之不以中，反陷乎險中，小則亡身，大則亡國，故夫子嘆曰「險之時用大矣哉」。

在卦氣爲大雪，故太玄準之以勤。

象曰：水洊至，習坎，君子以常德行，習教事。

卦言坎者，水也，大象言坎者，水流之坎窞也。水流行不止，至于坎矣，復至于坎。其行洊至，有常習之象。「常德行，習教事」，非一日之積，如「水洊至」也。二、五正中，「德」也。震爲行，坤順也，爲民，教順民者也。「常德行」可以涉險，「習教事」可以夷險。

初六，習坎，入于坎窞，凶。象曰：習坎入坎，失道凶也。

初六本臨之六五，自外入于初，歷兩坎。習，重也，故曰「習坎」。窞，坎底也。道由正而行也，君子處險，當以正道乃可出險。初六不正，不能出險，反入于重坎之底，失道而凶也，此何異學泗者不知與汩俱出而溺死者乎？

九二，坎有險，求小得。 象曰：「求小得」，未出中也。

二剛中而陷於二陰，上有坎險，居坎而又有險者也。動而有求，五必應之，五艮爲手，「求」之象。陰爲小，故小有得，然未出乎險中，其剛纔足以自濟。易傳曰：「君子處艱難而能自保者，惟剛中而已。」

六三，來之坎坎，險且枕，入于坎窞，勿用。 象曰：「來之坎坎」，終无功也。

六三柔而不中，履非其位，不善處險者也。往之於上，則坎險之極。五有艮木，枝倚而礙之，「險且枕」也。陸希聲曰：「枕，閡礙險害之貌。」來而處三，則在上坎之底，「入于坎窞」也。來坎也，往亦坎也，終无濟險之功，故終勿用。三，下之終也。

六四，樽酒簋貳，用缶。納約自牖，終无咎。 象曰：「樽酒簋貳」，剛柔際也。

四自初至五，有震、坎、艮、坤。坎、震，酒也，艮鼻，震足，坤腹。樽、簋之形，皆有首、鼻、腹、足，而樽異者，有酒也，有樽酒象而簋象亦具焉。簋，貳也，貳，副之也，樽酒而簋副之。燕饗之禮，君臣、上下、剛柔相際之時也。三、四坤爲土、爲腹，土器有腹，「缶」也。缶，樸素之物，質之象。坤爲闔户，坎、艮爲穴，穴其户傍，通日月之光，

「牖」也，明之象。「約」者，交相信。四、五相易，而後四應初、五應二，「納約」也。約，誠信固結之象。六四柔而正，九五剛中而正，四、五无應，四非五莫之比，五非四亦莫之承，上下協力，可以濟險，故四當剛柔相際也。用質以交於上，因五之所明以納其誠信，則言辭易入，險難易濟，終无咎也。四、五相易宜有咎，而易則五出險矣，故「終无咎」。終，謂上六不動也。易傳曰：「自古能諫其君者，未有不因其所明者也。故訐直强勁者率多所忤，而温厚明辯者其説易行。」古人有行之者，左師觸龍之於趙、張子房之於漢是也。非惟告其君如此，教人亦然，孟子所謂「成德達才」是也。

九五，坎不盈，祇既平，无咎。象曰：「坎不盈」，中未大也。

九五本臨初九往之五，坎中而不盈，雖不盈也，有出險之理。然九五下比六四，所係者狹，四、五相易，中存而大毁，是水不盈坎，適至於平而止也。出險之道在剛、中、正，剛正則大，中而未大，幾可以出險，故聖人惜之曰「祇既平，无咎」而已。「祇」，適足之辭。横渠曰「不能勉成其功，光大其志」，此所以爲可惜歟。

上六，係用徽纆，寘于叢棘，三歲不得，凶。象曰：上六失道，凶三歲也。

上動成巽，巽爲繩，坤、坎爲黑，變巽，「徽纆」也。巽木交坎，爲叢棘。上六柔无出險之才，處險極之時，守正可也，不當動而動，則愈陷矣。譬如有人陷於狴犴之中，坐而省過，雖上罪也，不過三歲得出矣。妄動求出，則舉手[一]掛徽纆，投足蹈叢棘，陷之愈深，雖三歲豈得出哉？係之、寘之，不得出也。然險極必平，巽木數三，乾爲歲，「凶三歲」也。初六可動而不能，上六不可動而妄動，皆「失道」也。

䷝離下離上

離，利貞，亨，畜牝牛吉。

彖曰：離，麗也，日月麗乎天，百穀草木麗乎土，重明以麗乎正，乃化成天下。柔麗乎中正，故「亨」，是以「畜牝牛吉」也。

離自遯初六三變而成，二、五皆一陰而麗二陽。物之情，未有不相附麗者也，柔必麗乎剛，弱必麗乎强，小必麗乎大，晦必麗乎明，故曰「離，麗」。遯一變六之三成无妄，再變六之四成家人，三變六之五成離。自六之四言之，離有坎，日降而月升也。

[一]「手」，原漫漶似「乎」，據汲古閣本、通志堂本、四庫本改。

自六之五言之，坎復成離，月降而日升也。乾爲天，故曰「日月麗乎天」。自六之三言之，有震、巽，震爲百穀，巽爲草木，乾策三十六，坤策二十四，震三爻凡八十有四，百穀舉成數也，坤爲土，故曰「百穀草木麗乎土」。觀天地日月、百穀草木附麗如此，則萬物之情有不相附麗者乎？此推原卦變以明離爲麗之義也。

兩離，重明也，君臣上下皆有明德之象。重明而不麗乎正，則以察爲明，重明而麗乎正，以之化天下，成文明之俗矣。初、二、三正，「麗乎正」也。三爻在乾天之下，有巽順服從之象，「化成」也。故辭曰「利貞」，彖曰「重明以麗乎正，乃化成天下」。此舉成卦言離明之所麗也。

柔之爲道，不利遠者，不麗乎中正，則邪佞之道，其能亨乎？六居五，柔麗乎中而亨也；六居二，柔麗乎中正而亨也。言「柔麗乎中正」，則二、五舉矣。中正者，人之本心也。天下之心必麗乎中正，則重明而麗乎正，化成天下也必矣。故辭曰「亨」，彖曰「柔麗乎中正，故亨」。此以二、五言離柔之所麗也，兩者離之才也。

坤爲牛，順也。六二以陰居陰，爲「牝牛」，至順也。「畜」，養也，以剛正畜養之，成其至順而麗於中正，則「吉」，是亦柔之利也。故辭曰「畜牝牛吉」，彖曰「柔麗乎中正，故亨，是以畜牝牛吉也」。此以内卦終言柔之所麗也。

在卦氣爲四月，故太玄準之以應。

象曰：明兩作，離，大人以繼明照于四方。

「明兩作」者，麗乎明也。鄭康成曰：「作，起也。」明明相繼而起，大人重光之象，堯、舜、禹、文、武之盛也。兑有伏震，離有伏坎，震東兑西，坎離南北，「照四方」也。

初九，履錯然，敬之无咎。象曰：履錯之敬，以辟咎也。

遯艮爲指，指在下體之下爲趾。五來踐初，「履」也。初欲麗四交巽，巽爲進退，故其履錯然進退。動則失正，失正則有咎，故敬之不敢動，以辟有咎。榮辱安危繫於所麗，君子處離之始，安其分義，守正而已，故无所麗，是以无咎。管寧逡巡於萬乘之招，王丹偃蹇於三公之貴，以辟咎乎。

六二，黄離元吉。象曰：「黄離元吉」，得中道也。

黄者地之中，萬物必有所麗，六二坤柔在下，麗乎中而與五合一，得中道也。夫中者，天地萬物之所共由，天地之長久，日月維斗之不息，聖人之道，亘古今而无弊者也。六二得之，故能守正而不遷，乘剛而不懼，抱明德而獨照，是以「元吉」。

九三，日昃之離，不鼓缶而歌，則大耋之嗟，凶。象曰：「日昃之離」，何可久也？

離爲日，在下，「昃」也。九三明盡當繼之際，故曰「日昃之離」。盛必有衰，始必有終，生必有死。晝夜寒暑之變，達人觀此，知窮必有變，乃理之常，孰知生之可羨，死之可惡，吉凶泯矣，故鼓缶而歌。「缶」者，常用之器，「歌」之者，樂其得常也。九三離腹變坤爲缶，艮手擊之，「鼓缶」也。兑變震而體離，口舌動有聲成文，「歌」也。昧者不知變，「不鼓缶而歌」，則大耋近死，戚嗟憂之，不安於死，則凶矣。九三不變，乾首巽白，處明盡當繼之際，「大耋」也。八十曰耄，九十曰耋，離三爻乾坤之策九十有六，故曰「耋」。陽爲大，「大耋」也，大耋猶言大老，三失應而憂嗟也。夫日昃之光，斯須入于地，雖欲附麗，何可久也？是故君子頹然委順，不以死生累其心。巽爲長，巽變，「何可久也」。

九四，突如其來如，焚如，死如，棄如。象曰：「突如其來如」，无所容也。

九四重剛而不中正，又處不當位，不善乎繼而求繼者也。四之五成乾、巽，乾爲父，巽爲子，子凌父，「突」也，「突」字古文作「倒子」，不順之子也，凌突而往，其能來乎？言逆德也。巽木得火，「焚如」也。火王木死，「死如」也。退復三，兑毁之其下，反目而視，「棄如」也。言不容於内外者如此，故曰「突如其來如，无所容也」。先儒謂古有焚刑，刑人之喪，不居兆域，不序昭穆，焚而棄之。易傳曰：「禍極矣，凶不足言也。」

六五，出涕沱若，戚嗟若，吉。象曰：六五之吉，離王公也。

離目兑澤，「出涕」也，鄭康成曰「自目出曰涕」。巽爲長，「沱若」也。五失位爲憂，「戚」也。兑口，「嗟若」也。六五柔居尊位，九四凌突，故出涕戚嗟。然有吉之道，九四突五，「離王公」則吉。四、五相易，上麗王位，正也，下麗三公，用利也，據正而用利，以順討逆，何憂乎九四哉。

上九，王用出征，有嘉折首，獲匪其醜〔一〕。象曰：「王用出征」，以正邦也。

上九麗極，有不麗者焉。上、五相易，六以正行，王用之以出征也。上有剛德而明，故王用之。兑毁折，乾爲首，陽爲美，九五美之至，「嘉」也，言用之有功，王嘉其折首。書曰「殲厥渠魁，脅從罔治」，折首者，「殲渠魁」也。醜，類也，陰又爲醜。上六下

〔一〕「醜」下，通志堂本、四庫本、周易正義有「无咎」二字。

應九三，陽也，陽非陰之類，「獲匪其醜」也。醜，脅從者乎？「王用出征」，非樂殺人也，正其不附者，所以正邦也。離上三爻不正，上、五相易而正，獨九四不正，四諸侯位，四正成坤土，則邦正矣。王肅易本曰「獲匪其醜，大有功也」，疑今本脱之。

周易上經噬嗑傳第三

周易下經咸傳第四

翰林學士左朝奉大夫知制誥兼侍讀兼資善堂翊善
長林縣開國男食邑三伯户賜紫金魚袋朱震集傳

䷞艮下兑上

咸，亨，利貞，取女吉。

彖曰：「咸」，感也。柔上而剛下，二氣感應以相與。止而説，男下女，是以「亨，利貞，取女吉」也。天地感而萬物化生，聖人感人心而天下和平，觀其所感，而天地萬物之情可見矣。

「咸，感也」，不曰「感」者，交相感也。咸自否變，乾，天也，坤，地也，六三之柔上，上九之剛下，天地之氣感應而上下相與，則亨矣。故辭曰「咸，亨」，彖曰「咸，感也。

柔上而剛下，感應以相與」。此以三、上交感，六爻相應，言咸所以亨也。關子明謂「咸者，天地之交」，是也。剛下柔而爲艮之九三，正也；柔上剛而爲兑之上六，亦正也。艮，止也；兑，説也。上下相感以正，則止而説矣。相感之道利於正，不正則淪胥以敗。男女相説，朋友非義，君臣不以道合，非「止而説」也，故辭曰「利正」，彖曰「止而説」。此以上六、九三合艮、兑二體言感之道當以正也。艮少男，感而來，兑少女，應而往，匪媒不得，待禮而行，其感以正，「止而説」者也。取女如是，君子之道，造端於夫婦矣，吉孰大焉？故辭曰「取女吉」，彖曰「男下女」。此以二體中言感之道也。

夫二氣相感，人道相説，不過於正而已，故揔言曰「是以亨，利貞，取女吉也」。「男下女」者，相感之一也。无所不感者，其唯天地乎？二氣交感，雨澤時行，動者植者，自化自生。兑爲澤，巽者萬物潔齊之時，有化生之象。「聖人感人心而天下和平」者，无所不感，亦若天地也。否上九，聖人也；六三中位，人心也。上九之三，聖人下感乎人心也；三之上，人心感乎聖人也。乾變兑則剛者説，天爲澤則高者平。不曰「以心感人」者，感人以无心也。張載曰「有意於中，滯於方隅而隘」，其无心之謂乎？

且天地至大，感則相與；萬物至衆，感則化生。天地一氣，萬物同體，未有感而不動者也，故曰「觀其所感，而天地萬物之情可見矣」。此以上、三兩爻合互體推之以盡「咸感」之道也。

在卦氣爲四月，太玄準之以迎。

象曰：山上有澤，咸，君子以虚受人。

澤在下而達之山上，以興雲雨、利萬物者，山體内虚，澤氣上通，交感也。君子以是屈己，虚其中以受人之益，故能受盡言，能用大才，能任大事。

初六，咸其拇。象曰：「咸其拇」，志在外也。

艮爲指，在下體之下而動，爲「拇」，拇，足大指也。初感而動，不能自止，觀其拇之動，則知志在外矣，虞翻曰「志在外謂四也」。咸之初，所感未深，而志已先動，動則四不應。易傳曰：「感有淺深、輕重之異，識其時勢，則所處不失其宜矣。」

六二，咸其腓，凶，居吉。象曰：雖凶居吉，順不害也。

「腓」，腨腸也。巽爲股，二在下體之中，「腓」也。腓行則先動，躁之象。二感五，不能守道自止，動而遽趍之，躁動，凶之道也。若居位不動，順理以待上之求，「不害」

也。二動失位爲疾，有害之意。坤，順也。易傳曰：「質柔上應，故戒以先動。求君則凶，居貞自守則吉。」

九三，咸其股，執其隨，往吝。象曰：「咸其股」，亦不處也。志在隨人，所執下也。

巽爲股，股，髀也。感上而動，三陽才剛，爲内卦之主，當位宜處，説於上六，而動亦若二陰爻然，故曰「咸其股，亦不處也」。下比於二，二，腓也，股動則腓動。三在上，反隨二不能自止，所執在下，「執其隨」者也，非爲上之道。艮爲手，有執意，隨人謂二也，虞翻謂「志在二」，是已，故曰「志在隨人，所執下也」。隨二則感上而往，亦吝，雖不處也，豈能往哉？是以進退皆失其宜。

九四，貞吉悔亡。憧憧往來，朋從爾思。象曰：「貞吉悔亡」，未感害也。「憧憧往來」，未光大也。

九四感不以正則不誠，不誠則害於感，有悔也。動則貞而吉，其悔亡，雖勉而至，未爲感害也，何以知？勉動而貞也，故曰「貞吉悔亡，未感害也」。四兑感於初，方來而説，初艮從於四，欲往而止，是以九四「憧憧」，勞思慮於往來之際而不能定也。四陰，初六亦陰，故曰「朋」。四居中，在三之上，心思之所在。夫思之所至則從，思之所不至則不從。「朋從爾思」，所感亦狹矣，能无悔乎？四動而正，初九不應，去其偏係之私心則誠，誠則虛而无所不感。動成坎、離，光大之象，故曰「憧憧往來，未光大也」。易傳曰：「聖人感天下之心，如寒暑雨暘然，无不通、无不應者，亦貞而已。」「貞」者，虛中无我之謂也。

九五，咸其脢，无悔。象曰：「咸其脢」，志末也。

九五有伏艮，下感六二，艮爲背。「脢」，鄭康成曰「背脊肉也」，虞翻、陸震、劉牧同。易傳曰「與心相背而不見者也」，故曰「咸其脢」。九五得尊位，背其私心，以中正相感，感非其所見而説者則得，人君感天下之正而无悔，故曰「咸其脢，无悔」。然於感之義猶有未盡者，九五比於上六也，卦以初爲本，上爲末，有所志則私矣，雖志於末，末爲无所係也。盡感之義者，其唯去其所志，虛中无我，萬物自歸乎？故聖人立象盡意，又繫之辭以明之也。張載曰：「六爻皆以有應不盡卦義。」

上六，咸其輔、頰、舌。象曰：「咸其輔、頰、舌」，滕口説也。

乾爲首，兑外爲口，内爲舌。艮，止也。兑，説也。上六兑感艮，口動而上止者，「輔」也，輔，上頷也。九三乾、艮感兑，在首而悦見於外，面「頰」也。兑口動而内見者，「舌」也。上、三相感，不離於「輔、頰、舌」三者而已。不能以至誠感物，徒發見於言語之間，至於舌弊而不已者也。「滕」，王昭素作「騰」，騰，傳也。上、三相應，「騰口」之象，兑爲説，故曰「騰口説也」。

䷟巽下震上

恒，亨，无咎，利貞。利有攸往。

彖曰：恒，久也。剛上而柔下，雷風相與，巽而動，剛柔皆應，恒。「恒，亨，无咎，利貞」，久於其道也。天地之道，恒久而不已也。「利有攸往」，終則有始也。日月得天而能久照，四時變化而能久成，聖人久於其道而天下化成。觀其所恒，而天地萬物之情可見矣。

咸以男下女，男女交感之情也。恒男上女下，夫婦居室之道也。交感之情少則情深，居室之道長則分嚴，故取象如此。恒，常久也。卦自泰變，初九之剛上居四，六四之柔下居初，剛上而柔下，上下尊卑各得其序，常久之道也，故曰「剛上而柔下」。此以初六、九四言恒也。

震爲雷，巽爲風，雷動風行，兩者相薄、相與於无形而交相益者也。常久之道，闕一則息矣，故曰「雷風相與」。此以震、巽兩體相應而言恒也。

巽，巽也；震，動也。飄風驟雨，天地爲之不能以長久，而況於人乎？長久之道，非巽而動不可也，故曰「巽而動」。此再以震、巽言恒也。

夫剛上柔下而不能相與，不可也；相與矣，不能巽而動，不可也。三者之才具，則上下皆應，斯足以盡恒之道，故又曰「剛柔皆應」。此再以六爻相應言恒也。

且以夫婦之道觀之，尊者上，卑者下，分嚴矣。不能相與，則情何由通？能相與矣，剛或犯義，柔不得禮，亦豈能久？巽而動，上下内外應，而家道成。推之以治國、治天下，一道也，故曰「恒」。初九之四，六四之初，宜有咎，亨則无咎。「亨」者，剛柔相與，巽而動，其動不窮也。「貞」者，泰初九也，初九以正巽而動，是以亨。乾天坤地，天地之道，常久而不已者，正而已矣，故曰「恒，亨，利貞，久於其道也」。天地之道，常久而不已也」。此再以初變四言恒之才也。

易窮則變，變則通，通則久。恒非一定而不變也，隨時變易，其恒不動，故曰「利有攸往」。恒一變井，再變蠱，復歸於恒，三卦有震、兑、巽、坎、離、艮之象。天地之道，始於震，終於艮，既終則復始於震，而恒體不變，所以能循環不息，終始不窮，亘古今而常久也，故曰「利有攸往，終則有始也」。何以知天地之道能久哉？觀諸日月之行、四時之運則知之。離爲日，坎爲月，坎離相易，互藏其宅，剛柔相與，不失其正。冬行北，夏行南，朝出於震，夕入於兑，得天之道，終則有始也，故能久照。春震、秋兑、夏離、冬坎，陰生於姤，陽生於復，剛柔正也。始於立春，終於大寒，終則有始也，故變化而能久成。聖人以恒致亨，始之以貞，如日月之明，四時之有經，故天下相説而巽，其化乃成。天地非恒不成，觀諸天地則萬物之情可見矣。此以九四一爻極其卦之變以推廣常久之道也。

在卦氣爲七月，故太玄準之以常、永。

象曰：雷風恒，君子以立不易方。

雷風相薄，極天下之動也，而其正不動，恒也。恒自震三變，九三立而不易，君子以是處天下之至動，而「立不易方」。「方」者，理之所不可易者也。巽股爲立，坤爲方，動而不易其方，其不動者乎？

初六，浚恒，貞凶，无攸利。象曰：浚恒之凶，始求深也。

初本泰之六四，成巽，九出六入，有陰陽相求之象。初入卦底，在兑澤之下，巽爲股，股入于澤下，入之深者也，「浚」之象，故曰「浚恒」。四震體躁動，九陽剛處非其位，不能下，初不正，不量而入，始與四交，求之太深，非可久之道，故「凶」。夫人道交際，貴乎知時而適淺深之宜，故孟子三見齊王而不言。或曰：初六不正，是以求之不可深。曰：動而正，四亦不應，雖正亦凶，況不正乎？「浚恒」之「凶」，在始求太深，人未必應，情已不堪，无所往而可也，故曰「貞凶，无攸利」。

九二，悔亡。象曰：「九二悔亡」，能久中也。

動而无悔，久處而不厭者，其惟中乎？恒久之道也。九二動而正，其「悔亡」，以正守中，能久中也，能久中則能恒。

九三，不恒其德，或承之羞，貞吝。象曰：「不恒其德」，无所容也。

九三得其所處，宜堅正守恒，而巽究爲躁，動而不正，可處而不處，失恒也，故曰「不恒其德」。將進而犯上，則上爲正，將退而乘二，則二得中。雖躁動矣，進退何所容乎？不得已而復，豈真能恒哉？故曰「无所容也」。三動成離目，三復成巽，兑爲口。目動言巽，「羞」之象。三動而復，二在下承之，未嘗動也，三於是始有「羞」矣，故曰「或承之羞」。「或」，疑辭，亦巽也。九三可貞而吝，是以及此。夫子曰「人而無恒，不可以作巫醫」，況九三之處高位乎？

九四，田無禽。象曰：久非其位，安得禽也？

九四本泰之初九，初往之四，二成巽，巽爲雞，二在地上，「田」也，二應五則巽禽爲五有矣。九四處非其位，待之於上則初不至，與初相易則巽伏而不見，四「安得禽」哉？久處非其位，自无「得禽」之理，此不知義之所當得，而失其所欲者也。冒榮招辱，貪得致亡，曷若守恒之無患？學者亦然，學無常位，亦何所託業哉？

六五，恒其德，貞婦人吉，夫子凶。象曰：婦人貞吉，從一而終也。夫子制義，從婦凶也。

坤，順也，六五順九二之剛，坤德之常也。恒其德則正，以順爲正者，婦人之德。坤於乾爲婦，恒其德，貞在婦人則吉，正故吉也。陽奇，一也；陰偶，二也。陽始之，陰終之，六五從九二，終吉孰甚焉？「從一而終」也，故曰婦无再嫁之文。六五一爻，於巽爲夫，於乾爲子，又有兑金刻制之象。去其不正而從正，「制義」者也。婦人嫁則從夫，夫死從子，適宜而已。父令君命，有所不從，從婦則凶之道，故曰「從婦凶也」。易傳曰：「五，君位也，而不以君言者，蓋如五之義，在夫子猶凶，況人君乎？君道尤不可以柔順爲恒故也。他卦六居君位而應剛，則未爲失矣。」

上六，振恒，凶。象曰：振恒在上，大无功也。

上六處震動之極，以動爲恒，不能久其德，故振奮妄動，如風振林木，不安乎上而求有功。上六、九三，正應也，妄動則下不應，誰與之成功？上、三相易，兑爲毀折，「大无功也」，大无功則凶，成得臣、諸葛恪〔一〕是已。

䷠艮下乾上

遯亨，小利貞。

象曰：「遯亨」，遯而亨也。剛當位而應，與時行也。「小利貞」，浸而長也。遯之時義大矣哉。

遯，坤再交乾也。陽長則陰消，柔壯則剛遯，晝夜、寒暑之道也。二陰浸長，得位

〔一〕「恪」，原脱，據汲古閣本、通志堂本、四庫本補。

於内，君子之道漸消，是以四陽遯去，自内而之外，故曰「遯」。遯以全其剛，小人不能害其身，退而其道伸矣，故曰「遯亨，遯而亨也」。或曰：三陰進而至否，五陰極而至剥，君子猶居其間，二陰方長，君子何爲遯哉？曰：否陰已盛，剥陰將窮，故否之九四、九五、上九，剥之上九，君子居之，遯陰方長，進而用事，可不遯乎？然君子之遯，未嘗一日忘天下。陰浸長而未盛，五剛當位應二，則與之應而不辭矣。與時偕行，豈必於遯哉？孔子所以遲遲去魯，孟子所以三宿而後出晝。鄭康成曰「正道見聘，始仕他國，亦遯而後亨也」，故曰「剛當位而應，與時行也」。此再以二、五相應伸「遯亨」之義也。

二陰浸長，方之於否，不利君子貞，固有間矣。然不可大貞，利小貞而已。陰爲小，「剛當位而應〔一〕」，六二得乎中正也。先儒謂：居小官，幹小事，其患未害，我志猶行。易傳曰：「聖賢之於天下，雖道之廢，豈忍坐視而不救哉？苟可致力焉，孔、孟之所屑爲也。」蓋遯非疾世避俗，長往而不反之謂也。去留遲速，唯時而已，非不忘乎

〔一〕「應」，原脱，據汲古閣本、通志堂本、四庫本補。

君，不離乎群，消息盈虛，循天而行者，豈能盡遯之時義哉？故曰「遯之時義大矣哉」。

在卦氣，六月也，故太玄準之以逃、唐。

象曰：天下有山，遯。君子以遠小人，不惡而嚴。

山以下陵上，天遯而去之，不可干也。三、四、五、上，君子；初、二，小人。小人内，君子外，「遠小人」也。小人遠之則怨，怨則所以害君子者无所不至。初、四，二、五相應，「不惡」也。四陽以剛嚴在上臨之，「不惡而嚴」也。「不惡」故不可得而疎，「嚴」故不可得而親，是以莫之怨亦莫敢侮，而君子、小人各得其所矣。

初六，遯尾厲，勿用有攸往。象曰：遯尾之厲，不往何災也？

卦體以前爲首，後爲尾，四陽避患，患未至而先遯，初六止而在後，所處不正，危道也，故曰「遯尾厲」。往之四，雖正成離、坎，自明其節而遇險，「災」也。不若退藏於下，自晦其明，「不往」則何災之有？初六處下，非當位者，所處微矣，是故不去猶可以免患。易傳曰：「古人處下，隱亂世而不去者多矣。」

六二，執之用黄牛之革，莫之勝説。象曰：執用黄牛，固志也。

艮手，「執」也，坤爲牛，坤中爲黄，艮爲革，「執之用黄牛之革」也。二近初六而應五，處于內，近小人，往從五則所執「説」矣。二從五成離、兑，離火勝兑金，兑爲毁折，有「勝説」之意。六二知其不可以處而比初，又不可往而從五，乃堅固以執其志，如「執用黄牛之革」，則初莫之止，五莫之勝，確乎不可拔，孰能奪其所守哉？故曰「固志也」。六二柔中，故執志如此乃能遯。

九三，係遯，有疾，厲。畜臣妾吉。象曰：係遯之厲有疾，憊也。「畜臣妾吉」，不可大事也。

九三得位，係於二陰而不能遯，巽繩，「係」也，故曰「係遯」。九三遯則陽失位，以動爲疾，故安其位而不動，故曰「有疾」。陰方剥陽，己私係之，未失位也，而曰「厲」，以動爲疾，久則極憊，困篤不可救已，晉張華是也。三，極也，有「憊」之意，故曰「係遯之厲有疾，憊也」。九三爲內之主，二陰自下承之，坤爲臣，伏兑爲妾，以此畜臣妾，則吉正也。若係志於鄙賤之人，其可「大事」乎？陽爲大，巽爲事，三動巽毁，不可大事也，故曰「畜臣妾吉，不可大事也」。

九四，好遯，君子吉，小人否。象曰：君子好遯，小人否也。

「好」者，情欲之所好也。九四係於初六不正之陰而相應，情好也。君子剛決，以義斷之，當可遯之時舍所好，動而去，與應絶矣。動則正，正故吉，蕭望之不顧王生之寵是也，故曰「君子吉」。曰「小人否」者，九動成六，六安於四，又有小人不能去之象。「否」者，不能然也。此爻與初六相應，處陰而有所係，故極陳小人之戒，以佐君子之決。易傳曰：「所謂克己復禮，以道制欲者也，是以吉。小人則義不勝欲，牽於私好，相與陷於困辱危殆之途，猶不知也。」

九五，嘉遯，貞吉。象曰：「嘉遯貞吉」，以正志也。

陽爲美，九五中正，无以加焉，美之至也。剛中處外，可行則行也；當位而應，可止則止也。不後而往，不柔而應，不安於疾憊，不係於情好，遯之至美，故曰「嘉遯」。「貞吉」者，以自正其志而安也。「正志」者，行止無累於物也，此夫子所以疾固歟？易傳曰：「在彖則槩言遯時，故云『與時行』、『小利貞』，有濟遯之意也，於爻至於五則遯將極矣，故唯以中正處遯言之。」

上九，肥遯，无不利。象曰：「肥遯，无不利」，无所疑也。

上九盈矣，動成兑説，見於外，「肥」也。上九處卦外，内无應，動則正，无往不利，其於遯也有餘矣，故曰「肥遯」。所以「无不利」者，剛決不係於四，无疑情也，巽爲不果，疑也。

䷡乾下震上

大壯，利貞。

彖曰：「大壯」，大者壯也，剛以動故壯。大壯「利貞」，大者正也，正大而天地之情可見矣。

陰陽迭壯者也。以三畫卦言之，初爲少，二爲壯，三爲究。以重卦言之，初、二爲少，三、四爲壯。陽動於復，長於臨，交於泰，至四爻而後壯。泰不曰壯者，陰陽敵也。過於陰則陽壯矣，猶人血氣方剛，故曰「大壯，大〔一〕者壯也」。陽之初，其動甚微，動而不已，物莫能禦。君子之道義，其大至於塞乎天地之間者，以剛動也，故曰「剛以動故壯」。此合震、乾二體而言壯之時也。

初九，大者正也。大者正，乃能動而不屈。壯而不以正則失之暴，不能久也。飄

〔一〕「大」，原作「也」，據汲古閣本、通志堂本、四庫本改。

風暴雨、江河之大，皆不能久，故曰「利貞，大者正也」。此以初九言壯之道也。曾子曰〔一〕「自反而縮，雖千萬人吾往之矣」，正故也，正故能大。天地之動也，乾始於子，坤始於午，震卯而兑酉，正也，故四時行，萬物生，其大无外，以正而大也。易傳曰：「天地之道，常久而不已者，亦至大至正而已，故正大而天地之情可見。」

以卦氣言之，二月也，故太玄準之以格、夷。

象曰：雷在天上，大壯，君子以非禮弗履。

雷，出地者也，而在天上，大壯也。雷在天上，非所履而履，故史墨謂雷乘乾爲臣强之象。然俄且降矣，君子以是動必以正，「非禮弗履」。「非禮弗履」，所以全其壯也。横渠曰：「克己復禮，壯莫甚焉。」

初九，壯于趾，征凶，有孚。象曰：「壯于趾」，其孚窮也。

初在下體之下，應震足而動，「趾」也。「孚」，四也。初九剛在下，用壯不中，當守正不動以全其壯可也。「征凶」者，以正行亦凶，言不可行，行則兩剛相敵而四不應，

〔一〕「曰」，原脱，據汲古閣本、通志堂本、四庫本補。

壯豈得用哉？故「壯于趾」者，以其孚窮也。易傳曰：「用壯而不得中，雖以剛居上猶不可行，況在下乎？」

九二，貞吉。象曰：「九二貞吉」，以中也。

九二剛中，壯而處中，其動也正，正則吉。正吉者，以中也，蓋剛正而不中者有矣。中庸曰「中立而不倚，强哉矯」，其九二乎？易傳曰：「居柔處中，不過乎壯者也。」

九三，小人用壯，君子用罔，貞厲。羝羊觸藩，羸其角。象曰：小人用壯，君子罔也。

九三不動，陽爲君子，九動變六，陰爲小人，小人處極，剛而有應，必用其壯，故曰「小人用壯」。君子處此，自守其正，有剛而不用。太玄曰「罔者有之舍」，罔非无也，有在其中矣，故曰「君子用罔」。然剛極矣，處兩剛之間，雖正亦厲，正而濟之以和説可也，故曰「貞厲」，此君子所以用罔歟？震爲萑葦、爲竹木，在外爲「藩」。兑爲羊，前剛爲「角」，震爲反生，羊角反生爲「羝羊」，羝羊，羖也。三往觸上剛，絓於藩，六來乘之，兑毁，羊喪其很，此小人用壯之禍，可不戒乎？京房曰「壯不可極，極則敗，物不可極，極則反」，故曰「羝羊觸藩，羸其角」。壯一也，小人用之，君子有而不用，故曰「小人用壯，君子罔也」。

九四，貞吉悔亡，藩決不羸，壯于大輿之輹。象曰：「藩決不羸」，尚往也。

四陽長過中，壯之甚也而不正。君子道長之時，四以不正在上〔一〕，宜有悔，故戒以「貞」。貞則類進之，吉，无用壯之悔，故「貞吉悔亡」。震在内外之際，爲「藩」，四動往之五，「藩決」，剛得中，群陽自下進而不括，故曰「藩決不羸，尚往也」。曰「不羸」者，因九三爲象也。坤爲輿，震木在輿下爲輹，車之毁折常在於輹，九四陽壯，「壯于大輿之輹」，則何惡於壯乎？大輿而輹壯，其往利矣，壯以任重，道行于上之象也。「貞吉悔亡」，故「藩決不羸」。往而之五，藩決不羸，以壯于大輿之輹，利往也，故象辭如此。

六五，喪羊于易，无悔。象曰：「喪羊于易」，位不當也。

兑爲羊，羊群行善觸，諸陽並進之象。六五柔不當位，陽剛方長，宜有悔，然待〔二〕

〔一〕「上」，原作「世」，據汲古閣本、通志堂本、四庫本改。

〔二〕「待」，汲古閣本、通志堂本、四庫本作「持」。

以和易，則諸陽无所用其壯，而剛彊暴戾之氣屈矣，此所以无悔歟？四、五相易，兑毁，「喪羊于易」，和易亦兑也。蓋位尊則能制下，德中則和而不流，以此用和，其誰不服？光武曰「吾治天下亦柔道」，六五之謂乎？易傳曰：「治壯不可以剛，人君之勢不足，而後有治剛之道。」

上六，羝羊觸藩，不能退，不能遂，无攸利，艱則吉。象曰：「不能退，不能遂」，不詳也。「艱則吉」，咎不長也。

上六動成九，前剛也，前剛「角」之象。兑爲羊，震爲反生，羊角反生，「羝羊」也。震爲萑葦、竹木，在外爲藩，上動觸藩，羸絓其角，「不能遂」也。退則三不應，「不能退」也。決事者當於其始詳慮之，可則進，否則退。上六妄動，「不能退，不能遂」，自處之不詳審也，何往而利哉？然壯終則變，能艱難守正，自處以柔，則吉，妄動之咎不長也，在我而已。巽爲長，震者巽之反，故曰「不長」。

䷢坤下離上

晉，康侯用錫馬蕃庶，晝日三接。

彖曰：晉，進也，明出地上。順而麗乎大明，柔進而上行，是以「康侯用錫馬蕃庶，晝日三接」也。

「明出地上」，進而不已，至於盛明，故曰「晉，進也，明出地上」。此合離、坤兩體言晉也。

晉自臨來，蹇之變也。離者，坤易乾也，離爲明，自六五言之爲大明，乾陽爲大也，人君有明德居尊位、照天下之象。坤順，離麗也，人臣之道主於順，而不知其所麗，則其道不能以上行。「順而麗乎大明」，然後蹇六三之柔進而與君同德，故曰「順而麗乎大明，柔進而上行」。此以六五一爻言晉也。

五爲天子，四爲諸侯。「康」，褒大之，與禮記「康周公」之「康」同。六四進而之五，以諸侯近天子之光，王明而受福，九五用是降心以褒大之，「錫馬蕃庶」也。乾變坎[一]爲美脊之馬，坤變乾爲牝馬，坤爲衆，蕃息庶多，言不一種也。周官校人：「天子十有二閑，馬六種；邦國六閑，馬四種。凡朝覲、會同，毛馬而頒之。」「錫馬蕃庶」，亦

[一]「坎」，原漫漶似「次」，據汲古閣本、通志堂本、四庫本改。

進之意也。日在中天爲晝，艮爲手，坤三爻，「三接」，三，極數也。不唯錫予，又親禮之。大行人之職，諸公三饗，三問，三勞，晝日訪問之時三接，極盛之禮，所以康諸侯者至矣，非「順而麗乎大明，柔進而上行」，何由至是哉？故曰「是以康侯用錫馬蕃庶，晝日三接也」。此以六五兼兩體而言處晉之道。

或曰：午爲馬，火畜也，故古者差馬以午出，入馬以日中，而說卦以乾、坎、震爲馬，何也？曰：乾、離同位，日與天同體，金與火相守則流。以五行言之，火爲馬；以八卦言之，乾爲馬。觀諸天文，七星爲馬，離也，離者午之位。漢中之四星曰天駟，東壁之北四星曰天廄，建星六星曰天馬，乾、坎也，房爲天駟，東一星爲天馬，震也，故馬以三卦言之。昔者國有戎事，各服其産，而冀北之馬獨爲良馬者，乾也。震爲龍，其究爲健，健，乾也。辰爲角、亢，與房及尾共爲蒼龍之次，故馬八尺以上曰龍，世傳大宛余吾之馬出於龍種。龍，飛天者，離也；馬，行地者，乾也。而馬政禁原蠶，蠶以火出而浴龍星之精，與馬同氣。察乎此，則知乾、離同位矣。

在卦氣爲二月，故太玄準之以進。

象曰：明出地上，晉，君子以自昭明德。

乾曰「自强」，晉曰「自昭」，二者自己爲之。人力无所施，天行日進誰使之哉？明德者，己之所自有也，進而不已，其德自昭，如日有光，出則被乎萬物，非有心於昭昭也。易傳曰：「去蔽致知，昭明德於己也。明明德於天下，昭明德於外也。」

初六，晉如摧如，貞吉罔孚，裕无咎。象曰：「晉如摧如」，獨行正也。「裕无咎」，未受命也。

晉之始見，有應則動而進，故「晉如」。動而九四不應，知其不可進，則自抑而退，故「摧如」。「摧」者，抑其動也。始進未孚，戒在不正以求四之知，唯獨行正道，乃獲「貞吉」。積誠不已，未有不孚者，故曰「貞吉罔孚」。初坤體順，其進也不汲汲以失守，其退也不悻悻以傷義，綽然有餘裕，卒歸於无咎，故曰「裕无咎」。然「裕无咎」者，以進之始未受命也，若已仕而有官守，上不見信，不得其職，致爲臣而去可也，裕安得无咎？四艮爲手，「受」也，巽爲命。初動，震見巽伏，「未受命」。易傳曰：「若夫有官守而不孚于上，廢職失守以爲裕，則一日不可居矣。」

六二，晉如愁如，貞吉。受兹介福，于其王母。象曰：「受兹介福」，以中正也。

六二得位，居晉之時而五不應，故「晉如愁如」。二至五有離目、艮鼻、坎加憂，嚬蹙之象，故「愁如」，言進之難。知道未行，爲天下憂之，然守貞則吉。「王母」，六五，動也，柔得尊位，五動成乾，乾爲王，坤爲母，「王母」也。數親自二而上，二爲己，三爲考，四爲祖，五坤，祖之配也，故祖母謂之「王母」。二雖難進，无援於上，然柔順中正，履貞不回，久而必孚，況同德乎？未有五不動而應之者，故「受兹介福，于其王母」。五動陽爲福、爲大，「介」，大也。二中正，五動亦中正，是以二受五之福，故曰「以中正也」。

六三，衆允，悔亡。象曰：衆允之志，上行也。

坤爲衆，三不當位，衆所未允，宜有悔。晉之時三陰在下，同順乎上，三順之極而有應，三志上行，則二陰因之，得麗乎大明。上九應之成兑，兑爲口，三得正，「衆允」之也。衆允則悔亡，此大臣因衆之願而效之上者也，以此居位，雖柔必强，何憂乎不勝其任哉？

九四，晉如。鼫鼠貞厲。象曰：「鼫鼠貞厲」，位不當也。

「鼫鼠」，子夏傳作「碩鼠」，碩，大也。艮、坎爲鼠，陽爲大。鼠，晝伏夜動者也，坎爲加憂。九四剛而不正，處晉明之時，竊據上位，憂畏而不安，碩鼠也。大明在上，三陰進而麗乎明，四處位不當而不知退，於正爲厲，知非而去，未失爲虞丘子也。

六五，悔亡，失得勿恤，往吉无不利。 象曰：「失得勿恤」，往有慶也。

六五柔不當位，有悔者，於進德爲失，不剛故也。坎爲加憂，「恤」也。五能舍己，往而從上九，上正其君於道，柔者剛矣則「悔亡」，失者得而坎毀，故曰「悔亡，失得勿恤」。五，明之主，患在於矜智遂非，以失爲恥，故戒以「失得勿恤」。不憚從人，不留情於既失，則往正而吉，无所不利，邦國之慶也。悔者亡，失者得，憂者喜，「慶」之謂也。陽爲「慶」，故辭曰「往吉无不利」，象曰「往有慶也」。易傳曰：「不患不能明，患其用明之過，故戒以『失得勿恤』。」

上九，晉其角，維用伐邑，厲，吉无咎，貞吝。 象曰：「維用伐邑」，道未光也。

上九前剛，「角」象也。上，晉之極，至于角窮矣，猶進而不止，危厲之道，維用於伐邑則可，雖危厲而吉。「伐邑」者，自治也，若施之征伐，則凶有咎，窮兵故也。上窮反三，入于坎險，坤在内爲邑，邑，己之自有，故此「伐邑」有自治之意。伐邑則九得正，厲者吉，吉則於自治爲无咎，亦猶「冥升，利于不息之貞」，所以自治者，於進道有「未光」也。上反三，坎、離毁，「未光」之象。易傳曰：「人之自治，剛極則守道固，進極則還善速。」六三之行、六五之往，皆不曰「晉」者，三行則上反三，五往則上反五，反非進也，故二爻不言「晉」。

䷣離下坤上

明夷，利艱貞。

彖曰：明入地中，明夷。内文明而外柔順，以蒙大難，文王以之。「利艱貞」，晦其明也。内難而能正其志，箕子以之。

離爲日、爲明，坤爲地、爲晦。坤上離下，「明入地中」。夷，傷也。晉日在上，旦晝也，明夷「明入地中」，暮夜也。鄭康成曰：「日在地上，其明乃光，至其入也，明乃傷矣。」晉者，明君在上，群賢並進，麗于大明之時，明夷者，闇君在上，明者在下，見傷之時，故曰「明夷」。此以坤、離兩體言明夷也。

明夷晉之反，離爲「文明」，坤爲「柔順」，坎爲險難，陽爲大。文王當紂之時，内含「文明」，外體「柔順」，蒙「大難」而免於難，故曰「内文明而外柔順，以蒙大難」。「文王以之」，言文王用明夷之一卦也。初九、六二、九三，正也。明夷之時，不晦其明則有禍，失其正則其明熄滅，處之者利在於艱貞而已。艱貞者，有其明而晦之也，如日在地中，其明可晦，正不可動，故曰「利艱貞，晦其明也」。坎險在内，「内難」也。箕子、紂同姓，近則身在商邑之中，難在内者也。佯狂被髮，自守其志，囚奴而不變，其於正也難矣，故曰「内難而能正其志，箕子以之」，言箕子用明夷「利艱貞」之三爻也。文王、箕子雖若不同，其用明夷之道則一也。

在卦氣爲九月，故太玄準之以晦。

象曰：明入地中，明夷，君子以莅衆，用晦而明。

明夷者晉之反。坤爲衆、爲晦，離爲明。初九、九三入而治之，「莅衆」也。天下至衆，以明莅之，則知有時而困，人情不安，「用晦而明」，則親疎、小大無所不容，衆爲我用，此垂旒黈纊而明目達聰之道也。

初九，明夷于飛，垂其翼。君子于行，三日不食。有攸往，主人有言。象曰：「君子于行」，義不食也。

晉上九反而爲明夷之初九。離爲鳥，自上下下，「于飛」也，見傷而「垂其翼」者也。柔爲毛，剛，其翼也。小人之害君子，必害其所以行，使不得進。君子明足以見微，故去位而行。離爲日，之四歷三爻，兑口在上，「三日不食」也。斷之以義，雖困窮飢餓而不悔，故曰「君子于行，義不食也」。之四，「有攸往」也。巽，東南方，主人位，兑口爲有言。君子所爲，衆人固不識也。方初九以正見傷於明夷之始，其事隱而難見，微而未著，自常情觀之，豈不離世異俗乎？此所以「主人有言」。然君子不〔一〕恤也，義之當然，納履而行，何往而不貧賤哉？易傳曰：「待其已顯則无及矣，此薛方所以爲明，而揚雄所以不獲去也。穆生之去楚，二儒且非之，況世俗之人乎？故袁閎之於東漢，亦以爲狂也。所往而人有言，何足怪哉？」

六二，明夷夷于左股，用拯，馬壯，吉。象曰：六二之吉，順以則也。

此爻因初九之往以取象。初往二成巽，震爲左，巽，股也。二爲小人所傷，不可動以應五，「明夷夷于左股」，小人之傷君子，天也，君子无如之何，亦順之而已。六二在位，不可以苟去，用九三拯之可也。「拯」，子夏傳、説文、字林作「抍」，音升，一音承，上舉也。三震，起也。九三之五成艮手，有起手上舉之象。「夷于左股」，既不可

〔一〕「不」，原作「大」，據汲古閣本、通志堂本、四庫本改。

動，用之上舉其手以濟六五之柔者，當資九三之力。九三坎馬，震爲作足，坎、震得位，馬之壯健者也，馬壯乃可載上而行以濟弱。六二不動，亦保其吉，雖傷左股，猶無傷也。此六二順以致吉，不失其事君之則也。「則」者，理之所不能違也，故曰「六二之吉，順以則也」。夫雷風相益，水火相用，見於萬物，異體而同功者多矣，況二、三同體乎？然非中正明德君子，其能如是？書曰「告于顛隮，若之何」，其六二之謂歟？鄭本作「明夷睇于左股」，「睇」，傾視也，離目變巽，左股見傷，故睇之，或當從鄭。或曰：卦爻有因前爻，何也？曰：亦彰往察來之一端也。前爻既往，後爻方來，來往相爲用，故有因爻成象者。如同人九四因九三，九五因九三、九四，明夷六二因初九也。有因前卦爲象者，如明夷之上六因晉，夬之初九因大壯。玩其辭則可知，故曰「斷辭則備矣」。太〔一〕玄亦然，一首不盡其義，乃以二首明之。

九三，明夷于南狩，得其大首，不可疾貞。象曰：南狩之志，乃大得也。

三，公之位，上六明夷之主，九三極明至剛，得位而應，不得已而動，以克極闇之

〔一〕「太」，原脱，據汲古閣本、通志堂本、四庫本補。

主，湯、武之事也。自二至上體師，坎爲中，冬狩之時，離爲南，三動之上，「南狩」也，故曰「明夷於南狩」。「狩」者，爲民去害。離之三陽，乾也，乾爲首，陽爲大，南狩克之，「得其大首」。「大首」，元惡也，「得」者，易辭，故曰「得其大首」。離爲鳥，飛而上逆，「不可疾」也。九居上，未正也，民迷久矣，遽正則駭懼不安，當以疾貞爲戒，故曰「不可疾貞」。動於中，志也，京房曰「動乃見志」，故曰「南狩之志，乃大得也」。易傳曰：「以下之明除上之暗，其志在於去害而已，商、周之湯〔一〕、武，豈有意於利天下乎？志苟不然，乃悖亂之事也。」

六四，入于左腹，獲明夷之心，于出門庭。象曰：「入于左腹」，獲心意也。

上六極闇，九三極明。四遠上、近三，應初，震爲左，離爲大腹。四自震應初入離，「入于左腹」也。坎爲心，坤中爲意。初六之四，離變艮爲門，四爲夜，「獲明夷之心，于出門庭」也。初之四則坎、坤變兑爲説，「獲心意」之象，故又曰「獲心意」也，其微子去商之事乎？上六極闇，將亡其意，豈願亡哉？去闇就明，亡者復存，則獲明夷

〔一〕「湯」，原脱，據汲古閣本、通志堂本、四庫本補。

之心意矣，震爲反生故也。六四柔順而正，與上六同體，比於三而遠於上六，以譬則微子之類也。腹之爲物，能容者也，自外而之内，自上而之下，九三所受也。

六五，箕子之明夷，利貞。象曰：箕子之貞，明不可息也。

六五動則正，正成離，離，「明」也。不動成坤，坤爲晦，自晦其明也。五、上同體，迫於昏亂而不可去，是以自晦其明以免禍，「箕子之明夷」也。自晦者，不動而已，未嘗失正也。明在其中，失正則其明遂亡，故佯狂者自晦也，不受封去之朝鮮者，正也。聖人慮後世讀易者以自晦即守正，而蒙垢愛生，失其所守，故曰「箕子之貞，明不可息也」。

上六，不明，晦。初登于天，後入于地。象曰：「初登于天」，照四國也。「後入于地」，失其則〔一〕也。

晉「明出地上」，反爲明夷，則「明入地中」，不明而晦。上六極坤，坤爲晦，故曰「不明，晦」。晉時離出坤，登于乾，五下照坤六四，坤在上爲國，故曰「初登于天，照四

〔一〕「其」，通志堂本、四庫本、周易正義無。

國也」。晉反則離入于坤，「後入于地」也。五者君之位，以明德居尊位者，人君之則，「後入于地」則失位，失位者以不明，晦而失爲君之則也。人君近君子，遠小人，兢兢焉唯懼不明乎善者，所以守其則也。得失无不自己爲之者，得之明，失之晦，晝夜之象，故聖人舉晉、明夷二卦，反復以釋爻義，原初懲後，爲人君萬世之戒。雜卦曰「明夷，誅也」，爲明夷之主而不誅者鮮矣。

䷤離下巽上

家人，利女貞。

彖曰：家人，女正位乎内，男正位乎外，男女正，天地之大義也。家人有嚴君焉，父母之謂也。父父子子，兄兄弟弟，夫夫婦婦，而家道正，正家而天下定矣。

外巽内離，離，明也，易傳曰「外巽内明，處家之道」。然卦以長女、中女爲象者，女以男爲家，家人以女爲奥主，故曰「家人」。此合兩體言家人也。

家人自遯來，无妄變也。互巽變離，六二正，離爲女，「女正位乎内」也；震變互坎，六四正，坎爲男，「男正位乎外」也。「女正位乎内」，然後「男正位乎外」，女不正而能正其外者，无有也。天地坎正位乎北，離正位乎南，南北定位，東西通氣，而天地化生萬物，故曰「女正位乎内，男正位乎外，男女正，天地之大義也」。此以六四而下言「家人，利女貞」也。

五，君之位也，乾九五者，父也，乾爲剛嚴。无妄坤居四，上配乾五爲母，以坤變乾爲離，歸尊於父。父母之於家人，其嚴有君道，家人猶臣妾也。子之事父母，婦之事舅姑，雞鳴而朝，非君道乎？易傳曰「无尊嚴則孝敬衰，无君長則法度廢」，故曰家有嚴君，父母之謂也。此以九五而下言家人正家之道也。

乾爲父，坎爲子，父上子下，父子正也。巽爲長女，離爲中女，孟上仲下，兄弟正也。坎爲夫，離爲婦，夫上婦下，夫婦正也〔一〕。乾爲天，五爻各得其位，「天下定」也。故曰：「父父子子，兄兄弟弟，夫夫婦婦，而家道正，正家而天下定矣。」此以上九而下推廣正家之道也。夫正家之道，始於女正，女正而後男女正，男女正而後父母嚴，父母嚴而後家道正，家正而後天下定。家者，天下之則也，孟子曰「天下之本在國，國之

〔一〕「上」、「正」，原誤倒，據汲古閣本、通志堂本、四庫本乙正。

本在家，家之本在身」，故彖辭如此。

在卦氣爲五月，故太玄準之以居。

象曰：風自火出，家人，君子以言有物而行有恒。

巽風離火，「風自火出」也。説卦「巽爲木、爲風」，黄帝書曰「東方生風，風生木」，又曰「火疾生風」。蓋風火同生於木，風自火出，由内及外，「家人」之象。夫風緣火，火緣木，未始相離，君子體之，故言有事實，行有常度。自初至五體噬嗑，「頤中有物」，「言有物」也。无妄震爲行，六四行不失正，「行有常」也。言行有法則家人化之。

初九，閑有家，悔亡。象曰：「閑有家」，志未變也。

家道正則治，不正則亂。初九明於家道，正以閑其初，能「有家」者也。初九動而與四相易，則内外不正。禮「外内不共井，不共湢浴，不通寢席，不通乞假，男女不通衣裳，内言不出，外言不入」，防瀆亂也。初者，家人之志未變之時，於是閑之以法度，内外各守其正，何悔之有？志動不正，流宕无别，然後閑之，則悔矣，失防患未然之道。

六二，无攸遂，在中饋，貞吉。象曰：六二之吉，順以巽也。

二，主婦之位，坤得位，上從乾五。乾，夫道也。地道无成，婦人從夫，无所遂事者，順也，故曰「无攸遂」。坎水離火而應巽木，女在中當位，烹飪而主饋事，「順」也，故曰「在中饋」。「順以巽」者，婦人之正也。正則吉，故曰「貞吉」。六二不動而吉者以此，故曰「六二之吉，順以巽也」。詩曰：「無非無儀，維酒食是議。」孟子之母曰：「婦人之禮，精五飯、羃酒漿、養舅姑、縫衣裳而已矣，故有閨門之修而无境外之志。」

九三，家人嗃嗃，悔厲，吉。婦子嘻嘻，終吝。象曰：「家人嗃嗃」，未失也。「婦子嘻嘻」，失家節也。

三，内之主也。「嗃嗃」，陸法言曰「嚴厲貌」，易傳曰「有急速之意」。陽居三，剛正過中。巽爲風、爲號，離火炎上，聲大且急，嚴厲之象。骨肉之情，望我以恩，而治家大嚴，傷恩矣，能无悔乎？拂其情矣，能无厲乎？然法度立，倫理正，小大祗畏，以正得吉，未爲大失也，故辭曰「家人嗃嗃，悔厲，吉」，象曰「未失也」。坎子離婦，三動不正，與二相易，離成震、兑，離，目也，震，動也，兑，説也。坎、兑爲節，坎動兑見，「失節」也。目動聲出而説，「嘻嘻」也。喜樂无節，其終必至於亂倫瀆理，蕩而不反，雖欲節之，有不得而節者，「吝」也，故辭曰「婦子嘻嘻，終吝」，象曰「失家節也」。二者治亂之别，京房曰「治家之道於此分矣」。

六四，富家大吉。象曰：「富家大吉」，順在位也。

六四本无妄之三，進而在位，巽體而順，三陽爲實積其上，「富家」也。上有承，下有應，巽以事上則親，順以接下則從。夫奢則不遜，而富者，怨之府，六四如此，故能安處其位，有家之實。陽爲大，正則吉，「富家大吉」也。治家之道，以剛正威嚴爲善，戒在於柔順。故家人初、三、五皆吉，上九「威如終吉」。二與四，柔也，於治家无取，故二以柔順卑巽者，婦人之正也，非男子所宜也。四巽體而順，在位者滿而不盈，保其家者也，非治家也。

九五，王假有家，勿恤吉。象曰：「王假有家」，交相愛也。

五乾爲王，「假」，至也。王極乎有家之道，正家以定天下，則至矣，故曰「王假有家」。五剛而巽乎外，二柔而順乎内，中正相應，心化誠合，則上下内外互〔一〕相親睦，

〔一〕「互」，原作「日」，疑爲漫漶描補致誤，據汲古閣本、通志堂本、四庫本改。

故曰「交相愛也」。「交相愛」者，相與于中之象也。「王假有家」，達之天下，至於「交相愛」，則天下不勞而治矣，勿恤乎吉可也。五動成離，有伏坎，坎爲憂恤，不動，坎伏正則吉。三代之王，正心誠意，修乎閨門之内，不下席而天下治，何所憂哉？故辭曰「勿恤吉」，象曰「交相愛也」。

上九，有孚，威如終吉。象曰：威如之吉，反身之謂也。

上、三有孚之道，以下未孚也，故「威如」。「威如」者，九在上，剛嚴之象。上九動而正，家人見信。九三孚也，始也「威如」，終則正而見信，「威如終吉」也。上九卦之終，坤爲身，九動反正，「反身之謂也」。威非外求，反求諸身而已。反身則正，正則誠，誠則不怒而威。夫誠，所以動天地者也，況家人乎？聖人以治家之道，莫尚於威嚴，慮後世不知所謂威嚴者，正其身也，或不正而尚威怒，則父子相夷，愈不服矣，安得吉？故於上九發之。孟子曰：「身不行道，不行於妻子。」石慶家人有過輒不食，家人謝過而後復，是亦「反身」也。易傳曰：「慈過則失嚴，恩勝則掩義，長失尊嚴，少忘恭順，而家不亂者，未之有也。」

䷥兑下離上

睽，小事吉。

彖曰：睽，火動而上，澤動而下。二女同居，其志不同行。説而麗乎明，柔進而上行，得中而應乎剛，是以「小事吉」。天地睽而其事同也，男女睽而其志通也，萬物睽而其事類也。睽之時用大矣哉。

離「火動而上」，兑「澤動而下」，火澤之睽也，中、少二女同居於家，而所歸之志各異，二女之睽也，故曰睽。此以兩體言睽也。

睽本同也，離、兑同爲女而至於睽者，時也。故睽自家人反，明本同也，本不同則无睽，惟本同故有合睽之道。自離、兑言之，「説而麗乎明」；自家人六二之五言之，「柔進而上行，得中而應乎剛」。「説」則順民，「麗乎明」則擇善，「柔得中」則柔而不過，「應乎剛」則取剛以濟柔，是以「小事吉」。夫説而麗明，柔得中而應剛，不可以作大事，何也？以柔進上行而得尊位也。睽之時，人情乖隔，相與者未固，非剛健中正，不能合天下之睽。如睽之柔，其才纔足以「小事吉」也。故曰「説而麗乎明，柔進而上行，得中而應乎剛，是以小事吉」。此合兩體卦變而言處睽之道也。

天地、男女、萬物一氣也，得其所同則睽者合矣。剛上柔下，「天地睽」也。天降地升，生育萬物，「其事同」也。坎外離内，「男女睽」也。男上女下，乃有室家，「其志通〔一〕」也。坎見震毀，「萬物睽」也。陽生陰成，物无二理，「其事類」也。非本同也其能合乎？大人以是能用天地，能用男女，能用萬物，乖者復合，混而爲一，以至天下爲一家，中國爲一人。故曰：「天地睽而其事同也，男女睽而其志通也，萬物睽而其事類也。睽之時用大矣哉。」此推原一卦以論合睽之道也。

在卦氣爲十一月，故太玄準之以戾。

象曰：上火下澤，睽，君子以同而異。

離、兑同爲陰卦，而未始不異。君子之所同者，人之大倫也。然各盡其道，亦不苟同以徇衆，人見其爲異矣，不知異所以爲同。中庸曰「和而不流」，晏平仲曰「同之不可也如是」。象言異而同，大象言同而異。

〔一〕「通」，原作「同」，據汲古閣本、通志堂本、四庫本改，下同。

初九，悔亡，喪馬，勿逐自復。見惡人无咎。象曰：「見惡人」，以辟咎也。

睽之始，剛而无應，動則不正，故有悔。四坎，馬也，四不與，初以剛自守，「喪馬」不逐也。睽諸爻皆有應，四獨无與，安得不動而求初乎？四動之初，初往復成坎馬，「勿逐自復」也，故「悔亡」。四不正而險，「惡人」也。離目爲見，初往之四有離，「見惡人」也。之四雖不正，「以辟咎」故「无咎」。天下惡人衆多，疾之已甚，人人與君子爲敵，是睽者既合而復睽，斯亦君子之咎也。然初守正，四動而後初見之，夫子見陽貨，陽貨先也，故不得不見。若屈己而先見之，睽亦〔一〕不合矣，見之可也，從之不可也。易傳曰：「古之聖人所以能化姦凶爲善良，綏仇敵爲臣民，由弗絶也。」

九二，遇主于巷，无咎。象曰：「遇主于巷」，未失道也。

九二以剛中之德，遇六五濟睽之主，人情睽離之時。二、五皆非正應，五來求二，兑變震、艮。睽者，家人之反，艮爲門、爲徑，家門之有徑者，「巷」也。二往應之，離變巽，巽，東南，主人位也。五來求二，二適往應，是以相遇，故曰「遇主于巷」。「遇」者，

〔一〕「亦」，汲古閣本、通志堂本、四庫本作「非」。

不期而會。巷，委蛇曲折而後達，睽而欲合，故如是之難。然二、五得中，震爲大途，合睽者如是，乃爲得中，「未失道也」。易傳曰：「巷者，委曲之塗也，非邪僻由徑也。遇者，逢會之謂，非枉道詭遇也。」至誠以感動之，盡力以扶持之，明義理以致其知，杜蔽惑以誠其意，如是而已，故云「未失道也」。

六三，見輿曳，其牛掣。其人天且劓，无初有終。象曰：「見輿曳」，位不當也。「无初有終」，遇剛也。

六三於睽時，處不當位，介於二剛之間，其柔不能自進。上九之剛雖非正應，欲往而遇焉，二剛侵凌，莫之與也。三坤爲輿、爲牛，離目爲見，四前剛爲角，離火欲上，坎水欲下，「見輿曳」也。離上，角仰也；坎下，角俯也。一仰一俯，牛頓掣也。鄭康成作「觢」，觢，牛角踴也，踴起而復下，亦頓掣也。見輿曳而不行，其牛俯仰而頓掣，言四扼於前者如此也。二乾爲天，三坎之柔爲髮，而兑毁之，髡其首也。馬融曰「刻鑿其額曰天」，易傳曰「髡其首爲天」，以象考之，易傳爲是。伏艮爲鼻，兑金制之，刑其鼻也。「其人天且劓」者，言其人既爲四扼於前，猶力進而犯之，又爲二制於後，由處不當位，故人情上下惡之。然動得其正，睽極則通，初雖艱厄，終必遇之。三遇上剛，

二、四象毁，坤輿進而上行矣，故曰「无初有終，遇剛也」。曰「遇」者，不期而會，謂其非正應也，君子於此不尤乎見惡者，反身以正而已，正則應，應則惡我者説，睽我者合。易傳曰：「不正而合，未有久而不離者也。合以正道，則无終睽之理，故賢者順理而安行，智者知幾而固守。」

九四，睽孤，遇元夫，交孚，厲无咎。象曰：交孚无咎，志行也。

九四睽時，處不當位，介二陰之間，五應二，三應上，四獨无應，在睽而又孤，故曰「睽孤」。孤則危厲，有乖離之咎。初守正，不援乎上，處睽之善者也。四變交初，兑變坎，四離爲婦，初坎爲夫，元，始也，善之長也，故曰「遇元夫」。四動正，正則誠矣，彼我皆誠，有不約而自信者，故曰「交孚」，「交孚」則雖厲而无咎。交則初四未正，曰「无咎」者，初志上行，睽者通也。易傳曰：「卦辭言无咎，夫子又從而明之，云『志行也』，蓋君子以剛陽之才至誠相輔，何所不濟也？唯有君則能行其志爾。」

六五，悔亡。厥宗噬膚，往何咎？象曰：「厥宗噬膚」，往有慶也。

六五柔得尊位，宜有悔也，能致九二在下之賢，以剛輔柔，故「悔亡」。五，離也，二兑有離體，同宗而爲六五所宗。「噬膚」者，囓柔也。五來下二，兑變成艮，艮爲膚，兑口噬柔，「噬膚」也。自二至上體噬嗑，故曰「厥宗噬膚」。二噬五柔而深之，剛柔相入之意。睽離之時，非五下二，二不可往，非深入之，則其久必離。九二剛中不苟，往者也。五既下之，往亦何咎？往則有濟睽之功，成邦家之慶，陽爲「慶」，謂五柔成剛也。易傳曰：「爻辭但言厥宗噬膚，則可往而无咎。象推明其義，言人君雖己才不足，若能任賢輔，使以其道深入於己，則可以有爲，往而有福慶也。」

上九，睽孤，見豕負塗，載鬼一車。先張之弧，後説之弧。匪寇婚媾，往遇雨則吉。

象曰：遇雨之吉，群疑亡也。

上與三應，亦曰「睽孤」者，睽離之時，三未從上，有四間焉而上疑之，則人情不合而孤。猶之人也，疇類異處，適有人參處乎兩者之間，則疑矣。上九處極睽難合之地，過剛而暴，極明而察，故疑於四者无所不至。離目爲見，坎爲豕，兑爲澤，坤土、坎水，陷于兑澤，豕在澤中，汨之以泥塗，「見豕負塗」也，言惡其穢之甚也。坤爲鬼，坎爲輪，坤在坎中，「載鬼一車」也，言以无爲有，妄之極也。離矢坎弓，「先張之弧」，疑四爲寇而見攻也，三所以未應，豈四之罪哉？人情有未通爾。睽極則通，異極則同，陰陽、剛柔无獨立之理，六陰，柔也，九陽，剛也，剛來柔往則疑情渙然釋矣，故「後説之弧」，知四匪寇也。九剛六柔，自婚媾也，故曰「匪寇婚媾」。此「匪寇婚媾」與他卦言同而象異。坎在下爲雨，上來之三，三往遇之，上、三正則吉，吉則向來群疑亡，本无是也，故曰遇雨則吉，群疑亡也。辭枝如此者，疑辭也。

☶☵艮下坎上

蹇，利西南，不利東北，利見大人，貞吉。

彖曰：蹇，難也，險在前也。見險而能止，知矣哉。「蹇利西南」，往得中也。「不利東北」，其道窮也。「利見大人」，往有功也。當位「貞吉」，以正邦也。蹇之時用大矣哉。

蹇坎，險難也。艮，止也。坎在上，險難在前，止而不進，故曰「蹇，難也，險在前也」。此合兩體言蹇也。

離目爲見，見險者，明也，知其不可進則止而不犯者，行其所知也。知者，精神之會，水火之合，坎離之象，故曰「見險而能止，知矣哉」。此兼互體，以卦才言處蹇之道也。

蹇自臨來，小過變也。九四往之五，小過之五即臨之坤也。坤，西南，體順而易。坤，衆也。五中蹇難不解，天下思治，九四能順乎衆而往，上居於五，處順易以濟險難，以順民心，乃得中道，所謂時中，蹇之利也，故曰「蹇利西南，往得中也」。艮，止也，東北方也。見險而止，非遂止不往也，順時而處，以有待也，若遂止於險則過矣，過則道不行，天下益蹇，非中道，乃蹇之所不利，故曰「不利東北，其道窮也」。此以卦變、四五相易言濟蹇之道也。

大人，九五也。剛中而正，量險而行，其才足以濟難。「利見大人」者，六二也。非剛健中正在上，則六二柔中未有功也，故曰「利見大人，往有功也」。此以二、五言濟蹇也。

坤在四爲邦國，四，諸侯位也，故「建侯」、「康侯」，「正邦」、「无邦」，皆取此象。蹇五爻皆正而初不正，初不正者，蹇之所由生也。九五當位而正，以正六四，而邦國正，邦國正則天下正，而蹇難解矣，正而吉也，故曰「當位貞吉，以正邦也」。此再以九五、六四言濟蹇也。

蹇之時，或可止，或可往，往而有功，非大人不能盡其用，故曰「蹇之時用大矣哉」。

在卦氣爲十一月，故太玄準之以難。

象曰：山上有水，蹇，君子以反身修德。

山上復有險，行者蹇也。六五反四而正，「反身修德」之象。易傳曰：「君子之遇蹇難必自省，於身有失而致之乎？有所未善則改之，无慊於心則加勉。」

初六，往蹇來譽。象曰：「往蹇來譽」，宜待也。

蹇之初有險在前，往則遇蹇，知不可往，來而止，安時處順，待可動而動，則有見幾知時之譽。初動而往，離坎變兑，兑口譽之。往則蹇，來則譽，宜待也。天下之險，未有久結而不解者，故伯夷、太公居海濱以俟，若先時而起，則愈蹇矣。鄭氏本作「宜待時也」。

六二，王臣蹇蹇，匪躬之故。象曰：「王臣蹇蹇」，終无尤也。

五乾，王也；二坤，臣也。二應五，「王臣」也。五在險中，蹇也。六二犯難，濟五之險，蹇之又蹇，故曰「王臣蹇蹇」。坤爲身，三折之，目視下爲「躬」。二履當其位而艮體，有保其躬之意。二往濟五，身任安危，五坎變坤，「匪躬之故」也。蹇時非有才而剛，上輔其君，不能濟難。二柔濟五，才不足，疑若有尤，然志靖王室，忘身以衛其上，雖蹇之又蹇，「終无尤也」。易傳曰：「聖人取其志義，謂其无尤，所以勸忠藎也。」

九三，往蹇來反。象曰：「往蹇來反」，内喜之也。

往則犯難，反則得位。九三重剛爲下卦之主，初、二柔爻恃之以拒外險，故「往蹇來反」，以内喜之而反也，陽得位故喜。易傳曰：「反猶春秋之言歸也。」

六四，往蹇來連。象曰：「往蹇來連」，當位實也。

六柔无應，往則犯難，故「往蹇」。來則當位承五，下連九三，故「來連」。連，牽連也。九三剛實，四牽連之，共濟五難，當位而又得濟之，「實」也。處蹇難不以剛實濟之，柔者安能獨濟乎？陽爲實。

九五，大蹇朋來。象曰：「大蹇朋來」，以中節也。

險者，人情之所不敢犯也。五在險中，獨安其險，剛正足以任天下之難而不辭，大者得位，當蹇之時，如是乃爲得中。陽與陽爲「朋」，「朋」謂九三也。五下應二，三來比之，「朋來」也。五爲坎，三來成兑，水澤節之象。「節」者，處蹇之節也，九五在險，得中道、應六二者，有節，則九三之剛不約而自來。九三外應上六，内爲六二、初六之所喜，而又六四牽連而進，同心協力，斯可以濟天下之難，故曰「大蹇朋來，以中節也」。若九五前卻應於下者，失剛柔緩急之節，則九三招之不來矣。仲虺贊湯曰「天錫王勇智」，武王曰「今朕必往」，濟蹇大難者，其要在於九五乎？

上六，往蹇來碩，吉，利見大人。象曰：「往蹇來碩」，志在内也。「利見大人」，以從貴也。

上六志在紓難，然柔也才不足，以柔犯難，故「往蹇」。柔自外來，求助於九三，三以剛濟柔則難紓，志乃大得，故曰「往蹇來碩，志在内也」。陽爲大，艮爲石，「碩」，剛大也。離目爲見，大人，九五也，故曰「利見大人」。九五貴而有位，足以行其道，九三其德剛大，佐五以濟天下之難，上六志在内，因九三利見九五，斯可以出難，故曰「以從貴也」。陽爲貴，蹇難未解，人不知所從，上六因九三以從九五之貴，則君臣之分定矣。

䷧坎下震上

解，利西南，无所往，其來復吉，有攸往夙吉。

彖曰：解，險以動，動而免乎險，解。「解利西南」，往得衆也。「其來復吉」，乃得中也。「有攸往夙吉」，往有功也。天地解而雷雨作，雷雨作而百果草木皆甲坼。解之時大矣哉。

坎，險也，震，動也，他卦名不再釋。解言解乎險難，以是動，動而出乎險之外，則險難解矣，故曰「解，險以動，動而免乎險，解」。此合二體言解也。

解者蹇之反，解之九二乃蹇之九五也，九四乃蹇之九三也。坤爲西南，其體順，自艮反，有平易之意。坤又爲衆，當蹇難之後，人皆厭亂，四以平易之道往順乎衆，而衆與之，是以「得衆」。湯代虐以寬，武王乃反商政是也，故曰「解利西南，往得衆也」。此以九三言處解之道也。

「其」者，指二也。難方在外，二往濟難，則處乎險中，以身任之而不辭。當是時，以往爲中。大難既解，无所事於往也，則五來復，二乃爲得中，得中者，合宜之謂也，得中則吉。易傳曰：「天下國家，必綱紀法度廢亂，而後禍亂生。聖人解其難，而安平无事矣，則无所往也。當正紀綱，明法度，反正理，追復先王之治，所謂來復也，此天下之吉也。自漢而下，亂既除，則不爲可久、可繼之治，不復有爲，姑隨時維持而已，故不能成善治，蓋不知來復之義也。」故曰「无所往」，「復吉」，彖曰「其〔一〕來復吉，乃得中也」。此以九二言處解之道也。

大難雖解，其間有未盡，而當有爲者不可不往，有所往不可不早圖之，緩則難深而不可解，荀爽曰「據五解難」，是也。解反爲蹇，則二先往，「夙」也。離爲日，震東方，日出乎東，「夙」之象也。二之五，正而吉，解緩也，宜以夙爲戒，故曰有所往夙吉。此復以九二言終則有始之道也。不有蹇則无解，故反復爻義以明之。

震者，天地之始交也。天地始交，物生之難，雷動雨流，天地難解，則百果草木一瞬息間其甲皆坼，无不解者，所以如此其速者，不失時也。艮在木爲果，在草爲蓏。陽，止也。艮反爲震，陽動於草荄木根之時。離爲甲，解者，「坼」也，故有「百果草木甲坼」之象。

以卦氣言之，解爲春分，雷始發聲，故太玄準之以釋。蓋聖人因論天地始解之義，而卦氣在其中矣。

〔一〕「其」，原脱，據通志堂本、四庫本補。

「解之時大矣哉」，不言「義」者，无所疑也，不言「用」者，其用見於蹇之時也。

象曰：雷雨作，解，君子以赦過宥罪。

「雷雨作」，天地之難解，萬物維[一]新之時也。内外有坎，坎爲獄。九二、九四皆不正，九二未失中而陷之，「過」也，九四不中正，「罪」也。君子於是時，過誤者赦而不問，有罪者宥而從輕，與民更始，則難解矣。後世多赦，輕重悉原，刑罰不得其平，失是義也。

初六，无咎。象曰：剛柔之際，義无咎也。

屯「剛柔始交而難生」，故六二乘剛，雖正而難解。蹇難既解，剛柔分矣。初六剛柔之際，以柔自處而下剛，剛而能柔者也，雖未正而无咎，得其宜也，得宜之謂義。辭寡如此者，吉辭也。

九二，田獲三狐，得黄矢，貞吉。象曰：九二貞吉，得中道也。

二爲田，自三至上有師象。四艮、坎爲狐，狐善疑惑，春秋傳卜徒父謂狐爲蠱，蠱

〔一〕「維」，原作「興」，據汲古閣本、通志堂本、四庫本改。

亦惑也。自二至四，三爻不正，皆具坎、艮而近五，小人惑其上者也。二坎爲弓，三離爲矢，三動以正，弓動矢發，二剛上行，歷三爻而坎毁，「田獲三狐」也。二動離爲坤，黄，地道之美，坤之中色，「得黄矢」也。正則吉，故曰「九二貞吉」。九二剛中，爲五所任，六五柔得尊位，於剛斷及明有不足，難解之時，小人乘之而惑其君，則難復結矣。小人不可不去也，小人去則直道行而得中矣。易傳曰：「群邪不去，君心一入，則中直之道无由行矣，桓敬之不去武三思是也。」

六三，負且乘，致寇至，貞吝。象曰：「負且乘」，亦可醜也。自我致戎，又誰咎也。

六三上負四，下乘二，坎爲輪。六爲小人，故曰「負」也者，小人之事；九爲君子，故曰「乘」也者，君子之器。四坎爲盜，故曰小人而乘君子之器，盜斯奪之矣。三正則乘象毁，不正則盜斯奪之，故「貞吝」。車服所以昭庸，宜負而反乘，亦可醜也，陰爲醜。辭曰盜，象曰「戎」，盜用衆，戎也。致戎者以不正，「自我致戎」，又誰咎哉？難解之時，小人竊位則「寇至」矣。六三一爻當内卦之上，三公之位，小人而在高位，自二言之，與四、五爲「狐」，自三言之爲「負乘」，自上六言之爲「隼」。

九四，解而拇，朋至斯孚。象曰：「解而拇」，未當位也。

四震爲足，初在下體之下，動而應足，「拇」之象。九四，陽也，陽與陽爲朋，劉牧曰「朋謂二」。四當大臣之位，下與初六小人相應，則九二君子與我朋類者不信而去。蓋觀近臣以其所主也，故解其拇則九二自至，「斯孚」於五矣。四陽處陰，於正疑不足，復比小人，則與君子之誠有不至也，其能爲五得君子乎？故拇不解則小人進，小人進則君子去而難作。

六五，君子維有解，吉，有孚于小人。象曰：君子有解，小人退也。

難生之初，剛柔交錯，小人道勝，君子合内外之力以濟其難，非以勝小人也，如理亂繩，維有解其結而已。九自二之五成巽，巽爲繩，故曰「君子維有解，吉」，正故吉也。解之者，使剛者在上，柔者在下，不唯君子安之以信于小人，小人退而不疑，是以險去難解，物莫之傷，六五之吉，孰大於是？六下之二，與九相應者，「孚」也。二之下，小人退也，故辭曰「有孚于小人」，象曰「小人退也」。譬之有疾，本於陰陽揉錯，善醫者導之，各復其所，釋然解矣，不善治者，又從而紛亂之。解天下之大難者亦然，陽爲君子，陰爲小人，故二以物言之爲狐，以陽言之爲君子，五，君位也，以陰言之又爲小人之在上者，唯其時、物也。

上六，公用射隼于高墉之上，獲之。无不利。象曰：「公用射隼」，以解悖也。

三，公位。坤土坎險，積土，當内外之際，「墉」也。坎爲弓，離爲矢，上動之三，弓動矢發。巽爲高，離、兑爲隼，六三之上，「公用射隼于高墉之上，獲之」也。六三，小人之鷙害者，當解之，終離乎内而未去，解道已成，悖而未去，其害堅强矣。上六在上，動不失時，以解悖亂。六三變則悖解，悖解則天下之難解。「无不利」者，「動而不括」也。

䷨兑下艮上

損，有孚，元吉无咎，可貞，利有攸往。曷之用，二簋可用享。

象曰：損，損下益上，其道上行。損而「有孚，元吉无咎，可貞，利有攸往。曷之用，二簋可用享」。二簋應有時，損剛益柔有時。損益盈虚，與時偕行。

泰變也，損九三以益上六也。益上矣而謂之損，上以下[一]爲基，譬之築墉，損其

〔一〕「下」，原作「益」，據汲古閣本、通志堂本、四庫本改。

基以增上之高則危矣，非益也，故曰「損」。「損下益上」者，以其下事上之道行乎上也，故曰「損下益上，其道上行」。此以三、上二爻言損也。

損六爻皆應，「有孚」也。凡損之道，損抑其過，以就理義，則誠也，誠則上下内外无不信，乃可損，以人情莫不欲損也。泰九三，正也，其始損之以天下之正理，非私心有所好惡而損之也，故「元吉」。「元吉」則於理義爲「无咎」，始出於正也。上九宜有咎，然而无咎者，損之以正，是以无咎。自古有損之太過而人情不安，或損之不及不足以爲損，暫行復止，人不與之，其始不正，其終安得无咎？故曰「元吉无咎」。損之本出於正，雖抑損其過，而正理不動，則可堅守其正，勿失之矣。上九不正，動則正，正則何所往而不利？故曰「可貞，利有攸往」。此再以泰九三往上言處損之道也。

損之爲用，不可常也。往而不已，將何之乎？之，往也。故曰「曷之用」。此因上九之往以設問也。兑爲口，有問之意。損、益相爲用也。損、益二卦皆有簋象，坤爲腹，爲方，震爲足，艮爲鼻，震、巽爲木，木爲方器，有腹，有足，有鼻，「簋」也。以損、益「二簋」論之，四時之享，春祠夏禴，品物少時也，其簋不可不損，秋嘗冬烝，品物多時也，其簋不可不益。或損之，或益之，所應之時有不同，可用之以享鬼神則一也。上爲宗廟，艮爲門闕，爲手，震爲長子，升自門闕而薦之，「享」也。然則「二簋可用享」者，特未定也，時焉而已矣，則損焉，可往而不反哉？故曰「損剛益柔有時」。泰者陽息而盈，否者陰消而虚，盈則損之，虚則益之，一損一益，循環无窮，則「二簋可用享」，豈不信乎？三代之王所損益可知矣。可損而損，不爲不足，可益而益，不爲有餘，因時而行，當理而止，故曰「消息盈虚，與時偕行」。此反復二卦以明損、益之用也。

在卦氣爲處暑，故太玄準之以減。

象曰：山下有澤，損，君子以懲忿窒慾。

「山下有澤」，則山日以削，澤日以壅，有抑損之意。君子觀山之削也則「懲忿」，觀澤之壅也則「窒慾」。艮，止也，震雷，怒也，「懲忿」也。兑，説也。坤爲土，震爲足，土窒塞之，「窒慾」也。忿不懲則凌物，慾不窒則溺人，懲之然後平，窒之然後清，君子之所可損，唯此二者。

初九，已事遄往，无咎，酌損之。象曰：「已事遄往」，尚合志也。

四體艮，止也。「已事」者，止其事也。初九兑決，往四成離，飛鳥決起之象。「遄」，疾之意。九居四，宜有咎，「已事遄往」，故无咎。四坎水、艮手，「酌損之」也。

「志」者，動於中也。事有當損，於其初以剛正決斷止之，「遄往」乃「无咎」，如救焚拯溺可也，躊躇不往則事已成而不可損，於損爲有咎。損宜斟酌，可損損之，過則非四所堪，不及則損之无益，尚合乎六四之志而已。蓋事有當損，彼或不損而至於敗，敗豈其志哉？「已事遄往」，如魯人欲以璠璵葬夫子，歷階而止之是已。

九二，利貞，征凶，弗損益之。象曰：九二利貞，中以爲志也。

九二剛中而説，動則損剛爲柔。六五，柔也，二動以柔説應之，枉道干時，徒自失己，不能益也。无益則容悦致凶，曰「征凶」者，動而上行，以柔爲正也。若五來下二，二往應之，弗損己之剛，而五自益矣，能益其上，故曰「弗損益之」。然則九二「利貞」者，非謂動而以柔爲正也，以中爲志，守之用剛，待上之求者也，故曰以中志也。易傳曰：「失其剛正而用柔説，適足損之矣。世之人，愚者雖无邪心，唯知竭力順上爲忠，不知『弗損益之』之義也。」

六三，三人行則損一人，一人行則得其友。象曰：「一人行」，三則疑也。

損自泰變，三陽並進，「三人行」也。九三一爻損而之上，「三人行則損一人」也。九三上行，則上六下居三，剛柔偶合，「一人行則得其友」也。三爻即上爻也，故謂之

「友」。太玄曰「二與七共朋，三與八成友」，二、七均火也，三、八均木也，猶三即上也。萬物之理，无有獨立而无友者，有一則有兩，得配也，有兩則有一，致一也。有兩者，益也；有一者，損也。兩則變，一則化，是謂天地生生之本，非致一其能生乎？三陽三進成巽，巽爲不果，疑也，故曰「一人行，三則疑也」。

六四，損其疾，使遄有喜，无咎。象曰：「損其疾」，亦可喜也。

六四下從初九，初九以剛益柔，九、六離位而六四之疾見矣。及其既益，各復其所，在六四爲「損其疾」，在初九爲「遄有喜」。「遄」者，離爲飛鳥，疾之象也。蓋君子見人之不善若在己也。初九以剛益柔，六四亟損其柔以受初之益，初九豈不「遄有喜」乎？使初九「遄有喜」者，六四也。然六四亟損其不善，過咎未深而害已去，亦安得不自喜乎？子路聞過則喜是也。或曰：九二損剛，故戒以「征凶」，初九益四，非損剛乎？曰：六四下初九，初九往益以剛，非損初九之剛也，益人而不失己，故不戒也。

六五，或益之，十朋之龜弗克違，元吉。象曰：六五元吉，自上祐也。

六五得尊位而虚中，上九以剛自上益五，五忘其尊，虚中而納之，受益者也。五受益，則天下之善皆願益之。「或益之」，言益之者不一也。天地、鬼神、人道，以謙爲貴。五受益，自天祐之，獲「元吉」，復何疑哉？上九益五，正也，故吉。「元吉」者，吉之至善，始終吉也，上九自泰九三變，始吉也，上九變五，終吉也，故曰「元吉」。五有伏兑，兑爲右，「自上祐」也。泰一變歸妹，二變節，皆有坎、離，「龜」象。三變損，坤數十，四陰爲朋，「十朋」也。崔憬曰：「元龜直二十大貝，雙貝曰朋。」蓋古者三人占則從二人之言，未有用龜至於十朋者，崔説是也。三應上，四應初，五應二，「十朋之龜弗克違」也。

上九，弗損益之，无咎，貞吉，利有攸往，得臣无家。象曰：「弗損益之」，大得志也。

上九損之極，乃有「弗損」。弗損於下，反以益三，故曰「弗損益之」。上九如此，何咎於損？故「无咎」。九在上，宜有咎也。夫益下必以正理，正理者，天理也，益之以天理，則取之愈有，用之不竭，人各自得於分量之内，故正吉。「利有攸往」者，六三往也。坤爲臣，二大夫位，爲家，上九反三則六不比于二，故「得臣无家」，其益豈有窮哉？又易外以内爲家，四以初，五以二，上以三，外本於内也，故虞仲翔解鼎九二曰「二據四家，言四以初爲家也」。言上九益下則得人心之服從者，无有遠近内外之限，非適一家。以六三之上，則内外皆應，五之所得不止於二也。「弗損益之」，其效至於「得臣无家」，則上九之志大有得也，无求於人益我也，而人自益之，上九益人之志豈不大有得乎？

䷩震下巽上

益，利有攸往，利涉大川。

彖曰：益，損上益下，民説无疆。自上下下，其道大光。「利有攸往」，中正有慶。「利涉大川」，木道乃行。益動而巽，日進无疆。天施地生，其益无方。凡益之道，與時偕行。

益，否之變，損之反也。損上之九四益下之初六，「損上益下」也。益之巽乃損之兑，坤爲衆，民也，損上益下，得民之心，是以「民説」。「无疆」者，乾上九益坤初也，天无疆，地與天合德，乃无疆，无疆則民説，无彼此之限，故曰「損上益下，民説无疆」。此以初九言益之道也。

否自上而下，一變漸，二變涣，三變益。漸、涣皆有坎離日月象，以上之貴能下其下，則益道光明，文、武之下下是也。夫損者將以爲益也，損下益上，其道上行〔一〕，至於「自上下下」，其道乃大光明矣，故曰「自上下下，其道大光」。此再以初九推原其變而言益也。

九五本損之九二，反而上往，得尊位，以中正觀天下，六二復以中正應之，君臣上下以中正益天下，天下受其益，是爲九五一人之慶，則益之道何往而不利哉？故曰「利有攸往，中正有慶」。此以損之九二往五而言益也。

益道之行，「自上下下」，爲漸、爲涣，皆有涉坎之象。巽爲木，坎爲大川，木在坎上，乘舟之象。上益其下，百姓親附，樂爲之用，入可以守，出可以戰，如子弟之衛父兄，孰不致其死力以犯大難哉？故曰「利涉大川，木道乃行」。此復以初九之變兼上、五二爻言益也。凡「利涉大川」言木者三，益也，涣也，中孚也，皆巽、坎也，涣曰「乘木有功」，中孚曰「乘木舟虚」。

動者，震也。巽者，巽也。「无疆」者，乾合坤也。否變漸有離日，變涣、變益，日

〔一〕「行」，原作「往」，底本爲配補，據通志堂本、四庫本改。

進而上行，益動而巽於理，則日進而「无疆」，如寒暑之不停，晝夜之有經，日益一日，莫之能禦。以動而巽也，故曰「益動而巽，其益无疆」。此合震、巽二體兼初九之變而言益也。

天地之益物者，以動而巽也。天施一陽於地，地得之以生萬物。自坎至艮，自艮至震，其益至盈乎天地之間，豈有方所分量哉？益人者動而巽，於理亦然，輔其自然，各足其分，「无方」也，坤爲方，乾變之爲「无方」，繫辭曰「益長裕而不設」是也，故曰「天施地生，其益无方」。此因乾降坤升以言益也。

天地之大，損益有時。益極則損，損極則益，其道與天地並，是以能「无疆」，故曰「凡益之道，與時偕行」。此再以損、益二卦終言乎益之時也。

在卦氣爲立春，故太玄準之以增。

象曰：風雷益，君子以見善則遷，有過則改。

風行雷動，相薄有聲，不知風之爲雷歟，雷之爲風歟？風雷相益也。君子見人之善則遷之，己有過則改之，忘乎己與人也，相益而已。益自否來，九四不正，之初而正。一變成離，離爲目，「見善則遷」也。初六不正，過也，初往之四得正，「有過則改」

也。不遷善則无改過，遷善者以改過爲益。

初九，利用爲大作，元吉无咎。象曰：「元吉无咎」，下不厚事也。

陽爲大，震爲作。益之初，利用有爲而「大作」，「大作」者，作大事以益天下也。事大且善，獲「元吉」則動而「无咎」。初九正，得乾之始，「元吉」也。坤，厚也，巽爲事，震有伏巽，動則坤見震、巽毀，下不可厚事也。先王用民之力，歲不過三日，唯田與追胥竭作，其不可厚事如此，「爲大作」也，非「元吉」則安得「无咎」？

六二，或益之，十朋之龜弗克違，永貞吉。王用享于帝，吉。象曰：「或益之」，自外來也。

益，損之反，益之六二即損之六五，故其象同。夫子曰「辭也者，各指其所之」，然異於損者，六二，受益者也，虛中退託，又順其鞠矣。五自外來而益之，「或益之」者，益之者不一，天下之善皆歸之也。天地鬼神，人道貴謙，得人如此，故「十朋之龜弗克違」。受益者當守而不變，愈久而不厭，則來益者无窮矣，故「永貞吉」，言六二之虛中不可動也。乾五爲王，乾五兼上九爲巽，巽爲工。「帝」者，天之工宰，故又爲上帝象。五自外來，益二成兑，有殺牛于宫象，及復於五，有升自門闕「享于帝」之象。六二受益不已，獲天人之助，王者用此爻以享于上帝，吉也，況六二乎？

六三，益之用凶事，无咎，有孚中行，告公用圭。象曰：益用凶事，固有之也。

易以正爲吉，不正爲凶。六居三不正，上巽來益三，巽爲事，「益之用凶事」也。三震動之極，爲決躁，巽其究爲躁，果於益民者也。用之於凶事乃无咎，以位不當故也。「凶事」者，患難囏阸，非常之事，唯此乃當奮身不顧，如救焚拯溺，果於益可也。然非有誠心愛民，見信於上，中道而行，亦不可。三，公位，上乾不變爲玉，震東方之卦，交乾爲「圭」，「圭」，象春生者也。三公以中道上行，見乎于上，故聘之用圭，以達其誠。及其既孚，上九反三，復以誠信與之，用圭之禮，卒事則反之。「告」者，上告下也。伏兑爲口，「告公用圭」也。夫益用凶事，唯「有孚中行」，上、三交孚，至於「告公用圭」，乃能固有其孚。不然，公雖人臣之尊位也，爲善專輒有拊傴其民之嫌，雖益猶有咎。季路爲蒲宰，脩溝洫不白於君，以簞食壺漿與民〔一〕，而夫子止之者，亦此類也。易傳曰：「禮大夫執圭而使，所以申信也，凡祭祀、朝聘，皆以達誠而已。」

〔一〕「民」，原脱，據汲古閣本、通志堂本、四庫本補。

六四，中行，告公從，利用爲依遷國。象曰：「告公從」，以益志也。

三、四中位，六四當位以益下，四之初，其中下行，故曰「中行」，益人者以中道行也。三，公位，初九應四，有伏兑，兑口，「告公」也。兑口坤順，允從之象，故曰「告公」。雖益人以中道，「告公」而不從亦不可行。四，諸侯位，坤爲國，四之初，「遷國」也。依六三公位而後遷，故曰「依遷國」。苟利於吾，力不足則依之以遷國可也，衛文公依齊桓〔一〕公而遷楚丘是也。六四告公而從，能遷其國者，以益民爲志，公信之也。志，動於中者也。遷，大事也，傳曰「吾不能定遷事」，有當遷而益者，以遷爲中，不可憚也。然非以益民爲志，雖有强國亦不可依之以遷，遷則不利，許子是也。易傳曰：「自古國邑，民不安其居則遷，遷國者，順下而動也。」

九五，有孚惠心，勿問元吉，有孚惠我德。象曰：「有孚惠心」，勿問之矣。「惠我德」，大得志也。

六二應九五，「有孚」也。中者，心之象。惠者，順人心而益之。五有惠心，二信

〔一〕「桓」，原脱，據汲古閣本、通志堂本、四庫本補。

之，益人以誠也。五之二成兑，兑口，問也，問而後惠，惠亦狹矣，勿問則吉之至善，故「勿問元吉」，不失其始之吉也。五不之二而守中正，兑象隱，勿問之吉也，故曰「有孚惠心，勿問之矣」。六二中正，孚于五者，惠我中正之德也。九五勿問，六二自順我德，而中正之德自益以誠，不費之惠也，是以九五不動而「大得志」。易傳曰：「人君至誠於益天下，則天下孰不以誠懷吾德而爲惠哉？」

上九，莫益之，或擊之，立心勿恒，凶。象曰：「莫益之」，偏辭也。「或擊之」，自外來也。

上九益之極，有不益者矣。上當益三而「莫益之」，上、三相益，有雷風相與之象，「恒」也。巽股，「立」也。三中爲心，上九「莫益之」，持其心不以相益爲恒，如是則凶矣。人道彼我相益而後安，「莫益之」，有我而已，一偏之辭，不知道之大全也。三往乘之，艮手上擊，九隕于下，雖欲益之，晚矣，何以知？「或擊之」，九自外來也，傷於外者必反於内，人之情也，上九安能有我而忘彼哉？

周易下經咸傳第四

周易下經夬傳第五

翰林學士左朝奉大夫知制誥兼侍讀兼資善堂翊善
長林縣開國男食邑三伯户賜紫金魚袋朱震集傳

䷪乾下兑上

夬，揚于王庭，孚號有厲。告自邑，不利即戎，利有攸往。

彖曰：夬，決也，剛決柔也。健而説，決而和。「揚于王庭」，柔乘五剛也。「孚號有厲」，其危乃光也。「告自邑，不利即戎」，所尚乃窮也。「利有攸往」，剛長乃終也。

五陽長於下，一陰消於上，五陽合力而決一陰，故曰「夬，決也，剛決柔也」。此以五剛言夬之時也。

健者，乾也。決而和説者，兑也。健而説諸理，決而不失其和，非亢暴忿疾以力勝之，決之至善者也。古之人退人以禮，其用刑至於殺之而不怨，所以異於刑名家也。彼嚴而少恩，敢於殺以失人之情，豈知健決有和説之義，故曰「健而説，決而和」。此合二體言夬之才也。

五，王位，伏艮爲庭〔一〕。「王庭」者，孤卿大夫、諸侯、三公、群士、群吏之位，大詢于衆之地。五得尊位，體兑，兑爲口。訟言於王庭，與衆君子共去之而无忌，以上六小人得位，一柔乘五剛，則其害未易去也，故曰「揚于王庭」，一柔而乘五剛也。此以九五言處夬之道也。或曰：何以知艮爲庭？曰：艮「行于庭」。春秋左氏傳周史有以周易見陳侯者，陳侯使筮之，遇觀之否，曰「庭實旅百」，杜氏曰「艮爲門庭」。

上六下與九三相應，成巽、離。巽爲「號」，巽風者，天之號令，故號令也、號呼也、命也，皆取巽象。相應，「孚」也。「揚于王庭」，發大號以信于下，使知危者安，其位不可易也。一柔乘五剛而未去，有危之道。「厲」者，危也，其危猶曰其亡。則決小人之道光矣，離爲光。所謂「與衆棄之」，舜去四凶而天下服是已，若隱其誅，如唐去李輔

〔一〕「庭」，原作「廷」，據汲古閣本、通志堂本、四庫本改。

國，則不光矣，故曰「孚號有厲，其危乃光也」。此以上六應九三言處夬之道也。

夬自姤變，一變同人，二變履，三變小畜，四變大有，五變夬。姤巽爲命，同人二坤爲邑，履兑爲口，「告邑」也，于小畜、大有皆有告命之象。「告自邑」者，告戒自我私邑，言自治也。君子將治小人，必先自治，自治則以我之善去彼不善，小人所以服也。傳曰「无瑕者乃能戮人」，舜修文德，文王無畔援、歆羨，自治也，故曰「告自邑」。戎，戈兵也，離之象。自同人之離五變，離成兑，兑爲刑殺，而近君，「不利即戎」也。決小人不能「揚于王庭」，孚大號于下，藉戎兵以清君側，猶鑿木去蠹，熏社逐鼠，豈夬之尚哉？所貴其夬者，謂其乘時去害，動而不窮也。交兵幸一日之勝則窮矣，自古用兵去小人，如漢、唐之季，召外兵以去近習，其禍至於覆宗，聖人之戒不其深乎？故曰「不利即戎，所尚乃窮也」。此二者推原卦變以言夬之所當戒也。

君子之道，有始必有終。夬始於復，其剛浸長。一柔尚存，君子之道有未盡也，剛長成乾，其道乃終，不能終則必有悔。彦範之不〔一〕誅武三思，卒爲世患，剛長不終

〔一〕「不」，原漫漶似「下」，據汲古閣本、通志堂本、四庫本改。

也，故曰「利有攸往，剛長乃終也」。此復以五剛終言處夬之道也。

在卦氣爲三月，故太玄準之以斷、毅。

象曰：澤上於天，夬，君子以施禄及下，居德則忌。

雨澤上於天，其勢不居，必決而下流。君子體夬之象，故施禄澤以及下。兑爲口食，下應三，有「施禄及下」之象。古者上有大澤，則民夫〔一〕人待于下流，知惠之必將至也。君子之於德也，寬以居之，然後仁以行之，若決而散，則不可以畜矣。故以此施禄則可，以此居德則忌。上六居位而安，有伏艮，「居德」象也。

初九，壯于前趾，往不勝爲咎。象曰：不勝而往，咎也。

大壯震爲足，初九在下體之下，應足之動，「趾」也。夬自大壯積之，在大壯時，四剛已壯，長而至於五剛，則初九壯于前，大壯之趾也。大壯所以征凶者，初九无應，不可動而先動也。今震足毀折，又无應，動而往不正，不正不足以勝九四，恃其剛壯，不計彼之不可勝而往決之，過也，不正故有咎。不曰凶者，陰將盡也。易傳曰：「凡行而

〔一〕汲古閣本無「夫」字。

有咎者，皆決之過。」

九二，惕號莫夜，有戎勿恤。象曰：「有戎勿恤」，得中道也。

二動成離目，巽爲多白眼，惕懼之象，巽風爲號，應兑口爲號呼，故曰「惕號」。離日在西之下，「莫」也，巽爲入，日入于地，「莫夜」也。離爲戈兵，「戎」也。坎爲憂，離見坎伏，「勿恤」也。一爻又具此三者，故曰「有戎勿恤」。九二，剛長欲極之時，處中體柔，不爲過剛，中動而正，可以決小人矣，而猶不忘乎戒懼求應，自處之至善者也。小人知將亡其徒，必乘人之疑以相恐動。夫暮至於夜，陰氣將盡，陽氣欲生，雖有戎兵，窮寇也，勿憂可也。我得中道，行之以正，雖千萬人往矣，何恤乎小人？況窮寇乎？

九三，壯于頄，有凶。君子夬夬，獨行遇雨，若濡有慍，无咎。象曰：「君子夬夬」，終无咎也。

易傳曰：「爻辭差錯。當云『壯于頄，有凶。獨行遇雨，君子夬夬，若濡有慍〔一〕，

〔一〕「慍」，原作「惕」，據汲古閣本、通志堂本、四庫本改。

无咎』。」以象考之，傳爲是。三，健之極，與上六小人相應。乾爲首，兑見於外，爲頬，九三往應之，頬柔而增剛，「壯于頄」。「頄」，頬間骨，鄭氏本作「頯」。衆陽決小人而已，違衆應之，有凶之道，不正也。四爻不應，三獨上行而遇之，兑澤下流，「遇雨」也，言説小人而與之和也，兑，和説也。君子當此，則棄去情累，外決小人而絶之，内自健決決之，又〔一〕決以上六，兑三動復成兑，「夬夬」也。乾爲衣，坤爲裳，而遇兑澤，霑濡也。巽多白眼，上視而不悦，「慍」也。若惡小人之浼己，如遇雨霑濡其衣，又疾視之，有慍怒則无咎，故曰「終无咎也」。或曰：君子亦有慍乎？曰：「君子如怒，亂庶遄沮」，當怒而怒也。

九四，臀无膚，其行次且，牽羊悔亡，聞言不信。象曰：「其行次且」，位不當也。「聞言不信」，聰不明也。

一陰在上，衆陽爭趨之。九四居上卦之後，動有伏艮，爲臀，艮柔爲膚，三陽自下侵之，不足於柔也，故「臀无膚」，「无膚」則不可以處矣。四本大壯震，震爲足，欲前而

〔一〕「又」，原作「父」，疑描補致誤，據汲古閣本、通志堂本、四庫本改。

九五礙之，又柔而少決，則却而不前，故「其行次且」。「次且」，不可前矣，處則乘剛，行則不前，以九處四也，故曰「其行次且，位不當也」。然則爲九四者如何？避位居初，讓三陽使先行，斯可无悔矣。四動成兑，兑爲羊，羊性很，牽挽則抵觸不行，却行而使之先則行。張載曰「牽羊者，讓而先之」，如是悔亡，正故也。雖有是言也，九四未必聞其言而信之，不足於剛決也。兑爲口，坎耳受之，「信」也。九四動乃有坎耳、離目，聰明之象，不動則耳塞目毀，「聰不明」矣，兑口雖告，莫之聽焉，故曰「聞言不信，聰不明也」。

九五，莧陸夬夬，中行无咎。象曰：「中行无咎」，中未光也。

大壯震爲蕃鮮，兑爲澤。「莧」，蕢，澤草也，葉柔根小，堅且赤，乾爲大赤，上六之象。「陸」，商〔一〕陸，亦澤草也，葉大而柔，根猥大而深，有赤、白二種，五動震爲蕃鮮，伏巽爲白，商陸也。「莧陸」，小人之近君者。莧柔脆根淺，易決，商陸根大而深，爲難決。九五得尊位大中，爲決之主，當五陽並進，決小人之時，而反比之，中道「未光」

〔一〕「商」，原作「商」，據汲古閣本、通志堂本、四庫本改。

也。五兑乾健，決也，動而往決上六，復成兑，故曰「夬夬」。決之又決，震巽象毁成離，則莧與陸去而中道光矣。離爲光，動則不正，宜若有咎，然夬之時，剛長乃有終，動而往決，而後中道行。張載曰：「陽比於陰，不能无累，故必正其行然後无咎。」易傳曰：「五心有比，於中道未得爲光也，蓋人心有所欲則離道矣，此示人之意深矣。」

上六，无號終有凶。象曰：无號之凶，終不可長也。

上六之三成巽，巽爲號。上六小人，知非而去，有號呼求免之象。陽長陰消之時，安其位而不去，无自悔之實，陽長則陰失位，終必有凶。巽爲長，安位巽毁，終不可長也。聖人明此，開小人自悔之路。

䷫巽下乾上

姤，女壯，勿用取女。

象曰：姤，遇也，柔遇剛也。「勿用取女」，不可與長也。天地相遇，品物咸章也。剛遇中正，天下大行也。姤之時義大矣哉。

姤，遇也，柔出而遇剛，若邂逅然，故曰「姤，遇也，柔遇剛也」。此以一柔遇五剛言姤之義也。

女德柔順而剛健，女壯也，故曰「女壯」。陰息剥陽，以柔變剛，女壯男弱，不可與久處，故曰「勿用取女，不可與長也」。詩以蛇虺爲女子之祥，熊羆爲男子之祥，剛柔反易，必有女禍。此以初六言姤之戒也。

陽生於子，至巳成乾，巳者，巽也，轉而至午，陽極陰生，午者，離也。荀爽曰「坤出於離，與乾相遇」，故萬物皆相見。相見也，咸章也，皆謂出於離也。萬物别而言之曰「品物」，「品物咸章」，則相見者著矣，故曰「天地相遇，品物咸章」。此再以初六言姤之時也。

姤，五月卦也，太玄準之以遇。

易於復言「七日來復」，冬至也，於姤言「品物咸章」，夏至也。舉二至則律曆見矣。九二剛中，臣也；九五剛中而正，君也。姤比遯爲有臣，比剥爲有君，以剛中之臣遇中正之君，有其位，有其時，君臣相遇，亦猶天地之相遇，故曰「剛遇中正」。姤者夬之反，夬一陰自上而下五變成姤。乾爲天，天下行也。君臣相遇，道行乎天下，故曰「剛遇中正，天下大行也」。此以二、五兩爻卦之反復言姤之用也。

天地也，君臣也，非其時也亦莫之遇，莫之遇則天地閉，賢人隱，萬物幾乎息矣，故曰「姤之時義大矣哉」。

象曰：天下有風，姤。后以施命誥四方。

「天下有風」，乃與萬物相遇。后以施命誥詔四方，君與萬民相遇之道也。風者，天之號令，以時而動。明庶，東也；景風，南也；閶闔，西也；廣莫，北也。周流天下，无所不徧，故后體之。陰陽家有風律之占，源於此。姤自夬變離，離有伏坎，變兑有伏震，「四方」也。巽爲命，自上而下，兑爲口，「施命誥四方」之象。易傳曰：「諸象或稱先王，或稱后，或稱君子、大人。先王者，先王立法制，建國、作樂、省方、敕法、閉關、育物、享帝是也。后者，後王之所爲，裁成天地之道，施命誥四方是也。君子則上下之通稱。大人者，王公之通稱。」

初六，繫于金柅，貞吉。有攸往，見凶。羸豕孚蹢躅。象曰：「繫于金柅」，柔道牽也。

姤初六，五月，離卦之一陰也。離巽之柔爲絲，乾變爲金，堅重也，「柅」，絡絲趺也，許慎作「檷」，謂九二也。初六陰柔不正，與九二相遇，如絲紛然，繫之以堅重之器，乃可經理，故曰「繫于金柅」。初六變而正則吉，人亦何常？君子、小人，在正不正之間耳，故初六繫于金柅，貞則吉，勉初六也。初、二相易成離目，見也，陰有攸往，九二降初，剥剛而進，凶也。凶，戒九二也，言初陰辯之不〔一〕早，必見凶害。乾初爻甲子，子，坎位，爲豕，初九變六，陽變陰，「羸豕」也。「羸豕」，牝豕也。伏震爲躁，巽爲股，爲進退，初陰應四，孚也。牝豕感陽志欲往，前爲二所制，進退蹢躅而躁動不安，其意未始不在於陽。九二可不「繫于金柅」乎？「繫于金柅」，則柔道有所牽矣。易言「牽」者，皆艮、巽之動，艮，手也，巽，股也，手挽之而股動。夫君子、小人相爲消長，雖初陰，其心未嘗一日不欲害君子。一陰雖弱，方來也，五陽雖强，既往也，其可忽諸？自古禍亂或始於牀第之近、給使之賤、夷裔荒服之遠，易而忽之，馴致大亂，反求其故，必本於剛正不足，若柔道有牽，君子、小人各當其分，禍亂何由而作？或曰：巽離爲絲，何也？曰：巽爲木、爲風，巽變離，木中含火，火生風，風化蟲，蠶爲龍馬之精，龍大火，馬火畜，蠶以火出而浴，畜馬者禁原蠶。故太玄以火爲絲，賈逵以離爲絲。郭

〔一〕「不」，原漫漶似「下」，據汲古閣本、通志堂本、四庫本改。

璞曰：「巽爲風，蠱屬龍馬，絲出中。」

九二，包有魚，无咎，不利賓。象曰：「包有魚」，義不及賓也。

魚謂初也。初六易四成兑爲澤，巽于澤下者，魚也，民之象。初者，二、四之所欲，初本應四，九二據之，宜有咎。然陰出遇陽，二〔一〕近而包有之，於遇道爲得，故「无咎」。若二不能包，四又遠民，初將散亂而不可制矣。「賓」謂四也，四在外，動而易初，初成乾，西北方，賓之位，二體巽，東南方，主人位，初六之民爲二所有，非九四之利，而九四所不能包者，遠於民也。一民不可有二君，亦義之所不及也。古者有分土无分民，得道則歸往，失道則携持而去，无遠近内外之間，顧遇民之道如何耳，此二所以无咎。易傳曰：「遇道當一，二則離矣，故義不可及賓也。」

九三，臀无膚，其行次且，厲无大咎。象曰：「其行次且」，行未牽也。

姤者夬之反，姤之九二即夬之九四，故二爻同象。艮在下體之上，爲臀，其柔，膚也。二不動而侵三，艮成巽，柔不足也，故「臀无膚」，「臀无膚」則不能處矣。陰陽之

〔一〕「二」，原作「一」，據汲古閣本、通志堂本、四庫本改。

情必求相遇，初陰在下，亦三陽〔一〕之所欲遇者也。二比於初，已包有之，三非義求遇，亦何所得哉？亦必有咎，而遇情未忘，故「其行次且」。「次且」者，且進且退，不能遽行。巽究爲躁，爲進退故也，處則爲二所侵，行則有求而不去，可謂危厲。然九三剛正處巽，知義不可而舍之，初陰不能牽其後，故「无大咎」。「牽」者，手挽股動。初爲二所制，艮隱巽見，故曰柔未牽也。不曰凶者，初非三之所宜有，四失初則凶矣。

九四，包无魚，起凶。象曰：无魚之凶，遠民也。

二有其魚，四失所遇，失其民也。「起」，動也，動成離，戈兵之象。三動初愈不應，故「起凶」。「无魚之凶」，以九四不中正，自遠其民，故九二得以中近之。民无常心，撫我則后，此九四所以凶歟。易傳曰：「遇之道，君臣、民主、夫婦、朋友皆在焉。四以下睽，故主民而言也。」

九五，以杞包瓜，含章，有隕自天。象曰：九五含章，中正也。「有隕自天」，志不舍命也。

〔一〕「陽」，原作「陰」，據通志堂本、四庫本改。

二巽，木也，變乾爲大木。此爻自兑變巽，兑爲澤，澤木而大，「杞」也。杞似樗，葉大而蔭，張載曰「杞，周於下者也」。艮在草爲蓏，蓏，瓜屬，艮爲巽，「包瓜」也。瓜譬則民，瓜雖可欲，而潰必自内始。九五當陰長之時，含章不耀，中正在上，遇九二之賢而用之，以剛中守道，防民之潰，故曰「以杞包瓜」。九五動則成離，離爲文章，不動，含章而中正，唯含章不耀，中正自處，是以能用九二以盡其才，故辭曰「含章」，象曰「九五含章，中正也」。一陰浸長，陽爻消剥者，天也。九五含章，用九二以防民之潰者，人也。盡人謀則有時而勝天，然或不勝，至於隕越者，亦天也。九五之志，知盡人謀而已，以謂天之所命，以祐下民者在我。有隕越者，自天隕之，吾終不舍天之命也，故曰「有隕自天」，象曰「志不舍命也」。二陽爲陰剥，五自乾而隕，「有隕自天」也。五隕於二，復成巽，巽爲命，「志不舍命也」。張載曰：「以杞包瓜，文王事紂之道也，厚下以防中潰，盡人謀而聽天命者歟。」

上九，姤其角，吝无咎。象曰：「姤其角」，上窮吝也。

上九姤之極，有弗遇焉。前剛，角也，姤道上窮，不動則不和，不和則无所遇，動則吝，是以窮也。易傳曰：「上九高亢而剛極，人誰與之？以此求遇，將安歸咎乎？」

䷬坤下兑上

萃，亨。王假有廟，利見大人，亨，利貞。用大牲吉，利有攸往。

彖曰：萃，聚也，順以説，剛中而應，故聚也。「王假有廟」，致孝享也。「利見大人，亨」，聚以正也。「用大牲吉，利有攸往」，順天命也。觀其所聚，而天地萬物之情可見矣。

坤順、兑説也。上順民心以説之，民亦順上以説其政令，上下皆「順以説」，上以是聚，下以是從。此合二體而言萃也。

九五剛得位，以剛中爲萃之主，下有六二柔中之臣應之，君臣聚會，以聚天下。此合二、五而言萃也。具是四者，然後能聚，不然，民不可得而聚矣，故曰「萃，聚也，順以説，剛中而應，故聚也」。

萃自臨來，小過三之五，艮爲門闕，巽爲高，上爲宗廟，四本震爻，長子也，三自門闕升高至宗廟，有長子奉祀之象。民之所聚，必建邦設都，宗廟爲先，宫室次之。王者萃天下之道，至於「有廟」，則萃道至矣。假，至也，謂五也。王格祖考，則諸侯大夫士各致其孝，報本反始，教民不忘其親。易傳曰：「萃合人心，總攝衆志之道非一，其至大莫過宗廟。」故曰：「王假有廟，致孝享也。」此以九五言萃之道也。

天下既聚，未見大人，其聚未必正。凡有血氣，必有争心，萃不以正，適所以致争奪，安得亨乎？九五示之以大人之德，六二以正而往聚之，則人倫正，民志定，物情相交而亨。九六聚成離，離目爲見，故曰「利見大人，亨，利貞，聚以正也」。此以九五、六二相易而言萃之道也。

聖人隨時而已。萃聚之世，物之所聚者大，故所用不可不大，「用大牲」則鬼神福之，禮以時爲大。坤爲牛，兑爲刑殺，殺牛以奉宗廟，「用大牲」也。物聚則力贍，動而有成，何往不利哉？謂三之五也。舉宗廟之理，則百禮无不洽矣。所謂隨時者，順天理而行，天理即「天命」也，巽爲命，故曰「用大牲吉，利有攸往，順天命也」。此以九三之五言萃之道也。

天地之氣，聚而有物，散而无形，散者必聚。鬼神耗荒，至幽也，而各享其類；萬物散殊，至衆也，而各從其類。故曰：「觀其所聚，而天地萬物之情可見矣。」此以小過九三萃於上、六五萃於下推廣萃之義也。

在卦氣爲八月，故太玄準之以聚。

象曰：澤上于地，萃，君子以除戎器，戒不虞〔一〕。

萃自小過變。「澤上於地」，萬物萃聚之時。虞翻謂三、四之正，小過、明夷變也。明夷離爲甲胄、戈兵，坎爲弓，變小過，巽爲繩、爲工，艮爲石，巽納辛，繕甲兵，脩弓矢，去弊惡而新之象也。小過變萃，聚所除之器也。明夷坎爲寇，兑爲口，上六既安之時，聚而相告，消寇於未形，「戒不虞」也。萃則多故，君子過爲之防，是以萃而无患，非用明於至微者不能也，故此象以三卦明之。原始要終，以遏禍亂。聖人之憂患後世，深矣乎。秦銷鋒鏑，唐銷兵，率至大亂，豈知戒不虞哉？

初六，有孚不終，乃亂乃萃，若號，一握爲笑。勿恤，往无咎。象曰：「乃亂乃萃」，其志亂也。

初六柔不中正，進則疑六三之間己，退不能專一以待應〔二〕。「乃亂」者，退而亂於

〔一〕「戎」、「戒」，原誤倒，據汲古閣本、通志堂本、四庫本乙正。

〔二〕「應」，原作「志」，疑描補致誤，據汲古閣本、通志堂本、四庫本改。

三陰之中。「乃萃」者，欲進而與四相萃也。其志惑亂不決，是以有孚不終，故曰「乃亂乃萃」，象曰「其志亂也」，初應四，巽爲進退故也。「若號」，謂四也，兑爲口，巽爲號，若四在上號召之，三陰不正，惡初之往合於四，「一握」其手，「笑」以喻意，微動之也。艮爲手，三往易四，一握手也。兑爲口、爲説，離喜説動而出聲，「笑」也。「爲笑」者，獻笑也。巽爲工，有造爲之象，故曰「一握爲笑」。萃聚之世，上下相求，以陰從陽，動而得正，何恤乎小人之笑而不往哉？往而相應，何咎之有？不則與小人爲徒，非萃之正也，故曰「勿恤，往无咎」。自古不知堅守其節，從應以動，捨君子之正義，畏小人之非笑，相率陷於非義，皆不知萃之道。

六二，引吉无咎，孚乃利用禴。象曰：「引吉无咎」，中未變也。

萃聚之時，初、三同體之陰皆萃於四，己於其間得位守中，不變其志，須五牽引之而後應，不急於萃者也。然陰從陽，静而待唱引而後往，其聚也有吉无咎矣。巽爲繩，艮手持繩，相應引也，故曰「引吉无咎」，象曰「引吉无咎，中未變也」。不變之中，有孚相應，孚者，萃之本，其誠素著，不假外飾。譬之祭也，精意承之，雖薄可以薦也。「禴」，夏祭，以聲爲主，祭之薄者。上六宗廟，六二與五相易，離爲夏，五本小過震，震爲聲，爲長子，有長子用禴祭之象，故曰「孚乃利用禴」。夫君臣以道相感，精迎誠致，不言而動。蛟潛于淵，陵卵〔一〕自化，至于既孚。二、五相易，「乃利用禴」矣。易傳曰：「萃之時，能自守不變，遠須正應，剛立者能之。二，陰柔之才，以其有中正之德，可〔二〕冀其未至於變耳，故象含其意以存戒也。」

六三，萃如嗟如，无攸利，往无咎，小吝。象曰：「往无咎」，上巽也。

六三履非其位，欲萃於四，四應初，欲萃於二，二應五，莫知所萃，故「萃如」。巽爲號，兑爲口，「嗟」也，故「嗟如」。上下不與，雖嗟之，无所利，故「无攸利」。上六无與，據高處危〔三〕，孤立求助，六三動而往則正，正則无咎，然三欲萃於四、二之間，故小吝。陰爲小，三往從上，上來應三成巽，巽則不亢，三宜往而萃也，小吝，過矣。

九四，大吉无咎。象曰：「大吉无咎」，位不當也。

九四上比於五，君臣聚也，下據三陰，民所聚也。然九四處位不當，疑於上下之

〔一〕「卵」，原作「卯」，據汲古閣本、通志堂本、四庫本改。

〔二〕「可」，汲古閣本、通志堂本、四庫本作「猶」。

〔三〕「危」，原作「厄」，據汲古閣本、通志堂本、四庫本改。

聚，理有未正。九四動則得正，上承於五，下納三陰，上下皆正，是謂「大吉」，大吉則无不當位之咎。陽爲大，大者吉也。易傳曰：「非理枉道而得君、得民者，蓋亦有焉，齊之陳常、魯之季氏是也。得爲大吉乎，得爲无咎乎？」

九五，萃有位无咎，匪孚。元永貞，悔亡。象曰：「萃有位」，志未光也。

九五得尊位，天下皆萃而歸之，於是觀其所孚可以知其志。而專於六二，係應至狹，所萃者有定位，得近遺遠，聚道不全，能无悔乎？纔足以自守免咎而已，於人君恢宏廣博、无所不萃之志，未爲光大，匪所謂孚也，故曰「萃有位无咎，匪孚」，象曰「萃有位，志未光也」。蓋初可萃四，二可萃五，三可萃上，獨五不可專萃於二，萃則陋矣。五萃二有坎、離，坎、離爲光，而曰「未光」者，於无所不萃之志未光也。九五剛中而正，當有君德而「永貞」，「元」者，善之長，大人體此，以仁覆天下。「永」，久也。「貞」，正也。體仁在上，久正而不變，唯九五不動而應二，乃具此三者，如是則无偏无黨，其悔乃亡。若五以萃二爲光，失是道矣，故曰「元永貞，悔亡」。横渠曰：「居得盛位，不能見大人之德。係應於二，故曰有位。」一本作「未光大也」，无「志」字。

上六，齎咨涕洟，无咎。象曰：「齎咨涕洟」，未安上也。

上六以柔乘剛，處上獨立，當萃之極，六三柔不正，不足以爲援。「齎」，持也。「咨」，歎息也。艮爲手，上、三相持歎息，憂其所宜憂也。上之三成巽，巽爲多白眼，艮爲鼻，兑澤下流，在目曰「涕」，在鼻曰「洟」，出「涕洟」也。然乘剛必危，處上獨立則无助，萃之極，以柔居之則不堪，兼是數者，其可久安上位乎？亦必至於求萃而之三，動而憂則无咎，故曰「齎咨涕洟，未安上也」。

䷭巽下坤上

升，元亨。用見大人，勿恤。南征吉。

彖曰：柔以時升。巽而順，剛中而應，是以大亨。「用見大人，勿恤」，有慶也。「南征吉」，志行也。

升者萃之反，柔在下者也。以時而升乎上，上巽乎下者，坤可升之時也，故曰「柔以時升」。此以坤體在上言升之時也。

卑巽在下而順乎理，剛中自守而應乎上，其升以時，不爲富貴利達動其心，則得位而大亨矣，故曰「巽而順，剛中而應，是以大亨」。此合兩體以二、五相易明升之才也。

大人者，九二之五也。二之五成離，離目爲見，二升於五，剛中正得位，以此見大人，其升必矣，故曰「用見大人」。「恤」，憂也。九二失位爲憂，之五得位，雖有坎險，「勿恤」也。所謂「恤」者，二陽欲升，陰道凝盛，未可遽進。以人事言之，小人猶在上也。然九二、六五，應也，巽下順上，升之時也，雖坤陰在上，何憂乎不遂？遂往而升，「有慶」及物矣，陽爲慶也。夫日之初升，陰固未退，及其清風戒旦，則群陰解駁盡矣，夫何憂哉？故曰「勿恤，有慶也」。大則虞、舜升聞在上，小則文子同升諸公，與學以聚之、自下而上達而升之道，皆趨乎明也。離，南方也，「征」，以正而行，正則吉，二之五之謂也。二動於中，以正而行，以見大人，往而有慶，則其志上行，故曰「南征吉，志行也」。此復以九二之五勉其升也。

在卦氣爲小寒，故太玄準之以上、干。

象曰：地中生木，升，君子以順德，積小以高大。

木根於地中，乃升而上者，「順」也。君子以順爲德，不棄小善，積卑成高，積小成大，其德日躋，亦以根於心者順也，否則无本，安能積之以成高大乎？揚子雲所謂「木漸」是也。易傳曰：「萬物長進，皆以順道。」

初六，允升大吉。象曰：「允升大吉」，上合志也。

「允」，施氏易作「埶」，進也。四坤爲衆，爲順，二、三、四兑爲口，衆口順之，「允」也。初六巽之主，以一柔承二剛，能巽者也。在升時，九二、九三俱升，六四當位，合衆之欲，志在於初，而初未應，六四順而正，初動則正，從九三，九三進而升於四，與上合志，「允升」也，是以大吉。荀爽曰：「一體相從，允然俱升。」

九二，孚乃利用禴，无咎。象曰：九二之孚，有喜也。

升，萃之反也，升之九二即萃之九五，故升、萃二爻反復同象，明二、五之孚也。凡人從上，或出於勢位，則雖恭巽，未免有咎，況望行道乎？誠不足也。二剛上應，五柔納之，剛柔相與而孚，其爲巽也，盡誠敬而已，非外飾也。是以道行於上，澤被於下，此九二所以喜歟。「喜」，發於中心，形於面目者也，陽得位爲喜，故曰「九二之孚，有喜也」。「禴」，夏祭，五納二成離，離爲夏，震爲聲，爲長子，上爲宗廟，艮爲門闕，二升五，有長子升自門闕奉祭之象。禴，薄祭，以聲爲主，用誠敬也，二、五相孚，乃利用誠敬，「无咎」乃難辭。

九三，升虛邑。象曰：「升虛邑」，无所疑也。

九三升上六，六坤之三，坤在下爲邑，陰爲虛，「升虛邑」也。九三、上六相應以正，下巽而上順，如升无人之邑，孰禦哉？巽爲不果，三升上，巽毁，「无所疑也」。

六四，王用亨于岐山，吉无咎。象曰：「王用亨于岐山」，順事也。

六四柔順謙恭而正，上順六五柔暗之君，下順九三剛正之賢，升之於五，以事其君，亦恭也。已則不出乎諸侯之位者，正也。三者皆順事也。文王可謂至德也已，故能用此以「亨于岐山」。三升五，乾爲王，兑爲西方，艮爲山，四以諸侯居于西山之下，「岐山」也，正則吉且无咎。坤爲順，巽爲事，三分天下有其二，以服事商，「順事」也。毛公言文王率諸侯以朝聘于紂，則升九三可知。崔憬謂此大王避狄徙岐之爻，誤矣。

六五，貞吉升階。象曰：「貞吉升階」，大得志也。

六五虛中降位而接九二，九二階之以升，則五正而吉，不正則信賢不篤，用賢不終，其能吉乎？五正而吉者，以二升階也。五正二升，君臣道行，由是而致治，故五「大得志」也。坤土自上際下，巽爲高，「升階」之象。

上六，冥升，利于不息之貞。象曰：冥升在上，消不富也。

坤爲冥晦，陰虚爲「不富」。上六利已極矣，猶升而不息，不知升極當降，長極當消，消則「不富」矣，豈復更有增益之理？四時之進退、萬物之盛衰皆然，上六不知，冥於升也。「不息之貞」者，仁義忠信、樂善不倦是也，惟施於此爲利，若施于公卿大夫，可已而不已，不利。易傳曰：「以小人貪求无已之心移之於進德，則何利如之？」

䷮坎下兑上

困，亨，貞大人吉，有言不信。

彖曰：困，剛揜也。險以説，困而不失其所亨，其唯君子乎？「貞大人吉」，以剛中也。「有言不信」，尚口乃窮也。

四、五之剛爲三、上所「揜」，二剛爲初、三所「揜」，又陷焉，陷亦「揜」也。陽剛君子，陰柔小人，陽剛爲陰柔揜蔽而不伸，君子窮困窒塞之時，故曰「困，剛揜也」。此以一卦之爻言困也。

困自否來，二之上，坎險、兑説也。上九之二，處乎險難之中，樂天安義，困而自説，不失其所亨者，「心亨」也。亨，通也，困而亨則不窮矣。古人塵視富貴，夢視生死，唯不失其所亨也，唯君子能之，夫子曰「人不知而不愠，不亦君子乎」，故曰「險以說，困而不失其所亨，其唯君子乎」。此合二體兼九二言處困之才也。

「大人」，君子通稱，對而言之，君子通乎大賢、小賢，而大人，德配天地者也。在困，處之裕然，不失其正，吉且无咎，非大人不能以剛中也。剛或不足，則困以智免而失其正者有之，剛或不中，則正或致凶，於道皆有咎。剛中而正，文王、周公、孔子是已，故曰「貞大人吉，以剛中也」。此以九五言大人處困之才也。

剛見揜者，天也，非人之所能爲，无怨尤可也，已困而言，人誰信之？若崇尚口才，以言説處困，適所以增窮矣。上六窮困，兑爲口，「有言」也。下无應，「有言不信」也。此聖人因上六以戒不善處困者也。范諤昌曰「彖文『貞大人吉』下脱『无咎』二字」，理或然也。

象曰：澤无水，困，君子以致命遂志。

在卦氣爲霜降，故太玄準之以窮。

澤所以説萬物者，水也，「澤无水」，則澤道困矣。然水在澤下，未嘗不通也。君子處困窒之時，澤不及物矣。推致其所以然者，命也，巽爲命，命者，消息盈虛之理，君子聽命固窮，自遂其剛大之志。夫居下而无憂者則思不遠，處身而常逸者則志不廣，君子憤激自厲，增益其所不能，无若困之爲速也。易傳曰：「雖阨窮而不動其心，行吾義而已，所以遂其爲善之志也。」

初六，臀困于株木，入于幽谷，三歲不覿。象曰：「入于幽谷」，幽不明也。

四否艮在上體之下，爲臀，巽木兑金傷之，爲「株木」，困，寒露節也，與大過「枯楊」同象，大過，小雪之氣也。四陽居陰，不安其居，「臀困于株木」者也。初六柔而不正，困于坎底，妄動求濟於四，不知四剛不中，不安其居，「臀困于株木」，豈能濟人之困哉？初既失援迷謬，自四反二，二又深陷，猶「入于幽谷」也。艮爲山，坎爲水，水注山谿間爲谷，坤爲冥晦，「入于幽谷」也。「入于幽谷」，窮困益甚，无自出之勢，故「三歲不覿」於四。乾爲歲，初覿四歷三爻，「三歲」也。私見曰「覿」，見之不正也，三離目不正，「覿」也。初出不知四之困，入不知谷之幽，晦而不明乎處困之道也。初在坎下，「不明」之象。何謂處困之道？安静自守是已。

九二，困于酒食，朱紱方來，利用享祀，征凶无咎。象曰：「困于酒食」，中有慶也。

五動成震爲稼，二坎水往之，爲「酒」。兑爲口，「食」也。五不動，二未可往，「困于酒食」也。「酒食」者，人之所欲，以施惠也。「朱紱」亦謂九五也。巽爲股，膝以上也，乾爲大赤，坤爲黄，赤黄爲朱，乾爲衣，蔽乎膝上，「朱紱」也。九二剛中，雖「困于酒食」而无所動其心，則九五中正同德之君方來，而相求共濟天下之困，故曰「朱紱方來」。九五來然後誠意通于上下，故「利用享祀」。上六宗廟，五動二往，震爲長子，艮爲門闕，有升自門闕長子奉宗廟之象。「享」，獻也。「祀」者，祭上下之通稱，兼下言也。若二動求五，雖以正行亦凶，凶自取之，无所咎也，故曰「征凶无咎」。「困于酒食」者，唯无所動其心則中，中則進退遲速，審而後動，往有慶矣。「慶」者，「朱紱方來」，得其所欲之謂也，陽爲慶。「征凶」，戒之也。「有慶」，勉之也。易傳曰：「諸卦二、五以陰陽相應而吉，惟小畜與困乃戹於陰，故同道相求，小畜陽爲陰所畜，困陽爲陰所揜也。陰陽相應者，自然相應也，如夫婦骨肉，分定也。五與二皆陽爻，以剛中之德同而相應，求而後合，如君臣、朋友，義合也。」

六三，困于石，據于蒺藜。入于其宫，不見其妻，凶。象曰：「據于蒺藜」，乘剛也。「入于其宫，不見其妻」，不祥也。

六三險而不正，不善處困者也。艮、坎爲石，謂三石之堅不可以處者也。巽交坎、離爲「蒺藜」，中堅外鋭，「蒺藜」之象，謂乘二〔一〕也。「蒺藜」傷人，不可以據者也。三非其位，非所困而困，不度德也；乘二〔二〕之剛，非所據而據，不量力也。不度德故名辱，不量力故身危，名辱身危，死期將至，故「入于其宫，不見其妻」。艮、坤爲宫，坎爲夫，離爲妻，爲目，爲見。三困非其位而乘二剛，凌人者也，凌人者人亦凌之，故二往乘三，兩爻相易，三「入于其宫」，坎、離象毁，「不見其妻」矣。又曰「凶」者，「不見其妻」，乃死亡將至之期，所謂亡之兆，非吉祥之兆，坤爲死，故曰「不祥也」。

九四，來徐徐，困于金車，吝，有終。象曰：「來徐徐」，志在下也。雖不當位，有與也。

九四尚柔，九二剛得中，柔不足以濟困，剛得中乃可濟。初六近比九二，遠於九四，四與初應，而九二礙之，既疑其險矣，又疑初捨己而從二，故「來徐徐」。「徐徐」者，疑懼之辭。巽爲不果，故志在下也。乾變爲金，坤爲輿，坎爲輪，二剛而能載，故

〔一〕「二」，原作「三」，據四庫本及下文改。
〔二〕「二」，原作「三」，據四庫本及下文改。

曰「困于金車」。四履不當位，欲去則志初，欲行則懼二，處困有應而不能相濟，吝道也。然以陽居陰，能説而巽，明於處困，不與二争，雖不當位，終有與之者，以困之時上下急於相求故也，是以吝而有終。

九五，劓刖，困于赤紱，乃徐有説，利用祭祀。象曰：「劓刖」，志未得也。「乃徐有説」，以中直也。「利用祭祀」，受福也。

九四君側，强臣之象。二、五同德相求，而四間之。四動，艮爲鼻，震爲足，四不動，兑金刑之，「劓刖」也，「劓」則醜，「刖」則不行。五爲四傷，亨困之志未得行於二也，故曰「劓刖，志未得也」。二坎爲赤，乾爲衣，往應五巽，蔽膝之象，「赤紱」，諸臣之紱也。二躊躇不往，以征爲凶，五以无助而困，「困于赤紱」也。巽爲不果，「徐」也。兑爲説，九五剛中而正，動以直行，中則思慮精審，直則其行不撓，如是則君臣相説之志久而必亨，九四豈能間之？始也不果，今則來説，故曰「乃徐有説，以中直也」。上六宗廟，五王假有廟，「祭祀」者，人君所以徧及百神，自上格下，二、五相易之象。人君得九二之賢，利用誠意感格之，如祭祀然，上下並受其福矣，亨困之道，莫利於用此，尚何困於赤紱哉？艮爲手，下援九二，「受福」也。陽爲福，故曰「利用祭祀，受福也」。

上六，困于葛藟，于臲卼，曰動悔有悔，征吉。象曰：「困于葛藟」，未當也。「動悔有悔」，吉行也。

上六，困極而當動者也。巽爲草，「葛藟」，藤蔓，葉艾白，子赤。六三乾、巽之象，上六困極求助，六三柔而不正，以巽乎上爲説，不能相濟，又纏繞之，故「困于葛藟」，言求六三爲未當也。上六動則安其位，不動則困于六三，「困于葛藟」又困于「臲卼」之地也。「曰」，發聲，兑，口象。上六自謀曰動則失正，失正則悔，故安於困。然不動乃有悔，不知征則吉，「征」，以正行也。以正而行，吉且无悔矣，是行而後吉也，故曰「吉行也」。范睢困於鄭安平，虞卿困于魏齊，猶能解相印以全其軀，况體易君子乎？

䷯巽下坎上

井，改邑不改井，无喪无得，往來井井。汔至亦未繘井，羸其瓶，凶。

象曰：巽乎水而上水，井，井養而不窮也。「改邑不改井」，乃以剛中也。「汔至亦未繘井」，未有功也。「羸其瓶」，是以凶也。

此卦彖文脱錯，當曰「巽乎水而上水，井。改邑不改井，乃以剛中也。无喪无得，往來井井，井養而不窮也。汔至亦未繘井，未有功也。羸其瓶，是以凶也」。巽，木也，入也，木入于水，舉水而上之，井也，故曰巽乎水而上水曰井。此合二卦言井也。

泰之初〔一〕五成井。古者八家爲井，四井爲邑，邑改而井不改，井德之不遷也。坤在内爲邑，坎爲水，水者，所以爲井也。易其中畫非坎也，而坤則可易矣，坎之中畫，其「剛中」乎？「乃」，難辭也。君子窮居不損，大行不加，窮亦樂，通亦樂，非剛中不變，能之乎？故曰「改邑不改井，乃以剛中也」。初往之五，「汲」之象，若有喪而實无所喪，以其不失位，不曰取之而不竭乎？五來之初，不汲之象，若有得而實无所得，以其失位，不曰存之而不盈乎？言井之體一也。「往」者，上也；「來」者，下也。往亦井，來亦井，上下无常，其用通矣，所以爲井者一也，體用一也，定而應，應而常定，井之養物所以无窮歟。故曰：「无喪无得，往來井井，井養而不窮也。」此以九五升降言井之

〔一〕「之初」，疑當作「初之」，泰卦初九與六五换位，即成井卦。

德也。

「汔」，幾也。自二至四體兑，兑爲澤，初本泰震，震，動也，來動于澤之下，泉之象。荀爽曰「陰來在下亦爲井」，是也。巽爲繩，在井中，「繘」也，「繘」，汲繩也。二幾及初，反巽而上，有垂繘而汲，幾及井泉之象焉，亦有既汲而反，未能引繘以出乎井之象。兩者雖有濟物之用，皆未及乎物也，何由有功？故曰「汔至亦未繘井，未有功也」。坤爲腹，兑爲口，井中之器，有腹有口，「瓶」也。在井之口，水實其中，汲水而上之象也。自四至初成反兑，兑爲口、爲毁折，巽繩反上而毁折之，汲水至于井口，羸掛其瓶，瓶口在下，覆其瓶也，井之用喪矣。「凶」言初、二不正，不正則凶，故曰「羸其瓶，是以凶也」。「汔至亦未繘井」者，半途而廢也，「羸其瓶，凶」，不善其終也。君子免是二者，其唯剛中乎？此以互〔一〕體言井之戒也。

在卦氣〔二〕爲芒種，故太玄準之以法。

〔一〕「互」，原作「玄」，疑描補致誤，據汲古閣本、通志堂本、四庫本改。
〔二〕「氣」，原脱，據本書體例補。

范諤昌曰：「巽乎水當作巽乎木。」一本曰「井羸其瓶，凶」。或曰：反巽，兑也，何以猶有繩之象？曰：象有相因而成者。震陽動於下爲大途，艮陽止於上爲徑路，離外實内虚爲目，巽實者反在上爲多白眼，相因也，故臨之兑爲觀之盥，損之兑爲益之説，大過巽與兑同爲棟橈。巽爲繩，反復成巽者，或爲維繫糾固之象，其在井爲反繘而上之象。象之相因，其生无窮也。

象曰：木上有水，井，君子以勞民勸相。

坎爲水，勞卦也。水在地中，自下而升，達于木上，可謂勞矣。其於水也有出之道，故曰井。坤爲民，泰震爲左，兑爲右，「相」之。兑爲口，「勸」之也。君子施澤於民，既以言勸其不能，又以道相其不足，雖勞而不憚，不如是，井道不足以及民矣。雅鴻鴈，勞來還定安集之詩，其辭曰「知我者謂我劬勞」，又曰「雖則劬勞，其究安宅」。「勞民勸相」者，固自勞也。

初六，井泥不食，舊井无禽。象曰：「井泥不食」，下也。「舊井无禽」，時舍也。

井，泰初之五，初在井下，坤土汩之，「泥」也。兑口在上，「不食」也。言初六之柔自處卑穢，无高人之行，故曰「井泥不食，下也」。乾之初九往而爲坎，水去泥存，「舊井」也。離爲飛鳥，四不應初，「无禽」也，猶「舊井」之澤已盡，而禽亦无也，「无禽」則人「不食」可知。行爲人惡，四往而不顧，「時舍」之也。

九二，井谷射鮒，甕敝漏。象曰：「井谷射鮒」，无與也。

井以不遷爲德，非有求於人。九五不應，无與之者，二宜剛中自守，養德俟時，動而求五，失所以爲井矣。「谷」，注谿者也，二動坎水注于艮山之間，「谷」也。「鮒」，蛙也，兑、巽爲魚，初井泥，又伏震爲足在下，魚類生於井泥而滅跗者，「鮒」也。坎弓離矢，射也，動則谷水注下而「射鮒」，言動則其道愈下，入于汙濁矣。「甕」，汲瓶也，說文作「罋」，兑爲口，離爲大腹，器在井中有口有腹且大者，「甕」也。二動兑毁，口壞見腹，坎水下流，「甕敝漏」也，言動則不能上行以濟物矣。嗚呼！无與而動，動則終莫之與，曷若自守哉？

九三，井渫不食，爲我心惻，可用汲，王明並受其福。象曰：「井渫不食」，行惻也。求「王明」，「受福」也。

陽爲清潔，九三以陽居陽，清潔也。巽爲股、爲入，股入坎下而水清潔，治井之象，「渫」也。兑口在上，「不食」也。九三君子修德潔己，可用而未用，猶「井渫不食」

也。「我」者，九三自謂。上六正應，在高位，爲我道不行，憂之，其心惻然，坎爲加憂、爲心病，故「爲我心惻」。上六有是心矣，可用是心以汲引之。坎在井上，坎爲輪，井車汲引之象。上汲引之，則三往上來，其惻然之心見矣，失位爲憂故也。往來，「行」也。故曰「井渫不食，行惻也」。乾五爲王，離爲明，三往應上，九五成艮手，王受福也，三、上同象，亦受福，故「並受其福」。「王明」，五也，「求王明」者，三也，故「求王明，受福也」。司馬遷曰：「王之不明，豈足福哉？」陽爲福，「求」亦艮也。上六有憂惻之心，不用之以汲引，乃士之尊賢也。上六就三，三往求五，乃能盡上下相與之情，故夫子增「求」一字以發其義。

六四，井甃无咎。象曰：「井甃无咎」，脩井也。

坎水坤土合而火之，甄也。有巽工焉，自下壘而上，至于井口，「甃」也。古者甃井爲瓦裏，自下達上，六四正位近五，下无應，近君而无汲引之用，守正自脩，免咎而已，故曰「井甃无咎，脩井也」。易傳曰：「无咎者，僅能免咎而已。若陽剛自不如是，如是則可咎矣。」

九五，井洌寒泉食。象曰：寒泉之食，中正也。

九五以陽居陽，坎又爲陽，清潔之至，故爲「洌」，説文云「洌，清〔一〕也」。乾在坎爲寒，九五即泰初九甲子爻，子，坎位。井，五月卦，陰氣自下而上，井寒矣，故五坎有「寒泉」之象。兑口承之，「食」也。九五中正，贍給萬物而不費，往者食之，无偏係也，故曰「寒泉之食，以中正也」。易傳曰：「不言〔二〕吉者，井以上出爲成功，未至於上，未及用也，故至上而後元吉。」

上六，井收勿幕，有孚元吉。象曰：元吉在上，大成也。

「幕」，于氏本作「冂〔三〕」，亡狄切，覆也。玉篇曰「以巾覆物，今爲冪」，則今易作「幕」音莫者，傳寫誤也，當作「冪」，在古文當作「冂」。坎爲輪，在井之上，下應巽繩，「收」也，虞翻曰「收，謂以鹿盧收繘也」。勿冪者，上六又當守正之象，上汲三往，艮、坎成蒙，蒙有覆冪之意，井道大成。若專於應三則不正，所養狹矣，猶井有收而冪之。有發其冪而得汲者，有欲汲之而不得發其冪者，三，發其冪汲之而又冪者

〔一〕「洌清」，原作「清洌」，據通志堂本、四庫本改。
〔二〕「言」，原作「吉」，疑描補致誤，據汲古閣本、通志堂本、四庫本改。
〔三〕「冂」前原有「勿」字，據四庫本删。

也，故於此戒之「勿冪」，則上下有孚而得元吉。「元吉在上」，以井道大成，故元吉歸於上也。

䷰離下兌上

革，己日乃孚，元亨利貞，悔亡。

彖曰：革，水火〔一〕相息，二女同居，其志不相得，曰革。「己日乃孚」，革而信之。文明以說，大亨以正，革而當，其悔乃亡。天地革而四時成，湯、武革命，順乎天而應乎人，革之時大矣哉。

兌澤、離火，而彖曰「水火」，何也？曰：坎、兌一也。澤者水所鍾，无水則无澤矣。坎上爲雲，下爲雨，上爲雲者，澤之氣也，下爲雨則澤萬物也，故屯、需之坎爲雲，小畜之兌亦爲雲。坎爲川，大畜之兌亦爲川。坎爲水，革兌亦爲水。又兌爲金，金者水之

〔一〕「水火」，原作「火水」，據汲古閣本、通志堂本、四庫本及底本注文改。

母，此水所以周流而不窮乎。坎陽兑陰，陰陽二端，其理則一，知此始可言象矣。故曰曲而中。水得火而竭，火得水而滅，水火相止息則變。少女志處乎内而在外，中女志適乎外而在内，「二女同居，其志不相得」，則變之所由生，不可不革也，故曰「革，水火相息，二女同居，其志不相得，曰革」。此以兩體言革也。

革，變也，非常之事。方革之初，人豈能遽信哉？傳曰「非常之元，黎民懼焉」。「己日」，先儒讀作「已事」之「已」，當讀作「戊己」之「己」。十日至庚而更，更，「革」也，自庚至己，十日浹矣，「己日」者，浹日也。革自遯來，无妄變也，一變家人，三變離，四變革。无妄之震納庚，革之離納己，故有此象。二應五，三應上，「孚」也。湯之伐桀，猶曰「舍我穡事而割正夏」，故革即日不孚，浹日乃孚，「乃」，難辭也，故曰「己日乃孚，革而信之」。此以兑、離二五、三上言革之難也。

坤離爲文明，兑爲説，天下之事至於壞而不振者，文亂而不理，事暗而不察，民怨而上不恤也。故萬物否隔，人道失正，所以當革。文明則事理，説則民心和，故曰「文明以説」。此以兩體言革之道也。

五、上相易，各當其位，相易，亨也，各當其位，正也。「文明以説」，然後大亨，而大亨之道利在於正，正則不正者正矣，故曰「元亨利正〔一〕」，彖曰「大亨以正」。此復以五、上言革之道也。

「革而當」者，六五之上也。上、五革而各得其正者，「當」也。「文明以説」、「大亨以正」、「革而當」三者具，其悔乃亡。革之非其道，或不當革而革，或革之而无甚益，其於新舊皆有悔，是本欲去悔，復入於悔矣。秦革封建，子弟无立錐之地，漢革郡縣而七國叛，唐革府兵而兵農分，不當故耳，故曰「革而當，其悔乃亡」。此再以上、五言革之戒也。

乾始於坎而終於離，坤始於離而終於坎。乾終而坤革之，地革天也，陽極生陰乃爲寒；坤終而乾革之，天革地也，陰極生陽乃爲暑。天地相革，寒暑相成，是亦「水火相息」也。坎冬離夏，震春兑秋，「四時」也。故曰：「天地革而四時成。」兑革離而成乾，巽，乾爲天，坤爲順，巽爲命。六二順五，「順乎天」也；九五應二，「應乎人」也。湯、武改物創制，革天之命，亦順天應人而已。猶寒暑之相代，天道變於上，民物改於

〔一〕「正」，四庫本作「貞」。

下，因其可革而革之，故曰「湯、武革命，順乎天而應乎人，革之時大矣哉」。此復以五、上升降推廣革之道也。

在卦氣三月，故太玄準之以更。

象曰：澤中有火，革，君子以治曆明時。

水火相會，其氣必革，「澤中有火」，革之時也，其在地則温泉是已。君子觀「澤中有火」，則知日月坎離有交會之道。日，火〔一〕也；月，水也。冬至日起牽牛一度，右行而周十二次，盡斗二十六度則復還牽牛之一度，而曆更端矣。牽牛者，星紀也，水之位也。日月交會于此，澤中有火之象也。曆更端者，革也。昔者黄帝迎日推策，始作調曆，閱世十一，曆年五千，而更七曆。至漢造曆，歲在甲子，乃十一月冬至甲子朔爲入曆之始。是時日月如合璧，復會于牽牛，距上元太初十四萬三千一百二十七歲。蓋日月盈縮，與天錯行，積久閏差，君子必修治其曆，以明四時之正。所謂四時之正者，冬至日月必會于牽牛之一度，而絃望、晦朔、分至、啓閉皆得其正矣。日月不會

〔一〕「火」，原漫漶似「人」，據汲古閣本、通志堂本、四庫本改。

者，司曆之過也。震嘗問曆於郭忠孝曰：古曆起於牽牛一度，沈括謂今宿於斗六度謂之歲差，何也？曰：久則必差，差久必復於牽牛，牽牛一度者，乃上元太初起曆之元也。

初九，鞏用黄牛之革。象曰：「鞏用黄牛」，不可以有爲也。

初九革之始，在下而九四不應，離體務上，速於革者也。「鞏」，固也。坤、離爲黄牛，初動艮爲皮。「革」，日熯之不可動，鞏固也。「黄牛」者，中順也。鞏固用黄牛之革，堅韌不動，以中順守之可也。初動艮又爲手、爲指，莊子曰「指窮於爲」。初不可動，不可有爲也。易傳曰：「革，事之大也，必有其時，有其位，有其才，審慮慎動，而後可以无悔。」

六二，已日乃革之，征吉无咎。象曰：已日革之，行有嘉也。

六二得位得時，上應九五，有可革之才。然不可遽爲，必俟人情既浹、上下既信之日，乃可革之。十日之次，自庚至已，浹焉。離納已，「已日」者，浹日也，故曰「已日乃革之」。九五中正，二應上行，而又其難、其慎如此，革道之美无以復加。乾爲美，六上行則二有嘉美，故辭曰「征吉无咎」，象曰「行有嘉也」。夫變動貴乎適時，趨舍存乎機會。二當可革，濡滯而不行，於革道安得无咎？「征吉无咎」者，以「行有嘉」也。二巽體不果，故勉之。易傳曰：「以六居二，柔順得中正，又文明之主，上有剛陽之君同德相應。中正則无偏蔽，文明則盡事理，應上則得權勢，體順則无違悖。時可矣，位得矣，才足矣，處革之至善者也。」

九三，征凶貞厲，革言三就，有孚。象曰：「革言三就」，又何之矣？

九三剛正而明，處下之極，革之而當，不可復動，往而不已有凶，成則必虧，以正守之猶厲，故曰「征凶貞厲」。然守之者其在懼乎？初「不可有爲也」，二「已日乃革之」，三革之而就，稽之於衆，其言亦曰「三就」，故曰「革言三就」。三，極數也，月之盈虧，氣候之變，皆以三、五，三則就矣。往而不已，人必有言，兑爲口，「革言」也。上六應九三，孚也，革於此，信於彼，「有孚」也。民情既孚，革道已就，欲往何之？違民妄作，則有凶咎。九三離體，務上革而過〔一〕中，聖人戒之，故辭曰「革言三就，有孚」，象曰「又何之矣」。

〔一〕「過」，原作「遇」，據通志堂本、四庫本改。

九四，悔亡，有孚，改命吉。象曰：改命之吉，信志也。

九居四，宜有悔，然當水火相革之際，有其時矣，其才也以柔濟剛，其動也革而當，是以「悔亡」。革五爻皆正，四動初應，則上下靡不信，不動有悔，故曰「有孚」。動而正，近與五相得，遠與初相應，故抗君之命，反君之事，解國之大難，除國之大害，无招權擅事之凶。巽爲命，四動，「改命」也，故曰「改命之吉，信志也」。易傳曰：「四非中正而至善，何也？曰：惟其處柔也，故剛而不過，近而不逼，順承中正之君，而上下信其志矣。」

九五，大人虎變，未占有孚。象曰：「大人虎變」，其文炳也。

乾爲大人，兑爲虎，虎生而具天地之文，然未著也，既變，則其文炳然易見，京房謂「虎文疎而著」是也。六二離變兑爲文明，「虎變」也。九五剛健中正而得尊位，大人之革也，其舉事无悔，其應曲當，文理彰著，天下曉然知之，猶「虎變」也，豈俟於既革而後孚哉？蓋未革之先，在宎奥之間、簟席之上，其文章固已斂然而具矣，不假占決質之鬼神，其下既孚，二、五未易而應，「未占有孚」也。二離爲龜，兑、乾爲決，兑、乾變離，決龜也，決謂之「占」。非天下之至誠，不言而信，能如是乎？文王之長夏不以革，而虞、芮質厥成是已。

上六，君子豹變，小人革面，征凶，居貞吉。象曰：「君子豹變」，其文蔚也。「小人革面」，順以從上也。

陸績曰：「兑之陽爻稱虎，陰爻稱豹。」考之天文，尾爲虎，火也，箕爲豹，水也，而同位於寅，虎、豹同象而異爻也。離二，文之中也，故二爻五，其文炳明，離三文已過，故三爻上，其文蔚茂繁縟，蔚文之過也，三爻上成九，「君子豹變」也。乾爲首，兑爲説，乾首而説見於外，面也，上爻三成六，「小人革面」也。向也君子韜光遠害，小人自徇其面，今也「君子豹變」，其文蔚然，「小人革面」内嚮，順從其上。「革面」非謂面從也，旋其面目也，如是則革道大成。坤，順也，兑口順之，「從」也。成則不可復動，故三「征凶」，上居貞吉。下三爻革弊，弊去當守以懼，上三爻革命，命定當復其常，故曰「征凶」。上六革道大成，柔戒於不守，故曰「居貞吉」，上有伏艮，「居」之象也。

䷱巽下離上

鼎，元吉，亨。

象曰：鼎，象也，以木巽火，亨飪也。聖人亨以享上帝，大〔一〕亨以養聖賢，巽而耳目聰明，柔進而上行，得中而應乎剛，是以元亨。

以全卦言之，初六，足也，二、三、四，腹也，腹而中實，受物也，六五，耳也，上九，鉉也，有鼎之象。以二體言之，虚者在上，其足在下而承之，亦鼎之象。有是象而又以木巽火，木入而火出，亨飪之象。在他卦雖有木、火而无鼎象，不爲亨飪矣。於此言象，則他卦以爻畫爲象者，可以類推，故曰「鼎，象也，以木巽火，亨飪也」。此以六爻、兩體言乎鼎也。

「聖人」在上，尊之則亨以享上帝，大之則亨以養聖賢。天、帝，一也，以其宰制萬物而爲之主，則謂之帝。「聖人」者，賢人之極，得天之道而能盡天之聰明者也。乾爲天，在上爲帝，指上九也，在下爲聖賢，指二、三、四爻也。以享上帝之心推之以養聖賢，人有不樂盡其心者乎？鼎，器也，極其用則道也。故曰：「聖人亨以享上帝，大亨以養聖賢。」此復以六爻言鼎之用也。

〔一〕「大」前，通志堂本、四庫本、周易正義有「而」字。

觀乾之象，則知天帝、聖賢一也，聖賢之任即天帝之任，其任豈不重乎？鼎自遯三變而成，一變訟，坎爲耳在下，聽卑，「聰」也，再變巽，離爲目在四，三變鼎，離目在五，其視愈遠，「明」也。所以「聰明」者，聖人卑巽下人，兼天下之耳以爲聽，故其耳聰，兼天下之目以爲視，故其目明。六二之柔，進而上行，至於五，居尊位而得中，下應九二之剛，柔履尊位則无亢滿之累，得中則无過與不及之咎，應乎剛則君臣道合，萬物皆得其養，具此四者，是以元亨。坤柔之亨，始於六二之正，「元吉，亨」也，故不曰「大亨」。曰「巽而耳目聰明，柔進而上行，得中而應乎剛，是以元亨」，言元亨則吉在其中矣。此以卦爻三變言鼎之才也。

在卦氣爲六月，故太玄準之以竈。

象曰：木上有火，鼎，君子以正位凝命。

鄭三月鑄鼎，士文伯曰：「火見，鄭其火乎？火未出而作火以鑄刑器。」周三月，夏之正月也，火以三月昏見於辰上，故司爟以季春出火，月令「季春之月，命工師，令百工」，而金鐵在焉。則古者鑄鼎，以火出而作火矣。辰，東方木也，火在木上，其鑄鼎之時乎？兑、乾爲金，而又火在木上，亦鑄鼎之象也。鼎有趾、腹、耳、鉉，其位不可易，故「正位」。尊卑上下，用之各有數，故「凝命」。離，南面正位也，巽爲命，九三獨正，「凝命」也，定命之謂「凝」。木火鑄金，巽風入之，有凝之象。「正位凝命」，所以趍鼎之時。

初六，鼎顛趾，利出否。得妾以其子，无咎。象曰：「鼎顛趾」，未悖也。「利出否」，以從貴也。

初六在下體之下，動而應，足趾也。乾爲首，四來下初，首在下，「顛」也。初往四成震爲足，「顛趾」也。否者不善，初不正，否之象。初、四得正，「未悖」也。古者鼎足空，潔鼎者，「顛趾」出否，則能致新，雖曰顛倒，於鼎之用未爲悖亂也。乾爲君，兑爲妾，震爲子，妾不以正合，以其有子故「无咎」，「无咎」者，正也。妾，奔女，在女體之不善者，穢也。「利出否」者，出穢納新，以賤從貴，而後得子也。公羊謂妾以子貴，非也，嫡、妾之分豈可亂哉？以君臣言之，以貴下人，卑有時而踰尊矣，得賤臣者，苟利於宗廟社稷，則或出於屠販、奴隸、夷裔、俘虜，不問其素可也。

九二，鼎有實，我仇有疾，不我能即，吉。象曰：「鼎有實」，慎所之也。「我仇有疾」，終无尤也。

陽爲實，九二剛實得中，其可爲鼎用。二之五，「鼎有實」也。怨耦曰「仇」，子夏曰「仇謂四也」。九二、九四，匹敵也，九二據初，九四比五，二、四失其應，故相與爲仇。四近君，與我爲仇，二之五，其可不慎所之乎？二動成艮，艮，止也，欲動而止，「慎」之象。九居四，陽失位，「仇有疾」也。「我仇有疾」，不能之初，則不能即我。二之五，鼎得實而吉，不喪其實，終无尤也。四兑爲口，「尤」之者也，二往兑毁，故「終无尤也」。

九三，鼎耳革，其行塞，雉膏不食，方雨虧悔，終吉。象曰：「鼎耳革」，失其義也。

三動成離、坎，坎爲耳，「鼎耳」也。三應上九，鉉也。耳虚受鉉，則舉鼎而行。九三當剛柔相應之時，剛正自守，以動爲不正，且有悔，故上來之三而不受，是鼎耳距鉉，所以行鼎者，塞絶而不亨矣。離、兑，革之象，「鼎耳革」，失其爲鼎耳之義也，其能成亨飪之功乎？離爲雉，兑澤爲膏，「雉膏」，食之美者。兑口在上，「不食」也。九三自守，雖有美而不食，五安知其旨哉？夫君子不爲已甚，與其獨善其身，曷若兼善天下？然剛正自守，人必有知者，上感而動，坎水上，兑澤流，「方雨」而其悔虧矣，坎變兑，兑爲毁，「虧悔」也，始不正而正，「終吉」也。

九四，鼎折足，覆公餗，其形渥，凶。象曰：「覆公餗」，信如何也？

四近君，九處不當位，既不堪其任矣，下信初六之小人，又无助，德與智力皆不足，安能謀大事，任重寄哉？故動則傾〔一〕敗，覆其所有矣。四動之初成震、兑，震爲足，兑折之，「鼎折足」也。「餗」，鼎實也，李鼎祚曰「雉之屬」，虞仲翔曰「八珍之具」，鼎祚指五離言雉，雉，八珍之一也。三，公位，初之四，乾首在下，三見離毁，「覆公餗」也。「其形渥，凶」，鄭康成、虞仲翔本作「其形〔二〕剭，凶」，王洙曰「古之大刑有剭誅之法」，周官掌戮「凡爵者殺之于甸師氏」，子夏傳作「握」，蓋傳之久，字誤而音存也，王輔嗣作「其形渥」，易傳從輔嗣。既曰「其刑剭」，則凶可知矣。如離之九四「焚如，死如，棄如」，不言凶也。離爲目，震，動也，乾首在下，俯也，目動首俯，羞赧之象。兑爲澤，兑、乾爲面，巽爲股，澤流被面，霑濡其體，「其形渥」也。如是者，必害于家，凶于國，豈唯戮辱之凶哉？四不智，信任小人，禍至於「覆公餗」，信任如何也？「如何」，兑口發聲，與大畜「何天之衢，亨」同象。

〔一〕「傾」，原作「順」，疑描補致誤，據汲古閣本、通志堂本、四庫本改。

〔二〕「形」，四庫本作「刑」，底本下文亦有作「刑」處，内容上則二義兼取。

六五，鼎黄耳，金鉉，利貞。象曰：「鼎黄耳」，中以爲實也。

離、坤爲黄，黄者坤之中，言有中德也。伏坎爲「耳」，「耳」，虚而納者也。二自遯九五變乾爲「金」，「金」，剛德也。二應五，舉鼎耳而行，爲金鉉，故曰「鼎黄耳，金鉉」。五之二，巽變艮，艮手，「爲」也。六五有中德，虚中而納九二，九二剛中而實，舉五而行，以中爲鼎之實也。鼎之行在耳，剛中爲耳之實，則剛柔得中而鼎道行矣，故曰「鼎黄耳，中以爲實也」。「中以爲實」，釋「金鉉」也。五雖虚納，二應之不以正，失耳之實。君臣相合不正，其可乎？故「利貞」。九二之五，正也，言中以爲實，則正在其中矣。

上九，鼎玉鉉，大吉无不利。象曰：玉鉉在上，剛柔節也。

上九，遯乾之不變者也，故爲「玉」。三動坎爲耳，上來應三，舉鼎耳而上行，「玉鉉」也。蓋上九不變，則九三之剛正應之，其道上行矣，故曰「鼎玉鉉」。上九之三，坎變成兑，水澤節也。九居三而正，大者吉也，言上九爲三而屈，則大者吉，小者无往不利，上下之道行矣，故曰「大吉无不利」。鼎道既成，九三復位，玉〔一〕鉉在上而處

〔一〕「玉」，汲古閣本、通志堂本作「三」。

成功。夫上九動而下三，知柔也；静而在上，知剛也。動静適宜，剛柔有節，是以動則吉无不利，斯所以能保其成功歟。

䷲震下震上

震，亨。震來虩虩，笑言啞啞。震驚百里，不喪匕鬯。

象曰：震，亨。「震來虩虩」，恐致福也。「笑言啞啞」，後有則也。「震驚百里」，驚遠而懼邇也。出可以守宗廟社稷，以爲祭主也。

自臨來，二之四也。震動於積陰之下，奮擊而出，「亨」也。天威震動，畏而恐懼，乃所以致亨，故曰「震，亨」。此以重震言亨也。

「震來」者，九四來也。「虩」，許慎曰「蠅虎也」，易傳曰「蠅虎謂之虩者，周旋顧慮，不自寧也」。四動於坎中，動而止，止而復動，離目内顧，未嘗寧息，「虩」之象。震動之來，恐懼如此。初九守正，所以致福，福者，陽之類，謂九四來也，故曰「震來虩虩，恐致福也」。此以震四之初言震亨也。

四來之三成離，離目動，「笑」也；之二成兑，兑口動，「言」也。自二之三，笑且言矣。之四聲達于外，「啞啞」也。惟震動恐懼，必有「笑言啞啞」，理之所不能違也，故曰「笑言啞啞，後有則也」。此再以九四往來言震亨也。

傳曰「千里不同風，百里不共雷」，雷震於百里之遠，宜若不聞，而猶恐懼於邇者，驚於遠，懼於邇，所謂恐懼於其所不聞也。自初至四，乾坤之策百有二十，「百里」，舉大數也。「驚遠」，四也；「懼邇」，初也。故曰：「震驚百里，驚遠而懼邇也。」此以初、二、三、四言震也。

坤爲肉，坎爲棘，艮爲手，以棘載肉而升之者，「匕」也。坎、震爲酒，離爲黄，酒黄，鬱鬯也。驚遠懼邇，乃能「不喪匕鬯」，則「出可以守宗廟社稷，以爲祭主」，故曰「不喪匕鬯」。徐氏謂彖文脱「不喪匕鬯」一句，是也。六，宗廟也，艮爲門闕，坤土在上爲社，震爲穀，稷者，百穀之長，宗廟社稷之象。古者諸侯出而朝覲會同，世子監國，以奉宗廟社稷之粢盛，匕牲體、酌鬱鬯，二者皆親之，長子主器也，「不喪匕鬯」則不失職矣。四者諸侯位，長子居之，監國之象，艮爲手，「不喪匕鬯」也。臨二之四，「出」也。横渠曰：「此卦純以君出子在爲言，則震之體全而用顯，故曰出可以守宗廟社稷，不雜君父共國時也。」

在卦氣爲春分，故太玄準之以釋。

象曰：洊雷震，君子以恐懼脩省。

上下皆震，「洊雷」也。震動爲「恐懼」，坎爲加憂，亦「恐懼」也。初九正，震爲行，得一善而行之之象，故曰「脩」。九四不正，有過而思改之象，故曰「省」。

初九，震來虩虩，後〔一〕笑言啞啞，吉。象曰：「震來虩虩」，恐致福也。「笑言啞啞」，後有則也。

初九先畫之爻，九四後也。於爻言「後笑言啞啞」，與卦辭互發之。

六二，震來厲，億喪貝，躋于九陵，勿逐七日得。象曰：「震來厲」，乘剛也。

九四震自上來而下乘初九之剛，此六二所以危厲不安。二動成兑、離，兑爲口，「億」也。「億」，虞氏本作「噫」，於其反，虞翻曰「惜也」。兑、離爲蠃，蠃，「貝」也。「貝」，貨貝也，古者貨貝而寶龜，貝者，二之所利。九四艮山在大塗之下，「陵」也。九，陽之極數，七之變，太玄曰「九也者，禍之窮也」。二惜其所利，避初之五，震足升

〔一〕「後」，原脱，據汲古閣本、通志堂本、四庫本補。

于四之上，「躋于九陵」，逐利而往，然離毁貝喪，復乘四剛，其禍愈矣，何所避哉？震爲作足之馬，初之四，四亦爲馬，「逐」之象也。六二不逐所喪，中正自守，則所喪不逐而自得矣。自二數至上，又自初數至二，其數七，二復成兑、離，得貝之象。離爲日，「勿逐七日得」也。易傳曰：「守其中正而不自失，過則復其常矣。」

六三，震蘇蘇，震行无眚。象曰：「震蘇蘇」，位不當也。

六三在坎陷中，處不當位，震懼自失，故「震蘇蘇」。震爲反生，三，震之極，震極反生，「蘇」也。春秋外傳殺秦諜，三日蘇，若〔一〕太玄謂「震于利，顛仆死」，則不復蘇矣。易傳曰「蘇蘇，神氣緩散，自失之狀」，處不當位，震懼自失而不知動，其禍自取也，故曰「眚」。若因震懼而行，出險就正，何眚之有？易傳曰「三行至四，正也」。

九四，震遂泥。象曰：「震遂泥」，未光也。

坎水坤土，「泥」也。震足陷於泥中，滯「泥」也。陽有可震之剛，動則有光，而四自二進，遂行而不反，四失位陷於泥中，處則莫能守，動則莫能奮，震道未光也。知其

〔一〕「若」，原作「君」，疑描補致誤，據汲古閣本、通志堂本、四庫本改。

不可，遂反而處三，震懼得正，俟時而動，則「光」矣。坎、離正，「光」也，二、三兩爻相易取義。夫初九、九四均震也，六二「喪貝」，六五「无喪」，當位、不當位之異也。荀本作「隧」，或云「遂」、「隧」古通用。

六五，震往來厲。億，无喪有事。象曰：「震往來厲」，危行也。其事在中，大无喪也。

五往而上，則柔不可居動之極，來而下，則乘剛，往、來皆「危行」也。「億」，虞氏作「噫」，五動成兑、巽，兑口，「噫」也，惜之辭。巽爲事，五之所有事，在中而已。五剛大乃能「无喪有事」，柔則危，剛大守中，雖甚危之時，可以致亨。五「无喪有事」，則二往助之矣。易傳曰：「諸卦雖不當位，多以中爲美。三、四雖當位，或以不中爲過。蓋中則不違於正，正不必中也。天下之理，莫善於中，於二、五見之矣。」

上六，震索索，視矍矍，征凶。震不于其躬，于其鄰无咎。婚媾有言。象曰：「震索索」，中未得也。雖凶无咎，畏鄰戒也。

上六過中，處震之極，窮而氣索，將下交於三，三亦過中而窮，莫助之者，是以恐懼失守，窮之又窮，故曰「震索索，中未得也」。使得中自持，不至於窮索矣。懼而動成離，離爲目，動而不正則否，或動或否，目不安定，「視矍矍」也。「視矍矍」者，以「震索索」也。恐懼如此，當守其正，征則凶。「征」者，以正行，亦動也。坤爲身，四折之爲「躬」，鄰謂五，五有乘剛之危，所以无喪者，得中也。上六未嘗乘剛而畏之，苟知鄰之无喪者在於得中，能自戒懼不動，則雖處凶地而无咎矣。「无咎」者，得正也。五震而動，兑爲口，「戒」也。上六、六五，陰也，九四，陽也，六、九相配，有「婚媾」之義。上六不得乎三，或來交四，則五必有言，四、五相比，上安得而配之？上既不可以交三，又不可以交四，以此見上六終不可動，故曰「征凶」。橫渠曰：「五既附四，已乃與焉，則招悔而有言矣，能以鄰爲戒則无咎。」易傳曰：「聖人於震終，示人知懼能改〔一〕之義，爲勸深矣。」

䷳艮下艮上

艮其背不獲其身，行其庭不見其人，无咎。

〔一〕「改」，原作「政」，疑描補致誤，據汲古閣本、通志堂本、四庫本改。

彖曰：艮，止也。時止則止，時行則行，動静不失其時，其道光明。艮其止，止其所也。上下敵應，不相與也。是以「不獲其身，行其庭不見其人，无咎」也。

以三畫卦言之，陽止於二陰之上，「止」也。以重卦言之，上下、内外各得其止，故曰「艮，止也」。止非一定之止也，行止相爲用，所以明道也，猶寒暑之成歲，晝夜之成日，時焉而已矣。艮者震之反，艮，止也，静也，震，動也，行也，艮直坤之初六，可止之時也，震直大壯之九四，可行之時也。不可止而止，猶不可行而行，其失道一也。是以一動一静，震、艮相反而不失其時，則「其道光明」矣。坎月在東，「光明」之時也。夫子可以仕則仕，可以止則止。又曰「无可无不可」者，此也。彼入而不出，往而不反者，豈知道之大全哉？故曰「時止則止，時行則行，其道光明」。此以震、艮反復言乎艮也。

艮之所以能止者，止之於其所也，「背」，止之象，韓愈曰「艮爲背」。夫動生於欲，欲生於見，「背」止於其所不見也。上下兩體，爻不相應，譬則兩人，震之初九越五而之上，一人背而往也，九四去四而之三，一人背而來也。五、四中爻體艮中，在門闕之中，「庭」也，庭，交際之地，兩人背行於庭，雖往來於交際之地，然背行則不與物交，无所見也，且自顧其後，「不獲其身」矣，安能見人乎？「不獲其身」，忘我也，「不見其人」，忘[一]物也，所以能各止其止也。以人倫言之，君止於仁，臣止於敬，父止於慈，子止於孝，以至萬物庶事，各有所止。古人繡紱於裳，兩己相背，其艮之象乎？故曰：「艮其止，止其所也。上下敵應，不相與也。是以不獲其身，行其庭不見其人，无咎也。」「上下敵應，不相與」，可止之時，故无咎，若施之於他卦，則有咎矣。此以震、艮相反推明「艮其背」也。

在卦氣爲十月，故太玄準之以堅。

象曰：兼山，艮，君子以思不出其位。

兩山相兼而峙然，各止其所焉。「位」者，所處之分。君子據正循分，亦各止其所而已。周公之忠，大舜之孝，皆分當然也。横渠曰：「如素夷狄行乎夷狄，素患難行乎患難也。」二、四坤爻在中而正，「思不出位」也。夫易言「思」者，皆坤也，故太玄以五五土爲「思」。或曰：心，火也，脾，土也，心乃有思，以爲土，何也？曰：心，火也，有所

[一]「忘」，原作「志」，疑描補致誤，據汲古閣本、通志堂本、四庫本改。

思則係之於土。猶悲主脉，怒主肝，悲怒有不由於心者乎？故曰心居中而治五官。

初六，艮其趾，无咎，利永貞。象曰：「艮其趾」，未失正也。

初在下體之下，動而應足者，「趾」也。四震爲足，「艮其趾」者，止其動之初也。六居初不正，宜有咎，事止之於初，其止早矣，「未失正」也，可動而動則正矣。「利永貞」者，非永止也，動而正也，正則行止一也，不能止則亦不能行矣。初、四相易成巽，巽爲長，「永貞」也。初六陰柔，患不能久，故戒之以「利永貞」。

六二，艮其腓，不拯其隨，其心不快。象曰：「不拯其隨」，未退聽也。

二動成巽，巽爲股。二，艮之柔，膚也，膚在下應股，「腓」也，「腓」，腨腸也。二不能動，三剛而失中，止之於上，不獲往應於五，「艮其腓」也。九三止矣，六二亦隨而止，則所謂「其隨」者，隨九三也。三震，二動成兑，澤雷之象，故曰「隨」。「拯」一作「抍」，音承，馬融曰「舉也」。三震，起也，三若之五成艮，爲手，有舉之象。二未能使，三退處於二，而聽從於己，不能上行，一舉手以濟五之柔，「不抍其隨」也，「其隨」，猶言其事當隨也。三坎爲耳，退處於二，「退聽」也，易傳曰「退聽，下從也」，故曰「未退聽也」。二又不能自動應五，故「其心不快」。二動成兑，兑爲決，其心快也，二不能動，坎爲心病，「不快」也。六二止於下，制於九三之彊〔一〕，而拳拳然不忘納忠於君，非中正君子，孰能如是乎？孟子出弔，王驩輔行之時乎？易傳曰：「言不聽，道不行也，故其心不快，不得行其志也。士之處高位則有拯无隨，在下位則有當拯者，有當隨者，有拯之不得而後其隨者也。」

九三，艮其限，列其夤，厲薰心。象曰：「艮其限」，危「薰心」也。

「薰」，子夏傳、王弼本同，孟喜、京房、馬融、王肅作「熏」。馬、王曰「熏灼其心」，虞翻本作「閽」。虞曰：「艮爲閽，閽，守門人，坎盜動門，故厲閽心。古『閽』作『熏』字。」又曰：「馬君言熏灼其心，未聞易道以坎水熏灼人也。」荀爽曰：「以熏爲勳，或誤作動。」蓋古本當作「動心」，「動心」二字，傳者誤併作「勳」字耳，再傳者又脱其偏傍作「熏」，而後來者又加草，遂成「薰」字，故荀以「熏」爲「勳」，虞亦曰「古『閽』作『熏』字」，今以象考之，宜作「動心」。三在上下體之際，「限」也，「限」，腰也，帶之所限。三，止之極，止而不動，「艮其限」也。「夤」，膂也，一作「胤」，馬融曰「夾脊肉」，鄭氏本作

〔一〕「彊」，原作「疆」，據汲古閣本、通志堂本、四庫本改。

「膭」。古之人，不動其心者，善養吾浩然之氣而已，進退綽然有餘裕，故其心不動。九三知止之止，而不知无止之止，堅強固止，與物睽絶，无安裕之理。譬之一身，下體欲静，上體動而争之，則上下不相屬，列絶其膭，危厲動其心，宜矣。坎爲心病，故曰「厲動心」。觀此，知孟子之不動心，非體易者不能也。

六四，艮其身，无咎。象曰：「艮其身」，止諸躬也。

坤〔一〕爲身，三坎折之，爲「躬」。四在大臣之位，而六五柔中，不足於剛健，故不能止天下之當止，惟止其身，自止於正，故无咎，若責以天下，則安得无咎？夫身有大身，萬物與我同體者是也。六四下不能止天下之當止，上不能正其君，局局然自止其身，不亦小哉？故夫〔二〕子易身爲「躬」。王弼謂「自止其躬，不分全體」，輔嗣其知之歟。易傳曰：「僅能善其身，豈足稱大臣之任乎？」

六五，艮其輔，言有序，悔亡。象曰：「艮其輔」，以中正也。

〔一〕「坤」，原作「地」，疑描補致誤，據汲古閣本、通志堂本、四庫本改。
〔二〕「夫」，原漫漶似「天」，據通志堂本、四庫本改。

三至上體頤，五動成巽，五應二，五成艮，二成兑，艮在首，下動而上止，爲「輔」。兑爲口舌，「言」之象。五巽而出之，與二相應答，「艮其輔，言有序」也。六五不正，宜有悔，施止道於其輔頰，言必中正，斯可以止天下之動矣，是以「悔亡」。

上九，敦艮，吉。象曰：敦艮之吉，以厚終也。

艮爲山，篤實也，動成坤，厚也，篤實而厚，「敦」之象。上，艮之極，止極者有不止焉。九以剛居上，動而必正，能厚其終，知止於至善之道，正故吉，非篤實之君子能之乎？易傳曰：「人之止，難於久，故節或移於晚，守或失於終，事變於久，人之所同患也。」

䷴艮下巽上

漸，女歸吉，利貞。

象曰：漸之進也，「女歸吉」也。進得位，往有功也。進以正，可以正邦也。其位，剛得中也。止而巽，動不窮也。

漸，否一變，三之四成卦。九四之剛下柔，六三之柔上進，漸，柔之進也，故曰「漸之進也」。此以否六三之四言漸也。

女謂嫁曰「歸」，自内之外也。三坤之四成巽，女往也，四乾之三成艮，男下女也。艮男下女，然後巽女往而進，艮陽居三，巽陰居四，男女各得其正矣。夫〔一〕漸之進不一也，臣之進於君，人之進於事，學者之進於道，君子之進於德，未有犯分躐等而能進者。而漸專以女歸爲義者，禮義廉耻之重，天下國家之本，無若女之歸也，故娶妻者非媒則不得，非卜筮則不從。納采、問名、納吉、納成〔二〕、請期、親迎，莫不以漸。女子之嫁也，母醮之房中，父命之阼階，諸母戒之兩階之間，三月廟見而後成婦，亦必以漸。如是而歸則正，正則吉，故曰「漸，女歸吉，利貞」，彖曰「女歸吉也」，言女歸之所以吉者，利於貞也。此以三、四易位，各得其正，言漸之進也。

易傳曰「在漸體而言，中二爻交也」，横渠亦曰「九三、六四易位而居」。蓋後之傳易者，自伊川、横渠二先生，漸以卦變言之矣。漸之進，其德有四：「進得位，往有功也」；「進而正，可以正邦也」；「其位，剛得中也」；「止而巽，動不窮也」。四者，陰之

〔一〕「夫」，原漫漶似「大」，據通志堂本、四庫本改。

〔二〕「成」，通志堂本、四庫本作「徵」。

位，六往居之，「得位」也，位者，待才用之宅，進而不得其位則无所施，位過其才則力不勝，進而得位，往必有功，故曰「進得位，往有功也」。四者，諸侯之位，坤土在上爲邦，君子之進，正己而已，己不正未有能正人者，其始不正，終必不正，三以正進，四以正交，則四爻皆正，邦國正也，猶女得所歸，男女既正，家道不期於正而自正，故曰「進以正，可以正邦也」。此兩者以六居四言漸也。

或曰剛得中謂九五，誤也。在九五當曰「剛中而應」，如无妄、萃是也，當曰「中正而應」，如同人是也，此謂九三也。剛，陽德也，其位在六爻爲一、三、五，一，始進也，五進已極，三得中也，已極則不復進矣，太玄曰「月闕其膊〔一〕，不如開明於西」。剛得中，其進未極，漸如是可進矣，故曰「其位，剛得中也」。此以九三言漸也。

内艮，止也；外巽，巽也。易傳曰：「人之進也，以欲心之動，躁而不得其漸，則有困窮矣。在漸之義，内止静而外巽順，其動不窮也。」故曰「止而巽，動不窮也」，動言三、四動，動而正，所以不窮。此以兩體、二爻言漸也。

〔一〕「膊」，太玄各本作「摶」、「慱」等，無作「膊」者。

在卦氣爲正月，故太玄準之以鋭。

象曰：山上有木，漸，君子以居賢德善俗。

山上有木，止於下，漸於上也。君子進德以漸，善俗亦以漸。九五易而可久，賢人之德也，居賢德則安之而不動矣，居亦止也。坤爲民，坎，險也，民險者，惡俗之象，然二、三、四正，正爲善，艮，止也，君子在上，進德以漸，安其德而不動，則惡俗自善，險者漸止矣，善俗之道也。王肅本作「善風俗」。

初六，鴻漸于干，小子厲有言，无咎。象曰：小子之厲，義无咎也。

初動離爲飛鳥，坎爲水，之二巽爲進退，水鳥而能進退者，「鴻」也。二坎水之厓，「干」也。三艮爲少男，「小子」也。初之二，艮變兑，兑爲口，「小子有言」也。初在下，柔而无應，自小子見之，以爲危厲者也，不知在下所以有進之漸。君子之柔，其動也剛，離隱處卑，非援乎上也，於義无咎。夫明夷之初，「君子于行」，則「主人有言」，漸之初，「鴻漸于干」，則「小子厲有言」。進退之初，非深識遠照，不能處之而不疑，豈常情之能窺測哉？故曰「君子所爲，衆人固不識也」。

六二，鴻漸于磐，飲食衎衎，吉。象曰：「飲食衎衎」，不素飽也。

自二至五有巽、離、坎，「鴻」之象。二之五，坎變巽爲艮，艮、坎爲石，巽爲高，坤爲平，石高且平，「磐」也，「磐」，大石也。五之二，坎變兑，坎爲水，「飲」也，兑爲口，「食」也，兑爲和説，衎衎而樂也。二、五以中正相應，進而安裕，「飲食衎衎」而樂，詩鹿鳴是也。巽爲白，離爲大腹，二之五巽、離毀，「不素飽」也。「素飽」者，无功食禄，徒飽也。君子之進，豈飲食而已哉？上則道行于君，下則澤加于民，不徒飽也。

九三，鴻漸于陸，夫征不復，婦孕不育，凶，利禦寇。象曰：「夫征不復」，離群醜也。「婦孕不育」，失其道也。利用禦寇，順相保也。

三至二[一]有坎、離、巽，「鴻」之象。三艮爲山，四變三爲坤，坤爲平地，高者平矣，「陸」之象。鴻離于水，漸進于陸，三若守正待時而不妄動，則得漸之道。三、四无應，陰陽相比而易合，守正者戒之，横渠曰「漸至九三、六四，易位而居」。坎爲夫，離爲婦，爲大腹。「征」，以正行也，三不守正而合四，「夫征不復」也。「夫征不復」者，以「離群醜」也，三陰爻爲群，陰爲醜，言不正則離乎群衆，而往不能反也。四不守正而

〔一〕參考六二、九五爻注，疑「三」當作「二」，「二」當作「五」。

合三，則離毁矣，「婦孕不育」也，「婦孕不育」者，不以正合而失其交之道也。夫人所以致非道之交者，罔不自己求之，我无隙以乘之，彼何自來乎？故三不動則四坤不來矣。君子自守其正，不唯君子无失己之累，而小人亦不陷於非義，是以「順相保」，「利用禦寇」之道。坎爲盜，離爲戈兵，「寇」也。象以三爲君子，又以坎爲寇者，反以戒三也。坤爲順，各得其正，「順相保也」。

六四，鴻漸于木，或得其桷，无咎。象曰：「或得其桷」，順以巽也。

六四之柔進而介于二剛之間，猶「鴻漸于木」也。鴻足蹼不能握木，漸于木，非所安之地。四離飛鳥而有坎、巽，「鴻」之象。巽爲木，「漸于木」也。然上承五以巽事之，下得三以順接之，得所止焉，惟「順以巽」，故介于二剛之間，得位而无咎，猶或「得其桷」也。桷，椽之方者，巽爲長木，艮爲小木，離爲麗，坤爲方，木小而方，可麗於長者，木之材中乎椽桷者也，易傳曰「横平之柯也」。

九五，鴻漸于陵，婦三歲不孕，終莫之勝，吉。象曰：「終莫之勝，吉」，得所願也。

二至五有坎、離、巽，「鴻」之象。五巽爲高，二艮爲山，二之五，自山而進於高，復有山焉，「陵」也，大阜曰「陵」。二進于五，得尊位也，鴻，水鳥，進至于陵，其位高矣，然非所樂，君子之樂，王天下不與存焉，故曰「鴻漸于陵」。巽爲婦，離爲大腹，乾爲歲，二、五相易，三至五歷三爻，離毁巽見，「婦三歲不孕」。漸之時，道未可遽行，其功未見於上下之間，以三、四相比而勝之也。二艮爲土，三、四爲震木，勝之；五巽爲木，三、四爲兑金，勝之。勝之則四比五、三比二，而君臣離矣。然二、五相應，中正之德同，其合乃中心之所願欲，豈三、四所能間哉？其行有漸，功成而復其所，則孕矣，故「終莫之勝，吉」。吉，「正」也。

上九，鴻漸于陸，其羽可用爲儀，吉。象曰：「其羽可用爲儀，吉」，不可亂也。

鴻漸于陵，已高矣，又升而至于上，窮而不知反則亢，是以君子不居焉。進九三之賢，升之于上，已變而退之三。艮爲山，上動之三成坤，艮山變坤爲平地，「陸」也。自下進上，漸也，上反三亦曰漸者，進退相爲用，无退則无進之漸，一進一退，其動不窮矣。離、巽，飛類也，剛，羽翰也，柔，其毛也，九三之上成巽，「羽」，剛爻也。所貴乎君子者，謂其進退不失其時。上九進退有序，不失其時，「可用爲儀」也。三陰爻，群也，上九變而正，退處而順，不亂群也，亦「可用爲儀，吉」。

䷵兑下震上

歸妹，征凶，无攸利。

彖曰：歸妹，天地之大義也，天地不交而萬物不興。歸妹，人之終始也，説以動，所歸妹也。「征凶」，位不當也。「无攸利」，柔乘剛也。

諸卦先釋卦名，此彖先言「天地之大義」、「人之終始」者，明夫婦之道原於天地，重〔一〕人倫之本也。歸妹自泰來，三之四爲震，四之三爲兑，天地相交而成坎、離。坎、離者，天地之用也，天地以坎離交陰陽，陰陽之義配日月。乾，天也，乾納甲、壬，坤，地也，坤納乙、癸，離，日也，坎，月也，故觀月知日，觀日月而知天地。以一月論之，日遲月速，東西相望，震、兑也，月至于晦，則自東而北，乃與日會，東，乙也，北，癸也，消乙入癸，會于乾壬，壬、癸，北方氣之所歸，十有二會，萬物畢昌，而月復見于震、兑矣，故曰：歸妹者，天地之大義也，天地不交則萬物不興。天地交而後有震，震者，天地之

〔一〕「重」，原作「聖」，底本爲配補，據通志堂本、四庫本改。

始交，萬物興之時也。夫坤終乙、癸則乾始震庚。終者，乾終於坤也，前者以是終也；始者，坤終而乾始也，後者以是始也。夫婦，始終之際也。父命子而醮之，代父之道，終之也；婿受女於主人，人道之始，始之也。終始相續，化生無窮，是乃月晦生，自震而兑之象，故曰夫婦者，人之終始也。此以三、四相易言歸妹之義也。

九三、六四，正也，三、四相易而天地各得其宜，「義」也，故曰「天地之大義也」。諸儒以爻位不當，謂所歸之妹爲姪娣，誤也，爻變矣，乃有姪娣之象。古者男三十而娶，女二十而嫁，故所歸以妹言之，妹，少女也。男説女以動者，以其所歸者妹也。説少女者，人之情慕少女也。乾上交坤，坤下交乾，震、兑相交，以「説而動」，與咸同意，故曰「説以動，所歸妹也」，言歸則兑女在内從震夫之外矣。此合兩體而言歸妹之義也。

婚姻之禮，陰陽交際，天地之大義也，故三、四皆不當位，退而各復其所乃吉。六之四，九之三，「征」也，征而不已必凶。古者昏禮，冕而親迎。婿御婦車，男下女也。婿乘其車，待於門外，女從男也。男下女則天地之義明，女從男則天地之位定。是以位雖不當而无「征凶」，斯道之並行，所以不偏廢歟。若以「説而動」，所履不正，其凶必矣，氓是也。故曰：「征凶，位不當也。」六三、六五，柔也，九二、九四，剛也，以柔乘剛，則其柔日長，剛爲柔所乘，則其剛日消。夫弱婦强，不能正室，必至於夫妻反目，其道不可以推行矣。三不利於内，四不利於外，故曰「无攸利」。此以中爻言「説以動」之戒也。

在卦氣爲霜降，故太玄準之以内。

象曰：澤上有雷，歸妹，君子以永終知敝。

震，雷也，爲東方；兑，澤也，爲西方。天運，八月東方如西方，「澤上有雷」也，爲男下女之象；二月西方如東方，澤中有雷也，爲女從男之象。始於下女，終於從男，天地之正未始有敝也，故嫁娶者法之。然人之於夫婦，不能如震、兑相從，久而不息者，何哉？不能正其初也。説少而動衰，則弃之，其能永終乎？君子知其然，必謹於夫婦之際，下之者有義，率之者有禮，而其初正，其初正則其末必正，故永終而無弊，歸妹初九、上六之義也。坎、離合爲「知」，「知敝」者，其唯九四君子乎？

初九，歸妹以娣，跛能履，征吉。象曰：「歸妹以娣」，以恒也。「跛能履」，吉相承也。

三兑者，震所歸之妹也。初在三後无應，三以巽下之，初九自卑而進，説以從之，

「歸妹以娣」也。三下初成巽，初九應震，有雷風相與之象，「恒」也。嫡巽而娣說動，故能「歸妹以娣」，如有嫡，不以其媵備數，豈能「以娣」哉？初九正，進之從三又正，能恒者也，故曰「歸妹以娣，以恒也」。震爲足，兑折其左，「跛」也，「跛」者，不足以行，而從三則有應可行，「跛能履」也。「跛能履」，故「征吉」，征，以正行也，正則吉，所以吉者，以從三而承四。四震，夫道也，三承四，初又從三，相與以承内事，「相承」也，是以吉。

九二，眇能視，利幽人之貞。象曰：「利幽人之貞」，未變常也。

九二離爲目，兑毁其右，「眇」也，「眇」者，不足以明，然二有應之五，「能視」也。女待男而行，六五未下二，二以剛中自持，處内而不動，不足以明也，有「眇」之象。初動而二不動，在坎中，坎爲隱伏，二貞於五，處内而說，爲「幽人」，「幽人」者，女在窈窕幽閑之中。五下之則二行，復成兑，女自若也，故「利幽人之貞」，「利幽人之貞」者，五下之而後兑變坤，爲「常」。此爻无娣象，故以女子守常爲義。

六三，歸妹以須，反歸以娣。象曰：「歸妹以須」，未當也。

初至五體需，需，「須」也，須，待也。初從三得應，二與五應，三獨无應，須也。天官書須女四星，賤妾之稱，織女三星，天女也，陸震曰「天文織女貴，須女賤」，則須爲賤女可知。蓋二應五，已行矣，三往无應，而猶須之，女之强顔而不見售者也，故曰「歸妹以須」。夫女之可貴者，爲其正也，順也，動以理也。六三居不當位，德不正也。柔而上剛，行不順也。爲説之主，以説而歸，動非理也。上无應，无受之者也。如是其賤矣，故曰「未當也」。易傳曰：「未當者，言其處、其德、其求歸之理皆未當，故无取之。」「反歸以娣」，何也？女謂嫁曰「歸」，自内之外也。三本泰之四爻，三无所適，反歸於四，則得正，其應在初，初，正也，娣之位也，諸娣，從婦同行者也，故應初乃有「以娣」之意。魯春姜之女，三往三逐，春姜召其女，留之三年乃復嫁之，卒知爲人婦之道，春姜知「反歸以娣」之義也。六三既曰所歸之妹，又曰「須」，何也？自變卦言，泰四之三成兑，兑者，震所歸之妹也。自爻位言之，二往歸五矣，三无所歸，「須」也。故曰「曲而當」。

九四，歸妹愆期，遲歸有時。象曰：愆期之志，有待而行也。

離爲中女，九四居上體，女貴高之象。九剛明而守柔静，女之賢者也。六五歸妹，九二往從之，而九四不行成兑，兑正秋，是以「愆期」。女歸以仲春爲期，秋不行，

「愆期」也。四本泰之九三，六四以坎男下之，而後三之四成震。女以外歸，震，仲春也，「遲歸以時」也。觀九四待坎男下之，得仲春而後行，則「愆期之志，有待而行也」。

六五，帝乙歸妹，其君之袂不如其娣之袂良，月幾望，吉。象曰：「帝乙歸妹」，「不如其娣之袂良」也。其位在中，以貴行也。

女以外爲歸，五，君位，九二兑女歸五，乾天爲帝，兑少女，自長男觀之爲「妹」，「帝乙歸妹」也。歸妹自泰變，故六五同象，子夏曰「湯之嫁妹也」。五坤居君位，嫡夫人，小君位也。「袂」，衣袂，于〔一〕飾也，所以爲禮容。二乾爲衣，離爲文章，二之五，離毁變坎成兑，坎爲水，兑有伏艮，爲手，小君之袂，无文而加澣濯之象。初九，娣之位，乾、兑、伏艮爲衣袂，而初九不動，「君之袂不如其娣之袂良〔二〕」也。爲小君如是，善矣，「良」，至善也，乾美爲「良」。貴女之歸，惟以謙降從禮爲尊高之德，不以容飾爲説，故曰「帝乙歸妹，不如其娣之袂良也」。九二，下也，何以爲帝女之象？以其所歸

〔一〕「于」，通志堂本、四庫本作「手」。

〔二〕「良」，原作「艮」，底本爲配補，據通志堂本、四庫本改，下均同。

之位在五，而二以貴行也。五位在中，二亦中也，貴者，陽也。古者王姬嫁於諸侯，車服不繫其夫〔一〕，下王后一等，「以貴行」也。不謙降從禮，則亢而失中，不稱其位矣。譬之天道，「月幾望」矣，其可盈乎？坎月在震東，離日在兑西，日月相望，陰之盈也，二之五，坎、離象毁，「月幾望」也，月幾望而不盈，則不亢其夫，故吉，不然，凶之道也。夫消長之理，陽消則陰生，故日下而月西見，陰盛則敵陽，故既望則月東出。婦道已盛，聖人於此深慮之。後世猶有以列侯奉事，舅姑通問，盈滿之禍，可勝言哉？

上六，女承筐无實，士刲羊无血，无攸利。象曰：上六无實，承虚筐也。

震爲竹，上六坤動爲方，竹器而方，「筐」也。六三兑女之上，陰虚无實，「承虚筐」也。三兑爲羊，四坎爲血，上動之三，坎毁兑見，兑爲刑殺，「士刲羊无血」也。祭祀之禮，主人割牲，而主婦佐之房中，牲體在俎，乃設兩鉶而芼之，女「承虚筐」者，以「士刲羊无血」，无以爲筐之實也。故史蘇曰：「士刲羊，亦无衁也。女承筐，亦无貺也。」无血則无以貺女矣，何以奉祭祀哉？震、兑，夫婦也，而曰「士」、「女」，言夫婦之道不成

〔一〕「夫」，原作「天」，底本爲配補，據通志堂本、四庫本改。

也。女不得其所承矣，退而歸三，三亦失位，「无攸利」也。上六，女歸而无終者也，故其象如此。子夏傳曰「血謂四，士刲羊三，而无血」，是則自子夏以來，傳易者以互體言矣。

周易下經夬傳第五

周易下經豐傳第六

翰林學士左朝奉大夫知制誥兼侍讀兼資善堂翊善
長林縣開國男食邑三伯户賜紫金魚袋朱震集傳

䷶離下震上

豐，亨。王假之，勿憂，宜日中。

彖曰：豐，大也，明以動故豐。「王假之」，尚大也。「勿憂，宜日中」，宜照天下也。日中則昃，月盈則食，天地盈虚，與時消息，而況於人乎？況於鬼神乎？

豐，泰九二之四也。乾變離明，坤易震動，「明以動」則亨，亨則「大」，「豐，大也」，故曰「豐，亨」，彖曰「豐，大也，明以動故豐」。此合兩體言致豐之道也。

「假」，至也，乾在上之象。王者「明以動」，其道亨，乃能至於「豐大」。九二上行至四,「王假之」也,「王假之」者,尚大也。四海之廣,萬物之衆,无一物不得其所,无一夫不獲自盡,非小道之所能至,故曰「王假之,尚大也」。此以九四言乎豐之才也。二、四失位爲憂,離下有伏坎,爲加憂,離見坎伏,「勿憂」也。然明以動,勿憂,其至於大也,進而至於五則得位矣,故曰「勿憂」。此以九二之四言乎豐之才也。

離日,震動,日當五爲「中」,日動於下,升于東方,明動不已,九四進五,何憂乎不至于中而无所不照哉?日之大明,萬物咸覩,「宜照天下」也。乾爲天,五離應二,「照天下」也。太玄曰:「日正于天,何爲也?曰:君子乘位,爲車爲馬,車軨馬駻,可以周天下,故利其爲主也。」「宜日中」則正于天,利其爲主之謂也,故曰「勿憂,宜日中,宜照天下也」。此以九二進而至五言乎豐之才也。

五復降四,坎、離象變。離成兑,日在西,「日中則昃」也。坎成兑、巽,兑爲口,月闕於巽辛,「月盈則食」也。四乾陽長於震,二坤陰生於離,陽長,「盈」也,「息」也,陰生則「盈」者「虚」,「消」者「息」矣。有天地然後有人、有鬼神,鬼神,往來於天地之間者也。「豐大」之時,所宜憂者不在乎未中,而常在乎日之既中也。何則?日中俄且昃矣,月盈俄且食矣,盈者必虚,息者必消,天地之所不能違者,時也,而況天地之間,聚而爲人，散而爲鬼神乎？明動不已，未有能保其大者也，保此道者其唯中乎？故曰：「日中則昃，月盈則食，天地盈虚，與時消息，而況於人乎？況於鬼神乎？」此復以坎、離升降明豐之戒也。

在卦氣爲六月，故太玄準之以大、廓。

象曰：雷電皆至，豐，君子以折獄致刑。

雷電皆至，萬物豐大之時。豐則生訟，故君子法其威明並用，以治刑獄。電，明照也，所以「折獄」；雷，威怒也，所以「致刑」。「折獄」者，以正折其不正。初、二、三，正也，而二有伏坎，爲獄不明，則枉者不伸。「致刑」者，刑其不正而已。四、五，不正也，兑爲刑殺，不威則小人不懼。噬嗑其明在上，君子在上之事也，故爲「明罰飭法」；豐用明在下，君子在下之事也，故爲「折獄致刑」。

初九，遇其配主，雖旬无咎，往有尚。象曰：「雖旬无咎」，過旬災也。

泰九二之四成豐，故九四爲豐之「主」。「配」者，陰陽相匹，孟氏、鄭氏本作「妃」，嘉耦曰妃，妃，媲也，亦匹配之意。初九、九四，陽也，六五，陰也，初與四不應，六五亦无應，四雖不應，初可因四爲主而配五，陰陽相配，故九四爲「配主」。「遇」者，不期而會。四不應初，而初九主之，不期於會而會，故曰「遇其配主」。「旬」，均也，初九、九四均也。然明動相資，致豐之道，非明則動无所之，非動則明无所用，是以均而无咎。「无咎」者，初九以正相資也。初九遇四，往而相易以致用，則初得尚于五，而豐之道上行矣。「尚」亦配也，與「尚于中行」之「尚」同，故曰「往有尚」也。夫初九遇九四，所以得尚于五者，以正相資而成豐，譬之共難則仇怨協力，勢使之然。若妄動不正，過四而有其位，明動不相爲用，「過旬」也，「過旬」則失其「配主」，往而无所尚，與坎險相會，災至矣，豐道亡，所以災也，故曰「過旬災也」。初動有小過象，故曰「過旬」。謂之均者，六甲周行乘八節，其數四百八十而成鈞，鈞，「匀」也，初九離納己，九四震納庚，自己至庚凡十日，十日周而復始，故訓「匀」。

六二，豐其蔀，日中見斗，往得疑疾，有孚發若，吉。象曰：「有孚發若」，信以發志也。

震、巽爲草，二在草中，有周匝掩蔽之意，故曰「蔀」。陸震曰：「曆法凡十九年閏分盡爲一章，四章凡七十六年爲一蔀，五蔀周六甲凡三百八十年，而曆象小成。」「豐蔀」之名，蓋寓此意。離目爲見，豐爲日中，五兑伏艮，艮、離爲天文，賁之象也。震少陽，其策七，震爲動，有星在上，動於中而其數七，「斗」之象也。二有至明中正之才，以豐時遇闇弱不正之君，猶當晝而夜，至於見斗，其昏甚矣，坤爲冥，晦闇之象。五既不能下賢，二自往見，反得「疑疾」，自往者，亦取疑之道，巽爲不果，六五陰失位，「疾」也。然二、五相應之地，有孚之理，二積中正不已，盡其誠信以感發其志，則五動而應之乃吉。易傳曰：「苟誠意能動，雖昏蒙可開也，雖柔弱可輔也，雖不正可正也。古之人事庸君常主，而克行其道者，己之誠上達，而君見信之篤耳。」

九三，豐其沛，日中見沫，折其右肱，无咎。象曰：「豐其沛」，不可大事也。「折其右肱」，終不可用也。

「沛」，古本作「旆」，王〔一〕弼以爲幡幔。震爲玄黄，兑金斷之，「旆」也。幡幔圍蔽於内，故「豐其旆」。「沫」，斗後小星，微昧之光，子夏傳及字林作「昧」。三之上成艮，艮、離爲天文，星在斗之後，隨斗而動者，「昧」也。三明極而剛正，處豐之昧，上六闇極矣，猶日中當明而反見斗後之星，其闇尤甚。巽爲事，陽爲大，伏坎爲可，豐尚大

〔一〕「王」，原作「正」，疑描補致誤，據汲古閣本、通志堂本、四庫本改。

也，「豐其旆」，往見則不明，故退而守正，以「不可大事」故也。兑爲右，伏艮爲肱，兑折之，「折右肱」也。上六闇極，不可用之以有爲，從之必罹其咎，故自折其右肱，示「終不可用」，則无咎。

九四，豐其蔀，日中見斗，遇〔一〕其夷主，吉。象曰：「豐其蔀」，位不當也。「日中見斗」，幽不明也。「遇其夷主」，吉行也。

四動成坎、離，光明也。不動成震、巽，震、巽爲草，掩蔽周匝，「蔀」也。四在「蔀」中，處不當位，自蔽其光明，故曰「豐其蔀」。兑有伏艮，四應離初，艮、離爲天文，震，動也，其策七，有星動於上而其數七，「斗」〔二〕之象。離目爲見，四處不當〔三〕位，又不能變，若動而交初，則幽者明矣，坎爲隱伏故也。以此處豐，猶日中之時而反見斗，處幽暗而已不明，故曰「幽不明也」。九四不正，其不明，自取之，異於二、三矣。「夷主」者，謂初也，九四與初九均爲陽，而上下不敵，四忘其勢，下夷於初，四者，初之所主

〔一〕「遇」，原作「遯」，據汲古閣本、通志堂本、四庫本改。
〔二〕「斗」，原脱，據汲古閣本、通志堂本、四庫本補。
〔三〕「當」，原作「常」，疑描補致誤，據汲古閣本、通志堂本、四庫本改。

也，故曰「夷主」。初正，正則吉，初九助四而上行，以資其明，「吉行」也。易傳曰：「居大臣之位，得在下之賢，同德相輔，其助豈小也哉？」

六五，來章有慶譽，吉。象曰：六五之吉，有慶也。

六五屈體來下於四，與之共天位。九四之明上行之五，相錯成離、坤，離爲文，「章」者，文之成也。九四上行則初應四，二應五，三應上，六爻並用，成「豐大」之慶。五屈己下賢，四志行乎上，人自譽之，兑爲口，「譽」之者也。五得正，「吉」也。

上六，豐其屋，蔀其家，闚其户，闃其无人。三歲不覿，凶。象曰：「豐其屋」，天際翔也。「闚其户，闃其无人」，自藏也。

自二至上體大壯，棟宇之象。上六動，陰變陽，爲大。「豐其屋」，言自處高大也。二爲家，震、巽爲草，豐盛周匝，以掩蔽之，「蔀其家」，言所居不明也。自處高大，所居不明，以高亢自絶於人，如飛鳥務上翔於天際，豈復能降哉？上動成離，離爲飛鳥。乾爲天，在外卦之際，「天際」也。豐之時，九四忘其敵，己下資初九，三與上六，正應也，其能忘乎？故三自下往，庶幾發其昏暗，知處豐之道。九三離目爲見，往闚之，坤户闃而不應，闃寂乎其无人聲，太玄所謂「外大抗〔一〕，中无人也」，三於是退而自藏於坎中。乾爲歲，三自四歷三爻，「三歲不覿」也。「豐其屋，蔀其家」，自絶於人也，「三歲不覿」，人絶之也。上六動不正，凶也，不直曰凶者，有應焉，猶冀乎下交也，至于「三歲不覿」，人亦厭之，而凶至矣。「闚」，小見也；「覿」，私見也。自上六言之謂之「窺」，陰爲小也；自九三之上言之謂之「覿」，私見也，私，不正也。

䷷艮下離上

旅，小亨，旅貞吉。

彖曰：旅，小亨，柔得中乎外而順乎剛，止而麗乎明，是以「小亨，旅貞吉」也。旅之時義大矣哉。

旅，否之變也。剛當居上，柔當居下，六居五，失其所居而在外，「旅」也。然六居五，柔得中矣，得中則其柔不過，得爲旅之中道。易傳曰：「中非一揆，旅有旅之中

〔一〕「抗」，太玄作「杚」或「扢」，司馬光云當作「圪」。

也。」柔得中則能順乎上下之剛，不爲剛所揜而小者亨，順乎剛而柔失中，旅道窮矣，坤，順也，君子入國問禁，興之日從新國之法，順乎剛也，故曰「柔得中而順乎剛」。此以六五言「旅，小亨」也。

九居三，未爲失其所居也，然剛自五而反居於下，猶爲「旅」也。居三成艮，屈其剛而止於下，自謙，屈之道也，雖止乎下矣，然九三正，止而不失其正，上麗乎離之明。君子之居是邦也，事其大夫之賢者，友其士之仁者，「麗乎明」也。正然後能「麗乎明」，不正人將拒我矣。正則吉，故曰「止而麗乎明」。此以九三言「旅貞吉」也。

旅，難處也。旅如六五，「柔得中乎外而順乎剛」，在我者不失己矣，乃可以「小亨」；旅如九三，「止而麗乎明」，在彼者亦不失人矣，乃可以「貞吉」。是以旅一也，而再言之。易傳曰：「旅困之時，非陽剛中正，有助於下，則不能致大亨。」如卦之才，則可以小亨，得旅貞而吉也。四方固男子之事，居者必有旅也，顧處之如何耳。夫子歷國應聘，嘗去父母之邦矣，去他國矣，欲浮于海居九夷矣，蓋得旅之時義也。旅之時不一，而義者時措之宜，知其時而不知其宜，不可也，非大人孰能盡之？故曰「旅之時義大矣哉」。

在卦氣爲四月，故太玄準之以裝。

象曰：山上有火，旅。君子以明慎用刑而不留獄。

「山上有火」，明而止，止而不處，「旅」也。君子之用刑也，雖明而止，故明而慎於用刑，雖止而不處，故亦「不留獄」。明者或不慎，慎者或留獄，失旅之象也。離有伏坎，爲獄，兑爲刑殺，艮止，「慎」也。

初六，旅瑣瑣，斯其所取災。象曰：「旅瑣瑣」，志窮災也。

鄭曰「瑣瑣，小也」，艮爲小，動而之四，復成艮，小之又小，「瑣瑣」也。初六，小人之旅，卑柔而不中正，恃應而求於四者，煩〔一〕褻其細已甚，故曰「旅瑣瑣」。四巽極而燥，火性炎上，不能容初。艮，止也，厭止妄動，往而復止，人亦厭之，「志窮」也。坎險，災也，志窮遇險，「斯其所取災」也。艮爲手，有求取之象，楚申侯是已。曰「斯」、曰「其」者，初、四上下皆艮手，「取災」之象，故指兩爻言之。

六二，旅即次，懷其資，得童僕貞。象曰：「得童僕貞」，終无尤也。

〔一〕「煩」，原脱，據汲古閣本、通志堂本、四庫本補。

艮，止也，二得位，止而得位。「即次」，舍也。離、兑爲羸，貨貝資財之象。二巽爲入，「懷其資」也。「童僕」，一本作「僮僕」。艮爲少男，初卑陰賤，二在上畜之，「童僕」也。初於二，「得童僕貞」也，「童僕貞」則二親信之而不疑。旅在下，柔而中正，即次所遇而安也，懷其資，得三、四、五之助也，又得童僕貞〔一〕而下承之，旅如是多助矣，故動而之外，終无尤之〔二〕者。五兑爲口，尤之者也。初六不正而曰貞者，貞於二也，貞於主人，二巽東南，主人位也。歸妹九二「利幽人之貞」，貞於五也。「童僕貞」，然後次舍可止，資貨可有，夫子曰「審其所以從之之謂貞也」。

九三，旅焚其次，喪其童僕貞，厲。象曰：「旅焚其次」，亦以傷矣〔三〕。以旅與下，其義喪也。

艮，止也，三〔四〕得位，止而得位。「次」，舍也，巽木離火，「焚其次」也。九三在旅

〔一〕「貞」下原衍一「貞」字，據汲古閣本、通志堂本、四庫本删。

〔二〕「之」下原衍一「之」字，據汲古閣本、通志堂本、四庫本删。

〔三〕「矣」下原衍一「矣」字，據汲古閣本、通志堂本、四庫本删。

〔四〕「三」，原作「五」，疑描補致誤，據汲古閣本、通志堂本、四庫本改。

而過剛，四、五之所不與，則失其所止，有「焚其次」之象。兑爲毁，「傷」也。旅失其所止，亦可傷也。初艮爲童僕，九三既失其所止，以旅之故，乃巽而與下，失尊卑之宜，初、三易位，初失其正，「喪其童僕貞」也。所以喪者，爲旅之義，剛柔皆失中，旅如是寡助，危矣。六居三不正，危之道。

九四，旅于處，得其資斧，我心不快。象曰：「旅于處」，未得位也。「得其資斧」，心未快也。

二、三止而得位，爲次舍，四巽爲入而未得位，行者處而已，入對出言之，爲「處」。九四非安處也，故曰「旅于處」。離、兑爲贏貝，「資」也。離爲兵，巽木貫之，「斧」也。得其資以爲利，得其斧以爲斷，上得乎五，下得乎三之助矣。九剛明之才而處四，履謙能下，善處乎旅，故得上下之利，有資貨焉，有器用焉，雖不若六二，亦曰得其所矣。然未得位也，上不足以發五之志，下不足以致六〔一〕二之賢，雖得「資斧」，未免爲旅人，故「我心不快」。兑爲決，中爲心，四進而上，道行于五而二應，則「快」矣，孟子曰「久

〔一〕「六」，原作「九」，據本卦六二爻改。

於齊，非我志也」。

六五，射雉，一矢亡，終以譽命。象曰：「終以譽命」，上逮也。

五在旅卦，不取君象，君不可旅也。離爲「雉」，「雉」，文明之物，文明，人文也，聖人止亂而不以威武者也。離爲兵，伏坎爲弓，伏艮爲手，兵加之弓上，「矢」也，「矢」者，射「雉」之器。五動弓矢發，離、坎毁而雉亡，一矢亡之也，一矢亡雉者，五得中道，動而必中乎理之象。然六五未當位，雖有文明之德，未可以動，上九屈體逮之，則令譽升聞而爵命之矣。兑口在下與之，「譽」也。巽爲命，上，卦之終，由譽而後命之，始也未當位，終也「譽命」，故曰「終以譽命」。五進上，其在賓師之位，乾，西北，賓之位也。

上九，鳥焚其巢，旅人先笑後號咷。喪牛于易，凶。象曰：以旅在上，其義「焚」也。「喪牛于易」，終莫之聞也。

上九離爲飛鳥，九動變六成震、巽，巽爲木，震爲竹葦，鳥隱其中，「巢」也。上九極剛，以高亢居上，非旅人之宜。巽木離火，「鳥焚其巢」，失其所也。離目動，震有聲，「笑」也，樂其未焚之前，柔順謙下時也。兑澤流於目，巽號出於口，哀於既焚之後，悔其先之時也。上，與三相應之地，上九〔一〕變而正成坤，坤爲牛，九三應，而上降三正〔二〕成坎，坎爲耳，上九高亢不變，坤象隱，「喪牛」也。「易」，輕易也。火性剽疾，上九極剛，輕易也，故曰「喪牛于易」。九喪柔順，三不往應，坎耳伏矣，輕易者，自塞其耳而聰不明也。陸機羈旅，處群士之上，而不聞牽秀、孟玖之毁，其以高亢輕易而致禍乎？

䷸巽下巽上

巽，小亨，利有攸往，利見大人。

彖曰：重巽以申命，剛巽乎中正而志行，柔皆順乎剛，是以「小亨，利有攸往，利見大人」。

柔在下而承二剛，巽也。巽爲風，風者，天之號令，「命」者，天之令也，故巽爲

〔一〕「九」，原作「六」，旅卦上九爲陽爻，故改。上九變而爲陰，因此能與九三相應。

〔二〕「正」，原漫漶似「二」，據汲古閣本、四庫本改。

「命」。内巽者，命之始，外巽者，巽而達乎外，申前之命也。重巽之象，唯可施之於「申命」。先儒謂上下皆巽，不違其令，命乃行也。若施之於佗，則巽已甚矣，故曰「重巽以申命」。此以兩體而言巽也。

巽自遯來，訟之變，六三之四，上下皆巽。九二之剛巽乎中也，九五之剛巽乎中正也。巽乎中正，則其剛不過而所施當乎人心，是以志行乎上下，故曰「剛中正而志行」。此以三、四相易而言九二、九五之巽也。

九二之剛巽乎正，則初六之柔順之，九五之剛巽乎中正，則六四之柔順之，上下之柔皆順乎剛，則物无違者，而九〔一〕二、九五之志行，故曰「柔皆順乎剛」。此以初六、六四言大者巽則小者无不順也。

「柔皆順乎剛」，雖无違者，然順乎中正乃善，不然，失所從矣。六四離目爲「見」，「大人」者，九五剛而巽乎中正者也。「剛巽乎中正」而柔順之，則柔者亦得其正，而小者亨矣，豈非小者之利乎？故曰「利見大人」。此以九五言巽之利也。小者亨矣，故

〔一〕「九」，原作「也」，疑描補致誤，據汲古閣本、通志堂本、四庫本改。

六四「利有攸往，利見大人」，而其道上行，故曰「是以小亨，利有攸往，利見大人」。徐氏、王昭素考王弼注有「命乃行也」四字，當在「重巽以申命」之下，疑象〔一〕或脱文，理若有之。

在卦氣爲七月，故太玄準之以翕。

象曰：隨風，巽，君子以申命行事。

巽爲風，風，巽而入者也。前後相隨而至，則歲事行矣，故巽又有「事」之象。傳言八風之至，各以四十五日而成一歲，是也。君子「申命」諄諄者，行事也，行事莫如巽，巽則易入。

初六，進退，利武人之貞。象曰：「進退」，志疑也。「利武人之貞」，志治也。

巽初，行事之始也，居卑體柔，不能自立，過於巽者也。退則不安，進則无應，又二剛據之，莫知所從，巽爲不果，故曰「進退，志疑也」。六變九，巽成乾，應兑，乾爲健，兑爲決，疑志去矣。健決者，武人之貞，天道尚右，故兑爲「武人」。「志疑」者，不

〔一〕「彖」，原作「象」，疑描補致誤，據汲古閣本、通志堂本、四庫本改。

先治其志也。君子自治其動以正，行之以健決，確乎不可移，雖千萬人必往，孰能奪其志哉？故曰「利武人之貞，志治也」。巽爲工，有「治」之意。易傳曰：「治，謂脩立也。」

九二，巽在牀下，用史、巫紛若，吉，无咎。象曰：紛若之吉，得中也。

巽初坤變乾也，巽爲木，坤，西南方，乾爲人，設木於西南之奥而人即安焉者，「牀」也。巽股變艮，股見手伏，蒲伏于牀下之象。九二不正，卑巽如此，宜有咎，然九二剛中，其動也正，卑巽者，非爲利也，將以誠意感動九五而已，故「用史、巫紛若，吉」，吉者，正也。九二之動，上之五成震，震爲聲，五之二成兑，兑爲言，上九宗廟。兑口出聲，祝史道人之意以達于鬼神之象，六降于二，巫以鬼神之意告于人之象，史、巫皆尚口而巽故也。四巽離爲絲，二、五升降，「史、巫紛若」，則卑巽之意達于上下，「巽在牀下」，何咎之有？此子游重服，立諸臣之位，以感悟文子之道也。二、五，中也，九五未應，則「巽在牀下，用史、巫紛若」，乃爲得中。

九三，頻巽，吝。象曰：頻巽之吝，志窮也。

「頻」，水厓，與復六〔一〕三「頻復」之「頻」同。兑，水澤，三，水澤之際，九三重剛不中，在下體之上，巽極而決躁，不能巽者也，將遂其剛亢歟。則上臨之以巽，四以柔相親，九二之剛近而不相得，將變而爲柔歟。則安其所處，憚於改過，有吝之意。然志已窮，不得已而巽，猶人行至于水之厓，欲前得乎？故曰「頻巽之吝，志窮也」。易傳曰：「雖欲不巽，得乎哉？」

六四，悔亡，田獲三品。象曰：「田獲三品」，有功也。

四无應，乘、承皆剛，宜有悔。四本遯之六二，自二之四，一變訟，二變巽，二，田也，艮爲手，柔道上行，之四得位，處二陽之際，上巽於五，下巽於三，三爻皆正而相得，故「田獲三品」。古之田者，上殺、中殺、下殺爲三品，三品則徧及於上下，兑有刑殺之象〔二〕，而又伏艮爲黔喙之屬，巽爲雞，離爲雉，爲「三品」。以巽事上臨下，上下與之，巽而有功，雖无應也，乘、承皆剛也，其悔亡矣，故曰「有功也」。易傳曰：「天下之

〔一〕「六」，原作「九」，據汲古閣本、通志堂本、四庫本改。
〔二〕「象」，原作「意」，據汲古閣本、通志堂本、四庫本改。

事，苟善處，則悔可以有功矣。」

九五，貞吉悔亡，无不利，无初有終，先庚三日，後庚三日，吉。象曰：九五之吉，位正中也。

九五君位而正中，巽爲號令，有申命之象，故舉全卦以盡一爻之義。五无應，宜有悔，正故「悔亡」。動則二應之，二、五皆正，故「无不利」。初、二不正，始未善也；五正，善而有終也。「无初」故申命，申命則「有終」，初未善也，故巽以命之。「先庚三日」，變家人、變益之時也，下三爻震，震納庚，離爲日，先於此庚之，使善也。「後庚三日」，變噬嗑、變震之時也，震納庚，離爲日，後於此庚之，慮其未盡善也。先庚、後庚，主於中正也。十日之次，以戊、己爲中，過中則變，故庚謂之更，更而正，中正則吉，此九五之所以吉歟。蠱卦六五柔，故爲蠱，巽九五剛，乃有更變之善，更天下之弊，其唯剛中乎？

上九，巽在牀下，喪其資斧，貞凶。象曰：「巽在牀下」，上窮也。「喪其資斧」，正乎凶也。

上九以巽而居高位，處之不當，窮則變而反下。三以重剛乘之，巽股變艮手，有恐懼自失而蒲伏于牀下之象，故曰「巽在牀下」。離、兑爲贏貝，爲「資」，所以利也。離爲兵，巽爲木，貫之爲「斧」，所以斷也。上窮反三，離、兑、巽毁，故曰「喪其資斧」。喪其所以利，則莫或愛之，喪其所以斷，則莫或畏之，正乎凶矣。上復位遇坎險，正凶也。魯自襄公，三家分其民，其君四世從之，至昭公失國，无所竄伏。蓋處上極巽，亡其資斧，乃正凶也。方自失之初告之以凶，詎肯信乎？

䷹兑下兑上

兑，亨，利貞。

彖曰：兑，説也，剛中而柔外，説以利貞，是以順乎天而應乎人。説以先民，民忘其勞，説以犯難，民忘其死，説之大，民勸矣哉。

兑以一陰居二陽之上，陰説於陽而見乎外者也。兑，巽之反，初六之上，六四之三，柔説於外，二、五不失其中，以説行剛，而剛柔皆亨，故曰「兑，亨」，彖曰「兑，説也」。此合兩體卦變而言兑也。

「剛中」則實，「柔外」則接物以和，説而正則和而不流。卦九五剛中而正，九二剛中而又戒之以利貞者，二、三、四不正，不正則陷於邪諂，悔吝將至，故説道利正，非道求説，不利也，亦何由亨哉？故曰「剛中而柔外，説以利貞」。此以兩體、六爻言兑也。

乾，天也。上、五，天位也，坤，順也，初六之上而説，「順乎天」也。三、四，人位也，六三、九四[一]相易而説，「應乎人」也。天、人殊位，「順乎天」者，要[二]在於「應乎人」而已。天之説，萬物陰陽相説，降而爲澤。説之非其時，則亦不能説矣。湯、武之征伐，出其民於水火之中，而民大説，是所以順天也。知人則知天，知天則知説之道，故曰「順乎天而應乎人」。此以上六、六三兩爻而言兑也。

坤爲衆，「民」也。坎爲勞，兑決坎爲大川，險難也。坤爲死，以内卦言，兑先於坤，「説以先民」也。坤衆從之，兑見坎伏，「民忘其勞」也。以外卦言之，巽股而涉大川之險，坤化爲兑，「民忘其死」也。夫就佚辭勞，好生惡死，民之常情，用之以説，乃忘四體之勤，決一旦之命而不顧，非説之以道，能如是乎？古之人有行之者，周公之

［一］「六三、九四」，原作「六四、九三」，據兑卦畫改。

［二］「要」，原作「而」，據汲古閣本、通志堂本、四庫本改。

東征是也。故曰：「説以先民，民忘其勞，説以犯難，民忘其死。」民和則氣和，氣和則天地之和應，説之大，天地不能違，而況於民乎？故曰「民勸矣哉」。此再合兩體兼伏爻而言兑也。

在卦氣爲秋分，故太玄準之以沈。

象曰：麗澤，兑，君子以朋友講習。

「麗」，連比也。澤，水所鍾。兩澤相麗，重説也，説之大者也。天下之可説而无斁者，无若「朋友講習」之爲大也。易傳曰：「兩澤相麗，互[一]有滋益，朋友講習，互相益也。」兑與兑同類爲朋，初、上、五始終以正相助[二]爲友，兑爲口、爲講，兩兑爲習。九五、初九之君子，以朋友講其所知，習其所行，相滋相益，體麗澤之象。

初九，和兑，吉。象曰：和兑之吉，行未疑也。

初九剛而處説，无偏係之私，能可否相濟者也，故曰「和兑」。九四疾惡，六三小

〔一〕「互」，原作「玄」，疑描補致誤，據汲古閣本、通志堂本、四庫本改，下同。
〔二〕「相助」，汲古閣本作「而動」。

人，然體巽不果，不果，「疑」也。初九動而上行，以濟其決，而巽毀，九四相易，六亦得位而正，正則吉，故曰「和兑，吉」。初九遠於六三，无嫌於説小人，九四「未疑」也，是以能濟其決，否則四疑矣。晉訾祏實直而博，范宣子朝夕顧之以問國事。不正其身，未有能決人之疑者，故曰「和兑之吉，行未疑也」。

九二，孚兑，吉，悔亡。象曰：孚兑之吉，信志也。

六三小人非道來説，九二比之，以陽説陰，宜有悔且凶。九二誠實自信於中，動則九五應之，信孚于人久矣，雖比於小人，和而不同矣，何疑於相比哉。始雖未孚，終必相説。二動而正，正則吉而悔亡，故曰「孚兑之吉，信志也」。夫石碏、石厚，父子也，叔向、叔魚，兄弟也，子産、伯有，同族也，雖比也，豈能説之？易傳曰：「志存誠信，豈至説小人而自失乎？」

六三，來兑，凶。象曰：來兑之凶，位不當也。

兑，巽之反。初、二、三皆自外來，柔不當位而乘剛，來説於二，説之不以道者也，故曰「來兑」。三，高位也，柔邪而説高位，凶矣，故曰「來兑，凶」，楚費无忌、漢息夫躬、唐伾文乎？

九四，商兑未寧，介疾有喜。象曰：九四之喜，有慶也。

離、兑爲贏貝，貨財也。四動離爲震，噬嗑爲市之象。巽變之，其於市也，爲利三倍，商賈之象。商賈度利而動，故又爲商度之象。動成坎，坎，勞卦，勞未寧也。「商兑未寧」者，擬議所從，度利而未定者乎。「介」者，陽剛介于三、五之間也。從五，正也；從三，不正也。陰陽失位爲「疾」，九四陽失位，六三〔一〕陰失位，九四以君子疾小人，六三以小人疾君子。九四宜有憂矣而有喜，九五陽得位爲喜。四疾六三不與之交，動而正，上從於五，則君臣相説而「有喜」矣。夫唐、虞、文、武之際，得人爲盛，而四族、三叔未嘗不疾君子，然不害爲治者，從君子而不從小人。可不慎其所從乎？易傳曰：「若剛介守正，疾遠邪惡，將得君行道，福慶及物，爲有喜也。若四者，得失未有定，繫所從耳。」

九五，孚于剥，有厲。象曰：「孚于剥」，位正當也。

陰消陽也。六三在下，進而上，則四、五消，有剥牀之象，故六三謂之「剥」。九五

〔一〕「三」，原作「二」，兑卦第二爻爲陽爻，且下文多論六三爲小人，故改。

正，天位，有剛健中正之德，當乎位，位與德非不足也，然孚于六三之小人，則九五危矣。六三取説而已，无獻可替否之義，小人道長，則君子之道日消，安得不危？易傳曰：「巧言令色孔壬，舜且畏之，其可忽諸？」

上六，引兑。象曰：「上六引兑」，未光也。

上，説道之成，六正己，輔九五剛健中正之君，宜有膏澤下於民，而未光，何也？以引六三之小人也。三巽爲繩，離爲光，上六之説三，相引之，如舉繩然，爲山一簣之虧也，此所以「未光」歟。六三，兑之小人也，故初九剛正者，不疑於三而行也，九二剛中，不比於三也，而悔亡，九四以三爲疾，九五孚于三而厲，上六引三而一〔一〕「未光」。小人以説進而爲害，其可不慮乎？

䷺坎下巽上

渙，亨，王假有廟，利涉大川，利貞。

〔一〕「一」，四庫本作「亦」。

彖曰："涣，亨"，剛來而不窮，柔得位乎外而上同。"王[一]假有廟"，王乃在中也。"利涉大川"，乘木有功也。

涣，否九四之變也。險難離散，否塞解釋，剛柔皆亨，故曰"涣，亨"。此以卦變言乎涣也。

九二之剛自四而來，動於險中，二陰不能陷，解難散險，又處之以中者也，險豈能窮之哉？五得中道，出乎險外，六四之柔，自二而往，正位乎外，而以巽順上同於五，君臣協比，能守其中者也。天下之難，患處之者不以道，及其出險，又或不以道守之，則亂者不解，解者復亂。二、五之剛，四之柔，處之、守之皆不失中，故曰"剛來而不窮，柔得位乎外而上同"。此以二、四、五三爻言涣之才所以致亨也。

天下離散，不安其居者，本於人心失中，鬼神依人而行，離散則鬼神不饗。聖人推原其本，將以聚之，故建國設官以爲民極，而宗廟爲先，宗廟者，收其心之涣散而存之也。人孰不有父母，知報本則知祭祀，出於人心，復其本心，則離散者可合，而天下

〔一〕"王"，原作"五"，疑描補致誤，據汲古閣本、通志堂本、四庫本改。

無事矣，治涣之道也。「假」，至也，謂五也。上爲宗廟，艮爲門闕，五，王位，中者，心之位，九五有入于門闕，至宗廟，得人心而存之之象。易傳曰：「卦之才皆主於中，王者拯涣之道，在得其中而已。」故曰：「王假有廟，王乃在中也。」此再以九五而言涣之才也。

「利貞」者，五也。坎爲大川，巽爲木、爲股，據正體巽，四、二皆爲我用，以之濟難，而功歸於五，言「乘木有功」，則「利貞」在其中矣。合天下之離散，非正其可乎？故曰「利涉大川，利貞」，彖曰「乘木有功也」。此再以九五、二、四言[一]涣之才也。易言木者三，益、涣、中孚，存五行也。

在卦氣爲六月，故太玄準之以文。

象曰：風行水上，涣，先王以享于帝立廟。

「風行水上」，涣然離散之象。離散之時，天下之險難方作，先王以是享于上帝，以一天下之心，使知无二主也。立廟以合天下之涣散，則人知反本，鬼有所歸，「享于

〔一〕「言」，原作「吉」，疑描補致誤，據汲古閣本、通志堂本、四庫本改。

帝立廟」，離散者一矣。帝，乾上九也，上又爲宗廟，巽股爲立，坤爲牛，坎爲血，「享于帝」也。觀此，則知魯用郊，晉祀夏郊，魯有周廟，鄭有厲王之廟，非先王意也。秦位在藩臣，臚於郊祀，天子不能制，反致文、武胙，卒併天下，揚雄曰「僭莫僭於祭，祭莫重於地，地莫重於天」，雄其知渙之説矣。

初六，用拯馬壯，吉。象曰：初六之吉，順也。

虞翻、陸震本作「壯吉悔亡」。「拯」，古本作「拼」，音承，舉也。六四得位近君，正而巽，可以濟渙，然莫或助之。初欲拼四，才柔位下而在坎中，且四不相應，乃捨四用二，用二乃所以拼四也。二，剛中之才，坎爲美脊之馬，初、二相易成震，震爲作足，馬美脊而作足，馬之壯健者也。四艮爲手，震爲起，起手以承六四，拼之象，易則足以資六四之剛而載其上矣，故曰「用拯馬壯，吉」，正則吉而悔亡。初六處不當位，本有悔也，六坤柔順，以陰求陽，始渙而拯之，亦順也，故曰「初六之吉，順也」。五爻皆言渙，初獨不言，易傳曰：「渙離之勢，辨之宜早，方渙而拯之，不至於渙也。」

九二，渙奔其机，悔亡。象曰：「渙奔其机」，得願也。

四巽爲木，坎爲揉，震爲足，艮爲手，在上體爲肱，揉木令曲而有足肱據其上，

「机」也，二、四合乃有此象。二有剛中之才，處險而不當位，宜有悔，二能奮身出險，上奔於四，四來憑之以安，「机」，憑之以安者也，是以悔亡。震足動，「奔」也，故曰「奔其机」。二本否四，在二者，涣散之時也，二之情不忘乎四，猶逃竄[一]之人不忘故國，奔則得中心之所欲，二者，中[二]心之位也，故曰「得願也」。

六三，涣其躬，无悔。象曰：「涣其躬」，志在外也。

所以致涣者，險在内也。四、五濟險之位，六三處不當位，近險，宜有悔，然不與險争，動而之上，自脱於險，非拯時之涣以濟人者也，其正躬卑巽，以遠於悔者乎？坤爲身，三、上相易，折坤成巽，離目視下，鞠躬之象，故曰「涣其躬，无悔」，象曰「志在外也」。之外則无悔，三、上合而得正也，蘧伯玉聞衛亂而之近關，杜洩葬叔孫豹而行之時乎？

六四，涣其群，元吉，涣有丘，匪夷所思。象曰：「涣其群，元吉」，光大也。

〔一〕「竄」，原作「空」，疑描補致誤，據四庫本改。

〔二〕「者中」，原作「中者」，據汲古閣本、通志堂本、四庫本改。

坤爲衆，渙三陰，「群」也。四巽順而正，居近君之位，上以巽乎五，下以巽乎二，二剛中有濟渙之才，而二陰比之，四屈己濟難，與衆同患，得九二之助，陰服矣，則散者合，異者同，共圖天下之渙，是以「元吉」，「元吉」則濟渙之志光且大矣。坎爲光，陽爲大也。渙之時，用剛則不足以懷之，用柔則不足以制之，四、二協力，剛柔共濟渙，而至於群，天下始可以聚矣。五艮爲山，半山爲「丘」，「丘」，聚也。六四得九二以合其群，其心思之所存者在五，五得位，群陰之所聚，如物之聚於丘，五中正善群，然非四合之，亦不得而群矣。四視二陰，等夷也，四正，初與三不正。坤土，「思」也，所思匪若二陰之所思不正，故九二爲用，二陰服之，否則渙散矣，其能效美於君，有丘之實乎？故曰「渙有丘，匪夷所思」。宣王承厲王之後，天下離散，召伯之徒佐王建國，親諸侯，遣使勞來安集，「渙其群」也。

九五，渙汗其大號，渙王居，无咎。象曰：王居无咎，正位也。

有疾者，閉塞不通，陽降陰升，浹於腠理，否者亨矣。否乾降二，坤陰升四，降者成坎，坎水浹于上下，汗出之象，號令如之。巽爲號，陽爲大。九五，出號令者也，故曰「渙汗其大號」。五至三體升，有「風行地上」、「省方設教」之象，能發新命以順民，上下交通，險難解釋，「涣汗其大號」也。涣時民思其主，故王居正位乃无咎，在他時，安居不能順動，則有咎矣。故禹别九州而終於冀，湯勝夏而歸于亳，武勝商而至于豐，王正位，則涣散者知所歸矣。乾五爲王，艮爲居，止也，得正則无咎。然九五非六四之賢與上同志，安能發大號、居其所而治哉？易傳曰：「再言涣者，上爲涣之時，下處涣如此，爲无咎。」

上九，涣其血，去逖出，无咎。象曰：「涣其血」，遠害也。

先儒讀「涣其血」作一句，「去逖出」作一句，以象考之，當從先儒。九二坎、乾爲血，血者，相傷之象。涣五爻不應，上九獨應六三，六三近險見傷，上九下應之，三、上相易，上復成坎而傷，故曰「涣其血」，言上、三俱傷也。上九能去六三，遠出乎險之外，自處以巽，不陷於險，則是去而遠害，於義无咎，「逖」，遠也，故曰「涣其血，去逖出，无咎」。一本作「去惕出」，巽爲多白眼，有惕懼之象，然象曰「遠害」，當從「逖」矣。涣時以合涣爲功，上九居不用之地，故遠害无咎，係於六三而不去，其傷自取也，若施之用事之地，則有咎，仲由死於衛，季羔避禍而去，一也。

䷻兑下坎上

節，亨，苦節不可貞。

彖曰：「節，亨」，剛柔分而剛得中。「苦節不可貞」，其道窮也。説以行險，當位以節，中正以通，天地節而四時成。節以制度，不傷財，不害民。

節，涣之反，泰之變也。泰分九三之五，以節其上之柔，分六五之三，以節其下之剛，剛柔分而有節。二、五之剛得中，上、下節之而不過。所謂節者，剛柔有節而不過乎中，不過則亨，故曰「節，亨，剛柔分而剛得中」。不曰「柔得中」者，剛得中則柔不過矣。此以卦變，二、三、五爻言節之所以亨也。

上六乘剛處險，守而不變，所以不可貞者，節之道窮也。易窮則變，變則通，通則久，守而不變，「苦節」也。凡物過則苦，味之過正，形之過勞，心之過思，皆曰苦，「苦節」則違情性之正，物不能堪，豈道也哉？申屠狄之潔，陳仲子之廉，非不正也，立節太苦，不可貞也。夫節者，爲其過於中也，故節之使不失其中。上六正而過矣，安能節乎？故曰「道之不行也，我知之矣」。賢者過之，不肖者不及也。自不肖觀之，過者爲賢，自中言之，過、不及，一也。謂之正者，貴乎中正也，正而失中，不可正也，故曰「苦節不可貞，其道窮也」。此以上六无應戒「苦節」也。

兑，説也；坎，險也。人情易則行，險則止，凡止而行，皆有險之道，節，止而不行者也。泰之九三上行，自兑成坎，以説行險也，以説行險，雖止不失其和矣，和而不流，中立而不倚，故曰「説以行險」。此以九五言節之亨也。

九五，節之位也；中正，節之道也。當位以中正爲上下之節，各適其宜，无所不行，故曰「當位以節，中正以通」。此以九五言節亨者當有位也。

九三一變歸妹，震爲春，離爲夏，節之以春、夏也，再變節，兑爲秋，坎爲冬，節之以秋、冬也。天地有節，則陰陽寒暑不過，而萬物成於艮，故曰「天地節而四時成」。離、兑爲貝，貝爲財，乾爲金玉，坤爲民，泰甚則人欲縱，人欲縱則財用匱乏，百姓困窮。故量財之所入，計民之所用，節以制度，自下等級而上，其費有經，其斂有法，財既不傷，民亦不害，是以天地不節則四時不成，王者不節則民財不生，无非「節，亨」也。故曰「節以制度，不傷財，不害民」。此又推原卦變、互體以盡節之義也。

在卦氣爲七月，故太玄準之以度。

象曰：澤上有水，節，君子以制數度，議德行。

澤之容水，固有限量，虚則納之，滿則泄之，水以澤爲節也。君子於民亦然，制其多寡，制其隆殺，「制數度」也。「制數度」者，坎之象也。律度量衡，皆始於黄鍾，冬至之律，於辰爲子，於卦爲坎。九五以中正爲節也，乾爲德，震爲行，兑口爲議，「議德行」者，恐其中而未正也。易傳曰：「議謂商度，求中節也。」

初九，不出户庭，无咎。象曰：「不出户庭」，知通塞也。

初九、六四，正應也，往來相易不窮，故曰「通」。九二近而不相得，窒其所行，故曰「塞」。初九兑體，剛決，動成坎，坎水爲「知」，故「知通塞」。五艮爲門闕，交兑爲户，四在門闕之中，爲「庭」。「不出」者，自守以正而已。動有險，故「不出户庭」，乃无咎。不出則處也，在言語則默，亦是也。不出而處，不語而默，雖有正應，不説也，是之謂節。兑爲口舌，故繫辭專以慎密不出言之。易傳曰：「通則行，塞則止，義當出則出矣。君子貞而不諒。」或曰：艮爲門闕，又曰交兑爲户，何也？曰：兑爲户，震爲門，艮土在啓閉之際，故爲門闕。乾始於子，至丑直艮，至寅成泰，泰者，天地交通，至卯直震，故震交艮爲門，震即乾之闢户也。是以雷發聲，蟄蟲開户。坤始於午，至未直坤，至申成否，否者，天地閉塞，至酉直兑，故兑交艮爲户，兑即坤之闔户也。是以雷收聲，蟄蟲坏户。

九二，不出門庭，凶。象曰：「不出門庭」，失時極也。

極，至中也。二動歷四，應五成震，震爲門，四在門闕之中，爲「庭」。二以中應五之中，「極」也。當其可之謂時，故曰「時極」，「時極」者，時中也。九五剛中當位，酌民情以爲節，九二有剛中之德，動而應，以趨節之時，則中正之節達于下矣，得「時極」也。若説於三陰，與五異趨，固而不知變，門庭可出而不出，是得時極而自失之也。所以凶者，其節不正也，故聖人戒之。

六三，不節若，則嗟若，无咎。象曰：不節之嗟，又誰咎也？

六三柔不當位，説而失中，不能節之以剛者也。有子曰：「知和而和不以禮節之，亦不可行也。」三不能節，則乘剛失位，以説從人而已，不能堪焉，故憂發於口，咨嗟而已。三變而剛，剛不失節而上自應，夫何憂哉？易傳曰：「節可以免過，而不能自節，以致可嗟，將誰咎乎？」此爻與離之九三「不鼓缶而歌，則大耋之嗟，凶」，象異而意同。

六四，安節，亨。象曰：安節之亨，承上道也。

節，止也，凡止物有險之道，險非人情之所安，上三爻皆處險，六四當位履正，安於處險，以順承上而止物焉，安於節也。六四能安於節者，以承上中正之道，以此節下，下必應之，節道行乎上下而亨，亨則通矣，非中正豈能安其節哉？易傳曰：「節以安爲善，强守而不安則不能常，豈能亨也？」

九五，甘節，吉，往有尚。象曰：甘節之吉，居位中也。

節者，理之不可得而過者也。九五居位以中，爲制節之主，安行於上而不動，「甘節」也。五自泰九三變，以説行險，有甘之意，先王建國宅中，均道里，制邦域之時乎？正則吉，二説從之，「往有尚」也。「尚」，配也，往有配乎中也。詩曰「商邑翼翼，四方之極」，「往有尚」也。故九二「不出門庭，凶」，象言「當位以節，中正以通」，爻止言「居位中」，何也？彖言九五一爻，此言九五、九二相易〔一〕也。易傳曰：「已則安，行天下則説從，節之至善者也。」

〔一〕「易」，四庫本作「善」。

上六，苦節，貞凶，悔亡。象曰：「苦節，貞凶」，其道窮也。

節過乎中，居險之極，人所不堪，下无説而應之者，「苦節」也。不可貞，貞則凶，「其道窮」也。上六[一]固守乎正，不知俯而就中，則「悔亡」。五，中也，悔則窮，能悔則亡凶矣。易傳曰：「悔亡，損過從中之謂也。節之悔亡，與他卦之悔亡，辭同而意異。」

☴☱兑下巽上

中孚，豚、魚吉，利涉大川，利貞。

彖曰：中孚，柔在内而剛得中，説而巽，孚乃化邦也。「豚、魚吉」，信及豚、魚也。「利涉大川」，乘木舟虚也。中孚以利貞，乃應乎天也。

中孚自遯來，訟之變也。二、五不應，六三孚于上，六四孚于下，二爻在中而孚，「中孚」也。易傳曰：「中孚者，信之本；中實者，信之質。」夫信之未彰，无形矣，其中已有信也，非中虚乎？静而正，發而當，反諸己而不怍，斷然如金石之不可易，非中實

〔一〕「六」，原作「九」，據通志堂本、四庫本改。

乎？故曰「柔在内而剛得中」。此以三四、二五言中孚也。

上巽施之，下説從之，巽説相與，不期於孚而孚焉。猶鳥之孚卵也，巽伏於上，説從於下，不動而柔者化，剛者應，拚然而飛矣。「化邦」之道，不幾於是乎？坤在上爲邦國，外巽内説，感之以誠信，久而自化，不爲而成也。其象巽、離化坤，巽、離者，萬物化成之時，故曰「説而巽，孚乃化邦也」。此揔六爻而言中孚也。

「豚、魚」，六四也。中孚六四即訟坎之初，坎爲豕，其初爲豚，三兑爲澤，四巽乎澤爲魚，六四一爻，具豚魚之象，而在中孚之中，「信及豚、魚也」。先王之交萬物，无非信也，取之必有時，用之必有節，風有騶虞，信及「豚」也，頌有潛，信及「魚」也。動物之蕃息者，莫如豚、魚，「信及豚、魚」，上下草木鳥獸无所不及，而至誠之道，可以贊天地之化育，如是乃吉。六四，正也，正則吉，信至於賞罰而示之者，末矣，非心服也，其終必凶，故曰「豚、魚吉」，象曰「信及豚、魚也」。此以六四言中孚也。

坎爲險難，初越二、三，涉坎成巽，巽爲股，「涉大川」也。兑澤而爲大川，決而成川也。巽爲木，兑金刳其中，「舟虚」也，「舟虚」者，中虚之象，九五體巽，其中虚不以好惡之利累其心，其下説而不違利以濟難也。夫乘木之利，乘桴不如乘舟，重載而乘險者，不如虛舟之爲安，仗誠信而蹈大難，猶乘木，而其中枵然，豈復有風波之虞哉？古之人虛己遊世，五兵兕虎不能害，用此道也。故曰：「利涉大川，乘木舟虛也。」此以四、五言中孚之功也。

天之道，不言而善信，四時自成，萬物自生，正而已矣。正，誠也，六四之正，乃應乎天者，以其心正，其心正則其意誠，乃應於天之道，非人爲也。故曰：「中孚以利貞，乃應乎天也。」此以六四、初九相應言中孚也。初九本九四，乾在上，爲天之象。

在卦氣爲冬至，故太玄準之以中。

象曰：澤上有風，中孚，君子以議獄緩死。

「澤上有風」，澤中應之，中孚也。中孚，信也。中孚自訟變，坎爲獄，九四之初，坎成兑，兑爲口，「議獄」也，「議獄」者，議其獄情之正否也。艮六變成中孚，艮體盡矣，爲游魂，游魂，死之象，震爲反生，「緩死」也，「緩死」者，未必死也。君子「議獄緩死」，則好生之德孚于上下矣。傳曰「冬至四十五日，條風至，出輕刑，解稽留」，法此象乎？

初九，虞吉，有它不燕。象曰：「初九虞吉」，志未變也。

中孚之初，戒在審慎其所信，初九、六四，正應也，初宜信四，而初、四相易，以失位爲憂，以其有憂也，故虞度之，虞乃不失其正應，故吉。虞度而得其所從，宜誠一不貳，「有它」則擇利而動，心无所主，惑矣。「燕」，謂三也，雷在澤中，有燕息之象。三非初之正應，初與三同體，説乎陰而往應之，爲「有它」。初之三，歸妹象毁，而「不燕」，以其貳也。初九所以「虞吉」者，得其所從，其志未變於三，變於三矣，何燕之有？

九二，鳴鶴在陰，其子和之，我有好爵，吾與爾靡之。象曰：「其子和之」，中心願也。

訟離爲飛鳥，變震爲鶴。説卦震爲鵠，鵠，古鶴字也，穆天子傳、列子皆以鵠爲鶴。鶴震聲感兑，鳴於正秋，九二之象也。九二剛實而中，中孚之至者，九居二，「鳴鶴在陰」也。坤爲母，巽四爲子，四與二同體震，而九二陽爲大，六四陰爲小，故四有「子」之象。二、四志同，二鳴而四和，二，中也，四亦中，虚心之象，其應豈强爲哉？出于「中心願」而已矣，荀子所謂「同焉者合，類焉者應」，故曰「其子和之，中心願也」。巽爲命，五，出命者也。陽爲美好，「好爵」者，爵命之美。「吾」，四自謂也。「我」，四謂五，猶曰「我君」也。「爾」，親乎二也，二誠于中，四自和之，若曰我君有好爵，吾與爾共靡之，非二有求於四也。四於五，其疏附之臣乎？「靡」，子夏傳、陸績作「縻」，巽爲繩，縻繫之象，當作「縻」。孟子曰「我善養吾浩然之氣」，莊子曰「吾无食，我无糧」，古人文章，相錯而成，此爻所謂「我」、「吾」亦然。易傳曰：「至誠无遠近、幽深之間，唯知道者識之。」

六三，得敵，或鼓或罷，或泣或歌。象曰：「或鼓或罷」，位不當也。

「敵」者，勢均而不相下也。艮之象曰「上下敵應，不相與也」，言六爻勢均，當應而否。故子夏傳曰「三與四爲敵」，蓋三、四同體而異意，近而不相得。六三不正，小人也，六四正，君子也，三小人不見信於君子，而志在得四，四終不可得。震爲鼓，三動鼓而進，將以張之也，而四不應；既罷而退，將以誘之也，而四不來。三動離爲目，兑澤流目，「或泣」以感之，而四不憂；巽爲長，震爲聲，兑口爲言，長聲以永其言，「或歌」以樂之，而四不悦。「或鼓或罷，或泣或歌」，小人之情狀盡矣。四守正，終莫得之，處位不當，无以取信於君子也，豈能强得之哉？

六四，月幾望，馬匹亡，无咎。象曰：「馬匹亡」，絶類上也。

四處當位近君，其道上行，成孚者也。訟離爲日，坎爲月，坎變震，月在東也，離變兑，日在西也，月東日西，「望」也。五在中，四爲「幾望」，陰道之盛，盛則敵君，禍敗必至，不可不戒。古者駕車，四馬，兩服爲匹，兩驂爲匹，不能四馬，則駕兩馬，曰駢，駢亦匹也。四震爲作足馬，四應初成坎，坎爲美脊之馬，兩馬，「匹」也。震、坎，陽卦，類也，四之上，絶其類而不應，則「馬匹亡」矣。孚道在一，四上從五，亡其匹，則絶係應之私，无敵君之禍。易傳曰：「係初則不進，其能成孚乎？」

九五，有孚攣如，无咎。象曰：「有孚攣如」，位正當也。

九五在上，六四在下，君臣之位正也。九五剛健中正，六四柔巽，正而順，君臣之德當乎位也。五、四君臣相孚，上下固結如攣然，相易以致用，故「无咎」。「攣」，拘攣也，五、四相易，有巽股、艮手、離目相就拘攣之象。夫忠爲令德，苟非其人不可，君臣之際，非位正德當，其孚如是，豈能无咎乎？

上九，翰音登于天，貞凶。象曰：「翰音登于天」，何可長也？

巽爲雞，剛，其翰也，柔，其毛也。「翰」，羽翮也。震爲聲，上動反三成兑，雞振其羽翮，而後聲出于口，「翰音」也。乾五爲天，六三往上，陰爲虚，「翰音登于天」也。鳥之類，聲聞于天者，鶴也，雞无是實，虚聲聞于上，雖登于天，須臾則反，其可長乎？巽爲長，三之上巽毁，「何可長也」。不信之極，正乎其凶，故曰「貞凶」。張載曰：「信之无實，窮上必凶。」

䷽艮下震上

小過，亨，利貞，可小事，不可大事，飛鳥遺之音，不宜上宜下，大吉。

彖曰：小過，小者過而亨也。過以利貞，與時行也。柔得中，是以小事吉也。剛失位而不中，是以「不可大事」也。有飛鳥之象焉，「飛鳥遺之音，不宜上宜下，大吉」，上逆而下順也。

小過與中孚相易，其卦四陰二陽，陽爲大，陰爲小，「小者過」也。六五過四而亨於外，六二過三而亨於内。蓋事有失之於偏，矯其失必待小有所過，然後偏者反於中。謂之過者，比之常理則過也。過反於中，則其用不窮而亨矣，故曰「小過，亨」，彖曰「小者過而亨也」。此以四陰之中舉六二、六五言小過也。

小過自臨來，明夷變也。臨九二之三，六三之二，成明夷，二過乎三也。明夷初九之四成小過，五過乎四也。二過乎三，正也；五過乎四，不正也。不正者，矯其失而過正也。正者，時所當過，過所以就正也。所謂時者，臨之兑，秋也，震，春也，明夷之離，夏也，坎，冬也，小過之艮，終始也。過與時行，而六二之正不動，於六二不動，乃能小過而亨，利貞也。君子制事以天下之正理，所以小過者，時而已，譬之寒或過於陰，暑或過於陽，冬裘夏葛，无非正也，故曰「過以利貞，與時行也」。此以六二言小過也。

二、五之柔皆得中也，五得中得尊位，過而在上者也，二得中得正，過而在下者也。巽爲事，正則吉。小過之道，不以位之上下，於小事有過而不失其正，則吉，「柔得中」也。九四剛失位，九三剛而不中，震爲作，陽爲大，作大事，非剛得位、得中不能濟，失位則无所用，其剛不中，則才過乎剛，是以小過之時不可以作大事，故曰小事吉，不可作大事。此以二、三、四、五言小過也。

明夷離爲鳥，初往之四，自下而升，有飛鳥之象。四易坤成坤、震，震爲聲，聲往於上而止於下，飛鳥遺音之象。巽爲風，「飛鳥遺之音」，逆而上則難，順而下則易。上，逆也，故「不宜上」；下，順也，故「宜下」。小過之時，事有時而當過，所以從宜，不可過越已甚，然亦豈能過哉？譬如飛鳥泝風，決起而上騰，其音安能遠過？俄頃而止矣。大者如是則吉，不然必凶，時不可犯也。故曰：「有飛鳥之象焉，飛鳥遺之音，不宜上宜下，大吉。」此復以初九之四言小過也。

中孚肖乾，小過肖坤，故二卦爲下篇之正。鄭康成曰：「中孚爲陽，貞於十一月子，小過爲陰，貞於六月未，法於乾、坤。」

以卦氣言之爲立春，故太玄準之以差。

象曰：山上有雷，小過，君子以行過乎恭，喪過乎哀，用過乎儉。

雷出地上，其壯乘乾。「山上有雷」，小有所過也。君子有時而小有所過者，三巽乎上下而過，「行過乎恭」也。震、巽爲號咷，而上六過之，「喪過乎哀」也。巽爲高，坤爲吝嗇，處高而吝嗇，逼下已甚矣，初六過之，「用過乎儉」也。時當小過，君子不得不小有所過，以矯正一時之過。考父之過恭，高柴之過哀，晏平仲之過儉，非過於理也，小過乃所以爲時中也。

初六，飛鳥以凶。象曰：「飛鳥以凶」，不可如何也。

明夷離爲鳥，初之四，「飛鳥」也。「以」，如師能左右之曰「以」。四動體而躁，初艮體不正，柔而止，不當過也，有應在四，爲四所以不當過而過，其過至甚，如飛鳥迅疾，雖欲救止，「不可如何」，其凶必矣。坎爲可，四以之，坎毁，「不可」也。兑口，「如何」也，與鼎「信如何也」同象，是謂惡成而不及改者。易傳曰：「小人躁易而上應助，過速且遠，不容救止也。」

六二，過其祖，遇其妣，不及其君，遇其臣，无咎。象曰：「不及其君」，臣不可過也。

三乾在上爲父，四爲祖，五坤陰居尊位，配乎祖，妣也。曰「祖」曰「妣」，既過之稱。六二中正，祖，尊也，妣亦尊也，祖不中正，於義當過，妣中而過之，義不可也，過則失中矣，故「遇」之。「遇」，不期而會，五下〔一〕應二，以中相會，故「遇」之，言過而適與中相當也。五，君之位，坤居之，坤，臣也，過而適及於臣之分則可，過而及於君，過臣之分也，於義爲有咎，故不可不戒。易傳曰：「遇，當也，過臣之分，其咎可知。」

九三，弗過防之，從或戕之，凶。象曰：「從或戕之」，凶如何也。

九三剛正而應上六，應則過五，五，中也，中不可過，三戒在小不忍，用剛以過中，故「弗過」。宜正己自守，防小人則吉。兑澤，坤土止之，「防」也。三不防，

〔一〕「下」，原作「不」，據通志堂本、四庫本改。

乃捨所守從之，剛過乎中，上或戕害之矣。離爲戈兵，己動失正，「戕之」也，「戕」者，外傷之。「如何」，兑口也，與初六「如何」同象。不能守正，見戕於外，其凶果如何也。晉陽處父易狐射姑之班，伯宗言於朝而諸大夫莫若，皆過之而弗防，故[一]及於難。

九四，无咎，弗過遇之，往厲必戒，勿用永貞。象曰：「弗過遇之」，位不當也。「往厲必戒」，終不可長也。

四不當位，以剛履柔爲得宜矣，故「无咎」。四下應初，則過二，二，中也，弗可過也，知二不可過，乃與五遇，五亦中也，弗過二則與中適相當，遇得其道矣。若去柔用剛，進而之五，往則危厲，故必以用剛爲戒。往之五成離，戈兵之象。不動，兑爲口，「戒」也，小人過君子之時，不戒而用剛，鮮不爲禍，故丁寧之，既曰「必戒」，又曰「勿用永貞」。當隨時處順，不可固守其正，是以終无咎也。然盛衰相循，无小人常[二]過君

〔一〕「故」，原作「改」，疑描補致誤，據汲古閣本、通志堂本、四庫本改。
〔二〕「常」，汲古閣本、通志堂本、四庫本作「當」。

子之理，巽爲長，陸震曰「小者之過，終不可長也」，戒而慎之，以俟其復。

六五，密雲不雨，自我西郊，公弋取彼，在穴。象曰：「密雲不雨」，已上也。

兑澤之氣上而爲雲，兑，盛陰也，故爲「密雲」，澤降爲雨。小過自明夷變，初九往四成兑，澤氣已上而未降，雲雖密而無雨，故曰「密雲不雨，已上也」，言陰過陽，君子之澤未能下也。四在内外之交，而見天際，「郊」之象。四兑，西也，五震，東也，巽風揚之，雲自西往東，由陰而升，陰唱則陽不和，「不雨」之象，故曰「自我西郊」。三，公位，明夷三坎爲弓，離爲矢，初之四成巽，巽離爲絲，以絲繫矢，「弋」也，「弋」，取〔一〕之器也。坎、兑爲穴，坎，幽隱也，艮爲手，「取」也。「彼」謂二，六二在穴中，有中正之德，處於幽隱，九三君子俯而取之，往助於五，然六二、六五同爲陰類，三雖取之，豈能濟大事乎？小過之時，柔得尊位，二陽在下，爲陰所過，不能成功，三下取二，用力多矣，亦豈能濟哉？謂四陽爲「我」，二陰爲「彼」，以陽爲主也。若中孚陽謂陽，則謂五曰「我」，自謂曰「吾」，謂二曰「爾」，尊卑之義。小畜象曰「密雲不雨，尚往也，自我西

〔一〕「取」下，汲古閣本爲占位存疑之「□」，因從底本不可通，通志堂本、四庫本則徑加一「物」字。

郊，施未行也」，其辭與小過六五同，蓋小畜所畜者小，小過則所過者小，皆不可以作大事，過之則畜之矣。二卦雖殊，而大者爲小者所畜而不得施，則一也。故關子明曰：「小畜一卦之體當小過一爻之義，然則畜之一也，小大之時異焉。」

上六，弗遇過之，飛鳥離之，凶，是謂災眚。象曰：「弗遇過之」，已亢也。

上六不與五相當，失中也，又動而過之，則甚矣，而況處小過之極，於時爲已亢乎？故曰「弗遇過之」。上動成離，離爲飛鳥、爲目，巽爲繩，以繩爲目，罔罟之象，其違理過常，猶飛鳥過甚，自離于罔罟，故曰「飛鳥離之，凶」。動則不正，故凶。離有伏坎，災也，「弗遇過之」，災乃自取，非天也，人也，而曰「災眚」者，過之極，窮之災也。於時已亢也，人事過越如此，使知時而守正，未必能免，已亢故也。

䷾離下坎上

既濟，亨小，利貞，初吉終亂。

象曰：既濟亨，小者亨也。「利貞」，剛柔正而位當也。「初吉」，柔得中也。終止則亂，其道窮也。

既濟自泰來，豐九四變也。泰兑爲澤，九二之四成豐，四已濟險而小者未盡亨，九四之五，則小者亨矣，於濟爲既。其卦三陰得位，三陽下之，大者既濟，小者亦亨。子夏傳曰：「陽已下陰，萬物既成。」不曰「小亨」而曰「亨小」者，大者之濟，爲亨小者而濟，非爲己也。禹思天下之溺猶己溺之，稷思天下之飢猶己飢之，亨至於小，則小大畢亨，故曰「既濟，亨小」，彖曰「既濟亨，小者亨也」。象文當曰「既濟亨小，小者亨也」，脱一字。此以三陽下三陰而言既濟也。

以陽下陰，非正也，亨之也。剛，君子也，柔，小人也，剛柔不失其正，君子、小人各當其位，无犯分躐等之非，守既濟之道也，故曰「利貞，剛柔正而位當也」。此以六爻當位而言既濟也。

自泰至賁，二復三變，始於二之四成豐，次四之五成既濟，其終五之上而成賁，濟天下之難莫若剛，過剛亦不可以濟，失人心也。方濟之初，以柔濟剛，則其柔得中，剛者爲用，天下之難有不濟乎？此既濟之初所以吉，正則吉也。既濟矣，上六變艮成賁，艮，止也，止而不進，不復有爲，文飾而已，濟終則極，衰亂復起，終以亂也，蓋其道已窮。故曰「初吉終亂」，彖曰「初吉，柔得中也。終止則亂，其道窮也」。終始，時也，治亂者，道之窮通也。晉、隋有天下，不旋踵而亂，不知「終止則亂」之戒也。易傳曰：「唯聖人爲能通其變於未窮，不使至於極也，堯、舜是也，故有終而无亂。」此推原卦變，以九五一爻言既濟之終始也。

在卦氣爲十月，故太玄準之以成。

象曰：水在火上，既濟，君子以思患而豫防之。

水火相逮而後濟。天地之道，以坎離相濟，以日言之，日降則月升，以月言之，日交則月合，以歲言之，寒來則暑往，皆既濟也。坎上離下，既濟矣。然既濟之極，水火將反其初，故既濟之象，未濟藏焉，君子不可不思慮以豫防其患。坤土爲思，坎爲險難，「患」也。土防水，「防」也。在既濟之時而防險難，「豫」也。「思患而豫防之」，則難伏而不作。或曰：五動坤變坎，成震體，豫而未濟之象毀矣。

初九，曳其輪，濡其尾，无咎。象曰：「曳其輪」，義无咎也。

三坎爲輪，初卦後爲尾，初九剛而離體，炎上有應，進於上，其志必鋭。時既濟矣，動而進不已，必至於咎，故戒之。初動之四成艮，艮爲手，「曳」也。坎輪在水火爻中，火欲上，水欲下，亦「曳」也。「曳其輪」，不輕進，尾濡坎水，不速濟，止之於初，持重緩進，以全其剛，而不至於極，則於既濟之義爲得矣，故曰「義无咎也」。

六二，婦喪其茀，勿逐，七日得。象曰：「七日得」，以中道也。

二坤爲輿，三坎爲輪，二之五，離變震、坤，離爲文，震爲竹，竹有文，蔽車之前者，「茀」也。離爲婦，婦人乘車不露見，有茀乃可以行。五於既濟之時，安其位，无動而有爲之意，二雖有文明中正之德，不得遂其行，「婦喪其茀」也。五坎爲美脊之馬，二、五相易，震爲作足之馬，「逐」也。五不下二，二當以中道自守，故戒以勿逐，逐則失其素守而不正。「七日得」，自二數之，至上爲五，復自初數之，至二，凡七日，「以中道」也。「中道」者，天地之所不能違，故坤極生乾，七日必復，而況人乎？易傳曰：「自古既濟用人蓋鮮矣，以唐太宗之用言，猶怠於其終，況其下者乎？」雖不爲上所用，而中正之道无終廢之理，不得行於今，必行於異時。

九三，高宗伐鬼方，三年克之，小人勿用。象曰：「三年克之」，憊也。

坤爲鬼，爲方，五坎爲險，帝繫有鬼方氏，鬼方蓋國名。小國於既濟之時，恃險不來，九五離體，有戈兵，用九三往伐之。坤爲年，自四數之歷三爻，三之上成巽，巽爲入，入其險也，上之三成坤，順也，既入其險，鬼方來順，「三年克之」也。「克」，難辭也。九三剛正，君子也，上六之三，柔而不正，小人也。高宗，中興之賢君，伐鬼方氏之小國，歷時之久，至於三年而後克之，其力亦憊矣，況用小人乎？坎爲勞，重坎，「憊」也。小人非貪慾不爲，其禍至於殘民肆慾，遂喪其邦，故戒以「小人勿用」。爻言勿用小人，象曰「憊」者，聖人慮後世勤兵於遠，託高宗久伐以濟其欲，勞民動衆，三年克之，雖高宗行之，亦憊也。

六四，繻有衣袽，終日戒。象曰：「終日戒」，有所疑也。

四坎，水也，初之四成巽，巽木在水上，舟之象。四未交初，巽毁坎見，舟漏也。四坤爲裳，「繻」，裳也。初乾爲衣，艮爲手，「袽」塞也。離日在下，「終日」也。兑爲口，「戒」也。巽爲不果，「疑」也。六四近君而正，明於防患，資初九之賢，彌縫九五之闕，終日相戒，如奉漏舟，不唯自竭，而初九助之，如有裳及衣袽塞其漏，苟可以豫防者无不爲，斯能濟乎重險矣。制治保邦之道，患至而後慮之，无及已。心有所疑，知禍亂之源，必先事而塞之，乃保既濟之道，故曰「終日戒，有所疑也」。易傳曰：「不言吉者，方免於患也，既濟之時，免患足矣，无復有加矣。」

九五，東鄰殺牛，不如西鄰之禴祭，實受其福。象曰：「東鄰殺牛」，不如西鄰之時也。

「實受其福」，吉大來也。

泰震爲東，兑爲西，三、四，鄰也，兑爲刑殺，坤爲牛，坎爲血，離爲夏，震爲聲，上爲宗廟，九二〔一〕之五，有長子奉祀、「東鄰殺牛」、「西鄰禴祭」之象。殺牛，盛祭也，禴尚聲，薄祭也，盛不如薄者，時也。二、五均有中正之德，然二未濟，有進也，九自五來，二以虛受，故曰「實受其福」。正，吉，陽爲大，「吉大來」也。五既濟，无所進也，盈則當虛，故曰「不如西鄰之禴祭」也。理无極而不反者，既濟，極矣，時已往矣，五以中正守之，能未至於反而已。易傳曰：「至於極，則雖善處，无如之何矣。」

上六，濡其首，厲。象曰：「濡其首，厲」，何可久也。

上，既濟之極，以剛處之，猶恐其反，六安其位而不變，必有顛隕陷溺之患。上反三，乾爲首，濡於坎水之中，濟而至於水濡其首，危極矣，濟之窮也，其可長乎？巽爲長。易傳〔二〕曰：「既濟之終，小人處之，其敗可立而須也。」

〔一〕「二」，通志堂本、四庫本作「三」。
〔二〕「傳」，原脱，據四庫本補。

䷿坎下離上

未濟，亨，小狐汔濟，濡其尾，无攸利。

彖曰：「未濟，亨」，柔得中也。「小狐汔濟」，未出中也。「濡其尾，无攸利」，不續終也。雖不當位，剛柔應也。

未濟自否來，既濟之反也。否塞之時，六二之柔得中而上行，天地相交，否者亨矣，柔而不中，則介於二剛，其能亨乎？故曰「未濟，亨，柔得中也」。此以二、五言未濟也。艮、坎爲狐，小狐，初爻也，艮之初爻爲小狐，猶中孚之豚，亦初爻也。爾雅曰「蟣，汔也」，詩曰「汔可小康」，鄭康成曰「汔，幾也」。四爲坎險，五爲中，出險也。初往之四，幾濟而未及於五，「未出中」也。狐首輕尾重，老狐聽水，負尾而濟，其剛不息，是以終濟。卦以成卦言之，上爲首、爲前，初爲尾、爲後。以畫卦言之，初爲始、爲本〔一〕，上爲終、爲末。上九，剛也；初六，柔也。小狐不度而進，未能審慎，其前則剛，其後乃柔，

〔一〕「本」，原作「卒」，據汲古閣本、通志堂本、四庫本改。

四坎「濡其尾」，往无攸利，以其剛不足，「不續終」也。然則濟險者，其在於審慎，始終如一，剛健不息者乎？孟喜曰「小狐濟水，未濟，一步下其尾」，故曰「小狐汔濟，未出中也。濡其尾，无攸利，不續終也」。此以初六、九四相易言初六之柔不足以濟險難也。

未濟六爻雖不當位，而剛柔相應，苟量力度時，慮善而動，上下、內外相與，未有不濟者也，故曰「雖不當位，剛柔應也」。此以六爻申未濟有可濟之理也。

在卦氣爲十一月，故太玄準之以將。

象曰：火在水上，未濟，君子以慎辨物居方。

未濟自否變，否艮，止也，「慎」之象。離爲明，「辨」也。火，陰物也，居南，水，陽物也，居北，二物有相濟之理，火上水下，各居其所，未濟也。君子觀此，慎辨萬物，使各居其所，有辨然後有交，辨之以正其體，交之以致其用，不辨則不交。有未濟乃有既濟，而未濟含[一]既濟之象。

初六，濡其尾，吝。象曰：「濡其尾」，亦不知極也。

〔一〕「含」，原作「舍」，據通志堂本、四庫本改。

卦後爲尾，坎水濡之，「濡其尾」也。初處險下而上有應，其志欲動，在未濟之時，剛動則出險，於濟爲得其分量矣，「極」，分量之極也。初柔，九二又以剛在前阨之，雖有應可動，而柔不能動，「吝」也。於是而欲濟，是「亦不知極也」，猶獸欲濟而力柔，水濡其尾，則不能舉，終亦不出乎險矣。坎水爲「知」。

九二，曳其輪，貞吉。象曰：九二貞吉，中以行正也。

坎爲輪，二往五應，艮爲手，「曳其輪」也。坎輪在水火交之中，水欲下，火欲上，亦「曳」也。二，中也，九二之五，「中以行正也」。未濟時，六五柔處尊位，五所賴者，九二剛中也，剛非臣德之正也，剛或好犯，恭順之道或有不足，故戒以「曳其輪」，則緩進以盡恭順，於臣爲中，於道爲上行。「中以行正」者，正未必中，中以行正則盡矣。易傳曰：「唐郭子儀、李晟當艱難未濟之時，能保其終吉者，用此道也。」

六三，未濟，征凶，利涉大川。象曰：「未濟，征凶」，位不當也。

三處險中，唯至剛乃可以出險。六柔不當位，「未濟」也。以柔而行，外援上九，則乾首没於坎中，淪胥以溺之象，雖正亦凶，竇武、何進是也，故曰「征凶」。三、四非應，當未濟之時，三資其助，四近而協力，巽股出險，「利涉大川」矣。

九四，貞吉悔亡，震用伐鬼方，三年有賞于大國。象曰：「貞吉悔亡」，志行也。

九居四有悔，動而正，正則吉而悔亡。四動體震，震爲威怒，坤爲鬼方，坎爲險。四近君，剛而明，有濟之道。初恃險未順，四用其威怒以入其阻，「伐鬼方」也。自三至初歷三爻，坤爲年，「三年」而後順克之也。克，難辭。艮山，坎川，坤土，田賞之象。坤四爲國，陽爲大，「有賞于大國」，非「貞吉悔亡」，其志於上下乎？二卦言伐鬼方者，借此以明必濟之義。天下之弊，固有盤結而難去者，四凶、頑民，歷世既久，乃能去之，故曰「貞吉悔亡」。易傳曰：「古之人用力之甚者，伐鬼方也，故以義動而遠伐，至於三年然後成功，而行大國之賞，必如是乃能濟。四居柔，故戒以此。」

六五，貞吉无悔，君子之光，有孚，吉。象曰：「君子之光」，其暉吉也。

六五文明之主，柔居尊位，「悔」也。虛中而下九二，二往五正，以剛濟柔，故「貞吉无悔」。坎爲光，「君子之光」，謂九二也。五離爲明，二與五應，光明相燭，「有孚」也。「暉」者，光之散，管輅曰「日中爲光，朝日爲暉〔一〕」，朝日初出，其光暉散也，言二、

〔一〕「暉」，原作「輝」，據汲古閣本、通志堂本、四庫本改，下同。

五未交，其德暉之所及已孚于上下，則吉。濟險難者，君必剛正，臣必有不言之信，然後委任篤，下无間言，功濟天下而无後患，不然，凶必至矣。

上九，有孚于飲酒，无咎，濡其首，有孚失是。象曰：飲酒濡首，亦不知節也。

上孚于三，三震、坎爲酒，上反三成兑，坎流于兑口，「有孚于酒」也。三之上得正，「无咎」也。未濟之極，无極而自濟之理，非剛健之才，得時得位，上下孚應，終不濟也。上九君子，有才而不當位，與六三相應，而无可濟之資，以其有孚矣，相與飲酒，樂天順命，以俟可濟之時，則於義无咎。上反三，乾首濡于酒中，則從樂耽肆，「亦不知節」矣，坎、兑，節之象也，有孚，若然，失是義矣。晉、魏之交，士多逃于麴糵，无濟時之志，以故世復大亂，聖人之戒不其深乎？易傳曰：「人之處患，知其无可奈何而放意不反者，豈安於義命者哉？」

周易下經豐傳第六

易學典籍選刊

漢上易傳

下

〔宋〕朱震　撰
种方　點校

中華書局

周易繫辭上傳第七

翰林學士左朝奉大夫知制誥兼侍讀兼資善堂翊善
長林縣開國男食邑三伯户賜紫金魚袋朱震集傳

天尊地卑，乾坤定矣。卑高以陳，貴賤位矣。動静有常，剛柔斷矣。方以類聚，物以群分，吉凶生矣。在天成象，在地成形，變化見矣。是故剛柔相摩，八卦相盪。鼓之以雷霆，潤之以風雨。日月運行，一寒一暑。乾道成男，坤道成女。乾知太始，坤作成物。乾以易知，坤以簡能。易則易知，簡則易從。易知則有親，易從則有功。有親則可久，有功則可大。可久則賢人之德，可大則賢人之業。易簡，而天下之理得矣。天下之理得，而成位乎其中矣。

「乾坤」、「貴賤」兩者，聖人觀天地而畫卦。「剛柔」、「吉凶」、「變化」三者，聖人觀萬物而生爻。「變化」者，爻有變動也。伏羲畫卦，乾上坤下，立天地之位。歸藏先坤後乾，首萬物之母。連山乾始於子，坤始於午。至於周易，尊乾卑坤，其體乃定。見於卦，則上體，乾也，下體，坤也，道雖屢遷，上下不易。君尊臣卑，父尊子卑，夫尊婦卑，謂之三綱。三綱不正，天地反覆。高者貴，卑者賤，則「貴賤」之位分矣。陽爲貴，乾也；陰爲賤，坤也。「高」者，乾之位也；「卑」者，坤之位也。上既曰「尊」矣，尊无二上，故易「尊」爲「高」。又曰「卑高」者，貴以賤爲本。易自下升上，元士、大夫、三公、諸侯承之，然後君位乎五也。

動而不屈者，剛也；静而不變者，柔也。「動静有常」，則乾剛、坤柔，其德斷而无疑矣。策數以七、九爲陽，六、八爲陰。陽，剛也；陰，柔也。爻位以一、三、五爲剛，二、四、上爲柔。陽先陰後，故策七者二十八，策九者三十六。爻一陽、二陰、三陽、四陰、五陽、六陰，君不剛則臣强，父不剛則子强，夫不剛則爲妻所畜，尊卑之位，貴賤之分也。

五方之物，各以其「類聚」，同氣也；五物之類，各以其「群分」，異情也。氣同則合，情異則離，而「吉凶生矣」。爻或得朋，或失類，或遠而相應，或近而不相得，或睽而通，或異而同，陰陽之情也。

「在天成象」者，陰陽也；「在地成形」者，剛柔也。天變則地化，變者，陰陽極而相變也。陰陽之氣變於上，剛柔之形化於下，故策二十八者其數七，策三十二者其數八，策三十六者其數九，策二十四者其數六。陰陽交錯，剛柔互分，天地變化之道，乾、坤之交也。乾以剛摩柔，坤以柔摩剛，「剛柔相摩，八卦推盪」，變化彰矣。説卦謂之中爻，先儒謂之互體。

「鼓之以雷霆」者，震反艮也；「潤之以風雨」者，巽反兑也〔一〕。風而曰「潤」者，以雨而風，不以陰先陽也。「日月運行，一寒一暑」者，坎、離也。六子致用，萬物化生，然不越乎乾、坤也。震、坎、艮之爲三男，得乾之道也；巽、離、兑之爲三女，得坤之道者也。

聖人之用天下，合乾、坤也。父子、君臣，乾、坤也。夫婦，震巽、坎離、艮兑也。長幼，其序也。朋，同類也；友，異體也。五者，乾、坤而已矣。始於乾，終於坤，以「乾知太始，坤作成物」也。物生始於子，物成始於午。乾，西北方，亥也。陽藏於坤，有

〔一〕「也」，原脱，據汲古閣本、通志堂本、四庫本補。

一而未形，「知太始」也。坤，西南方，申也，物成於正秋，酉也，坤終於十月，亥也，坤作於申，成於酉，終於戌、亥，「作成萬物」也。「乾知太始，坤作成物」，尊卑、貴賤之分也。故父作子述，君佚臣勞，夫唱婦和。

夫乾，確然不易，无爲而爲萬物宗，「以易知」也。天動地隨，坤順乎乾，其作成萬物者，「以簡能」也。簡曰易從者，歸之乾也。與「高」不言「尊」、「風雨」言「潤」同義。聖人之於尊卑之際，君臣之大義嚴矣。孟子所謂「一本」，荀卿所謂「一隆」。易則其心一，故「易知」；簡則其政不煩，故「易從」。「易知」則天下見其憂樂，故「有親」；「易從」則匹夫、匹婦各獲自盡，故「有功」。「有親」則不厭，故「可久」；「有功」則不已，故「可大」。「可久」者，日新之德；「可大」者，富有之業。「賢人」者，賢於人者也。聖人，賢人之極。舜、禹之聖，亦曰選賢、與賢也。乾、坤之理盡於「易簡」，易簡，而天下之理得。「天下之理得」，則上下與之同流。德業既成，乃位乎兩間，與天地爲一。

聖人設卦觀象，繫辭焉而明吉凶，剛柔相推而生變化。是故吉凶者，失得之象也。悔吝者，憂虞之象也。變化者，進退之象也。剛柔者，晝夜之象也。六爻之動，三極之道也。是故君子所居而安者，易之序也。所樂而玩者，爻之辭也。是故君子居則觀其象而玩其辭，動則觀其變而玩其占，是以「自天祐之，吉无不利」。

聖人「設卦」，本以「觀象」，不言而見吉凶。自伏羲至于堯、舜、文王，近者同時，遠者萬有千歲，其道如出乎一人，「觀象」而自得也。聖人憂患後世，懼觀之者其智有不足以知此，於是繫之卦辭，又繫之爻辭，以明告之，非得已也，爲觀象而未知者設也。

爻有剛柔，「剛柔相推而生變化」，變化微矣，非辭何以明之？象與辭反復相發也。是故辭之有吉凶者，人有得失之象也；辭之有悔吝者，人有「憂虞」之象也。「失得」者，剛柔相文，有當否也。失者能「憂虞」之，俄且得矣，得者「憂虞」有不至焉，俄且失矣，悔其失者或致吉，吝其失者或致凶，「變化」也。「變化」之於「剛柔」，猶「進退」之於「晝夜」。變化者，進退之象；剛柔者，晝夜之象。晝推而進則夜退，柔者變而剛，夜推而進則晝退，剛者變而柔，晝夜之進退无止，剛柔之變化不窮。「憂虞」異情，得失殊致，故曰「吉凶悔吝生乎動」。「變化」者，動爻也。

「六爻之動，三極之道也。」一生二，二生三，三，極矣。邵雍曰：「易有真數，三是也。」關子明曰：「天三，數之極也，極乎終則反乎始，兼兩之義也。」故極而不變，其道乃窮。説卦「震其究爲健」，三變而乾也，「巽其究爲躁卦」，三變而震也，觀此可以例餘卦矣。是故君子「所居而安者」，易貴賤之序也；「所樂而玩者」，爻〔一〕吉凶之辭也。居則觀其卦之象而玩其辭，動則觀其爻之變而玩其占。易以變爲占，於占言變，則居之所玩，未變之辭也。居處動作，无非道也。天、人一理也，是故「自天祐之，吉无不利」。

彖者，言乎象者也。爻者，言乎變者也。吉凶者，言乎其失得也。悔吝者，言乎其小疵也。无咎者，善補過也。是故列貴賤者存乎位，齊小大者存乎卦，辯吉凶者存乎辭，憂悔吝者存乎介，震无咎者存乎悔。是故卦有小大，辭有險易。辭也者，各指其所之。

「設卦觀象」，默而識之，不得已而有彖者，所以言乎一卦之象也。玩其彖辭而不得，觀其象可也。「剛柔相推而生變化」，吉凶有難知者，故有爻辭，所以言乎一爻之變也。玩其爻辭而不得，觀其變可也。

〔一〕「爻」，原作「文」，疑描補致誤，據汲古閣本、通志堂本、四庫本改。

吉凶者，言如是而得，則吉，如是而失，則凶。悔吝者，言乎「小疵」也，惡積罪大，則悔无及已。吝〔一〕者，言當悔而止，護小疵致大害者也。无咎者，本實有咎，善補過而至於无咎。易有言「又誰咎」者，言咎實自取，自咎可也；有言「不可咎」者，義所當爲，才不足也。君子度德量力，折之以中道，則无咎矣。吉凶、悔吝、无咎，一也，其實悔吝、无咎所以明吉凶也。象不言悔而言无咎，无咎則无〔二〕悔可知矣。言凶而不言吝，吝不足言也。

卦自下而上，「列貴賤」之位，「存乎位」，則剛柔、往來、上下、内外，得位失位，或應或否，見矣。易於小事不忽，於大事不懼，視履尊位與居家同，視征伐天下與折獄同，視享上帝、養聖賢、養萬物與飲食同。知此，則知顔子與禹、稷同，曾子與子思同。故存乎卦之小大，則見事之小大齊矣。憂悔吝之將至者，當存乎「介」，「介」者，確然自守，不與物交。震懼而无咎者，當存乎悔，悔者，追悔前失而不憚改也。故悔則无

〔一〕「吝」，原作「言」，疑描補致誤，據汲古閣本、通志堂本、四庫本改。
〔二〕「无」，原脱，據通志堂本、四庫本補。

咎，「介」則无悔，不近於「知幾」乎？幾者，動之微，吉之先見也。易曰「介于石，不終日，貞吉」，確然自守者，守正也。辭有「易」者，之于吉也，所謂「能説諸心」；辭有「險」者，之于凶也，所謂「能研諸慮」。有憂虞悔吝，非險辭不足以盡之。爻辭也，各指其所之之「險」、「易」也。所之者，動爻也，言乎其變也。春秋傳觀其動曰「之某卦」是也。從其所之，乃能趨時盡利。順性命之理，則繫辭焉以命之，不可已也。

易與天地準，故能彌綸天地之道。仰以觀於天文，俯以察於地理，是故知幽明之故。原始反終，故知死生之説。精氣爲物，遊魂爲變，是故知鬼神之情狀。與天地相似，故不違。知周乎萬物，而道濟天下，故不過。旁行而不流，樂天知命，故不憂。安土敦乎仁，故能愛。範圍天地之化而不過，曲成萬物而不遺，通乎晝夜之道而知，故神无方而〔一〕易无體。一陰一陽之謂道。繼之者，善也。成之者，性也。仁者見之謂之仁，知者見之謂之知。百姓日用而不知，故君子之道鮮矣。

王昭素離「易與天地準」，合「精氣爲物」通爲一章，今從昭素。聖人觀天地以作

〔一〕「而」，原脱，據通志堂本、四庫本補。

易，其道甚大，與天地均，故能用天地之道，彌滿无間，綸經而不絶。天氣也而成〔一〕文，地形也而有理。形散爲氣，明而幽也；氣聚成形，幽而明也。仰觀乎天，凡地之成形者莫不有是文；俯察乎地，凡天之成象者莫不具是理。故分而爲二，揲之以四，生二儀、四象、八卦，成三百八十四爻、萬有一千五百二十策，皆源於太極。知此，則「知幽明之故」也。聚而爲有生之始也，散而入无生之終也。始終循環，死生相續，聚散之理也。以八卦觀之，一變者，卦之始也，謂之一世；六變者，卦之終也，謂之游魂；七變而反者，卦體復也，謂之歸魂。始者，生也，終者，死也，反則死而復生，故知此則「知死生之説」也。

乾、兑，金也。震、巽，木也。坎水、離火也。坤、艮，土也。乾、震、坎、艮，陽也；坤、巽、離、兑，陰也。陰陽之精，五行之氣，氣聚爲精，精聚爲物。得乾爲首，得坤爲腹，得震爲足，得巽爲股，得坎爲耳，得離爲目，得艮爲鼻，得兑爲口。及其散也，五行、陰陽各還其本，故魂陽反於天，魄陰歸於地。其生也，氣日至而滋息，物生既盈，

〔一〕「成」，原作「咸」，疑描補致誤，據汲古閣本、四庫本改。

氣日反而游散。至之謂神，以其申也；反之謂鬼，以其歸也。陰陽轉續，觸類成形，其「游魂爲變」乎？物，其狀也；聚散，其情也。故曰「乾，陽物也；坤，陰物也」，知此則「知鬼神之情狀」矣。或曰：太史公言儒者不言鬼神而言有物，物與鬼神異乎？曰：人生始化曰魄，既生陽曰魂，至於死也，體魄降而魂氣升，升則无不之也。魄降而氣不化者，物也。今人行氣中，若哭若呼，其人忤視，俄且化矣。謂誠有是，而不知氣之不化者也。謂鬼爲物，察之有不至也。韓愈謂鬼无聲、形，是也。

生蓍、立卦、生爻三者，凖天地也。自此以下，言「彌綸天地之道」。「易與天地凖」，天地无一物不體，有違於物則與天地不相似，「與天地相似，故不違」。此言易之時也。性者，萬物之一源，知性則知天，知天則知物无非我者，故「智周乎萬物」。「智周乎萬物」而不知以道濟天下，則過矣。唯知周萬物而道濟乎天下，「故不過」。此言易之體也。道濟天下，酬酢萬變，其道旁行散徙，流而不反，徇物而喪己，亦過矣。故「道濟天下」，「旁行而不流」。此言易之用也。道之行否有命，窮亦樂，通亦樂，不以天下累其心，「故不憂」。此言易之貞也。「安土」者，所遇而安也。雖所遇而安，亦未嘗一日忘天下，篤於仁者也，「故能愛」。此言易正而亨也。「範圍」者，防範之所圍，夫〔一〕子所謂「矩」，莊周所謂「大方」。「天地之化」者，氣也。氣之推移，一息不留，故謂之「化」。善養其氣者，大配天地，不違也，不過也，不流也。雖憂樂以天下，而適乎大中至正之矩，故「不過」。「不過」者，不過乎中也。横渠謂非也絶物而獨化，是也。此言易之中正也。「不過」故能盡己之性，能盡己之性則能盡物之性。「曲成」者，順萬物之理，成之者非一方也。天之生物也直，聖人相天而「曲成」之，不害其爲直。此言中正之成物也。「曲成萬物而不遺」，乃能无一物不體，與天地相似，與時偕行矣。「晝夜」者，陰陽也。推乎晝夜陰陽之道而通之，則知幽明，知死生，知鬼神，非盡己之性、盡物之性者，不能也。故「通乎晝夜之道」，而知陰陽，兩也。兩者合一而不測者，神也，不測則「无方」；剛柔雜居而相易者，用也，相易則「无體」。知易「无方」，則知易「无體」，知易「无體」，則知一陰一陽之道。

一陰一陽在天，日月之行也，晝夜之經也，寒暑之運也。在人，屈伸也，動静也，語默也。推而行之，故以是名之爲「道」。知一陰一陽之道，則繼之而不已者，「善」

〔一〕「夫」，原漫漶似「天」，據汲古閣本、通志堂本、四庫本改。

也。君子晝有爲，宵有得，息有養，瞬有存，亹亹焉，孜孜焉，不敢須臾舍也。夫性无有不善，不善非天地之性。剛柔之氣或得之偏，乃有不善，有不善然後善之名立，善、不善相形而後命之也。善反其初者，不善盡去，則善名亦亡。故舍曰善，而「成之者，性也」，性自成也，豈人爲哉？性即天地也，所謂誠也。仁者見其物濟天下，得易之體也，故謂之仁。智者見其旁行而不流，得易之用也，故謂之知。百姓習焉而不察，行之而不著，故「日用而不知」。君子之道，仁、智合，體、用一，兼體陰陽而无累，通乎晝夜之道而知，故「君子之道鮮矣」。君子者，具仁、智之成名，得道之大全者也。

顯諸仁，藏諸用，鼓萬物而不與聖人同憂，盛德大業至矣哉。富有之謂大業，日新之謂盛德。生生之謂易，成象之謂乾，效法之謂坤，極數知來之謂占，通變之謂事，陰陽不測之謂神。

夫易，廣矣，大矣。以言乎遠則不禦，以言乎邇則靜而正，以言乎天地之間則備矣。夫乾，其靜也專，其動也直，是以大生焉。夫坤，其靜也翕，其動也闢，是以廣生焉。廣大配天地，變通配四時，陰陽之義配日月，易簡之善配至德。子曰：「易其至矣乎！夫易，聖人所以崇德而廣業也。知崇禮卑，崇效天，卑法地，天地設位而易行乎其中矣。成性存存，道義之門。」

天道之行，雷霆風雨，日月寒暑，剛柔相摩，萬物變化，「顯諸仁」也。雷霆之所以鼓，風雨之所以潤，日月、寒暑之所以運行，莫知其然而然，「藏諸用」也。天理自動，萬物聽之，「鼓萬物」也。此天道无心之妙，猶「不與聖人同憂」者，蓋聖人有相之道，不以其所可憂者而同乎无憂，以謂配天地、立人道者存乎己，易之道是已。則聖人「盛德」、「大業」豈不至矣乎？橫渠曰：「富有者，大而无外也；日新者，久而无窮也。」

陽生陰，陰生陽，陽復生陰，陰復生陽，生生不窮，如環無端，此之謂「易」。太極不動則含兩儀，動而生陽，一太極、兩儀而成象，此天所以三也。静而生陰，陰配於陽，猶形之有影，故兩，剛柔、男女而效之，法此地所以兩也。「成象」者，健也，此之謂「乾」；「效法」者，順也，此之謂「坤」。

天數二十有五，地數三十，極天地之數，而吉凶之變可以前知，此之謂「占」。窮則變，變則有術以通之，此之謂「事」。陰陽變化，不可測度，此之謂「神」。是道也，在聖人爲德業，在天地之用爲易，在易爲乾坤、爲占、爲神，以兩言該之曰「仁智」，以一言該之曰「道」，其實一也。

「廣」者，坤也；「大」者，乾也。「以言乎遠」者，變動也，入於无形，莫之能禦也。「以言乎邇」者，不變者也，静而守正，一天下之動者也。「以言乎天地之間」，則乾坤合德，剛柔有體，變與不變互〔一〕相推盪，而萬物「備」矣。「廣矣」、「大矣」、「備矣」，所謂「富有」也。

夫乾之静，以一陽藏於二陰之中，陰不能橈，故「專」。及〔二〕其動也，九變爲六，依坤而行，故「直」。坤之静也，以一陰藏於二陽之中，隨陽而入，故「翕」。及其動也，六變而九，從乾而出，故「闢」。「直」則自遂，「闢」則浸昌。「大生」者，通乎形外，「廣生」者，用止乎形，此「廣大」之辯也。「天地之大德曰生」，乾坤不相離也，是以能廣大，故「廣大配天地」。「變通」者，乾坤之動也，故「變通配四時」。乾坤之動者，陰陽之變也，故「陰陽之義配日月」。「日月相推而明生焉」，故也言乎天地之間者備矣，其究則

〔一〕「互」，原作「玄」，疑描補致誤，據汲古閣本、通志堂本、四庫本改。
〔二〕「及」，原脱，據汲古閣本、通志堂本、四庫本補。

乾坤簡易而已。「至德」者，天地之德，隱於无形者也，故簡易之善配至德。夫子於太伯之讓、文王之德，孝也、中庸也，皆謂之至德，德至於是，无以復加矣。將以「崇德」故「知崇」，將以「廣業」故「禮卑」。崇上達，易自下升也，卑无不至，易徧體也。通乎晝夜之道而知，可謂「知崇」矣，「知崇」則德崇。曲成萬物而不遺，可謂「禮卑」矣，「禮卑」則業廣。知崇效天，禮卑法地，德崇業廣，則上下與天地同流。易者，天地之用也。尊卑有定，「天地設位」，六爻上下升降，而易行乎其中矣。「成性」者，存其所存則天地位，天地位則道義出，道義者，用也，故曰「一陰一陽之謂道」，又曰「道有變動」，又曰「精義入神以致用」。夫萬物皆備於我，而存其所存者，何也？去人欲而天理存也。

聖人有以見天下之賾，而擬諸其形容，象其物宜，是故謂之象。聖人有以見天下之動，而觀其會通，以行其典禮，繫辭焉以斷其吉凶，是故謂之爻。言天下之至賾而不可惡也，言天下之至動而不可亂也。擬之而後言，議之而後動，擬議以成其變化。「鳴鶴在陰，其子和之，我有好爵，吾與爾靡之。」子曰：「君子居其室，出其言善，則千里之外應之，況其邇者乎？居其室，出其言不善，則千里之外違之，況其邇者乎？言出乎身，加乎民；行發乎邇，見乎遠。言行，君子之樞機，樞機之發，榮辱之主也。言行，君子之所以動天地也，可不慎乎？」「同人，先號咷而後笑。」子曰：「君子之道，或出或處，或默或語。二人同心，其利斷金。同心之言，其臭如蘭。」「初六，藉用白茅，无咎。」子曰：「苟錯諸地而可矣，藉之用茅，何咎之有？慎之至也。夫茅之爲物薄，而用可重也。慎斯術也以往，其无所失矣。」「勞謙，君子有終，吉。」子曰：「勞而不伐，有功而不德，厚之至也，語以其功下人者也。德言盛，禮言恭。謙也者，致恭以存其位者也。」「亢龍有悔。」子曰：「貴而无位，高而无民，賢人在下位而无輔，是以動而有悔也。」「不出户庭，无咎。」子曰：「亂之所生也，則言語以爲階。君不密則失臣，臣不密則失身，幾事不密則害成，是以君子慎密而不出也。」子曰：「作易者，其知盜乎？易曰：負且乘，致寇至。負也者，小人之事也。乘也者，君子之器也。小人而乘君子之器，盜思奪之矣。上慢下暴，盜思伐之矣。慢藏誨盜，冶容誨淫。易曰『負且乘，致寇至』，盜之招也。」

王昭素合「初六，藉用白茅」通爲一章，今從昭素。「天下之至賾[一]」者，理也；「天下之至動」者，時也。畫卦以明理，而卦有變；生爻以明時，而爻有動。「擬諸其形容」者，剛柔有體，「象其物宜」者，百物不廢，「是故謂之象」。「會通」者，亨也；「典禮」者，大猷也。觀時之會，否者既通，則斟酌大猷，損益而行之，所以嘉其亨之會也。又繫辭以斷其吉凶，知用各有時，時不可失，「是故謂之爻」。如「顛趾出否」、「豕塗鬼車」，「言天下之至賾」也，然象其物之所宜，雖至賾而不可惡也。如升降上下、反復相變，「言天下之至動」也，然斷之以吉凶，雖至動而不可亂也。言者尚其辭，故「擬之而後言」則无妄言；動者[二]尚其變，故「議之而後動」則无妄動。「擬議以成其變化」，則語默、動静皆中於道。易言變化者四：曰「天地變化」者，乾坤變化也；曰「乾道變化」者，乾之變化也；曰「剛柔相推而生變化」者，爻象之變化也；曰「擬議以成其變化」者，言行之變化也。或語或默，或出或處，變化也。爻象之變化象天地，故曰「天地變

〔一〕「賾」，原作「頤」，據通志堂本、四庫本改，下均同。

〔二〕「者」，原作「而」，據汲古閣本、通志堂本、四庫本改。

化，聖人傚之」。言行之變化，體易也。

自此以下，舉諸卦以明擬議，以明成其變化者如是。「靡」當作「縻」，中孚九二辭也。二在内，居室也。二動五應，「出其言善，千里之外應之」也。兑口不動則不正，巽五不應，「出其言不善，千里之外違之」也。坤爲衆，「言〔一〕出乎身，加乎民」也。内近外遠，「行〔二〕發乎邇，見乎遠」也。艮門震動，「樞機」也。或應或否，「榮辱之主」也。乾坤天地，震巽相應，「動天地」也。明「擬之而後言，議之而後動」者當如是。此動彼應，非變化乎？

「同人，先號咷而後笑」，同人九五辭也。五應二也，乾變爲金，兑金斷之，故曰「其利斷金」，言同心之利，「動而不括」者然也。巽爲草、爲臭，陽爲芬芳，二、五相易，芬芳上達，兑爲口，故曰「同心之言，其臭如蘭」，言可服也。震動，「或語」、「或出」也；艮止，「或處」、「或默」也。出處語默不必同，所同者心，則其利可斷，其言可服。變化

〔一〕「言」，原作「行」，據上繫辭傳文改。

〔二〕「行」，原作「言」，據上繫辭傳文改。

不同，其歸同也，明言行不必同也。中孚、同人二五相易乃成變化，故曰「一則神，兩則化」，一者，合兩而爲一也。爻辭曰「用大師克相遇」，五、四動而克三，乃與二遇。繫辭所陳，止以二、五相易盡同心之義。是謂「玩辭」、「玩變」之道，舉上二爻以例爻之變者也。

「藉用白茅，无咎」，大過初六爻辭也。初六一柔承四剛，執柔處下而不犯，雖柔无咎。譬之置器，苟錯之於平安之地，斯可矣。又藉之以潔白之茅，「慎之至」也。茅之爲物雖薄，而祭祀用之，可謂重矣。持是以往，何以尚之？明言行之當慎也。

「勞謙，君子有終，吉」者，謙九三爻辭也。坎爲勞，九三體謙，以陽下陰，勞而不自伐，有功而不自得，「厚之至也，語以其功下人者」也。艮成始成終，成功之象，明言行之當謙也。「德」者，「言盛」者也，厚之至是也。「禮」者，「言恭」者也，禮，自卑而尊人，自後而先人，故以「恭」言之。君子之於謙也，豈唯下人？亦所以「存其位」，「存其位」非固位，有終吉也，謙恭則其德厚矣。

「亢龍有悔」，乾上九爻辭也。不當尊位，「无位」也。乾見坤隱，坤爲衆，「无民」

也。九三不應，「无輔」也。上九〔一〕剛過亢滿，不知謙降之道，「是以動而有悔」，違謙故也。

「不出户庭，无咎」，節初九爻辭也。兑爲口，動於内爲舌。初應四，「出户庭」也，是爲否亂之階。初、四易則乾君受言，坤臣納言。離爲明，坎爲難，明言而有難，「不密」之害也。初、四失〔二〕位，君臣失也。初乾爲君，四坤爲臣，初爲事幾，成於四，四失而難作，「害成」也。「不出户庭」，坎、離象隱，「是以君子慎密而不出」，言此以明不慎、不密之戒。

易曰「負且乘，致寇至」，解六〔三〕三辭也。以「小人而乘君子之器」，則爲盜者，不奪不厭，故「思奪之」。四坎爲盜，三、四同象，六三據非其位，「上慢」也，以柔乘剛，「下暴」也。上下惡之盜，將聲其罪，故「思伐之」。離爲戈兵，三、四易位，自上伐下也。「慢藏」者誨人使盜，「冶容」者誨人使淫，无不自己求之。「負且乘，致寇至，盜之

〔一〕「九」，原作「乃」，疑描補致誤，據汲古閣本、通志堂本、四庫本改。
〔二〕「失」，原作「尖」，疑描補致誤，據汲古閣本、通志堂本、四庫本改。
〔三〕「六」，原作「九」，據通志堂本、四庫本改。

招也」，故子曰「作易者，其知盜乎」，言此以明致恭可以存位，慢則盜奪之、伐之，爲不恭之戒。

舉上五爻，以例爻之不變者也。夫謙恭慎密，又知夫不密、不恭之戒，則於言行也何有？善易者也。易豈止於文字而已哉？

大衍之數五十，其用四十有九。分而爲二以象兩，掛一以象三，揲之以四以象四時，歸奇於扐以象閏。五歲再閏，故再扐而後掛。天數五，地數五，五位相得而各有合。天數二十有五，地數三十，凡天地之數五十有五，此所以成變化而行鬼神也。乾之策二百一十有六，坤之策百四十有四。凡三百有六十，當期之日。二篇之策萬有一千五百二十，當萬物之數也。是故四營而成易，十有八變而成卦，八卦而小成。引而伸之，觸類而長之，天下之能事畢矣。顯道神德行，是故可與酬酢，可與祐神矣。

小衍之五，參、兩也。大衍之五十，則小衍在其中矣。一者，體也，太極不動之數。四十有九者，用也。兩儀、四象分太極之數，摠之則一，散之則四十有九，非四十有九之外復有一，而其一不用也。方其一也，兩儀、四象未始不具，及其散也，太極未始或亡，體、用不相離也。四十有九者，七也，是故爻用六，蓍用七，卦用八，玄用九。

十即五也，十，盈數，不可衍也。分之左右而爲二以象兩者，分陰陽、剛柔也。掛一於小指以象三者，一太極、兩儀也。揲之四以象四時者，陰陽、寒暑即四象也。歸奇於扐以象閏者，先以其左四揲之，歸其所揲之餘而扐之，以象閏。次以其右四揲之，歸其所揲之餘而扐之，以象五歲再閏。故再扐而後復掛，皆參、兩也。三揲而成一爻。閏生於日月合朔，周天不盡之氣，十九歲七閏，凡三歲閏者五，二歲閏者二，大率五歲再閏，所以定四時成歲也。韓康伯曰：「其間五歲再閏者二，故舉其凡。」是以太一筭數，關子明卜百年之義，皆源於此。京房以五十爲十日、十二辰、二十八宿，馬融謂北辰、日月、五行、十二月、二十四氣，誤也。或謂每成一爻而後掛，二揲、三揲不掛，亦誤也。

一、三、五、七、九，奇也，故「天數五」；二、四、六、八、十，偶也，故地數十。九者，河圖數也；十者，洛書數也。「五位相得」者，一、五爲六，故一與六相得；二、五爲七，故二與七相得，三、五爲八，故三與八相得，四、五爲九，故四與九相得，五、五爲十，故五與十相得。然「各有合」，故一與二合，丁、壬也，三與五合，甲、己也，五與六合，戊、癸也，七與四合，丙、辛也，九與八合，乙、庚也，五即十也。天地五十有五，大槩如此，故曰「凡天地之數五十有五」。然五十則在其中，故太玄一、六爲水，二、七爲火，三、八爲木，四、九爲金，五、五爲土，黄帝書亦曰「土生數五，成數五」，是以「大衍之數五十」也。「大衍之數五十」，而策數六、七、八、九，何也？曰：六者，一、五也，七者，二、五也，八者，三、五也，九者，四、五也，舉六、七、八、九，則一、二、三、四、五具。所謂五與十者，未始離也。五與十，中也，中不可離也。考之於曆，四時迭王，而土王四季，凡七十有五日，與金、木、水、火等，此河圖十五隱於一九、三七、二四、六八之意。劉牧曰「天五居中，主乎變化，三才既備，退藏於密」，是也。故六、七、八、九而五十之數具，五十之數而天地五十有五之數具。奇耦相合也，故能「成變化」。相合而有升降也，故能「行鬼神」。變化、鬼神者，天地也；成之、行之者，人也。太玄天之策十有八，地之策十有八，虛其三以扐之，準大衍之數其用四十有九也。雖虛其三而三畫成首，首有三表，七、八、九爲用，亦大衍五十而五在其中也。凡此，言天地之數五十有五，而大衍之數其用四十有九者，爲是也。

自此以下，再論揲之四以象四時。歸奇、合耦之數：得五與四四，則策數三十六，四九也，是爲乾之策，乾之策，老陽也；得九與八八，則策數二十四，四六也，是爲坤之策，坤之策，老陰也；得五與八八、得九與四八，策數皆二十八，四七也，是爲震、坎、艮之策，少陽也；得九與四四、得五與四八，策數皆三十二，四八也，是爲巽、離、兑之策，少陰也。三十六合二十四，六十也，二十八合三十二，亦六十也。乾之策，六爻二百一十有六，坤之策，六爻一百四十有四，乾、坤之策凡三百有六十，當朞之日，具四時也。震、坎、艮之策，六爻一百六十有八，巽、離、兑之策，六爻一百九十有二，震、坎、艮、巽、離、兑之策凡三百有六十，亦當朞之日。舉乾坤，則六卦舉矣。老者變，少者不變，易以變爲占者也。變則化，成變化則鬼神行矣，管子曰「流行於天地之間，謂之鬼神」。歸奇、合耦之數，所以異於策數者，存其掛一之數也。一者，太極不動之數。故五與四四合爲十三，去其一則十二；九與八八合爲二十五，去其一則二十四；五與八八合爲二十一，九與四八合亦二十一，去其一則皆二十；九與四四合爲十七，五與四八合亦十七，去其一皆十六。一，體也，體隱則用顯，所謂顯[一]者亦隱。故二十四者，老陰之策也；以二十四合十二則三十六者，老陽之策也；以二十合十二則三十二者，少陽之策也；以十六合十二則二十八者，少陰之策也。二十四合三十六，六十也，

〔一〕「顯」，汲古閣本、通志堂本、四庫本作「二」。

二十八合三十二，亦六十也。用與不用通而爲一，體无非用也。

劉牧謂「經唯舉乾坤老陽、老陰三百六十之數當期之日，不更別舉他卦之爻」，而疑六日七分之義，此不以三隅反也。唐陸希聲謂：「易以年統月，以歲統旬，以日統時，凡言月者，以一策當一月，一九之策三十有六，是爲三年，故曰皆一九之策也。」又曰：「以年統月，一日十二時，七日八十四時，一九之策三十六，二六之策四十八，凡八十有四，是爲七日八十四時，故曰七日者，一九、二六之策也。」又曰：「以日統時，一朔之旬三十日，七，二十八策，八，三十二策，凡六十策，半之爲三十，故曰言旬者，合七、八之策而半之，以象一朔之旬。一閏三十日，再閏六十日，九，三十六策，六，二十四策，凡六十策，故曰言歲者全之，以象再閏之日。月有朔虚，故半之；歲有中盈，故全之。一月三旬，八月二十四旬，而老陰之策二十有四，故曰八月之旬當極陰之策二十有四。三歲爲一閏，一歲三百六十日，而二篇之爻三百八十有四，除三百六十日，餘二十四日，故曰閏之日當二篇之爻八〔一〕十有四。乾坤之策當期之日，而少六日，故曰

〔一〕「八」，疑當作「二」。

虛分包焉。二篇之爻三百八十四爻，多二十四日，故曰盈分萃焉。」其說本於繫辭坤乾之策「當朞之日」，然時有抵牾。

且虞翻爲孫權筮關羽，遇節五爻變之臨，曰「不出二日」，五應二，以二爻爲日也。尚廣爲孫皓筮并天下，遇同人之頤，曰「庚子歲青蓋入洛」，庚子，震初爻也，震少陽數七，鳳凰元年至天紀四年春三月，吴入晉，實七年，若以一九、二六之策推之爲八十四時，則可以言七日，不可言七歲、七年矣。又臨「至于八月有凶」者，謂自復數至遯，一爻爲一月，非取二十四極陰之策，若二爻屬老陰，四十八策，不可言十六月矣，不然，當言一歲四月乎？

中條隱者謂易含萬象，策數乃數之一，又有爻數、卦數，五行、十日、十二辰、五聲、十二律、納甲之數，不可一端而盡。二篇之策，三百八十四爻，陽爻一百九十二，其策六千九百一十二，陰爻一百九十二，其策四千六百八，二篇之策合之，凡萬有一千五百二十，當萬物之數。此變爻也，老陽、老陰之策也。以不變者論之，少陽之策二十有八，凡一百九十二爻，爲五千三百七十六策，少陰之策三十有二，凡一百九十二爻，爲六千一百四十四策，二篇之策合之，亦萬有一〔一〕千五百二十，當朞之日。變者以不變爲基，不變者以變者爲用。以爻數言之，陽爻一百九十二，晝數也，其數一千七百二十八，陰爻一百九十二，夜數也，其數一千一百五十二，綜而言之，二千〔二〕八百八十，凡四求之，亦萬有一千五百二十，當萬物之數。四時行而後萬物生，无非四也，故曰「四營而成易」。分二，掛一，歸四揲之，餘而併扐之，一變也，三變而成一爻，六爻「十有八變而成卦」。自乾至坤，「八卦而小成」。「引而伸之」，爲六十四卦。「觸類而長之」，乃有變動。

或謂三畫之卦爲小成，誤也，上既陳「十有八變而成卦」，則八卦者，重卦也，八卦而六十四卦具，故曰「小成」。自歸奇合扐之數觀之，三少者，乾也，三多者，坤也，一少二多者，震、坎、艮也，二少一多者，巽、離、兑也。三少者策數九，三多者策數六，一少二多者策數七，一多二少者策數八，則多少之數，八卦已具。自三畫觀之，八卦爲

〔一〕「一」，原作「二」，據汲古閣本、通志堂本、四庫本改。
〔二〕「千」，原作「十」，據汲古閣本、通志堂本、四庫本改。

陽畫者十有二，陰畫者二十有四。陽，七、九也，陰，六、八也，九、六，十五也，七、八，亦十五也。二十四者，坤策也，揔而爲三十六者，乾策也。則三畫之中，五行、十日、十二辰、二十四氣已具。「引而伸之，觸類而長之」，不越乎此。是故聖人語小，天下莫能破，語大，天下莫能載。謂「八卦而小成者」，舉中而言也。

「顯道」者，「危者使平，易者使傾」，懼以終始，其要无咎之道也。「德行」者，卦之德行。「神」者，變而通之。「酬酢」者，互爲賓主。「祐神」者，先、後天也。飲酒之禮，主人獻賓，賓酬主人，主人酬賓。卦反復相變，而乾、坤、坎、離、大過、頤、小過、中孚不變，此所以能「酬酢」也。

子曰：「知變化之道者，其知神之所爲乎？易有聖人之道四焉：以言者尚其辭，以動者尚其變，以制器者尚其象，以卜筮者尚其占。」是以君子將有爲也，將有行也，問焉而以言，其受命也如嚮。无有遠近幽深，遂知來物。非天下之至精，其孰能與於此？參伍以變，錯綜其數。通其變，遂成天地之文。極其數，遂定天下之象。非天下之至變，其孰能與於此？易，无思也，无爲也。寂然不動，感而遂通天下之故。非天下之至神，其孰能與於此？夫易，聖人之所以極深而研幾也。唯深也，故能通天下之志。唯幾也，故能成天下之務。唯神也，故不疾而速，不行而至。子曰「易有聖人之道四焉」者，此之謂也。

變化之道盡於參、兩之神，知其道則知神之所爲。辭也、變也、象也、占也，四者易之變化，本於參、兩者也，參天、兩地也。錯綜而生變化，其妙至於不可知，然亦不越乎四者。故「以〔一〕言者尚其辭」，則言必不苟。「以動者尚其變」，則動必精義。「以制器者尚其象」，則器必致用。「以卜筮者尚其占」，則占必知來。非神之「有爲」乎？「有爲」，造事也。「有行」，舉事也。有問者焉，而以易言之，則其辭足以答〔二〕天下之問。有命者焉，受而應之如響，則其占足以決天下之疑。問、答、占、決，皆辭也。故通言之，「无有遠近」，以内外言也，「无有幽深」，以變動言也。心者，天地之鑑，萬物之鏡，顯於參伍之神，則「遠近幽深」畢陳乎前，「遂〔三〕知來物」。我與物，一也。精之又精，謂之「至精」。

〔一〕「以」，原脱，據汲古閣本、通志堂本、四庫本補。

〔二〕「答」，原作「德」，據通志堂本、四庫本改。

〔三〕「遂」，原作「逐」，據汲古閣本、通志堂本、四庫本改。

「參伍〔一〕以變」者，縱橫十五，天地五十有五之數也。錯之爲六、七、八、九，綜之爲三百六十。以天地觀之，陰陽三五，一五以變爲候者七十二，二五以變爲旬者三十六，三五以變爲氣者二十四。三百六十五日，周而復始。故乾之策三十有六者，三六而又二也；坤之策二十有四者，二六而又二也。三其二十四與二其三十六，皆七十二。三其七十二爲二百一十六，得乾之策；二其七十二爲百四十四，得坤之策。三畫之卦，三變而反；六畫之卦，五變而復。通六、七、八、九之變，則剛柔相易，「遂成天地之文」。極五十有五之數，則剛柔有體，「遂定天下之象」。非成文不足以成物，非定象不足〔二〕以制器。變之又變，謂之「至變」。夫有行始於有爲，有爲始於有思。有思、有爲者，人也；无思、无爲者，天也。誰能有思、有爲而无於人之累乎？其唯易而已。易有思也，本於无思；有爲也，本於无爲。合五十有五之數，歸於太極，寂然无聲，其一不動，萬化冥會乎其中。有物感之，散爲六、七、八、九之變，而天下之所以然者，无乎不通。所謂「遠近幽深，遂知來物」，乃其一也。「精」者，精此者也；「變」者，變此者

〔一〕「伍」，原作「位」，疑描補致誤，據汲古閣本、通志堂本、四庫本改。

〔二〕「足」，原作「定」，疑描補致誤，據汲古閣本、通志堂本、四庫本改。

也。神之又神，謂之「至神」。精故可以窮深，變故可以與幾，夫易，聖人體之以「極深研幾」者也。天下之志藏於无形，非推見至隱者，其能盡通乎？易，至精者也。天下之務其來无窮，非曲得所謂者，其能成乎？易，至變者也。疾而速，行而至，有思、有爲者皆然。易，至神也。體易者至於「不疾而速，不行而至」者，「極深研幾」之效也。

莫知其然而然也，故曰「易有聖人之道四焉」。

天一地二，天三地四，天五地六，天七地八，天九地十。子曰：「夫易，何爲者也？夫易，開物成務，冒天下之道，如斯而已者也。」是故聖人以通天下之志，以定天下之業，以斷天下之疑。是故蓍之德圓而神，卦之德方以知，六爻之義易以貢。聖人以此洗心，退藏於密，吉凶與民同患。神以知來，知以藏往，其孰能與此哉？古之聰明叡知，神武而不殺者夫。是以明於天之道，而察於民之故。是興神物，以前民用。聖人以此齋戒，以神明其德夫。是故闔户謂之坤，闢户謂之乾。一闔一闢謂之變，往來不窮謂之通。見乃謂之象，形乃謂之器。制而用之謂之法，利用出入，民咸用之，謂之神。

是故易有太極，是生兩儀，兩儀生四象，四象生八卦，八卦定吉凶，吉凶生大業。是故法象莫大乎天地，變通莫大乎四時，縣象著明莫大乎日月，崇高莫大乎富貴。備物致用，立成器以爲天下利，莫大乎聖人。探賾索隱，鉤深致遠，以定天下之吉凶，成天下之亹亹者，莫大乎蓍龜。是故天生神物，聖人則之。天地變化，聖人效之。天垂象，見吉凶，聖人象之。河出圖，洛出書，聖人則之。易有四象，所以示也。繫辭焉，所以告也。定之以吉凶，所以斷也。

易曰：「自天祐之，吉无不利。」子曰：「祐者，助也。天之所助者，順也。人之所助者，信也。履信思乎順，又以尚賢也。是以自天祐之，吉无不利也。」

萬物在天地間，不離乎五十有五之數。聖人雖不言，其能逃乎？然則易之爲書，何爲者也？物有理，易則開之；事有時，易則成之。聖人「冒天下之道」，所謂易者，「如斯而已者也」。冒天下之道者，日月所照，霜露所墜，舟車所至，凡有血氣者，必待此道而後覆冒。關子明曰：「象生有定數，吉凶有前期。變而能通，則治亂有可易之理。」天命人事，其同歸乎？故聖人以此「通天下之志」，謂其「極深」也；以此「定天下之業」，謂其「成務」也；以此「斷天下之疑」，謂其「受命如嚮」也。天下之業定，則務既成矣。

聖人於天地五十有五之數，蓋有超然獨得而遺乎數者。是故蓍運无窮，可以前知，其德「圓而神」也。聖人以此「洗心」，酬酢萬變，一毫不留於胸中，卦成不易，爻見而策藏，其德「方以知」也。聖人以此「退藏」，遁於无形，深不可測。六爻之義，唯變是適。上下内外，相易以告吉凶，聖人以此吉凶與民同患。夫「洗心」、「退藏」，若絶倫離類，則過矣，是以「吉凶與民同患」。

開物於幾先，故曰「知來」，所謂可以前知也；明憂患而弭其故，故曰「藏往」，所謂爻見而策藏也。惟「吉凶與民同患」，是以有開物成務，冒天下之道，此所謂「不與聖人同憂」者也。若捨是道，唯數而已，則易於天地爲贅矣。上言蓍神卦、知爻義，而揔之以神知者，言卦則爻在其中，孰能與於此者哉？古者聰明不蔽於耳目，叡知不蔽於思慮，有武而不殺者。夫有武不殺，萬物自服，故謂之神武。物之蒙蔽，動違諸理，不得已而用刑，至於殺之，豈得已哉？聖人憂之，是以「明於天之道」，「察於民之故」。明於天之道而不察於民之故，知天而已，非聖人也。无非物也，天地五十有五之數，見於蓍龜，故謂之「神物」，「是興神物」，前百姓之日用，示之以吉凶之理，使知違順取捨，其效至於刑措不用，兵革不試，何殺之有？然非聰明叡知，豈能明察如此？聖人以此齋潔戒慎，恐懼於不聞、不覩，所謂誠也。「神明其德」者，配天地也，故其民有肅心而不欺，民至於不欺，至矣。

坤自夏至以一陰右行，萬物從之而入，故曰「闔户謂之坤」；乾自冬至以一陽左行，萬物從之而出，故曰「闢户謂之乾」。坤闔則陽變而陰，乾闢則陰變而陽，故「一闔一闢謂之變」。闔者，往也，闢者，來也，一闔一闢，往來相感，其機有不得息者，「故往來不窮謂之通」。氣聚而有「見」，故謂之「象」，「象」成而有「形」，故謂之「器」。利用此道，以動静出入，而蚩蚩之民，咸日用之，莫知其然，故謂之「神」。七者同出而異名，其變化之道，神之所爲乎？知闔闢變通者，明於天之道；知「利用出入，民咸用之」也；以一日言之，晝夜也；以一身言之，出入之息，死生之變也。无闔則无闢，无静則无動，此歸藏所以先坤歟。者，察於民之故。乾天坤地而曰「明於天之道」者，乾兼坤也。闔闢以一歲言之，寒暑

此以下言「是興神物」。極，中也；「太極」，中之至歟。「易有太極」，四十有九合而爲一乎？四象、八卦，具而未動，謂之太極。在人，則喜怒哀樂之未發者也。陰陽

四也，故謂之儀。太極動而生陽，陽極動〔一〕而生陰，陰極復動而生陽。始動靜者，少也，極動靜者，老也，故生四象。乾，老陽也，震、坎、艮，少陽也，坤，老陰也，巽、離、兑，少陰也，故「四象生八卦」。卦有爻，爻有位，剛柔相交〔二〕，有當否，故「八卦定吉凶」。有吉凶則有利害，人謀用矣，故「生大業」。「八卦定吉凶」者，「開物」也；「吉凶生大業」者，「成務」也。「法象莫大乎天地」，故定乾坤也。「變通莫大乎四時」，故明六爻也。「縣象著明莫大乎日月」，故用坎、離也。積而「崇高」者，「富貴」也。「富貴」然後可與人共位、食禄、行道，爻之尊位是也，故「莫大乎富貴」。備百物，致民用，立成器，如網罟、耒耜之類，以爲天下利，唯聖人能之，象言先王、大人、君子之所以者是也，故「莫大乎聖人」。天地、鬼神之奥，幽賾隱伏，深遠而難窮，探取之，搜索之，鈎出之，使自至之，以定吉凶之未形，以成亹亹之不已，唯蓍龜能之，故「莫大乎蓍龜」。聖人觀天地、四時、日月，又考之蓍龜而作易，「以通神明之德，以類萬物之情」，處崇高

〔一〕「陽」，原脱，汲古閣本「陽極動」作「極旨靜」，「動」字未寫完，通志堂本、四庫本「陽陽」作「陰陽陽」。據上下文意補「陽」字。

〔二〕「交」，原作「文」，據汲古閣本、通志堂本、四庫本改。

之富貴，備物致用，立成器，建卜筮。然則通天下之志，定天下之業，斷天下之疑，非聖人，其孰能之？是以成位兩間，與天地並立，故曰「大哉人謨」。捨此而能覆冒天下者，未之見也。

蓍一根而百莖，龜具八卦、五行、天地之數，「神物」也，故「聖人則之」。「天地變化」，四時行焉，萬物生焉，故「聖人效之」。日月、五星，天象也，天不言，示之以象，吉凶見矣，故「聖人象之」。河圖九宫，洛書五行，「聖人則之」。「效之」者，效之以六爻之動，故曰「爻者，效天下之動者也」。「象之」者，象也，故曰「象也者，像也」。於蓍龜、圖書言「則之」者，大衍之數、八卦、五行，作易者則之，故乾、坤、坎、離、震、巽、艮、兑三畫之卦，爻合皆九，六、七、八、九，數皆十五，水六、火七、木八、金九，五行之數具焉。傳曰：「聖人以蓍龜而信天地、四時、日月之象數，以河圖、洛書而信蓍龜之象數，以信矣其不疑也，於是乎作易。」「易有四象」，聖人所以示吉凶也。繫辭焉而命之，所以告吉凶也。易於吉凶，有以利言者，有以情遷者，有義命當吉、當凶、當否、當亨者，一以貞勝而不顧，非聖人不能定也。定之者，所以斷之。

易曰「自天祐之，吉无不利」，大有上九辭也。乾爲天、爲人。祐，助也。坤爲順。

五〔一〕與二乎，信也。天之所助者，順理也。人之所助者，信相與也。六五履信而思乎順，又自下而上賢，是以「自天祐之，吉无不利」。言此者，明獲天人之利，然後吉无不利。聖人明於天之道，察於民〔二〕之故，合天、人者也。

子曰：「書不盡言，言不盡意。」然則聖人之意，其不可見乎？子曰：「聖人立象以盡意，設卦以盡情僞，繫辭焉以盡其言，變而通之以盡利，鼓之舞之以盡神。」乾坤，其易之緼邪？乾坤成列，而易立乎其中矣；乾坤毁，則无以見易；易不可見，則乾坤或幾乎息矣。是故形而上者謂之道，形而下者謂之器，化而裁之謂之變，推而行之謂之通，舉而錯之天下之民謂之事業。是故夫象，聖人有以見天下之賾，而擬諸其形容，象其物宜，是故謂之象。聖人有以見天下之動，而觀其會通，以行其典禮，繫辭焉以斷其吉凶，是故謂之爻。極天下之賾者存乎卦，鼓天下之動者存乎辭。化而裁之存乎變；推而行之存乎通；神而明之存乎其人；默而成之，不言而信，存

〔一〕「五」，原漫漶似「三」，據汲古閣本、通志堂本、四庫本改。
〔二〕「民」，原漫漶似「氏」，據汲古閣本、通志堂本、四庫本改。

乎德行。

言之難諭〔一〕者，不能盡形之於書；意之難傳者，不能盡見之於言。然聖人之意，終不可見於天下後世乎？夫有意斯有名，有名斯有象。意，至賾也。聖人於无形之中建立有象，因象而得名，因名而得意，則言之所不能盡見者盡矣。君子、小人，情、僞而已矣。情則相應，僞則相違。聖人陳卦以示之，斷之以中正，而君子、小人見，然後著情去僞，而其意誠矣。繫之卦辭，又繫之爻辭，以吉凶明告之，與卦象相發，則書之所不能盡形者盡矣。陰極變陽，陽極變陰，當變而變則通，不變則窮，窮非道也，變而通之，則无所不利而道行矣。鼓、舞者，鼓之於此，舞之於彼，動止應節，莫知其然，神也，橫渠曰「辭不鼓舞則不足以盡神」。爻至於變通以盡利，辭至於鼓舞以盡神，則聖人之意幾无餘蘊矣。

乾坤成列，則象、爻變動蘊於其中。乾坤，體也；象、爻變動，用也。體毀則用不可見，用不可見則體因是息矣，故曰「乾坤，其易之蘊邪」，「乾坤毀，則无以見易」，「易

〔一〕「諭」，通志堂本、四庫本作「論」。

不可見，則乾坤幾乎息矣」。乾，健也；坤，順也。健順者，意也。謂之乾坤者，名也。乾奇坤偶者，象也。象成而著者，形也。「形而上者謂之道」，變通也；「形而下者謂之器」，執方也。然則變通者易之道，執方者易之器。是故語道而至於不可象，則名言亡矣。變通，一也，離而言之則二。今天地之化，一息不留，聖人指而裁之，則謂之變。故晝夜六時，寒暑六氣，剛柔六位，因其化而裁之，以著其變之微，故曰「化而裁之謂之變」。晝夜相推爲一日，寒暑相推爲一歲，剛柔相推爲一卦，推之則通，故曰「推而行之謂之通」。又曰「剛柔相推，變在其中矣」，知此，則知變、通，一也。舉此道而錯之於天下，「謂之事業」。又曰「通變之謂事」，知此，則知事業、通變，一也。

聖人見天下之至賾，將以示人，故「擬諸其形容」，象其物〔一〕之宜。「形」，一定也。剛柔，以立本也。「容」，變動也。變通，以趨時也。是故謂之象，立象則卦也、變通也在其中矣。聖人見天〔二〕下之至動，既觀其會通之時，損益典禮以行之矣，又繫之辭以

〔一〕「物」前，汲古閣本、通志堂本、四庫本有「八」字。
〔二〕「天」，原漫漶似「大」，據汲古閣本、通志堂本、四庫本改。

斷其疑，曰如是而吉、如是而凶，是故謂之爻。繫辭則變通在其中矣。然則體易者欲極天下之至賾者，「存乎卦」可也，「存乎卦」則見象矣。欲鼓天下之至動者，「存乎辭」可也，「存乎辭」則見變通矣。「化而裁之」，其化有漸，存乎爻之變可也。「推而行之」，其利不窮，存乎爻之通可也。神而藏用，明而顯仁，存乎古之人可也。革存乎湯、武，明夷存乎文王、箕子，復存乎顏氏之子，故曰「存乎其人，默而成之」。言不下帶而道存者，以心感心也，存諸己也，故曰「不言而信，存乎德行」。易至於「存乎德行」，則得意忘象，我與聖人一也。上繫終於「默然成之，不言而信」，下繫終於六「辭」，語、默，一也。

周易繫辭上傳第七

周易繫辭下傳第八

翰林學士左朝奉大夫知制誥兼侍讀兼資善堂翊善
長林縣開國男食邑三伯户賜紫金魚袋朱震集傳

八卦成列，象在其中矣。因而重之，爻在其中矣。剛柔相推，變在其中矣。繫辭焉而命之，動在其中矣。吉凶悔吝者，生乎動者也。剛柔者，立本者也。變通者，趣時者也。吉凶者，貞勝者也。天地之道，貞觀者也。日月之道，貞明者也。天下之動，貞夫一者也。夫〔一〕乾，確然示人易矣。夫坤，隤然示人簡矣。爻也者，效此者也。象也者，像此者也。爻、象動乎内，吉凶見乎外。功業見乎變，聖人之情見乎辭。

〔一〕「夫」，原漫漶似「大」，據汲古閣本、通志堂本、四庫本改。

伏羲始畫〔一〕八卦。「八卦成列」，而乾坤定位。震、巽，一交也。坎、離、艮、兑，二交也。兑以一陽與艮，坎以一陰奉離，震、巽以二相易，六十四卦之象在其中矣。三畫，天、地、人也。伏羲因而重之，「六位成章」，「兼三才而兩之」，則三百八十四爻在其中矣。歸藏初經八卦六爻，則知「因而重之」者，伏羲也。姚信曰：「連山氏得河圖，夏人因之曰連山。歸藏氏得河圖，商人因之曰歸藏。伏羲氏得河圖，周人因之曰周易。」連山，神農氏也；歸藏，黄帝氏也。其經卦皆八，本伏羲也。其别卦皆六十有四，因八卦也。六爻剛柔，互相推盪，六十四卦之變在其中矣。

鄭康成曰：「虙羲作十言之教，曰乾坤震巽坎離艮兑消息，無文字，謂之易。」乃知周易繫辭於卦下者，文王也。文王繫辭，指其象而命之以名，則周公之爻辭所以鼓天下之動者在其中矣。彖辭，曰吉凶而已，吉凶悔吝者，爻辭也，是亦生乎卦之動也。言吉凶悔吝生乎動者，主動爻言之也。爻動静當則吉，當静而動、當動而静則凶悔吝矣。自神農氏而下，演爲三易，贊爲十翼，非聖人能爲是也，「引而伸之」，不外是也。

〔一〕「畫」，原作「晝」，據汲古閣本、通志堂本、四庫本改，下同。

爻有剛柔，不有兩則一不立，所以「立本」也。剛柔相變，通其變以盡利者，「趣時」也，「趣時」者，時中也，故曰「乾坤毁則无以見易」矣。剛柔相錯，有當有否，則吉凶生，又曰「吉凶者，貞勝」也，何謂邪？此於動中明乎不動者也。韓康伯謂「不累乎吉凶」，是已。張載曰：「有義命當吉、當凶、當否、當亨者，聖人不使避凶趨吉，一以貞勝而不顧。如『大人否亨』，『有隕自天』，『過涉滅頂，凶无咎』，損、益『龜不克違』及『其命亂也』之類。」天地之道有升降，然上下之觀不動也，故曰「天地之道，貞觀」也；日月之道有往來，然晝夜之明不動也，故曰「日月之道，貞明」也。天下之動，吉凶之變多矣，而君子安其義命，一以貞勝，吉凶不能動，何累之有？故曰「天下之動，貞夫一」也。「一」者，貞也，貞，所以一天下之動，此彖辭、爻辭所以貴夫貞也。吉凶以貞勝，故能立天下之本，趣天下之時。

八卦，本乾、坤者也。夫乾陽至剛，「確然」不易，示人爲君、爲父、爲夫之道，不亦易乎？夫坤陰至柔，「隤然」而順，示人爲子、爲臣、爲婦之道，不亦簡乎？乾剛坤柔，以立本者也。爻也者，效乾坤之動者也。天道下濟，地道上行，剛柔相推，變通以趣時者也。象者，像乾坤之象者也。爻有變動，象亦像之。「爻象動乎內」者，有當有否，則人事之見於外者，有吉有凶。人與乾坤，一也。吉凶之變，有術通之。凶者反之吉，則功業不期於見而見矣。觀此，則乾坤示人足矣。聖人必以象言乎象，爻言乎變，繫辭以言吉凶者，聖人之情，愛人无已也，恐其陷於凶咎，是以指其所之。故考乎其辭，則聖人之情見矣。

天地之大德曰生，聖人之大寶曰位。何以守位曰仁，何以聚人曰財，理財正辭、禁民爲非曰義。

古者包犧氏之王天下也，仰則觀象於天，俯則觀法於地，觀鳥獸之文與地之宜，近取諸身，遠取諸物，於是始作八卦，以通神明之德，以類萬物之情。作結繩而爲罔罟，以佃以漁，蓋取諸離。

包犧氏没，神農氏作，斲木爲耜，揉木爲耒，耒耨之利，以教天下，蓋取諸益。日中爲市，致天下之民，聚天下之貨，交易而退，各得其所，蓋取諸噬嗑。

神農氏没，黄帝、堯、舜氏作，通其變，使民不倦，神而化之，使民宜之。易窮則變，變則通，通則久，是以「自天祐之，吉无不利」。

黄帝、堯、舜垂衣裳而天下治，蓋取諸乾坤。

刳木爲舟，剡木爲楫，舟楫之利，以濟不通，致遠以利天下，蓋取諸涣。服牛乘馬，引重致遠，以利天下，蓋取諸隨。重門擊柝，以待暴客，蓋取諸豫。斷木爲杵，掘地爲臼，臼杵之利，萬民以濟，蓋取諸小過。弦木爲弧，剡木爲矢，弧矢之利，以威天下，蓋取諸睽。上古穴居而野處，後世聖人易之以宫室，上棟下宇，以待風雨，蓋取諸大壯。古之葬者，厚衣之以薪，葬之中野，不封不樹，喪期无數，後世聖人易之以棺槨，蓋取諸大過。上古結繩而治，後世聖人易之以書契，百官以治，萬民以察，蓋取諸夬。是故易者，象也。象也者，像也。彖者，材也。爻也者，效天下之動者也。是故吉凶生而悔吝著也。

胡曰分「天地之大德曰生」爲一章，「陽卦多陰」爲一章，考之文義，當從旦，龔原本亦然。乾，大生也；坤，廣生也。乾坤合而成德，生物而已，故曰「天地之大德曰生」。聖人之情見乎辭者，亦天地之德也。聖人成位乎兩間，有其德，无其位，不能兼善天下，於其位也，愼之重之，在卦則尊位也，故曰「聖人之大寶曰位」。「天地之大德曰生」者，仁也。聖人成位乎兩間者，仁而已矣，不仁不足以參天地。聖人者，聰明叡知，神武而不殺，不殺者，好生也，故曰「何以守位曰仁」。仁被萬物，取財於天地，則財不可勝用，其民養生喪死无憾，可以保四海，守宗廟社稷，故曰「何以聚人曰財」。「理財」者，節之以制度也，節之類是也。「正辭」者，正邪説也，六辭是也。「禁民爲非」者，禁其非，歸之于是也，如是乃得其宜，故曰義。義，所以爲仁，非二本也，故曰「立人之道仁與義」。莫非義也，義至於禁民爲非，盡矣。

自此以下，明備物致用，立成器以爲天下利者，无非有取於易，皆仁也。曰「王天下」者，明守位也，所謂「崇高莫大乎富貴」也。「鳥獸之文」即天文，太玄曰「察龍虎之文，觀鳥龜之理」，擧鳥獸則龜見矣。仰觀龍虎鳥龜之文，其形成於地，俯觀山川原隰之宜，其象見於天。凡在地者，皆法天者也。「近取諸身」，則八卦具於百骸，而身无非物；「遠取諸物」，則八卦具於萬物，而物无非我。故「神明之德」雖異而可通，「萬物之情」雖衆而可類，其道至於一以貫之，此包犧氏所以作易。一者何？仁也。上古茹毛飲血，故教之以佃、魚〔一〕，蓋取諸重離。巽繩、離目，罔目謂之「罟」，兩目相連，結繩爲之，「罔罟」也。離爲〔二〕雉，「佃」也。兑、巽爲魚，「漁」也。觀此，則伏犧畫八卦，因而重之，明矣。

神農氏時，民厭鮮食而食草木之實，聖人因是以達其不忍之心，故教以耒、耜之利，蓋取諸益。益，否乾之初也。乾金斵巽木，「斵木」也。四之三成坎，坎爲揉，之〔三〕初成震，「揉木」也。入坤土而巽於前，「斵木爲耜」也。動於後，「揉木爲耒」也。耒、耜之利，其益无方矣。

是時民甘其食，美其服，至死不相往來，故教之以交易，蓋取諸噬嗑。噬嗑，否五之初也。離日在上，爲「日中」。坤衆在下，爲「市」。衆爲民。離有伏兑，爲嬴貝。坤往之乾，「致天下之民，聚天下之貨」也。以坤交乾，「交易」也。乾五退初而得位，「各得其所」也。佃、漁不言利，於耒、耜言利，佃、漁非聖人本心也。佃有猛虎之害，漁有

〔一〕「魚」，通志堂本、四庫本作「漁」。

〔二〕「爲」，原脱，據通志堂本、四庫本補。

〔三〕「之」，原作「木」，據汲古閣本、通志堂本、四庫本改。

蛟龍之害，不若耒、耜之利。爲市不言利者，「聚天下之貨」，利在其中矣。唐虞氏時，洪水之患，庶民鮮食，然後教民稼穡，「懋遷有無化居」，其道萬世一揆。神農氏没，民情已厭，黄帝、堯、舜作，因其可變，變而通之，使民日用其道而不倦，而又微妙入神，化而无迹，天下各得其宜。蓋易道，陽極變陰，陰極變陽，變則不窮，不窮則可久而不息，善乎變通以趣時也，是以「自天祐之，吉无不利」，聖人先、後天故也。

神農氏時，與民並耕而食，饔飧而治，至[一]是尊卑定位，君逸臣勞，乾坤无爲，六子自用，「垂衣裳而天下治，蓋取諸乾坤」。乾在上爲衣，坤在下爲裳。

上古山無蹊，澤无梁，至是「舟楫之利，以濟不通，蓋取諸渙」。渙，否四之二也。乾金刳巽木，浮於坎上，「刳木爲舟」也。離火上鋭，「剡木爲楫」也。否塞者渙散，濟不通也。

上古牛未穿，馬未絡，至是「服牛乘馬，引重致遠，以利天下，蓋取諸隨」。隨，否上九之初也。坤牛而震足驅之，「服牛」也。震作足馬而巽股據之，「乘馬」也。坤輿

〔一〕「至」，原作「正」，據汲古閣本、通志堂本、四庫本改。

震轉，上六引之，「引重」也。内卦近，外卦遠，上六在外卦之外，「致遠」也。牛、馬隨人而動，否不通也，上之初，「濟不通」也。

上古外户不閉，禦風氣而已，至是「重門擊柝」，以待暴客，蓋取諸豫」。豫，謙之反也。謙艮爲門，九三之四又爲門，「重門」也。艮爲手，坎爲堅木，震爲聲，手擊堅木而有聲，「擊柝」也。坤爲闔户，而坎盜逼之，「暴客」也。

知耒、耜而不知杵、臼之利，則利天下者有未盡，故教之以杵、臼之利，「蓋取諸小過」。小過，明夷初之四也。兑金斷巽木，「斷木爲杵」也。巽木入坤土，「掘地爲臼」也。坎，陷也，臼之象。杵動於上，臼止於下。四應初，三應上，上下相應，杵、臼之利也。坎變巽股，萬民濟也。

知門、柝而不知弧、矢之利，則威天下者有未盡，故教之以弧、矢之利，「蓋取諸睽」。睽，家人反也。家人巽爲木，巽、離爲絲，坎爲弓，弦木爲弓也。兑金剡木而鋭之，「剡木爲矢」也。兑決乾剛，「威〔一〕天下」也。

〔一〕「威」，原作「咸」，疑描補致誤，據汲古閣本、通志堂本、四庫本改。

聖人以百姓之〔一〕心爲心，民之所欲不以强去，民之所惡不以强留。然變而通之者，亦因其典禮以損益之而已。且「上古穴居而野處，後世聖人易之以宮室」，自黄帝而來，夏后氏之世室，商人之重屋，周人之明堂，宫室之制有不同，而「上棟下宇，以待風雨」，取諸大壯者同也。大壯自遯來，三復三變也。一變中孚，艮爲居，兑爲口，穴之象，「穴居」也。再變大畜，乾在上，天際也，野之象，巽入變艮而止，「野處」也。三變大壯，震木在上，棟也，乾天在下，宇也。巽風隱，兑澤流，「待風雨」也，大壯則不撓矣。

「古之葬者，厚衣之以薪，葬之中野，不封不樹，喪期无數，後世聖人易之以棺槨。」自堯、舜以來，有虞氏之瓦棺，夏后氏之堲周，商人之梓，棺槨之制有不同，而取諸大過者同也。大過自遯四變。一變訟，乾見坤隱，「不封」也。再變巽木而兑金毁之，「不樹」也。三變鼎，離爲目，兑澤流，「喪」也。上九變而應三，坎、兑爲節不變，「喪期无數」也。木在澤下，中有乾人，「棺槨」也。葬則棺周於身，槨周於棺，土周於

〔一〕「之」，原脱，據通志堂本、四庫本補。

梆，大過也。

「上古結繩而治，後世聖人易之以書契。」象形、會意、轉注、處事、假借、諧聲，書契之制有不同，而「百官以治，萬民以察」，取諸夬者同也。夬自姤五變：一變同人，二變履，三變小畜，四變大有。姤巽爲繩，「結繩」也。巽變成離，坤離爲文，「書」也。兑金刻木，「契」也。乾爲君，坤爲臣民，坤居二、四、上，「百官以治」也。離明上達，「萬民以察」也。以是決天下疑者，夬也。

以是推之，後世畋獵捕魚之器雖不同，而取於離則同也。井牧〔一〕溝洫之事雖不同，而取於益則同也。朝市〔二〕夕市雖不同，而取於噬嗑則同也。餘卦可以類推矣。蓋動於人情，見於風氣，有是時必有是象。「易者，象也」，易之有象，「擬諸其形容」而已，猶繪畫之事，雕刻之工，一毫損益則不相似矣。象之辭又謂之彖者，言乎其才也，卦有剛柔，才也。有是時，有是象，必有是才以濟之〔三〕。才與時會，斯足以「成務」矣。

〔一〕「牧」，原漫漶似「收」，據汲古閣本、通志堂本、四庫本改。
〔二〕「朝市」，原作「胡中」，疑描補致誤，據通志堂本、四庫本改。
〔三〕「之」，原作「人」，據汲古閣本、通志堂本、四庫本改。

然天下之動，其微難知，有同是一時、同處一事，所當之位有不同焉，則趍舍進退殊途矣，故曰「爻者，效天下之動」也。是以卦同爻異，趣時之變，不得而同，然所歸則若合符節。故自伏犧、神農、黄帝、堯、舜凡六萬一千四百有餘歲，而行十三〔一〕卦而已。夫爻動則有吉凶悔吝，吉凶者，所以「生大業」也，吉凶生而悔吝著，其動可不慎乎？

陽卦多陰，陰卦多陽。其故何也？陽卦奇，陰卦耦。其德行何也？陽一君而二民，君子之道也；陰二君而一民，小人之道也。

易曰：「憧憧往來，朋從爾思。」子曰：「天下何思何慮？天下同歸而殊塗，一致而百慮。天下何思何慮？日往則月來，月往則日來，日月相推而明生焉。寒往則暑來，暑往則寒來，寒暑相推而歲成焉。往者，屈也；來者，信也。屈信相感，而利生焉。尺蠖之屈，以求信也。龍蛇之蟄，以存身也。精義入神，以致用也。利用安身，以崇德也。過此以往，未之或知也。窮神知化，德之盛也。」

易曰：「困于石，據于蒺藜。入于其宫，不見其妻，凶。」子曰：「非所困而困焉，名必

〔一〕「三」，原脱，據通志堂本、四庫本補。

辱；非所據而據焉，身必危。既辱且危，死期將至，妻其可得見邪？」

易曰：「公用射隼于高墉之上，獲之无不利。」子曰：「隼者，禽也。弓矢者，器也。射之者，人也。君子藏器於身，待時而動，何不利之有？動而不括，是以出而有獲，語成器而動者也。」

子曰：「小人不恥不仁，不畏不義，不見利不勸，不威不懲。小懲而大誡，此小人之福也。易曰『屨校滅趾，无咎』，此之謂也。善不積不足以成名，惡不積不足以滅身。小人以小善爲无益而弗爲也，以小惡爲无傷而弗去也，故惡積而不可掩，罪大而不可解。」

易曰：「何校滅耳，凶。」子曰：「危者，安其位者也；亡者，保其存者也；亂者，有其治者也。是故君子安而不忘危，存而不忘亡，治而不忘亂，是以身安而國家可保也。」

易曰：「其亡其亡，繫于苞桑。」子曰：「德薄而位尊，知小而謀大，力少而任重，鮮不及矣。易曰『鼎折足，覆公餗，其形渥，凶』，言不勝其任也。」

子曰：「知幾其神乎？君子上交不諂，下交不瀆，其知幾乎？幾者，動之微，吉之先見者也。君子見幾而作，不俟終日。易曰『介于石，不終日，貞吉』。介如石焉，寧用終曰，斷可識矣。君子知微知彰，知柔知剛，萬夫之望。」

子曰：「顔氏之子，其殆庶幾乎？有不善未嘗不知，知之未嘗復行也。」易曰：「不遠復，无祇悔，元吉。」

天地絪緼，萬物化醇。男女構精，萬物化生。易曰「三人行則損一人，一人行則得其友」，言致一也。

子曰：「君子安其身而後動，易其心而後語，定其交而後求。君子脩此三者，故全也。危以動，則民不與也；懼以語，則民不應也；无交而求，則民不與也。莫之與，則傷之者至矣。」易曰：「莫益之，或擊之，立心勿恒，凶。」

凡得乎乾者爲陽卦，震、坎、艮是也；凡得乎坤者爲陰卦，巽、離、兑是也。陽卦以奇爲本，故多陰；陰卦以耦爲本，故多陽。本不可二也。陰陽二卦其德行不同，何也？陽一君而徧體二民，二民共事一君，一也，故爲君子之道；陰卦一民共事二君，二君共争一民，二也，故爲小人之道。陽貴陰賤，晝人多福，夜人多禍，故君子貴夫一也。

咸九四曰「憧憧往來，朋從爾思」者，勞神明以爲一也。夫思之所及，朋則從之，思之所不及，其誰從乎？雖憧憧於往來之間，其從亦狹矣。不知「天下何思何慮」。萬物即一，一即萬物，「同歸」而有「殊塗」，「一致」而具「百慮」，其一既通，萬物自應，豈思慮營營之所至哉？且日月寒暑，一往一來，自異者觀之，兩也；相推而生明，相推而成歲，自同者觀之，一也。自往自來，其誰使之？往者，「屈」也；來者，「信」也。一屈一信，默然相感而利生焉。尺蠖不屈則不能信，龍蛇不蟄則不能存。消息循環，相待而爲用。夫致用在於「精義」，義則无決擇、无取舍，唯其宜而已。精一於義，則進而入於不可知之神，故感而後動。其動也天，其用利矣，遊乎人間，物莫之傷，其身安矣。「利用安身」，日進无疆，德不期於崇而自崇矣，此吾之所知也。過此以往，則「化」矣。如日月有明，容光必照，寒暑相代，萬物自生，日月寒暑所不能知也，故曰聖人有所不知焉，聖人有所不能焉。然則所謂「化」者，終不可知歟？曰「窮神」之所爲，則「知化」矣，德盛者自至焉。道至於此，萬物與我一也，故曰「一則神，兩則化」，窮神則知變化之道。

人孰不欲安其身？或「困于石」而不知休，「據于蒺蔾」而不知避，名既汙辱，身既危殆，日近於死亡，雖欲安，得乎哉？妻且不得見也，況朋從乎？

藏可用之器，待可爲之時，動無結閡，出則有獲。唯乘屈信之理，而其用利者能之。

小人「不恥不仁」，故「不畏不義」，陷於死亡，辱及其先，恥孰大焉？雖愚也，而就利避害與人同，故見利而後勸，威之而後懲，「小懲大誡」猶爲小人之福，況真知義乎？精於義者，豈一日積哉？彼積不善以滅其身者，不知小善者，大善之積也。

夫身者，國家之本，存亡治亂之所繫。身雖安矣，猶不可恃也，故安其位者危，保其存者亡，有其治者亂。君子兢兢業業，不恃其有，故「身安而國家可保」，國家保而德崇矣。

位欲當德，謀欲量知，任欲稱力，三者各當其實，則用利而身安。小人志在於得而已，以人之國，僥倖萬一，鮮不及禍。自古一敗塗地，殺身不足以塞其責者，本於不知義而已。

神，難言也，「精義入神以致用」，其唯「知幾」乎？「知幾」其神矣。「幾者，動之微，吉之先見」，譬如陽生而井温，雨降而雲出，衆人不識而君子見之，其於行義也，不亦有餘裕乎？夫安危存亡之幾，在於始交之際。君子上交不諂，下交不瀆，義之與比，无悔吝藏於其中，「知幾」故也。是以君子見微已去，小人遇禍不知，見與不見，相去遠矣。進此道者，存乎介而已。確然守正，不轉如石者，乃能見之。其心定，其智明，默識而善斷，故「不俟終日」也。守身如此，无一朝之患矣。知彰易，知微難，知剛易，知柔而剛難。「君子見幾」，故「知微知彰，知柔知剛」。一龍一蛇，或弛或張，唯義是適，則萬夫望之而取法焉，所從者豈特其朋從之彼勞思慮者？亦末矣。

夫智周萬物者，或暗於自知，雄入九軍者，或憚於改過，克己爲難也。顔子「有不善未嘗不知，知之未嘗復行」，故曰「顔氏之子，其殆庶幾乎」。孰謂小善爲無益而可以弗爲，小惡爲無傷而可以弗去乎？復者，剛反動之卦也。善者，天地之性，而人得之，性之本也。不善，非性也，習也。不遠而復者，修爲之功也，故曰「不善未嘗弗知，知之未嘗復行」。知之者，覺也，自性也。或曰：鮒、椒之惡，豈習乎？曰：知脩爲之功，則復其本矣。由其習之不已，迷而不復矣。人之生，有氣之質，有性之本。剛柔不齊者，氣也，性之本則一而已矣，故曰「天地，貞觀也；日月，貞明也」，氣豈能變哉？

天地萬物，其本一也。天地升降，其氣「絪緼」，萬物化矣，醇而未雜。序卦曰「有天地然後有萬物」，劉牧曰「乾道自然而成男，坤道自然而成女」，序卦言萬物，則男女在其中矣。曰「萬物化醇」者，言其一未始離也。天地既生萬物，萬物各有陰陽，精氣相交，「化生」无窮。序卦曰「有萬物然後有男女」，劉牧曰「咸卦不繫之於離、坎，以離、坎而上，男女自然而生，咸卦而下，男女偶合而生」。曰「男女」、曰「化生」者，言有兩則有一也。損之六三曰「三人行則損一人，一人行則得其友」，「言致一也」。「致一」則殊塗而同歸，一致而百慮矣。老氏論天地、王侯「得一」，又曰「天地相合而降甘露」，老氏之所謂「得一」、「相合」，即夫子所謂「致一」也。其在卦則六爻相應，合而致用是也。所謂全者，合我與人而爲一也。

動而與之者，「安其身而後動」也；語之而應者，平其心而後慮也；求而與之者，「定其交而後求」也。三者得，故能以天下爲一家，中國爲一人，故曰「君子脩此三者，故全也」。離而爲二物，物成敵，莫或與之、擊之者至矣，故曰「立心勿恒，凶」。「勿恒」者，不一之謂也。張載曰：「下文當云易曰：『自天祐之，吉无不利。』子曰：『天之所助者，順也；人之所助者，信也。履信思乎順，又以尚賢也。是以自天祐之，吉无不利也。』」考之義，或然也。順乎天者天助之，應乎人者人助之，「致一」之效乎？此章以咸、困、解、噬嗑、否、鼎、復、損、恒九卦十爻盡其意，蓋書之於言，有不能盡也。

子曰：「乾坤，其易之門邪？」乾，陽物也；坤，陰物也。陰陽合德而剛柔有體，以體天地之撰，以通神明之德。其稱名也，雜而不越，於稽其類，其衰世之意邪？夫易，彰往而察來。而微顯闡幽，開而當名，辨物、正言、斷辭，則備矣。其稱名也小，其取類也大。其旨遠，其辭文。其言曲而中，其事肆而隱。因貳以濟民行，以明失得之報。

乾坤，其易之門邪？乾坤毁，則易无自而入矣。乾剛者，陽之物，老陽之策也，其德則健；坤柔者，陰之物，老陰之策也，其德則順。陰陽，氣也；剛柔，形也。氣變而有形，形具而有體，是故揲策成爻，健順合德，而剛柔之體見矣。聖人以此「體天地之撰」，體，形容之也，撰，定也。形容天地之所定者，體造物也，即「剛柔有體」是已。「通神明之德」者，示幽、顯一源也，即「陰陽合德」是已。陰陽相盪，剛柔相推，自乾坤而變八卦，自八卦而變六十四卦、三百八十四爻。「其稱名也」，雜然不齊，枝葉至扶疎矣，而亦不越乎陰、陽二端而已。乾坤，其易之門邪？伏羲始畫八卦，文王監于二代而作周易，周公因于文王而作爻辭。卦有象，爻有變動，繫辭焉而命之，日益詳矣。蓋時有隆汙，道有升降，世既下衰，不如是不足以盡天下之情僞。何以知其然哉？於此稽考其類，則知之矣。

夫易之爲書，以八卦言之，自震至乾，「彰往」也，自巽至坤，「察來」也。一往一來，周旋无窮，是謂環中。以重卦言之，前卦爲往，後卦爲來，自内之外爲往，自外之内爲來，「彰往」故「微顯」，「察來」故「闡幽」。顯莫如既往，而有微而難知之理；幽莫如方來，而有顯而易見之象。開釋爻卦，各當其名，无隱也；辨陰陽之物，正吉凶之辭，无遺也。斷之以卦辭、爻辭，則備矣。觀乎此，宜若坦然明白，使人易曉矣。然而「其稱名也小」，則百物不廢，「其取類也大」，則達之于天下。意有餘故「其旨遠」，物相雜故「其辭文」。其言致曲而後中於道，其事閎肆而〔一〕實本於隱，非天下至神、至精、至變，有不能與也。而又因其疑貳不決，恐懼易入之時，「以濟民行」，告之以吉凶悔吝之辭，以明失得之必報，蓋有遠害防患之心，非衰世之意乎？

易之興也，其於中古乎？作易者，其有憂患乎？是故履，德之基也。謙，德之柄也。復，德之本也。恒，德之固也。損，德之脩也。益，德之裕也。困，德之辯也。井，德

〔一〕「而」，原作「其」，據通志堂本、四庫本改。

之地也。巽，德之制也。履，和而至。謙，尊而光。復，小而辯於物。恒，雜而不厭。損，先難而後易。益，長裕而不設。困，窮而通。井，居其所而遷。巽，稱而隱。履，以和行。謙，以制禮。復，以自知。恒，以一德。損，以遠害。益，以興利。困，以寡怨。井，以辯義。巽，以行權。

作易者，上古也；興易者，中古也。何以知易興於中古邪？觀九卦之象，聖人有憂患後世之心，得失滋彰矣。然則上古作易，何以知「有憂患」乎？曰：聖人，隨時者也。佃漁不厭，則耒耜之利不興；結繩未弊，則書契之文不作。而所以憂患後世者，固已具於八卦之中。至於文王，而易道興矣。

履，説而應乎乾，履乎和者也，故爲「德之基」。謙，執之而有終者也，故爲「德之柄」。復，剛反動而復其初，德自此始者也，故爲「德之本」。恒，久而不已，終則有始者也，故爲「德之固」。損，損其可損而致一者也，故爲「德之脩」。益，益其可益而日進者也，故爲「德之裕」。困，剛見揜而不失其所亨者也，故爲「德之辨」。井，剛中而不變者也，故爲「德之地」。巽，以剛下柔不失乎中者也，故爲「德之制」。

履[一]，和而至於禮，不至則流而徇於物矣。謙卑而人尊之，其道光也。「復，小而辨於物」者，以初九也。人之所以異於萬物者，以其存心也。剥之剛陽反動於初，則善心生於冥昧難知之時，不俟乎大而後與物辨也，斯非「德之本」歟？恒，泰之變也，初九，正也，動而之三，雷風並作，萬物繁興之時，三守正不動，酬酢而不厭，天地所不能旋，日月所不能眩，可以言「德之固」矣。「損，先難而後易」，何也？情慾者，强陽之氣也，初損之，必有吝心，剛健決斷乃能行之，故「先難」也。及其既損，考諸理而順，反諸心而悦，其孰禦我哉？故「後易」也。夫一介不以取諸人，然後繫千駟之馬而弗視，禄之以天下而弗顧，故曰仁，亦在熟之而已。「益，長裕而不設」，何也？益，否之變也，九四下益於初，初九，正也，益物以誠也，益物以誠即是自益以誠，故四與初以益而正，誠自成也。受益者不贅，益之者不虧，與時偕行，如天地之裕萬物，非張設之也。「困，窮而通」，何也？否之上九陷而之二，上下柔揜之，「窮」也。處險而説，在窮而心亨，「通」也。通者，不窮之謂，豈必富貴利達而後爲通哉？故曰「學不能行謂之

[一]「履」，原漫漶作「復」，據汲古閣本、通志堂本、四庫本改。

病」，病則窮矣。「井，居其所而遷」，何也？泰初之五爲井，初九，正也，九五，亦正也。初遷之五，往者正也；五遷之初，來者正也。五居其所，而往來皆正，能遷也。「巽，稱而隱」，何也？臨〔一〕二之四爲巽，「稱」者，輕重均之謂也。二陰方進，六二從四，九四君子屈己以下之，則君子、小人勢均矣。人見其屈己，以爲巽，而不知六二亦巽乎剛，故曰「稱而隱」。

「履，以和行」，何也？和者禮之用，節者禮之體，節而不和，禮不行矣。「謙，以制禮」，何也？禮自卑而尊人，自後而先人，不能乎謙，安能行禮？「復，以自知」，何也？有善必自知之，不善必自知之，脩其善，去其不善，則復矣。「恒，以一德」，何也？雜而不厭，非徇物也，久而不變也，久則其德无二三矣。「損，以遠害」，何也？自損以脩德，則物无害之者，故曰「恭寡過，情可信，儉易容」也，以此失之者鮮矣。「益，以興利」，何也？因其所利而利之也。「困，以寡怨」，何也？雖困而通，在窮而悅，樂天者也。我不尤人，人復何怨？「井，以辨義」，何也？井自守以正，與人必以正，處己、處

〔一〕「臨」，疑當作「遯」，臨二之四無巽，遯二之四，則下卦爲巽。

人各得其宜者也。「巽，以行權」，何也？權者，稱之所以輕重也，與時推移，滑然无際，如行權稱物，人見其適平而已。其序則履和，執謙，復本，恒久，損己，益人，然後可以處困不窮，能遷，然後可以行權。九卦履出于乾，謙、復出于坤，恒出于震，損出于艮，益出于巽，困、井出于坎。獨不取離，何〔一〕也？離，萬物皆相見之卦，包犧氏取之，文王「内文明外柔順，以蒙大難」「明在地中」時也。

易之爲書也不可遠，爲道也屢遷。變動不居，周流六虚。上下无常，剛柔相易。不可爲典要，唯變所適。其出入以度，内外使知懼，又明於憂患與故。无有師保，如臨父母。初率其辭，而揆其方。既有典常，苟非其人，道不虚行。

龔原曰「易之爲書也，三章」，當從龔。此章言易有變動出入。易之爲書，明天地之用，其用不過乎六爻，「不可遠」也。遠此而求之，則違道遠矣。其「道也屢遷」，有變有動，不居其所，升降往來，循環流轉於六位之中。位謂之「虚」者，虚其位以待變動也，故太玄九位亦曰「九虚」。或自上而降，或自下而升，「上下无常」也。剛來則柔

〔一〕「何」，原作「可」，據通志堂本、四庫本改。

往，柔來則剛往，「剛柔相易」也。无常則不可爲「典」，相易則不可爲「要」。流行散徙，「唯變所適」，然亦不過乎六爻，不過者，以不可遠也。「其出入」云者，以一卦内外言之，兩體也，出者，自内之外，往也，入者，自外之内，來也。以是度外内之際，而觀消息盈虚之變，出處進退之理，使知戒懼。當出而入與當入而出，其患一也。故「大觀在上」，窺觀者醜。三陽方壯，「羣羊悔亡」。出入、内外，本於相形。比〔一〕四從二亦曰「外」，離五用九亦曰「出」，唯精於義者能知之，知義則「知懼」矣。又此書明於己之所當憂患與所以致憂患之故，安不忘危，存不忘亡，治不忘亂。「无有師保」，教訓而嚴憚之，明失得之報也。如有父母親臨而愛敬之，見聖人之情也。初率其吉凶之辭，揆其八卦之方，則「既有典常」可守矣。蓋「不可遠」者，易之體也，而有用焉；「爲道也屢遷」者，易之用也，而有體焉。能知卦象合一，體用同源者乎，斯可以言易之書矣。書，載道者也。待人而後行，苟非其人，道不徒行。

易之爲書也，原始要終，以爲質也。六爻相雜，唯其時物也。其初難知，其上易知，

〔一〕「比」，原作「此」，據通志堂本、四庫本改。

本末也。初辭擬之，卒成之終。若夫雜物撰德，辨是與非，則非其中爻不備。噫！亦要存亡吉凶，則居可知矣。知者觀其彖辭，則思過半矣。

此章言重卦六爻之義。易之爲書也，「原始」於初爻，「要終」於上爻，成六位以爲體質者也。八卦，八物也；六爻，六時也。六爻相雜，時異而物異。八卦，本象也；時物，别象也。其本甚微故「難知」，其末已著故「易知」。「初辭擬」而後言，不亦「難知」乎？「卒成之」，其事終矣，不亦「易知」乎？上下之位，以時言之，初、終也，以道言之，本、末也，以事言之，始、卒也，其實一也。時變則事變，事變則道與之俱，未有違時造事而能成者。三畫非无本、末也，聖人何爲重卦？曰理具乎中，其事則未也。若夫糅雜八卦之物，撰定六爻之德，辨得失是非，則「非中爻不備」。中爻，崔憬所謂二、三、四、五，京房所謂互體是也。蓋物无常是，亦无常非，施於彼者或不可施於此，用於古者或不可行於今。蒙以九二納婦，而六三取女則不利。節以初九不出，而九二不出則失時。得失是非，不可不辨也。噫！重卦六爻之意，亦要諸吉凶存亡之辭而已。有同位而異物，同物而異象，同象而異辭，要諸辭則四者不同，居然易見，可指掌而知矣。六爻者，變動相錯，而有吉凶存亡者也。彖辭者，合内外二體，以一爻相變而有者也。知者明於理，則觀諸彖辭，而爻義已知，其「過半」矣。

二與四同功而異位，其善不同。二多譽，四多懼，近也。柔之爲道，不利遠者，其要无咎，其用柔中也。三與五同功而異位，三多凶，五多功，貴賤之等也。其柔危，其剛勝邪。

襲氏合「易之爲書也」爲一章，誤矣，今從故本。此章再明中爻之義。二、四，耦也，同爲陰之功，内外異位，有不同焉。「二多譽，四多懼」，何也？四近五，五，尊位，近尊位則多懼。月望日則食，禮近君則屈。然柔之爲道，不利遠者，坤從乾也。二遠於五所以多譽者，其要在於雖柔而无咎，以「其用柔中」也。用柔而失中，其能无咎乎？

三、五，奇也，同爲陽之功，内外異位有不同焉。「三多凶，五多功」，何也？五貴三賤，其等不同也。三處下位之極，其柔居之則危，不勝任矣，其剛居之，將以爲勝邪。以剛居剛，有時乎過剛矣，危則疾顛，過則易敗，此三所以多凶也。若五不然，以剛居之，得尊位大中，宜處貴者也，以柔居之，有處謙執柔，以貴下賤之美，二爲五用矣，此五所以多功也。

夫二、五，中也，二、三、四、五皆曰中爻，何也？曰：以三數之，自一至三以二爲中，自四至上以五爲中。以五數之，自二至上以四爲中。以四數之，自二至五以三、四爲中。復之九四曰「中行獨復」，中乎以二柔在内名卦。卦言德，爻言善者，「積善成德」也。

易之爲書也，廣大悉備。有天道焉，有人道焉，有地道焉。兼三材而兩之，故六。六者非它也，三材之道也。道有變動故曰爻，爻有等故曰物，物相雜故曰文，文不當故吉凶生焉。易之興也，其當殷之末世、周之盛德邪？當文王與紂之事邪？是故其辭危。危者使平，易者使傾，其道甚大。百物不廢，懼以終始，其要无咎。此之謂易之道也。

此章再明六爻雜物之義。「易之爲書」，「廣大」而无外，語天地之間則无乎不備矣。「有天道焉」，陰與陽也。「有人道焉」，仁與義也。「有地道焉」，柔與剛也。此三者，一物而兩體。陰陽也，而謂之天。仁義也，而謂之人。剛柔也，而謂之地。故曰「三材」，「兼三材而兩之，故六」。「兼」之者，天之道兼陰與陽也，人之道兼仁與義也，地之道兼柔與剛也。六者非它，即三材之道也。是故三畫而有重卦，六即三也，三即一也。道有變易，有流動，爻則傚之，故曰「爻」。天地相函，精氣所聚，其等有六，曰「物」。八物相錯而成文，故曰「文」。文當其位則吉，文不當其位則凶，故「吉凶生焉」。

易之興也，「當殷之末世、周之盛德邪」？何繫之辭而告其吉凶者如是乎？又紂與文王之事邪？何君子處小人之間而其辭危乎？是故危懼者使知可平，慢易者使知必傾。所以長君子，消小人也。其道甚大，君子、小人无所不容，不容則不足以準天地。「百物不廢」者，所以形容其道，所謂「悉備」也。「初辭擬之，卒成之終」，使知善、不善之積，成名滅身，非一朝夕之漸，故原始要終而懼焉，其大要歸之无咎而已，此之謂「易之道」。「易之道」，立人道以貫天地而爲一者也。

夫乾，天下之至健也，德行恒易以知險；夫坤，天下之至順也，德行恒簡以知阻。能説諸心，能研諸侯之慮，定天下之吉凶，成天下之亹亹者。是故變化云爲，吉事有祥。象事知器，占事知來。天地設位，聖人成能。人謀鬼謀，百姓與能。八卦以象告，爻彖以情言。剛柔雜居，而吉凶可見矣。變動以利言，吉凶以情遷。是故愛惡相攻而吉凶生，遠近相取而悔吝生，情僞相感而利害生。凡易之情，近而不相得，則凶或害之，悔且吝。將叛者其辭慙，中心疑者其辭枝，吉人之辭寡，躁人之辭多，誣善之人其辭游，失其守者其辭屈。

此章論六爻而歸之於簡易。乾健而爲萬物先，莫或禦之，故其「德行恒易」；坤順以從乾，无二適也，故其「德行恒簡」。以易也，故知險之爲難；以簡也，故知阻之可疑。簡生於易，阻生於險。簡易也，故「能説諸心」；知險阻也，故「能研諸慮」。簡易者，我心之所固有，反而得之，能无「説」乎？以我所有慮其不然，反復不捨，能无「研」乎？曰「研諸侯之慮」者，衍「侯之」二字，王弼略例曰「能研諸慮」，則衍文可知。「天下之吉凶」藏於无形，至難定也；「天下之亹亹」來而不已，至難成也。定之、成之者，簡易而已。

乾坤變化，有「云」有「爲」，「云」者，言也，「爲」者，動也。「吉事有祥」，祥者，吉之先見，有祥必先知之，兼言動也。制器者尚象，「知器」，則知成器之爲天下利，而可動也。卜筮者尚占，「知來」，則知來物，而言動審矣。是以能「定天下之吉凶，成天下之亹亹」，非知險、知阻者，能之乎？天尊地卑，乾坤「設位」。聖人配天地而立，合乾坤之德以成能事。「能説諸心，能研諸慮」者，明以盡人謀也。「定天下之吉凶，成天下之亹亹」者，幽以盡鬼謀也。人謀、鬼謀，幽顯合一，天下樂推而不厭，百姓之愚，與之以能矣，「成能」故也。

伏羲氏始畫八卦，不言而告之以象者，至簡易也。後世聖人演之爲六十四卦，有爻有彖，以人情變動言之於辭，「知險阻」也。且八卦成列，「剛柔雜居」，吉凶已可見矣。然道有變動，變則通，通則其用不窮，所以盡利者不可不言也，故「變動以利言，吉凶以情而遷」，巧曆之所不能計也。聖人唯恐遷之而失其正矣，故「爻彖以情言」。變動者何？情僞之所爲也。人之情僞，難知矣。以情相感則利生，以僞相感則害生。近不必取，遠不必捨，則「悔吝生」。愛惡不一，起而相攻，則「吉凶生」。吉凶生而悔吝著，情僞其能掩乎？是則「情僞相感」也，「遠近相取」也，「愛惡相攻」也。爻有變動也，有利害斯有悔吝，有悔吝斯有吉凶，「吉凶以情遷」也。悔吝者何？凡易之情，陰陽相求，内外相應，「近而不相得」，則僞不可久，物或害之，害之則凶將至矣。悔吝者，利害、吉凶之界乎。害之而悔，則吉且利矣。吝而不悔則凶，聖人不得不以利言之，而使之遠害也，故曰「聖人之情見乎辭」。然則何以知情僞邪？考其辭可矣。將叛者其心慙負，故其辭愧。中心疑者其心惑亂，故其辭枝。吉人守約，故其辭寡。躁以人欲速，故其辭多。誣善之人妄，故其辭游。失其守者窮，故其辭屈。吉人辭寡，以簡易知也。五者反是，以知險知阻而知也。簡易則吉，險阻則凶，其辭雖六，其別則二，情僞而已矣。上繫言「易簡而天下之理得」，下繫終之以易簡而「知險阻」，故曰「殊塗而同歸，一致而百慮」。

周易繫辭下傳第八

周易説卦傳第九

翰林學士左朝奉大夫知制誥兼侍讀兼資善堂翊善
長林縣開國男食邑三伯户賜紫金魚袋朱震集傳

昔者聖人之作易也，幽贊於神明而生蓍，參天兩地而倚數，觀變於陰陽而立卦，發揮於剛柔而生爻，和順於道德而理於義，窮理盡性以至於命。

「昔者聖人之作易也，幽贊於神明而生蓍，參天兩地而倚數」，説策數也。「觀變於陰陽而立卦」，説揲蓍分卦也。「發揮於剛柔而生爻」，説爻有變動也。「和順道德而理於義，窮理盡性以至於命」，説所繫爻、彖之辭也。「神明」，天地也。聖人贊天地以立人道，於是生蓍之法以起數。其用起於一，及其究也，上下與天地同流而无迹，故曰「幽贊」。太玄曰：「昆侖天地而産蓍。」一者何？氣之始也。「參天」者，一太極、兩儀也。「兩地」者，分陰陽剛柔也。參天、兩地，五也。五，小衍也。天地五十有五之數具，而河圖、洛書大衍之數實倚其中。一與五爲六，二與五爲七，三與五爲八，四與五爲九，九與一爲十。五十者，河圖數也。五十五者，洛書數也。五十有五即五十數，五十即大衍四十有九數。「倚」，言數立其中而未動也，馬融曰「倚，立也」。蓍四十有九，揔而爲一，三天也，分而爲二，兩地也。掛一者，三天也；揲之四者，兩地也。歸奇於扐者，兩地而又三天也。四者，六、七、八、九。七者，少陽；九者，老陽；八者，少陰；六者，老陰。三變成爻，十有八變而卦立。三變者，三天也。五變者，參天而又兩地也。變而上者，三變而兩；變而下者，兩變而三。凡八卦之位、六十四卦之名，皆以陰陽之變定之，而不離乎參伍之神。王洙曰：「發越揮散也。陰陽有變，故九六七八以立卦；剛柔有體，故發越揮散以生爻。」變剛生柔，變柔生剛，四象迭相爲用，生生而不窮，故曰生。陰陽，氣也；剛柔者，氣聚而有體也。由推行言之謂之道，由得於道言之謂之德。性者，萬物之一源。命者，剛柔不齊，稟於有氣之初者也。理者，通乎道德性命而一之者也。義者，道德所施之宜也。生蓍、起數、立卦、生爻，凡以爲道德而已。聖人繫之以辭，和之使不乖，順之使不違，通天地人而貫之以一理，施之各得其宜焉。窮易之理則知萬物一源，兼體而不偏滯，及其至也，通極乎一氣之外，所不可變者，唯生死壽夭爾。故順受吉凶之正，不回以求福，不幸以免禍，此作易之本旨也。

昔者聖人之作易也，將以順性命之理，是以立天之道曰陰與陽，立地之道曰柔與剛，立人之道曰仁與義。兼三才而兩之，故易六畫而成卦。分陰分陽，迭用柔剛，故易六位而成章。

說位畫有六，而後有變動也。「易有太極」，太虛也。陰陽者，太虛聚而有氣也。柔剛者，氣聚而有體也。仁義，根於太虛，見於氣體，而動於知覺者也。自萬物一源觀之謂之性，自稟賦觀之謂之命，自通天地人觀之謂之理。三者，一也。聖人「將以順性命之理」，故分一而爲三，曰陰陽，曰柔剛，曰仁義，以立天地人之道，蓋互見也。易「兼三才而兩之」，六畫而成卦，成卦則三才合而爲一。知陰陽、剛柔、仁義同源於太虛，則知性。知天道曰陰陽，地道曰柔剛，人道曰仁義，則知命。知仁義即天之陰陽、地之柔剛，則知性命之理。不順乎性命之理而行之，將何所逃於天地之間乎？然道有變動，故「分陰分陽，迭用柔剛」。以位分之，一、三、五，陽也，二、四、六，陰也。以卦分之，乾、震、坎、艮，陽也，坤、巽、離、兑，陰也。以十日分之，甲、丙、戊、庚、壬，陽也，乙、丁、己、辛、癸，陰也。所謂「分陰分陽」也。八卦相盪，五行更生〔一〕，上下无常，周流六虚，所謂「迭用柔剛」也。分陰陽、用柔剛者，仁義也，以人而用天地也。誠知乎此，則德勝於氣，性命於德，氣之昏明不足以蔽之，至於盡性而配天地矣。太玄曰「立天之經曰陰與陽，形地之緯曰從與横，表人之行曰晦與明」，準卦之三才、六畫也。

天地定位，山澤通氣，雷風相薄，水火不相射，八卦相錯。數往者順，知來者逆。是故易，逆數也。

「天地定位」，乾上坤下也。「山澤通氣」，艮、兑以三相易也。「雷風相薄」，震、巽以初相易也。「日月不相射」，坎、離以中相易也，虞翻曰「射，厭也，坎離水火不相厭，坎戊離己，月三十日一會於壬，故不相厭也」。伏羲氏之畫卦也，乾坤定上下之位，坎離列左右之門，震與巽爲偶，艮與兑相配。震、離、兑、乾，天之四象也；巽、坎、艮、坤，地之四象也。「八卦相錯」，乾坤相易，生六十四卦。乾自震而左行，坤自巽而右行。

〔一〕「生」，原作「王」，據汲古閣本、通志堂本、四庫本改。

「數往」者，以順而數；「知來」者，以逆而知。邵雍曰：「數往者順，順天而行，左旋也，皆已生之卦也；知來者逆，逆天而行，右行也，皆未生之卦也。」夫易之數，由逆而成矣。逆者，猶逆四時之比。蓋聖人將言易，故先説易之本，「易，逆數也」，故六爻自下而起。太玄曰「南北定位，東西通氣，萬物錯乎其中」，準八卦也。

雷以動之，風以散之，雨以潤之，日以烜之，艮以止之，兑以説之，乾以君之，坤以藏之。

帝出乎震，齊乎巽，相見乎離，致役乎坤，説言乎兑，戰乎乾，勞乎坎，成言乎艮。萬物「出乎震」，震，東方也。「齊乎巽」，巽，東南也，齊也者，言萬物之絜齊也。離也者，明也，萬物皆「相見」，南方之卦也，聖人南面而聽天下，嚮明而治，蓋取諸此也。坤也者，地也，萬物皆致養焉，故曰「致役乎坤」。兑，正秋也，萬物之所説也，故曰「説言乎兑」。「戰乎乾」，乾，西北之卦也，言陰陽相薄也。坎者，水也，正北方之卦也，勞卦也，萬物之所歸也，故曰「勞乎坎」。艮，東北之卦也，萬物之所成終而所成始也，故曰「成言乎艮」。

神也者，妙萬物而爲言者也。動萬物者莫疾乎雷，橈萬物者莫疾乎風，燥萬物者莫熯乎火，説萬物者莫説乎澤，潤萬物者莫潤乎水，終萬物、始萬物者莫盛乎艮。故水火相逮，雷風不相悖，山澤通氣，然後能變化，既成萬物也。

陽聚而動，動極則散之，散則復聚，陰積而潤，潤極則烜之，烜則復潤，此雷霆、風雨、日月、寒暑所以屈信相感而成萬物也。艮則動者静而止，入于坤也；兑則止者説而行，出乎乾也。乾以君之則萬物覩，坤以藏之則天地閉。前説乾坤而至六子，无形者聚而有形也；此説六子而歸乾坤，有形者散而入於无形也。終始循環，不見首尾，易之道也。

此以下，言文王之八卦。連山首艮，歸藏首坤。艮、震、巽、離、坤、兑、乾、坎，連山之序也，而易兼用之，此太玄所以作歟。玄謂「神戰于玄」、「龍出于中」、「雷風炫焕，與物時行」、「天根還向，成氣收精」，皆準乾、坤、震、巽也。鄭康成曰：「萬物出於震，雷發聲以生之也。齊於巽，相見於離，風摇長以齊之，潔猶新，『萬物皆相見』。日照之使光大，『萬物皆致養焉』。地氣含養，使有秀實，『萬物之所説』，草木皆老，猶以澤氣説成之。戰，言陰陽相薄。西北，陰也，而乾以純陽臨之，猶君臣對合也。坎，勞卦也，水性勞而不倦，『萬物之所歸也』。萬物自春出生於地，冬氣閉藏，還皆入地，『萬物之所成終而所成始』，言萬物陰氣終，陽氣始，皆艮之用事。」

坤不言方，坤之養物不專此時也。兌不言方而言「正秋」者，臣曰：兌言「正秋」，秋分也，於兌言秋分，則震爲春分，坎爲冬至，離爲夏至，乾爲立冬，艮爲立春，巽爲立夏，坤爲立秋可知，言「正秋」者，正時也。離言「聖人南面而聽天下，嚮明而治」，則餘卦亦可以類推矣。「戰乎乾」，言陰陽相薄而乾勝也。

上說天地定位，六子致用；此說六子合而爲乾坤，乾坤合而生神。「妙萬物而爲言者」，物物自妙也。鄭康成曰：「共成萬物，物不可得而分，故合謂之神。」張載曰：「一則神，兩則化。」妙萬物者，一則神也。且動、撓、燥、說、潤、終始萬物者，孰若六子？然不能以獨化，故必相逮也，不相悖也，通氣也，然後能變化。既[一]成萬物，合則化，化則神。」康成之學進於是矣。

乾，健也。坤，順也。震，動也。巽，入也。坎，陷也。離，麗也。艮，止也。兌，說也。

上說坎、兌合以致用，今復以八卦別而言之。動、陷、止皆健之屬也，入、麗、說[二]

〔一〕「既」，原作「旡」，疑描補致誤，據汲古閣本、通志堂本、四庫本改。

〔二〕「說」，原作「記」，疑描補致誤，據汲古閣本、通志堂本、四庫本改。

皆順之屬也，不離乎乾、坤也。

乾爲馬，坤爲牛，震爲龍，巽爲雞，坎爲豕，離爲雉，艮爲狗，兑爲羊。

說八卦本象也。乾爲馬，健也。乾變震爲龍，純乾爲馬，故馬或龍種，而馬八尺以上爲龍，九則變也。房爲天駟，爲蒼龍之次，七星爲馬，於辰爲午，故馬又爲火畜。乾爲金，午爲火，馬生角，金勝也，故於五行爲兵。蠶，馬首龍星之精，故馬、蠶同氣。屯〔一〕、大畜、中孚之震，屯、賁、晉、明夷、睽〔二〕之坎，皆乾也。或曰：鳥飛、龍行不健於馬乎？曰：鳥飛極而息，龍升降有時，健者唯馬而已。

坤，順也，牡者坤之陽，牝者坤之陰，老，其究也，故離爲牝牛。而既濟初九變艮，京房以爲博牛。坤極生乾，故角剛而善觸。牽牛在丑，丑，土也，土亦坤也，離六二已丑，土也，牛有黄者，離之六二也。離爲飛鳥、爲蟹、爲鼈、爲龜卵，皆有黄。

震動於重陰之下而善變者，龍也。震東方卦，直春分以後，辰亦爲龍，蒼龍之次

〔一〕「屯」，汲古閣本、通志堂本、四庫本作「也」。

〔二〕「睽」下原衍「中孚」二字，據通志堂本、四庫本删。

也。動極必反，故龍以春分升，以秋分降，升者，豫也，降者，歸妹也。盛夏疾雷，木拔而龍起，震爲木也。王充曰「龍、雷同類」，其知震之爲乎？震位在卯，其日甲、乙，其數三、八，故玄之中以次[一]三爲龍，占家以甲、乙、寅、卯爲龍。或曰：龍之類多矣，皆震乎？曰：氣之散也。天文角爲蛟，亢爲龍，翼爲蚓，軫爲蛇。角、亢，辰也；翼、軫，巳也。東方朔占守宮、蜥蜴[二]，以龍、蛇推之，金匱書以飴治蛟龍病，出蜥蜴而愈，皆龍類也。自春分至芒種，震治也，而辰、巳爲巽，故曰氣之散也。

巽，入也，爲風，風主號令，故雞號知時。先儒以雞爲火之精者，巽木含火，火生風，火炎上，故雄雞有冠乃鳴，南越志曰「雞冠如華，其聲清徹」。巽位在巳，金所生也，王於酉，上直於昴，故雞又爲金畜，洞林曰「巽爲大雞，酉爲小雞」。素問以雞爲木畜者，巽也，離者，巽之再變，兑者，離之變，故雞、雉皆耿介，而雞將號，動股，擊羽翰，而後有聲。又曰玉衡星散爲雞者，坎至四月成乾，其方爲巽。玉衡，斗也，坎之位。

[一]「次」，原作「兑」，據通志堂本、四庫本、太玄改。

[二]「蜥蜴」，原誤倒，據通志堂本、四庫本乙正，下同。

坎，陷也，水畜也。美脊剛鬣，坎中陽也。垂耳俯首而尾不足本末，陰也。卑而處穢，陰也。突蕩難制，陽也。

豚者，豕之初也，故訟初之四爲中孚之豚。豶者，劇猪也，故大畜之三，兑金制之，爲豶。坎再變成艮，故豕用鼻，壯豕有牙者，乾之剛也。象亦豕類，故運斗樞曰「瑶光散而爲象」。坎離相納，故象齒有文。又爲羸豕者，陰也，豕豭强而牝弱。亥爲豕者，直室也，坎之所自生也。傳言「斗星散精爲彘」，斗星，坎也。又曰「瑶光不明，彘生鹿」，張宿爲鹿。

坎離，反也。離，附麗也，美麗也。鶉雉之屬，飛必附草，附麗也。五色成章，離日也。雉方伏時，東西風則復，南北風則去而不復，坎勝離也。坤方之雉，嘔文如繡，離變而兑乎？小寒雉始雊，臨之六三，離變兑也。兑交震故雉不雊，則雷不發聲。陳倉之聲，隱然如雷，野雉皆雊。星有墜而雉雊者，震、兑相感也。蛇化雉者，巽成離也。竹化蛇者，震、巽易也。雉入大水爲蜃，而老鵞爲蝙〔一〕蝠，雀類爲蛤，離成坎也。

〔一〕「蝙」下原衍「蠣」字，據汲古閣本、通志堂本、四庫本删。

八卦獨巽、離爲飛鳥者，何也？曰：南方七宿，朱鳥也。午爲鶉火之次，未爲鶉首，巳爲鶉尾。其味在柳，其翼在翼。柳，午也，離也；翼，巳也，巽也。卜楚丘論明夷之謙曰「當鳥」，所謂鳥者，朱鳥也，故曰「明夷于飛」。歸藏初巽，曰「有鳥將來而垂其翼」，薛貞曰「巽值鶉尾，故稱飛鳥」。離，火也，巽木，風也，木中有火，風者，火氣之動也，得乎風者爲飛之類，得乎火者得乎風。離爲目，動巽〔一〕爲多白眼，觀眼目之變可以知風、火矣。故鷙颷奮發，火勢熾然，雷行電照，草木怒張，火、木同類乎？或曰：騰蛇无翼而飛，何也？曰：亦巳巽也。八荒之外，有以首飛者，背飛者，尾飛者，觸象成形，豈特騰蛇乎？或曰：海水群飛，無情而飛，何也？曰：坎極成離也。火光起於洲潬，烈焰生於積油，坎極故也。或曰：飛類決起，朝發而暮棲，何也？曰：離在天爲日，在地爲火，日爲晝，火生風，故飛者屬乎晝，化乎風，晝翔而暝息，風騫而木飛。

艮，止也。搏噬者，前剛也。戌爲狗者，直婁也。火墓於戌，生於寅，寅爲虎，而其子亦曰狗。考異郵曰「斗運生狗」者，星艮、離也，斗止而動，亦狗也。

〔一〕「巽」，原脱，據汲古閣本、通志堂本、四庫本補。

兑，説也，羊内很者，二陽伏於一陰之下也。羝者，交乎震，震爲反生也。兑極成艮，故羚羊以角息。艮反成兑，故羵[一]羊爲土怪，夫子曰「地反物爲妖」。或曰：史言開皇、大曆羝或鬬於雲中，殺或墜於雷震，何也？曰：乾變坤則陽附陰而爲走，坤變乾則陰附陽而爲飛，其震、兑之交乎？或曰：號物者有萬，八物能盡之乎？曰：其變不可勝言也。張載有言曰：「游氣紛擾，合而成質者，生人物之萬殊。其陰陽兩端，循環不已者，立天地之大義。」

乾爲首，坤爲腹，震爲足，巽爲股，坎爲耳，離爲目，艮爲手，兑爲口。

説八卦合而成體也。鄭本此章在「乾爲馬」之前。乾爲天，尊而在上，爲首，在下亦爲首，如木根草荄之類，乾无往而不爲萬物先也。乾「首出庶物」者，震交乾也。觀「有孚顒若」者，乾首肅也。明夷九三「得其大首」，乾三之上也，三本臨乾，故曰「大首」。既濟上六之「濡首」者，上六反三乾也。未濟上九之「濡首」者，上九反三乾也。乾又爲頂者，首之上也，大過上六「過涉滅頂」是也。又爲輔者，在首而止於上也，咸

〔一〕「羵」，原作「墳」，據汲古閣本、四庫本改。

之上六、艮之六五是也。輔上，頷也，與頤卦上體同象。又爲面者，在首而說見於外也，革上六是也。又爲頬者，止於上而有面之象也，咸上六是也。又爲頄者，面之上益之以剛也，夬九三之「壯于頄」〔一〕是也，頄，面顴也，骨剛而肉柔。玄九體，八爲面，九爲顙，八、九，上體也。京房以上爻爲頭、目，亦上體也。

腹，虚而有容也，又爲釜者，腹器也，有水火爻則爲釜。故郭璞筮豫之解，曰有釜之象。瓶、罋、缶，皆腹器也，太玄「土爲腹器」。又爲尊壺者，交乎震、坎也，坎、震爲酒，震爲足，艮爲鼻，腹器有足、有鼻、有酒，尊壺也，禮少儀曰「尊壺者，面其鼻」。又爲簋者，交震、艮也，有尊壺象而无酒焉者也。禮少牢敦皆南首，首者，敦器之蓋飾。首有面，面有鼻，坤又爲身，身亦謂之中，又爲躬折其身也。

震，動也，一陽動於二陰之下也。艮爲止者，動極而止也，一陽止於二陰之上也。人之經脉十有二，其六動於足，其六動於手。動於足者，震之陽，故自下而生；動於上〔二〕

〔一〕「于頄」，原作「上六」，據四庫本改。

〔二〕「上」，疑當作「手」。

者，艮之陽，故自上而止。震、艮相反，故行者必止，止者必行，疾走者掉臂，束手者緩行。震又爲趾者，通乎物言之也。足趾，下體之下也，手，上體之下也，故太玄九體，一爲手足，言其位也。甲剛，乾陽也，在足者艮交震，在手者震交艮，震交艮則動者止，艮交震則止者動。震、艮又爲踇者，足之指也，拇，手大指也，手、足，所以能動也，故動乎下體之下而應乎足者，踇也，指在下而動者，亦踇也。艮又爲肱者，自手觀之，拇，陽也，餘指，陰也，指節，三陰中之陽，拇節，二陽中之陰，指動而掌止，止者在上，動者在下，止者運，動者止，艮也。自臂觀之，手也，臂也，肱也，三也。肱屬乎上而止臂，指用乎下而動，止者役動，動者從之，艮也。肱臂奇而指數偶，亦艮也。

手之有肱，亦猶股之有腓，故股在上則二爲腓。巽爲股，隨足，巽也，雷風相與也。

坎爲耳，陽陷乎陰也。輪偶者，陰也；竅奇者，坎中之陽也。精脱者聵，水竭則槁，耳目通竅者，水火相逮也。

離，陰麗乎陽也。實者，陽也，陽中有陰，故肉白；虚者，陰也，陰中有陽，故睛黑目白。其坎離之交乎？精竭者目盲，離火无所麗也。離爲日，寐者神棲於心，其日昃乎？寤者神見於目，其日出乎？故寐者形閉，坤之闔也；寤者形開，乾之闢也。一闔一闢，目瞑耳聽，坎離相代，晝夜之道。唯善用者能達耳目於外，唯善養者能反耳目於内。太玄以一、六爲耳，二、七爲目，一、六，水也，二、七，火也。

兑爲口，説也，鄭康成曰「上開似口」。艮爲鼻，口鼻通氣，山澤通也。

乾，天也，故稱乎父。坤，地也，故稱乎母。震一索而得男，故謂之長男。巽一索而得女，故謂之長女。坎再索而得男，故謂之中男。離再索而得女，故謂之中女。艮三索而得男，故謂之少男。兑三索而得女，故謂之少女。

將説天地生萬物而言人者，天地之性，人爲貴，萬物皆備於人也。乾，天也，爲陰之父；坤，地也，爲陽之母。揲蓍者，一爻三揲，三爻而八卦具。故搜於坤策，一索而得陽者，謂之長男，再索而得陽者，謂之中男，三索而得陽者，謂之少男。搜於乾策，一索而得陰者，謂之長女，再索而得陰者，謂之中女，三索而得陰者，謂之少女。萬物分天地也，男女分萬物也。察乎此，則天地與我並生，萬物與我同體。是故聖人親其親，長其長，而天下平，伐一草木，殺一禽獸，非其時，謂之不孝。納甲之説，乾納甲、壬，始於子。坤納乙、癸，始於未。震納庚、子，子代父也。坎納戊、寅，艮納丙、辰，左行以順父，循父道也。巽納辛、丑，離納己、卯，兑納丁、巳，右行以向母，從母教也。三女配男，夫婦之義，天地之性，人之大倫，實告之矣。太玄準之以一摹、二摹、三摹，摹亦捜也。

乾爲天，爲圜，爲君，爲父，爲玉，爲金，爲寒，爲冰，爲大赤，爲良馬，爲老馬，爲瘠馬，爲駁馬，爲木果。

說重卦别象也。六爻變化，其象豈能盡摹哉？此凡例也，智者觸類而長矣。易言天者，皆乾也。天位者，中正也，又曰帝位。天德者，剛也。天道者，其行以正也。天之神者，陰陽合一也。天則者，不可過也。天行者，終則有始也，反復其道也，消息盈虚也，三者一也。天文者，艮、離也。天命者，乾、巽也。天衢者，艮反震也。天寵者，君澤加也。天險者，坎在上也。天祐者，天助也。天下者，乾下也，或乾爻降於下也。曰在、曰統、曰御、曰先後、曰奉、曰承、曰順、曰應、曰麗，各以其卦爻變化言之。天或謂之帝，言主〔一〕宰也，推而上謂之上帝。乾又爲大人、聖人、賢人、君子，大人者，

〔一〕「主」，原漫漶似「工」，據汲古閣本、通志堂本、四庫本改。

盡天之體也。誠者，天之道，聖人至誠以盡天，誠則化，化則莫知其然，謂之神，故觀之九五「天之神道」、「聖人以神道設教」同象，君子通言之也。或問：天有形乎？曰：天，積陽也，氣也。易曰「日月麗乎天，百穀草木麗乎土」，日月附麗乎天，亦若百穀草木之麗乎土。天果有質歟？日月之行，或遲或速，奔星上下前後，或卑或高，不得自如。莊周曰：「天之蒼蒼，其正色耶？其視下也，亦若是而已。」列禦寇曰：「日月星辰，積氣中之有光耀者。」郄萌曰：「天了無質。」鄭康成曰：「天清明無形。」或曰：星隕石，何也？曰：光耀既散，氣凝爲石，如人之精神既散，形亦剛殭矣，故曰「在天成象，在地成形」，成形者皆地也。

爲圜者，渾淪无端，周而復始也。曾子曰「天道曰圓，地道曰方」，故得乎天者皆圜，既濟之初九、未濟之九二，坎變乾爲輪是也。不特其形也，晝夜不窮，死生无際，非天道之行乎？

五者，君之位，得位居中，發號令於天下，曰大君。在家人，父母位曰「嚴君」。在歸妹，帝女之位曰「小君」，自娣言之則君也。乾爲六子父，乾爻往矣，爲考，考之上爲祖，配爲妣，異體別家，分而同焉，爲宗。乾居九五之位，則爲君，而父也，考也，祖也，宗也，通上下言之。自天子至于庶人一也，一〔一〕玄孫，二曾孫，三仍孫，四子，五己身，六父，七祖，八曾祖父，九高祖父，亦以世數言之。

乾剛之不變者爲玉，變者爲金。益之三以上九爲圭，鼎之上以九三爲玉，言其不變也。蒙之「金夫」，臨初之上也，亦屯之初也。訟之「鞶帶」，上九之三也。噬嗑「金矢」，四之五也。六五「黄金」，五之上也。姤之「金柅」，二之初也。鼎之「金鉉」，五之二也。言其變也。乾、艮同類，故石攻玉則解；乾、離同體，故金火守則流。京房以乾、兑配金，兑正秋，亦九五爻也。太玄以二、八爲金、爲環珮、爲重寶、爲釦器，以一、六爲水、爲玉者，六即乾也。玉有水，玉水得乾氣乎？

爲寒者，坤交乾也。陰至亥成坤，戌、亥乾位。九月寒露，十月立冬、小寒，十一月大寒。露，坤氣也。雲徂雨流，而露无所不至，坤也。黄帝書曰「陽不足，陰氣上入陽中，則洒淅惡寒」，此寒之驗也，邵雍曰「月爲寒」。二陰一陽，陽不足也，坎爲水、爲月，故水寒。或曰：井，五月卦，九五「寒泉洌」，何也？曰：井之九五即泰乾初九甲子

〔一〕「一」，原作「太」，據四庫本改。

爻也，子，坎位也，坎交泰坤也。陽温陰寒，乾陽而寒者，陰陽相薄。十一月陽氣生於下，以其陰不足也，故井泉温；五月陰氣生於下，以其陽不足也，故井泉寒。

又爲冰者，坎交乾也。乾西北方之卦，十月水始冰，地始凍，水不冰則爲陰負陽勝，十月乾陽宜不足也。乾剛，金也，故水凝而堅，則陰勝。坤初六一陰生，至上六，十月亥位，坎交乾。邵雍曰「水遇寒則結，遇火則竭」，從所勝也。

赤，陽色也。陽始於子，坎中之陽，故坎爲赤。極於巳，純乾也，故乾爲大赤。乾者，日在嵎中、月在望、歲在四月時也。困九二坎爲赤，二交巽五爲「赤紱」。又爲朱者，朱，赤黄色。詩「朱芾斯皇」，毛公曰「黄朱，染絳者，一入謂之縓，再入謂之赬，三入謂之纁，四入謂之朱」。纁，黄赤也。小爾雅曰「彤、㸿、赬、韞，赤也」。然則縓、纁、朱皆赤，而朱比赤爲黄，比縓、纁爲異耳。故困九五下交二，坎、離易巽爲「朱紱」。離坤，黄也。

乾陽得位爲良馬，陰消陽爲老馬，爲瘠馬，鄭康成曰「凡骨爲陽，肉爲陰」，孔穎達曰「骨多也」。

駁馬，玄黄也，乾變離也。駁食虎者，兑變乾也。郭璞筮遇乾之離，曰「騂騮、緑耳，遂玄黄於坎離」。

艮曰「其於木」者，交巽木也。於乾曰「爲木果」者，巽、艮之陽皆乾也。艮爲果者，木之陽止於果，果成則降，降而反生。震者艮之反，震陽亦乾也。

秦、漢之際，易亡説卦，孝宣帝時河内女子發老屋得説卦、古文老子，至後漢荀爽集解，又得八卦逸象三十有一。按集解坎爲狐，子夏傳曰「坎稱小狐」，孟喜曰「坎，穴也，狐穴居」，王肅曰「坎爲水、爲險、爲隱伏，物之在險，穴居隱伏，往來水間者，狐也」。子夏時坎爲狐，孟喜、王肅止隨傳解釋，不見全書，蓋秦、漢之際亡之矣。今考之六十四卦，其説若印圈鑰合，非後儒所能增也，故校證其誤而併釋之，以俟後之知者。

爲龍，乾體坤，自震息之成乾，故乾爲龍，坤體乾，剥乾成坤，陰極生陽，爲復震也，故坤上六「龍戰于野，其血玄黄」，坎爲血，震爲玄黄。

爲直，乾其動也直。巽爲繩直者，亦乾之直也。

爲衣，乾在上爲衣，坤在下爲裳，太玄曰「垂綃爲衣，襞幅爲裳」，垂綃，奇也，襞幅，偶也。訟之「帶」、歸妹之「袂」、既濟之「衣袽」，皆乾也；困之「紱」、既濟之「繻」，皆坤也。古者衣裳相連，乾坤相依，君臣上下同體也，至秦始取女之衣裳離之。

爲言者，震聲兑口，聲出於口也，所以能言者出於乾陽也。

坤爲地，爲母，爲布，爲釜，爲吝嗇，爲均，爲子母牛，爲大輿，爲文，爲衆，爲柄，其於地也爲黑。

易凡言地者，皆坤也。乾、坤皆言天地者，陰陽相根，動静相資，形氣相應。有一則有二，有乾則有坤。邵雍曰："天依形，地附氣，其形有涯，其氣无涯。"張載曰："地在氣中。"黄帝書曰："地在太虚之中，大氣舉之。"天地未始相離也。明夷"日在地中"，則地在氣中可知。或曰：師"地中有水"，而渤海之東有歸墟焉，其下无底，水豈氣乎？曰：黄帝書"天在地外，水在天外"，表裏皆水。兩儀運轉，乘氣而浮，載水而行。考之天，西河中九星曰鉤星，鉤星伸則地動者，以水動也。辰星色黄而小，則地大動，土勝水也。鈎鈐者，天之筦籥，鈎鈐坼則地動者，天之筦籥動也。以此三者觀之，水土動則地動，地動則天動，地非乘氣載水乎？氣无涯，水亦无涯，水亦氣也。坤又爲邑、爲邦國。天子建邦，諸侯有國，大夫受邑，分土也。邑，内也，故以下卦言之。諸侯，四也，下兼卿、大夫、士。邦對國，則邦爲王國。五，王位，諸侯承之。通言之，邦、國，一也。坤又爲城、爲墉，墻謂之墉，城，墉之大者。震足艮手築之，巽繩縮之。掘地爲澤，土自下升者，城也。積土在内外之際，設險可入者，墉也。又爲泥、爲甃。坎水坤土，汩之爲泥。土水合而火之爲甓，以甓修井爲甃。

乾爲父則坤爲母，乾爲祖則坤爲妣。坤得尊位，母也，五〔一〕動成乾爲王母，王母，尊祖，王妣也，五，尊位。在家人，乾父居五，則坤母居四，尊无二上也。

麻、紵、葛曰布。巽爲草，以坤陰不變者爲布。巽、離爲絲，以坤陰變陽者爲帛。賁六五「束帛戔戔」，上九變五，巽、離也，坤陰變陽也。坤爲帛，束帛五兩，天九地十之數。布帛兩兩相偶，五尺謂之量，倍量謂之丈，倍丈謂之端，倍端謂之匹。

釜有範金者，有合土者，其象有腹，有耳，无足，皆自坤變，坤爲土、爲腹。家人者，遯四之初，變艮、坤，六二有坤腹坎耳，坎水、離火、巽木，以釜亨飪之象。離爲中女，故曰「在中饋」。郭璞筮豫之解，六二變坤有坎離，曰釜之象。遇大有之旅，初九、九二變乾成艮、坤，兑爲金、爲澤，有離火而無耳，曰金之祥非釜也。或曰：鼎何以取

〔一〕「五」，原漫漶似「王」，據汲古閣本、通志堂本、四庫本改。

於坤？曰：鼎自遯五之二，巽變艮、坤，器之有腹者也，而又有足、耳、鉉，以木巽火，坎水亨之，故曰鼎象也。

易言吝者十二卦十三爻，陽爻居三。咸之九三從上六，故往吝。恒之九三趨上六，故可貞而吝。姤之上九居陰，故吝。其餘可往而不往，可動而不動，可變而不變，坤陰也。亦有知其不可，以往爲吝者，屯六三是也。然則坤之吝嗇，顧用之如何耳，故曰「憂悔吝者存乎介」。

乾，獨陽也，坤陰均之，寒均暑，夜均晝，君子而有小人，然後上下内外適得其平。故小者亨則曰既濟，而小大相過，皆謂之過。

爲子母牛者，坤交離也。坤爲牛、爲腹，離爲大腹。京房既濟之初九變曰「博牛」，言以犉牛博犢也。洞林明夷之既濟曰「當有牛生一子」，蓋坤變坎，坎爲子，三至五互有離，四者，坤之丑爻，丑亦牛也。離「畜牝牛」者，母也。大畜艮坤之初爲「童牛」者，子也。太玄以土〔一〕爲犢。

〔一〕「土」，原漫漶似「上」，據汲古閣本、通志堂本、四庫本改。

地方而載，輿也。坎内陽外陰，陽實而直，陰虚而曲，内實，轂也，外虚，穿也，内直，輻也，外曲，牙也，一實一虚，周流无窮，輪也。有輿有輪而乘其上曰車，賁初九是也。自上視之，有輪有輿而居其中亦曰車，睽上九視六三、困九四視九二是也。或曰乘，解六三是也。有輿无輪，止曰輿，大畜九二、九三是也。有輿有輪而爻當輿，睽六三是也。坤爻變乾，陽爲大，則曰大輿。有輿有輪，或爻在輪下，或當輪，止曰輪，既濟初九、未濟九二是也。曰輹者，坤震也，震之陽爻在坤下，爲輿下之横木，大畜九二是也。震之陽爻變坤之中爻，爲大輿之輹，中者心之位，輹在輿下，鈎心夾軸，四往之五爲坎，變輿成輪，大壯九四是也。曰茀者，有輪輿矣，震爲竹，葦蔽之，第也。

一剛一柔，相錯成文。有天而後有地，一不獨立，二則爲文，天一地二也。季春之月，夬九三爻也，陽氣充塞，氣成虹蜺，有剛然後文柔之也。仲冬之月，坤六四爻也，雖霽而日，虹蜺伏藏，陽不足也。以此見无一則无二矣。離者，乾坤以中相易者也。離爲日，爲火，爲雉，日五色，火煙隨而變，雉五色具焉。謂之文明者，以離言也。或曰：極南之方，冬虹不藏，見則怒風發屋，雷動則風止，何也？曰：離，南方，巽之再變也。巽動於下，離變於上，巽極成震，是以風止，中國陽緩陰散，雖有虹蜺而非風候。又爲章，何也？曰：文合而成章，荀子曰「文理成章」，詩聲變成文，積句成章。噬嗑初、五相易，震、離合一，故曰「雷電〔一〕合而章」。坤六三、姤九五，動則「成文」，不動則「含章」。

衆者，對寡之名。師以一陽主五陰，故曰「用衆」、曰「畜衆」。明夷以二陽臨四陰，故曰「莅衆」。解以初九之坤四，故曰「得衆」。民者，有君之名也，師曰衆，又曰民，何也？曰：復初九之二，坤陰自下從之，故曰民，坤之陰即坎之二陰也，坎之二與上坤之三陰合，故又爲衆。坤又爲醜者，陽美陰醜也。又爲輿者，通於車輿之輿，車〔二〕成於衆工，始於輿，邵雍曰「君子以萬物爲輿馬」。又曰群者，通陰陽言之，乾之九四以三陽爲群，否之六二以三陰爲群，睽之上九以六三坎、坤、兑三疑爲群。巽爲魚，亦曰民者，巽之坤也，與坎水兑澤之坤爲民同。

爲柄者，巽之坤，順其鑿而入焉者也，斧、柯、劍、夾、殳、戈、矛之柲，耜之耒〔三〕，柄也。旅九四得斧，巽上九喪斧，或得其柄，或失其柄。

〔一〕「電」，原漫漶似「雷」，據汲古閣本、通志堂本、四庫本改。
〔二〕「車」，原作「專」，疑描補致誤，據汲古閣本、通志堂本、四庫本改。
〔三〕「耒」，原作「來」，疑描補致誤，據汲古閣本、通志堂本、四庫本改。

黑者，坤之極也。以日言之，日在虞淵也。以月言之，晦也。以歲言之，十月也。故曰冬則行黑道，月死成魄，火之末，澤之汙下，草木之朽腐，人之黧老，極也。坤極成乾，故明生於晦，陽兆於北，死爲生之故。而增肥之澤，黑墳之土，皆地之美者。易言冥、言晦，皆坤也。坤爲地，又曰「其於地也」者，坤爲黑，其於地乃其一也。坤變乾爲牝馬，離變坤爲牝牛，陰陽之中復有陰陽，此萬物所以无窮也。姤初六坤變乾，初九甲子坎豕，不曰牝豕者，初陰未壯也。

爲迷者，坤冥晦，待陽而後明。先陽而動與遠於陽而不復，皆迷之道。爲方者，坤靜而德方，方不可易也。爲囊者，坤虛有容，與腹同，而囊，手可括也。爲裳、爲黃者，黃，地之中色，得乎陽之美，不偏於陰者也。爲帛、爲漿者，帛當在爲布之下。坎、震爲酒，故作酒以麴蘖，麥，東方穀也，而東風至則酒湧漿者，酒之初，故坤爲漿，不足於陽也。

震爲雷，爲龍，爲玄黃，爲旉，爲大塗，爲長子，爲決躁，爲蒼筤竹，爲萑葦，其於馬也爲善鳴，爲馵足，爲作足，爲的顙。其於稼也爲反生，其究爲健，爲蕃鮮。

張載曰：「陰氣凝聚，陽在內者不得出，則奮擊而爲雷霆，陽在外者不得入，則周旋不舍而爲風。其聚有遠近虚實，故風、雷有小大暴緩。」

鄭康成讀龍爲尨，取日出時色雜也，虞翻曰「駹，蒼色，震，東方，故爲駹，舊作尨，上已爲龍，非也」。臣曰：讀當作鬬，字當作駹，蒼尨尾也，國語日月會于尨駹。孟春日月會于諏訾，斗建寅，旦見尾中，播種之時，无妄、益乾變震之象乎？若蒼色，則上已曰「蒼筤竹」矣。

坤於地爲黑，又曰天玄而地黄者，坤之中爻爲黄，黄者，地之中色，得陽之美者也。中爲坤宫，太玄以五五爲土，其色黄，五五，中也，中首曰「陽氣潛萌於黄宫」。坤上六，十月也。言「龍戰于野」。坤，黑也，乾，赤也，謂之其血玄可也，而曰「其血玄黄」，又曰震爲玄黄者，何也？曰：此天地鬼神之奥，聖人之微意也。坤之上六，閉塞成冬，陰極疑陽而戰，陽於此不争而自勝，於是冬至而坎之初六受之，故曰天玄，而太玄亦曰夜半近玄。極坤生震，陽自外來而爲主於内，於卦爲復，以坎言之則玄也，以復震言之則玄黄也。然十月未可以言黄，故古人謂冬爲玄冬。震所以爲玄黄者，初九春分，六二清明，六三穀雨，九四立夏，六五小滿，上六芒種，初九乾坤之初交，以赤交黑，所謂玄也，六二、六五坤之中爻，所謂黄也。十月又謂之陽月，言未嘗一日无陽，而陽亦未嘗一日不勝也，故曰「神戰于玄，邪正兩行，龍出于中，法度文明」，龍出于中則震也。又曰「天炫炫出於无畛，熿熿出於无垠」，出者亦震也。陰極陽生，亂極德形，君子於是修德以俟時。否之九五與二相易，巽木玄黄而在田上，桑也。觀之六四與五相易，坎爲玄，坤之中爻爲黄，而在朝廷，幣也。豐之九三，玄黄在車上而金斷之，旆也。賁之六五，三坎爲玄，巽乾爲大赤，離坤爲黄，纁也，纁，黄之變，染者自黄而入赤，纁，三入之赤也。

爲尃者，陰體凝滯，震陽尃之。延叔堅曰「尃，大布也」，王洙曰「字從寸，甫聲，布也」。泰初之四，否四之初，草之尃也。大過二變之五，木之尃也，五變之二，尃者斂矣。解自升變，草木之尃也。

鄭康成曰：「國中三道曰塗，震上值房、心，塗而大者，取房有三塗焉。」王洙曰：「卯爲日門，險極成易，大川之上必有大路，故大途之象必出於坎、兑之外。」或曰道，或曰衢。履九二動成震，動而正，故曰道。大畜自大壯來，上九畜極艮反成震，大途而在天上，无所不達，天衢也，故曰衢。賁又爲徒行者，初九之四，艮應足動，足指履乎大途，徒行也。泰九三爲陂者，大途變而爲山澤，易極成險，故曰「无平不陂」。

爲長子，師六五動成艮，艮少男，視二震爲長，震視艮爲弟，坤母視之爲子，故曰長子。九二用衆，處險持律，五任之，本復乾也，自震坎視之，丈也，故曰「丈人」。隨初九否乾自坤視之爲夫，自艮視之爲丈，故曰「丈夫」。小畜九三離婦乘震，故曰夫。大過乾二變之五，巽成震，巽爲白，自兑妻視之，震爲夫，夫而白首故曰「老夫」。恒六五自二巽視之爲夫，自泰乾視之爲子，故曰「夫子」。无妄六三即遯之初六，遯初上行之三成震，故曰「行人」。明夷初之四，震成巽，巽位東南，故曰「主人」。震四諸侯之位，臨二之四，有不喪匕鬯奉宗廟之象，故曰「祭主」。

震變兑爲決，變巽爲躁。

竹中虛節實，重震之象。蒼筤，青也，震之色，孔穎達曰「春生之美也」。竹，草類而有木氣，草〔一〕於五行爲木，故蒼筤竹乃盡震象，他竹，震之變也。太玄以甲、乙爲竹，亦震也。列禦寇言「久竹生青寧」，青寧，世无識者。昔人鐘山伐竹，竹中得青蝦蟇，其青寧乎？蝦蟇，巽、兑之氣，震極而變也。

〔一〕「草」，四庫本作「震」。

萑葦，震之廢氣也，故竹堅而萑葦脆，竹久而萑葦易枯。鄭康成曰：「竹類。」搜神記言朽葦爲蛬，震成巽，巽爲風乎？夫橘成蛾，葦成蛬，麥成蝇，陵舄得鬱棲爲烏足，葉爲蝴蝶，皆震、巽也。歸妹上六、既濟九二之五爲竹葦，既濟十月卦，亦震之廢氣也，二卦皆震、巽交。

乾爲馬，善鳴者，震也。易凡有震聲曰鳴，謙六二、上六是也。兑口震聲，在人曰言，需九二以四爲言，訟初六往四爲言，明夷初九往四爲言，夬九四不動爲「聞言不信」，革九三往上爲言，震〔一〕臨二之四爲言，上六交四則五爲言，艮五動易二爲言，漸初六動而之二爲言，皆震、兑也。在飛鳥曰音，中孚上動反三，小過初九之四是也。或曰：音有五，善鳴者何獨震乎？曰：震，動也，凡聲，激而後有，雷以陽激陰，風以陰激陽，水火之聲，无非激也，不動何由有聲？

爲馵足者，伏爻也，震爲足，於左，在下卦，爲後，震下有伏巽，巽爲白，此震爻發於下之象。

〔一〕「震」，疑衍。

乾爲首，上發震爻則爲的顙，的顙，詩所謂「白顛」，傳所謂「的顱」也。爲作足者，乾馬變也，震下爻動，屯初九是也。大畜九三乾變震，三陽並進，故曰「良馬逐」。中孚六四震作足馬，四易初成坎，坎爲美脊，震、坎，類也，四絕類上行，坎亡震存，故曰「馬匹亡」。

其於稼也爲反生。宋衷曰：「陰在上，陽在下，故爲反生，謂枲豆之屬戴甲而出。」鄭康成曰：「生而反出也。」反其生者，有生有不生。夫一陽自下升而息，五陰自上降而消，其卦爲復。象曰「剛反動」，太玄曰「反乎始」，故人與草木反生，心膽之陽倒懸，豈特枲豆而已哉？於稼言反生，舉一隅也。大過二變之五，兑成震，爲「枯楊生稊」，反生也。五變二往，震成兑，爲「枯楊生華」，亦反生也。屯三震交艮，黔喙之屬，而角反生，鹿也。大壯四震交兑，羊角反生，羝也。震三、四相易，死者反生，蘇也。虞翻曰：「震〔一〕相薄，變而至三，則下象究，與四成乾，故其究爲健〔二〕，巽究爲躁

〔一〕「震」下，周易集解有「巽」字。

〔二〕「健」，原作「律」，疑描補致誤，據汲古閣本、通志堂本、四庫本改。

卦。雷風无形，故卦特變耳。」

爲蕃鮮者，泰、頤、恒、萃、歸妹言萬物，解言百果草木甲坼者，震也。咸四月卦，言「萬物化生」，姤五月卦，言「品物咸章」者，震變巽也，震爲蕃，變巽爲鮮，故又曰絜齊。太玄曰「物咸重光，保厥昭陽」，言離〔一〕明也。或曰：離言百穀草木者何？曰：離有震、巽也。解言百果草木者何？曰：有震、巽而又自艮變也。睽无震、巽曰萬物者何？曰：睽，大壯之震三之上成睽，萬物睽也。

乾曰「雲行雨施，品物流形」者何？曰：乾自震息也。動爻，巽也。「爲王」當在「乾爲天」之下，錯文也。五爲王之位，乾爲君，君宜正位宅中，故九五爲王，比、隨、觀、家人、蹇、夬、萃、井、涣是也。離九四與五相易，五曰「離王公」。上九與五相易，曰「王用出征」。師二進至五曰王，王〔二〕自五〔三〕之二曰「王三錫命」。蠱上九自泰初歷四五之上，曰「不事王侯」。晉二動易五，曰「受茲介福，于王母」。豐二至四，曰「王

〔一〕「離」，原作「鮮」，疑描補致誤，據汲古閣本、通志堂本、四庫本改。

〔二〕「王」，原作「主」，疑描補致誤，據汲古閣本、通志堂本、四庫本改。

〔三〕「五」，原漫漶似「三」，據通志堂本、四庫本改。

假之」。坤六三之動，訟九三從上九，皆曰「從王事」而已。大象曰「先王」者，比、觀、渙以九五〔一〕，噬嗑、復、无妄以初九，皆以前卦變而言之，故曰「先王」。大有九三不言王曰天子者何？曰九三交於六五，六五下交九三，乾變離、兑，有天子施澤，降心于九三之象，故曰天子。先儒以震爲諸侯是乎？曰：非也。長子主〔二〕器，謂長子爲諸侯也。四，諸侯位。豫九四，天子建諸侯也。晉九四，天子接諸侯也。四近君位，古者諸侯入爲三公，三公出爲諸侯，故其位四與三通曰公侯之位。

鵠，古鶴字。震、離爲鶴，中孚九二是也。訟初之四，坎變巽，離變震、兑，震爲善鳴，爲足，巽爲白，兑爲澤。繁露曰：「鶴，水鳥也，夜半水感其生氣，益喜而鳴。」京房論中孚曰：「九二處和體震，則震爲鶴。」房本有之，房在孝宣後故也。鼓象雷，中孚六〔三〕三或鼓或歌，震交巽爲木，艮爲手，手執桴擊之，鼓也。又爲鼓缶之鼓，離九三變坤、震，坤爲器，震爲鼓，巽木艮手，鼓缶也。

〔一〕「五」，原漫漶似「三」，據汲古閣本、通志堂本、四庫本改。

〔二〕「主」，原漫漶似「王」，據汲古閣本、通志堂本、四庫本改。

〔三〕「六」，原作「九」，據中孚卦畫改。

巽爲木，爲風，爲長女，爲繩直，爲工，爲白，爲長，爲高，爲進退，爲不果，爲臭，其於人也爲寡髮，爲廣顙，爲多白眼，爲近利市三倍，其究爲躁卦。

震、巽皆木也，説卦巽爲木，言蕃鮮之時，震之九四爻也。乾、艮、坎、離皆有木象，何也？曰：水、火、土、石，地兼體之，金生於石，木備此四者而後有，故木果，乾也，堅多節，艮也，堅多心，坎也，科上槁，離也，其實乾、坤而已。或爲苞桑，或爲枯楊，或爲枯木，或爲杞，何也？曰：否之九五，二爲田，木在田上，上玄下黄，桑也。二、五相易，剛柔相包，苞桑也，其卦氣則七月桑落之時。大過巽木兑澤，楊，澤木也，兑正秋，枯楊也，其卦氣則十月小雪，亦枯楊時也。困初六視九四爲臀，困于株木，巽木而兑金克之，枯株也，其卦氣則九月霜降，亦枯株也。姤九三因四動者，兑澤巽木，變乾爲大澤，木之大，杞也，其卦氣則五月夏至，杞木盛時，故能包瓜。或爲牀，或爲楝，或爲桷，或爲木，或爲舟楫，或爲耒耜，何也？曰：剥初六、六二、六四，巽九二、九四〔一〕，皆以坤變乾成巽，坤爲西南，乾爲人，設木於西南之奥而人藉其上，牀也。大過巽爲木，

〔一〕「九四」，疑當作「上九」，巽卦第四爻爲陰爻，且爻辭無牀，上九爻辭有牀。

木反在上，棟也。漸九四乾動成巽坤，三變也，乾動爲直，坤爲衆，木而平直者，桷也。益自否變漸，變渙，巽木在坎上，至益而成，故渙曰「乘木有功」，益曰「木道行也」。中孚巽木，兑金刳之，故曰「乘木舟虛」。渙巽有艮手斷木，「剡木爲楫」也。益自否變，九四之二，「斲木爲耜」也，之二則「揉木爲耒」。

風者，火氣之動。陰麗於陽則爲火，陰入于陽之下則爲風，巽之所入，即所麗之陰也，火非動不見，而動則屬乎風。黄帝書曰「在天爲風，在地爲木」，舉一隅也。西方書曰「暖氣歸火，轉動歸風」，風化蟲，故郭璞曰「風，蟲也」。

爲長女者，女在下，男在上，或男未下女，或男下女而未歸，或女歸而有漸，或男行而不動，或女與女同居，則三女皆謂之女，春秋傳曰「女者，謂其遠於人也」。古之嫁者，三月廟見，而後行夫婦之道，未廟見而死，則歸葬于父母，故咸「下女」，漸「女歸」，猶謂之女。三女從三男，五有乾坤舅姑之象，子夏曰「婦人，學於舅姑者也」。或曰：蒙六五納九二成巽，大過九五變而之二成巽，恒六五從九二成兑，謂之婦者，從夫也。家人九三、漸九三曰婦，何也？曰：家人本遯變，九四之初，則初六從而成離，離女從坎男也，坎視乾爲子，離乾爲舅，故曰「婦子」。漸九三本否九四也，之三成坎，六三從之成離，故謂坎曰夫，謂離曰婦。曰：小畜上九巽爲婦，何所從乎？曰：九三動則成震，震者，巽之夫也，不動者，爲上九所畜也。小畜九三、大過九二、困六三〔一〕又曰夫妻，何也？曰：小畜九三，離、震同象，大過九二動之五，震、兑同象，困六三坎、離同象，故曰妻。魯春姜曰：「婦人事夫有五：平旦纚笄而朝，有君臣之嚴；沃盥饋食，有父子之敬；報反而行，有兄弟之道；受期必誠，有朋友之信；寢席之交，而後有夫婦之道。」謂之妻者，寢席之交乎？故曰妻，齊也。女或爲娣，何也？曰：所歸之妹，其爻在上則下爲娣，歸妹九二是也。

爲繩直者，巽一柔爲二剛所糾，有股而合，繩也，其剛爻爲直。繩所以直者，以剛糾柔。剛，乾也。又爲徽纆者，坎上六動，坤、坎成巽，坤、坎爲黑，巽爲繩，徽，黑索也，巽爲股，兩股謂之纆，上之三成巽、離，三股謂之徽。又爲繘者，井自二反上成巽，坎車相應，繘也，汲綆謂之繘，係者或以此係彼，或以彼係此，引者持繩相應，牽者手挽而股動，繫者繫動於此。无妄之牛自遯初之三〔二〕，四巽繫之，故曰「或繫之」。姤初

〔一〕「三」，原作「二」，據汲古閣本、通志堂本、四庫本改。
〔二〕「三」，原作「二」，據汲古閣本、通志堂本、四庫本改。

之二，二巽繫之，乾金在焉，故曰「繫于金柅」。維者，反復成巽繩，反復，維之也。

爲白者，坎變巽也，坤至北爲黑。坎中之畫，乾，赤也，赤黑爲玄。坎水一也，或爲白露，或爲霜雪、爲冰者，皆寒氣巽入之也。春秋傳曰「冰以風壯」，詩曰「北風其涼，雨雪其雱」，易曰「履霜堅冰至，陰始凝也」，白虎通曰「露者，霜之始也」。坎爲月，遡日而白，離之光，巽，入也。

坎爲髮、爲血，髮者，血之華，少而美，踰壯則黑而不玄，過此則乾消坤見、坎降離升而黃，既老則坎變巽，坤黑盡矣，然凡有益於血者皆能黑。或曰：素履何以言坎？曰：四變之初，巽變坎，初之四，坎變巽也。大過初六「白茅」，何坎也？曰：遯一變訟，二變巽，三變鼎，四變大過，則大過初六自訟坎變巽，故爲白，而初六、九二、九五同取此象，五色皆本於白。草木既槁則白，鬚髮既老則白，豕鬣埋之則白，金可變而白，丹可鍊而白。白者，陰也，陽之基也，陰陽相賁而後有文，陽盡則陰質見矣。物有生而白者，氣自芒芴之間固已變矣。巽又爲墨者，巽變坎也。白復成黑，墨者，黑與水合，太玄飾曰「陰白陽黑，分行其職」。

天地變化萬物者以巽，而莫見其變化之迹，故巽爲工。訟之鞶帶，比、坎之缶，泰之城隍，解之墉，同人、隨之門，節之門户，豫之門柝，小畜、大畜之輿輹，大有、賁、困之車，既濟之輪，井之收，噬嗑、旅、解之矢，睽之弧矢，旅、巽之斧，賁之帛，困之紱，既濟之衣袽，剥、巽之牀，涣之机，大過之棟宇，漸之桷，困之宫，小畜之室，大壯之宫室，豐之屋，旅之次，剥之廬，坎之樽簋，井之瓶甕，鼎之耳鉉，中孚之舟楫，益之圭，歸妹之筐，既濟之茀，離之罔罟，益之耒耜，小過之杵臼，大過之棺槨，夬之書契，恒之浚，井之渫甃，皆巽工爲之也。或曰：大畜九二，坎六四，恒初六，歸妹上六，節初九、九二，既濟六二，損二簋，豫門柝，何取於巽乎？曰：大畜三有伏巽。坎自臨三變而成，一變升，二變解，三變坎，自升至坎，巽工爲之，乃有樽、簋、缶之象。恒初六本泰之六四，自四之初，入于兑澤之下成巽，所入深矣，故曰浚，猶浚井也。歸妹，漸之反也。損，益之反也。節，涣之反也。既濟六二應五。困初九應四也。豫，伏巽也，巽，東南主人之位，内有主故有客。

巽爲風，草、木、風之類皆長。巽離爲絲，絲亦長。姤初變兑爲履之虎尾，亦長。施之於事，久長是也。易言「不長」、「不可長」、「何可長」，皆巽變也。訟初往訟二，四應初，巽、坎變兑、震，曰「訟不可長也」。屯上无助，妄動之三，離見巽變，曰「泣血漣如，何可長也」。否四應初，巽體猶存，五應二，巽變矣，上應二，巽體盡而成泰，故曰「否終則傾，何可長也」。姤一陰方長，五陽下之，巽體既盡，剥極成坤，故曰「勿用取女，不可長也」。中孚上九登久而降，巽變成離，故曰「何可長也」。小過九四以往厲爲戒，久則四、五相易，小不勝大，故曰「往厲必戒，何可長也」。臨六三處位不當，憂而退避，二、三相易成坎，坎爲加憂，二至四有伏巽，二、三相易，巽變坎，故曰「既憂之，咎不長也」。或曰：豫上六，大壯上六，何取於巽？曰豫上六震動反三成巽，大壯上六震者巽之反也。

爲高者，風，高至者也。飛鳥之類，有背負蒼天，皆風所爲也。或曰：乾天不爲高，何也？曰：天運往而不來，升而不降，亦不能爲高，來也，降也，所謂巽也。同人九三動與五争應，成巽、艮，故曰「高陵」。解上六動之三，坤體連巽，故曰「高墉」。蠱上九自巽往外而處卦上，故曰「高尚其事」。

爲進退者，坤生震之一陽，則退者進，乾生巽之一陰，則進者退。易稱進退者，巽也，觀九三是已。屯初九曰「盤桓」者，進而之四成巽，四不能安，故「盤桓」，萃初六退而亂，進而與四相萃，故曰「乃亂乃萃」，皆進退也。或曰：大壯上六何也？曰：上六震，震者巽之反，「不能退，不能遂」，則進退不可矣。

巽，兑之覆也，兑爲決，覆之爲不果，稱疑者皆不果也。乾九四或躍，賁六四當位，豐六二之往，既濟六四之戒，困九四、九五之徐，鼎九二、未濟大象之愼，皆不果也。豫九四勿疑，兑初九未疑者，巽毁也。遯上九、升九三，无所疑者，巽或不反，或毁也。或曰：坤上六「陰疑於陽」，睽上九「群疑亡」，損六三「三則疑」，何也？曰：乾五月一陰生，巽，陰始疑也，至於十月，陰疑於陽，蓋其疑自一陰始生則疑之，故君子於姤之初繫之以金柅也。睽上九之三成兑、震，兑，巽之覆，震，巽之反。損自泰變，九三上行，上六下之，九、六相遇，「得其友」也，三陽並進成巽，故三則疑也。

爲臭者，張載曰「聚而有間則風行，風行而聲聞臭達」。繫辭曰「同心之言，其臭如蘭」，先儒謂同人六二也，二巽爲草，二易五爲芬芳，「其臭如蘭」也。

坎爲髮，髮者，血之華，坎血耗減，頂露於上，寡髮也。大過九二「老夫」，九五「老婦」，離九三「大耋」，兼取此象。

乾爲首，析而言之，初畫爲頤，中畫爲面，上畫爲顙。震得初畫爲頤者，動於下也。兑得中畫爲面者，悦見於外也。巽得上畫爲廣顙者，上大下小也。張載曰「躁人之象」，傳曰「上方」者，觸人亦躁也。睽六三「其人天且劓」，馬融曰「刻鑿其額」，易傳曰「髡其首」，是乎？曰：睽九二即无妄之九五，巽變乾爲廣顙，兑毁之，髡其首也。刑鼻曰劓，髡曰天，互見也。

爲多白眼者，離爲目，虚者，陰也，實者，陽也，虚者其體陽，實者其體陰，故虚者爲眸子，實者爲白肉，離變巽則白肉在上，眸子在下，故爲多白眼。見於易者，爲惕，爲反目。乾九三，危而惕也。訟九二，窒而惕也。小畜九四，畜君乘剛而惕也，與上合志，則有孚惕出矣。九二受畜於四，妻上夫下，反目而怒視也。虞翻曰巽爲魚，何也？曰：魚，多白眼而巽乎澤者也，不曰巽乎川者，積水成淵而後魚鼈生焉，川壅成澤也。剥自姤變至遯、否，觀有伏兑，巽爲魚，五艮持繩，貫魚也。姤初巽二動成艮，有伏兑，九二不動，「包有魚」也。九四遠初，「无魚」也。中孚坎變爲巽，乾變坎成兑，魚也。郭璞得豫之小過，曰「五月群魚入寺」，艮爲門闕，六三變九，體有兑、巽，豫，五月卦也。或曰：魚，水蟲也，何以言巽？曰：坎、離，乾、坤之變，交而生物，離乾卦，坎爲水，故陸多走類，水多飛類。魚浮游於水，有飛越江湖者，巽也，故巽在陸爲雞，在水爲魚，雞瞑而魚不瞑，離不足也。傳曰「魚與鳥同類」，其知巽之所爲乎？嶺南黄魚，或化爲鸚鵡，巽變離也；泡魚而刺者，或化爲貐，巽變坎也。震、巽，相易者也，故魚或爲龍，魚而斑〔一〕者或化爲鹿。畜魚以二月上，庚亦震也，隨陽者，震也，潛化者，巽也，孕魚依草子如其實，月體虧於上，魚腦減於下，月盈成乾，其虧成巽。

爲近利市〔二〕三倍者，噬嗑六三變也，日中爲市，巽變兑，離爲嬴、爲貨，市利也，巽變離、兑，三倍也，舉此一爻以例諸卦。

其究爲躁卦者，巽三變成震，舉震、巽二卦以例餘卦。天地萬物，无有獨立者，極則相反，終不相離，以其不可離也。司馬遷律書曰：「冬至則一陰下藏，一陽上舒。」京房論八卦飛伏，虞翻論伏爻，郭璞又論伏爻、納甲，其説皆源於此。

爲揚者，巽爲風，風輕揚。中孚九二「鳴鶴在陰，其子和之」，上九「翰音登于天」，用此象。爲鸛者，别於鶴也，震爲鶴，陽鳥也，巽爲鸛，陰鳥也，鶴感於陽故知夜半，鸛感於陰故知風雨。世傳鸛或生鶴，巽極成震乎？

〔一〕「斑」，原作「班」，據四庫本改。
〔二〕「市」，原脱，據汲古閣本、通志堂本、四庫本補。

坎爲水，爲溝瀆，爲隱伏，爲矯輮，爲弓輪，其於人也爲加憂，爲心病，爲耳痛，爲血卦，爲赤，其於馬也爲美脊，爲亟心，爲下首，爲薄蹄，爲曳，其於輿也爲多眚，爲通，爲月，爲盜，其於木也爲堅多心。

一陽陷於二〔一〕陰之中，爲坎，坎，陷也。盈天地之間皆水，曰水者，舉其凡〔二〕也。坎之陰爲陽所得，上而爲雲，故屯曰「雲雷」，需曰「雲上於天」。坎之陽爲陰所得，下而爲雨，故屯、解曰「雷雨」。坎水之通流爲川，訟之坎由遯乾三之二，漸之坎由否乾四之三，渙之坎由否乾四之二，益之坎由渙二之初，故曰「大川」。或曰：小過彖、夬九三、中孚下體，兑也，或爲雲、爲雨，爲大川，何也？曰：坎、兑，一也。革兑上離下，彖曰水火相息，兑亦水也，自陽爲陰所陷言之謂之坎，自澤物言之謂之兑。澤无水則亦无以澤物矣，故澤无水謂之困。上浮而爲雲，下墜而爲雨，非澤氣之升降乎？川澤者，坎、兑之相變也。需之川自大壯之兑變而爲坎，澤決而爲川也。中孚之川自訟之

〔一〕「二」，原漫漶似「一」，據汲古閣本、通志堂本、四庫本改。
〔二〕「凡」，原作「九」，疑描補致誤，據汲古閣本、通志堂本、四庫本改。

坎變而爲兑，川壅而爲澤也。澤或決而通，川或壅而塞，豈有常哉？曰涉大川，何也？曰：需之利涉，震足蹈川也。益之利涉，巽股蹈川也。訟之涉，坎變兑，巽股入于下而澤滅其頂，不利涉而「入于淵〔一〕」也。坎或爲淵，何也？曰：乾九四「或躍在淵」者，坎之下復有澤也。訟曰「入于淵」者，訟變巽。睽、大過三坎成兑，川壅成澤，澤蓄成淵，與乾九四一也。坎又爲泉，何也？艮、兑變坎，山澤通氣，山下之澤出而流動則爲泉，泉，有源之水，澤，其源也。蒙自臨來，兑變坎、艮，與井自泰初之五，乾變兑，坤變坎，初自兑下往而成坎，則初爲泉源同象。坎又爲膏者，亦坎、兑也。澤之肥者，陽之美也。

爲隱伏者，坎爲水，水善隱伏。沇濟沱潛之水，潛行千有餘里，五緯唯辰星難見，而血之流行於肌肉之際者，至幽也。乾之初九甲子，坎之位也。九變而六，則爲潛，爲隱。坤之六四言「賢人隱」，以乾之初九爲賢也。在履九二、歸妹九二，因初九之動，皆謂之幽，隱伏也而謂之幽，坎、離相形也。豐九四處不當位，則曰「幽不明」。在

〔一〕「淵」，原漫漶似「川」，據汲古閣本、通志堂本、四庫本改。

訟九二爲「逋竄」，在同人九三爲「伏戎」。在需、小過爲穴，需上六降三，小過六五三取二，坎、兑交，可隱伏者，穴也，需六四坎交兑，三陽自下進，故曰出穴。在困爲幽谷，在井爲井谷，谷與穴異者，澤決水流，注於山間，艮，山也，谷，注谿者也。

輮，宋衷〔一〕、王廙作「揉」，今從二家。矯者，矯曲爲直；揉者，揉直爲曲。噬嗑九四噬五，解九二之五，旅六五逮四，皆巽爲木，艮手矯之，正曲爲直，加以鋭金，故曰矢。曰金矢者，乾也；曰黄矢者，離也。否四之初，三變成益。一變漸，巽變乾，直者曲也。二變涣，而曲其柄，末也，涣巽變乾，曲而有足，肱據其上，机也。皆有坎揉之象。古矢幹用蒲柳，故曰「剡木爲矢」。小過爲弋者，四本明夷之初，離、巽爲絲，以絲繫矢射之，弋也。

爲弓輪者，揉直爲曲，坎木爲之，坎兩端柔，其中剛，剛柔往來，弛張也，輪一虚一實，内實外虚。睽自无妄來，五之二，巽木變離爲絲繩，變坎則弓有弦。既濟初九之四，未濟九二之五，巽木艮手，揉木曲之，其成則圜者，輪也，乾爲圜，矢取巽、離，弓取

〔一〕「衷」，原漫漶似「哀」，據汲古閣本、通志堂本、四庫本改。

巽、坎，又有工矯揉之，豈人爲哉？枉矢、熒惑之變，火也。獝豕激豪，短狐射影，无非坎、離之變。

其於人也爲心病者，虞翻以坤爲心，坎二折坤，爲心病。以類言之，心，火也，坎，水也，坎，心病也。以位言之，坤土，中也，中者心之位。周景王鑄大鐘，聲過其中爲心病。先儒以皇極不建爲瞀亂之疾，五聲以宮爲君，太玄以五五爲心，其中不平者，心病也。明夷六四應初比三，四入而初出，坎變兑，心病去而説，「獲心意」也。井九三未用，上六其心病，故惻然傷之。艮六三静與動争，夤裂而心病，故「厲動心」。艮六二隨三，不能動而應五，旅九四不能進而上，道行于五，故其心病皆「不快」。

爲加憂者，卦以陰陽失位、失應爲憂，憂之中又見險，加憂也。在屯上六爲「泣血漣如」，在離六五爲「出涕沱若」，在晉六二爲「愁如」，在震九四爲「虩虩」。或曰：屯上六失位乎？曰：失應也。上六動成巽，反三成離而巽毁，故曰「何可長也」。

人所以知疾痛搔痒者，由血流行也。坎爲血卦，爲耳，血流行而物傷之，爲耳痛，舉此則百體之痛一也。在噬嗑上六爲「何校滅耳」，在夬九四爲「聞言不信」。

爲血卦者，坎爲水、爲血，赤者，坎中之陽，静則陽消，故鹽白而大，鹵之色正赤。

穆天子傳有黑羊白血，今嶺南産鐘乳之山，黑羊食其草則血白，鐘乳金石，兑陰之氣也。故凡血停久不動亦白，陰變陽也。黄帝書腎主血，心藏血，腎，坎水也，心，離火也，離中坤陰而藏血。坎、離交也，其實皆乾陽之動。屯上六，臨乾變坎也。歸妹上六、涣上九，泰乾變坎也。

爲赤者，乾爲大赤，坎中之陽，乾中畫也。

其於馬也爲美脊者，乾爲馬，上畫爲顙，故震交之爲的顙，中畫爲脊，故坎得之爲美脊，下畫爲足，故震得之爲作足。良馬者，純乾也。屯上六以五爲馬，賁六四以三爲馬，晉以四爲馬，睽初九以四爲馬，中孚以訟二爲馬，皆美脊之馬也。

爲下首，爲亟心，爲薄蹄者，屯上六之「班如」，賁六四之「翰如」，睽初九之所「喪馬」，皆以亟心。坎在中也，乾爲首，坎陰在上交之，爲下首，震爲足，坎陰在下交之，爲薄蹄，中之位爲心，坎陽交之，偏於陽矣，爲亟心。乾爲馬，三男皆乾索也，言震、坎而不言艮者，顙在上，即艮之乾也，猶乾爲木果而艮又爲果是已。

爲曳者，坎離交也。坎水欲下，離火欲上，曳也。坎爲豕，坎極成離，故豕亦俯首，薄蹄亟心，卑而率，有曳之象。

其於輿也爲多眚者，坤爲大輿、爲衆多，多坎陷者輿之病，行則必敗，唯无眚者乃可行。災以坎言者，險也。眚自取不正，災天降之，雖正猶不免。訟九二訟五，无妄三、四、上不正，震六三不當位，自取也，故曰眚。需九三、剥六四、大畜初九正也，故曰災。或曰：復上六正，災也，而曰眚，无妄上九不正，眚也，而曰災，遯初六不正，宜眚也，亦曰災，何也？曰：復上六「迷復」用衆，「以其國君凶」，自取之也，然上六窮矣，雖正亦凶，災也，故曰「有災眚」。无妄上九之窮，雖行而正，亦災也。遯初六退藏，自晦其正也。

爲通者，坎水決爲江河，升爲雨露。血之在人者，周流无窮也。乾曰「六爻發揮，旁通情」者，坎離升降，徧被諸爻，乾之情也。坤六五曰「黄中通理」者，五動成坎也。節九二「知通」者，動而應五坎也，「知塞」者，坤土塞其行也。需自大壯四之五成坎，乾九四變漸、涣之坎而成益，通也，故曰「大川」。中孚之川由訟坎，而訟自遯三變之坎，亦通也。豫九四曰「朋盍簪」者，上下通也。或曰：泰言「天地交而萬物通」，否言「天地不交而萬物不通」，何取於坎乎？曰：坎初六冬至，九二小寒，六四立春，九五雨水，上六驚蟄，而泰當坎之九五，水氣上行，自坎爲泰，萬物通矣。否者，泰之反也，坎降離升，震伏兑見，自離成兑，而否當離之六五，萬物不通矣。

「爲月」當在「坎爲水」之下，錯文也。坎，坤體也，坎中之乾，二、五也，乾陽流於坤陰，故月以速爲退，月體不明，待日而明，明者，乾也。横渠曰「日月之精，互藏其宅」，是也。乾言「日月合其明」者，坎、離互用也。豫言「日月不過」者，坎爲月，伏離爲日，日月會于北方也。恒言「日月得天」者，乾九四之五，變離、坎也。小畜上九、中孚六四、歸妹六五「月幾望」者，小畜四有伏坎，巽有伏震，月在東，日在西，望也，中孚、訟坎變震，月在東，亦望也，歸妹六五，月在東，日在西，亦望也。然曰「幾望」者，小畜、中孚坎在四也，歸妹六五爻在五，坎在四，若五則中矣，是故日望月則月食，月掩日則日食，坎、離之交勝也。或曰：坎，水也，離，火也，火麗乎水，何也？曰：離非水則明无自而託，坎非離則明无自而生，故水聚則精聚，精聚則神生。今焚薪爲炭，枯枿成灰，朽木夜明，濕盡光暗，血爲走燐，見於暮夜陰雨之時，故曰離者，麗也，坎水盡則離亦无所麗矣。

水潛行，伺隙而動，故爲盜。太玄以水爲盜，陰陽家以玄武爲盜，玄武，水也。屯六五以五爲寇盜，用衆也。蒙上九以二爲寇盜，用師也。需九三以五爲寇，賁六四以三爲寇，解六三、睽上九以四爲寇。寇，用兵也，兵，戎也，故需曰寇，象曰戎。夬九二動離有伏坎，亦曰戎，以有戎兵，其實盜也。

坤衆爲多，坎，陽卦，其剛在中，堅心也，重坎者，「堅多心」也。曰「其於〔一〕木也」者，與木爻交也，震、巽爲木，堅多心，松柏之類，周官所謂「陽木」。洞林家人之蒙，巽、震交坎爲長松，其在震九四爲棘匕，在渙九二爲机。

爲宮者，復初九即乾初九甲子爻，子者，坎之位，於律爲黃鐘，太玄曰「陽氣漸萌於黃宮」。爲律者，法度之始，太玄以水爲法、爲準，水可動而動，可止而止，故爲可。有以位言者，有以爻及變言者。乾六位，三、五坎爲可，初、上、四皆曰不可。言可者，九三也。大過九五「何可久也」、「亦可醜也」，亦三、五也。坤六三「可貞」者，三動也。師「可以王」，二之五也。謙上六「可用行師」者，上應三也。蠱上九「志可則」者，三動應上九。无妄九四「可貞」者，五動也。大壯「天地之情可見」者，四之五也。解六三「可醜」者，負四也。損「可貞」者，九三上行也。九四「可喜」者，四、初相易也。井九

〔一〕「於」，原脱，據通志堂本、四庫本補。

三「可用汲」者，上六用九三也。震「出可以守宗廟社稷」者，四也。小過「可以小事」者，六二也，明夷變也，「不可大事」者，九三、九四也，坎變巽也。否上九「何可長」者，三爻自上降也。謙「卑而不可踰」者，艮變坎也。蠱九二「不可貞」者，不動也。剥上九「終不可用」者，坤不復也。无妄九五「不可試」者，五不動也。大過九三「不可輔」者，三、上不易也。坎「天險不可升」者，二、五不易也。離九三「何可久」者，坎毁成巽也。遯九三「不可大事」者，三不動也。明夷九三「不可疾貞」者，三之上也。豐九三「不可大事，終不可用」者，三不往而退也。節「苦節不可貞」者，上窮也。中孚上九「何可長」者，反三也。小過六二「不可過」者，坎變巽也；六四「終不可長」者，四之五也。既濟上六「何可長」者，上〔一〕反三也。

爲棟者，水就濕避燥，去高取卑，有棟之象。或曰：火不避濕而就燥乎？曰：火豈擇於高卑哉？在屯六三爲「君子舍之」，在訟九二爲「不克訟」，在比九五爲「舍逆取順」，在賁初九爲「舍車而徒」，在離九三爲「不鼓缶而歌，則大耋之嗟，凶」，在節六三

〔一〕「上」，原作「止」，據通志堂本、四庫本改。

爲「不節若，則嗟若」。

爲叢棘者，其於木也爲堅多心，交離爲棘。離火鋭上而不可觸，刺也，堅多心之木而有刺，棘屬也。坎上六[一]動爲巽，曰「寘于叢棘」，是也。古者獄後種九棘，周官王之外朝，左九棘右三槐，司寇公卿議獄其下。坎言叢棘者，獄也。天文天牢六星在斗魁下，貴人之牢也。貫索九星在招摇前，庶人之牢也。占家天獄視斗繫曰本，斗，北方坎也。未濟坎自否巽變爲狐，坎隱伏，巽不果。虞翻以艮爲狐，干寶以坎爲狐，互發也。天文以心爲狐，説卦以艮爲黔喙，猶天文以辰爲龍，説卦以震爲龍。聖人觀鳥獸之文，又觀地之宜，參考之也。巽交坎、離爲蒺蔾，象與棘同，巽爲草木，剛爻，木也，柔爻，草也。

爲桎梏者，艮手震足交於坎木，桎梏也。桎，足械也；梏，手械也。坎有獄象，故以桎梏言之。蒙坎自升巽，以木爻變也。

離爲火，爲日，爲電，爲中女，爲甲胄，爲戈兵，其於人也爲大腹，爲乾卦，爲鼈，爲蟹，

[一]「六」，原作「五」，據通志堂本、四庫本改。

爲嬴，爲蚌，爲龜，其於木也爲科上槁。

一陰麗乎二陽也。乾、離同體，離巽爲風，故天與火同。風自火出，乾位六爻坎離互用，故以水火言之。若大有、賁、革、鼎、既濟、未濟，舉大凡也，故皆曰火。離九四、旅九三，離火巽木，故曰焚。或曰：何以陰麗陽乎？曰：束蘊而吹，煙氣鬱然，及其外明，煙即是火，火動而薪止，火滅而燼留，非陰麗陽乎？然坎、離不相離也，坎中有離，故有温泉，有火井，離中有坎，故有火鼠，有火龜。

離在地爲火，在天爲日，乾體也，其中畫乃坤之二、五。横渠所謂「陰陽之精，互藏其宅」歟？行遲者，陰麗乎陽也。晉曰「晝」者，日出地上，進而中也。豐曰「宜日中」者，九四之五也。離九三、豐彖曰「日昃」者，日中而又西也。乾九三、既濟六四〔一〕曰「終日」者，日在下也。豫六二曰「不終日」者，二動之五成離，日在上也。夬九二曰「暮夜」者，動成離日，在西方之下，日薄于虞淵之時也。或曰：夕，日入爲夕。大畜曰「日新」者，大壯一變需，坎月離日，合照也，再變大畜，艮終復始，「日新」也。益曰「日

〔一〕「既濟六四」，「濟」漫漶似「齊」，「六四」原脱，據汲古閣本、通志堂本、四庫本改、補。

進」者，初九自下而進也。卜楚丘〔一〕論十日，其説源於易之晝夜。又爲「大明」者，「懸象著明莫大於日月」，而月受明於日，陽爲大，陰爲小，故曰「大明」。乾「大明終始」，晉「進而麗乎大明」，皆日也。又爲明者，日月相推而生明。屯九五求四，四往之五，訟初往四，皆坎月在東，月之明也。大有九四離動，井九五、旅上體日在上，日之明也。困初六、豐九四曰「幽不明」者，日在西而隱伏也。大有、賁、同人、明夷曰「文明」者，離居二、五也。坤爲文，又爲光者，日月之明无所不及也，孟子曰「日月有明，容光必照」，管輅曰「日中爲光」，易凡言光者，皆明之所及也。坤之「化光」者，含〔二〕坎、離也。觀之「觀光」者，四、五交也。頤之光者，四施初也。夬之光者，離自下升也。未濟之光者，二、五易也。需「光亨」者，大壯四之五，日西月東，四、五得位也。凡言「未光」者，皆未能行也。屯九五，未之二也。噬嗑九四，噬六五而後光也。晉上九反三，自治而後光也。夬九五「中行」，上決而後光也。萃九五，之二而後光也。凡言「光明」者，兼體用也。老子曰：「用其光，復歸于明，體用合一，光明無盡。」履剛中正而不

〔一〕「楚丘」，原作「丘楚」，據通志堂本、四庫本改。

〔二〕「含」，原作「舍」，據通志堂本、四庫本改。

倚，故離日〔一〕下升，「光明不疚」，言无私照也。謙以剛濟柔，故坎自上降，「萬物化光」，言皆相見也。艮行止動静不失其時，故坎、離下濟，「其道光明」，言久不息也。凡言「光大」者，其象與「光明」同。曰大者，指陽爻也。坤曰「光大」者，初、三、五也。涣六四曰「光大」者，二從四也。咸九四可以光大者，九也。四來初往則離、坎成，四往初來則離、坎毁，「未光大」也。益自否之九四，三變離、坎而成益，大者，光也。言光輝者，日月之光揮散也。言暉者，主離日也，管輅曰「朝日爲暉」。或曰：星辰何象也？曰：艮、離也。邵雍曰「離爲星」。賁艮上離下，彖曰「柔來文剛」，又曰「分剛上而文柔，天文也」。班固曰：「陰陽之精，其本在地。」張衡曰：「地有山嶽，精鍾爲星。」蓋星辰者，地之精氣上發乎天，而有光耀者也。星，日之餘也；辰，月之餘也。月生於日之所照也，衆星被耀，因水轉光，三辰同形，陰陽相配，其體則艮也。河洛篇曰：「天中極星，崑崙之墟。天門明堂，太山之精。中挺，三台也。五靈，諸侯也。」岍、岐、荆山、壺口、雷首、太嶽、砥柱，東方之宿也。析城、王屋、太行、恒山、碣石、西傾、朱圉，北方

〔一〕「日」，原作「目」，疑描補致誤，據汲古閣本、通志堂本、四庫本改。

之宿也。烏鼠、太華、熊耳、外方、桐柏、嶓冢、陪尾，西方之宿也。荊山、内方、大别、岷山、衡山、九江、敷淺原，南方之宿也。九隘之險，九河之曲，瀁水三危，汶江九折，上爲列星，諸賢之論，不詭於經矣。故精斆氣歊，坎極離見，乃有隕星。其光燭地者，離也。隕而成石，或爲阜堆塵沙者，艮也。

電，陽光；雷，陽聲。陽自子息而至春分，四陽成大壯，雷乃發聲，後五日始電。陰自午消而至秋分，四陰成觀，雷乃收聲，電亦不作。震，動也，不動則聲光何由而發？笑者目動，怒者目光，櫛髮而鳴者有光，振衣有聲者有光，離、震交也。噬嗑、豐，離、震合也。戛竹鑽木，兩石相擊，其火必出，動極也。子雲曰：「觀雷觀火，爲盈爲實，天收其聲，地藏其熱。」盈實者，陽息也，震與兑交，離與坎交，故雷電而雨降。

爲中女。

爲甲冑者，離外實中虛，有甲之象，在上爲冑，在下爲甲。先儒謂巽爲繩，繕甲也。

爲戈兵者，乾爲金，離火煅之，火銳上，戈兵也。兵有五，言兵則五兵具矣。同人、解、夬、萃曰戎者，戈兵，戎器也。噬嗑、旅言矢，乾金火煅，銳上爲鏃，巽木爲幹，加於坎弓之上，矢也。旅、巽言斧者，兑爲決斷也。歸妹言刲者，交兑金爲刀兵也。小過言戕者，外殺也。謙、既濟、未濟言伐者，自上伐下，入其險阻也。謙又言侵伐者，侵削其地而後伐也。或〔一〕曰：萃无離也，何以「除戎器」？曰：原其始也，臨變明夷、小〔二〕過，萃自小過，離變坎、兑，巽、坎爲楝，有簡治弊惡、修繕戎兵之象。或曰：制器者尚象，蚩尤鑄兵，亦知取象乎？曰：蚩尤不能也。夫子曰「蚩尤，惛慾无厭者也」，何器之能作？蜂蠆挾螫而生，見害而校，以衛厥身者也。人生有喜怒，故兵之作與民俱生。

爲大腹者，坤爲腹，有容也。坤二、五易乾成離，陽爲大，故爲大腹，内虚外堅實，大腹之象。大有九四動，非大腹也，曰「匪其彭」。明夷九四之三，震爲左，曰「左腹」。井九二，坤腹器，有兑口，離大腹，曰「甕」。漸九三，坎夫離婦，與四相易，坎往離毁，曰「婦孕不育」。

〔一〕「或」，原作「予」，據汲古閣本、通志堂本、四庫本改。
〔二〕「小」，原作「大」，據汲古閣本、通志堂本、四庫本改。

離燥，故爲乾卦。於日爲烜，於木爲槁。漸初六艮動成離，之二坎水之傍，乾而可止，厓也，厓謂之干。震其究爲乾，故曰「其究爲健」，巽其究爲震，故曰「其究爲燥卦」，卦變也，觀此二卦，則知乾、坤、坎、離、艮、兑，其究皆變。乾健獨不言卦者，无非乾也。

爲鼈、爲蟹、爲蠃、爲蚌、爲龜五者，皆大腹，離也。爲鼈者，離交巽也。巽位巳，巳爲蛇，故蛇或化鼈，蛇鳴而鼈應。爲黿者，交乾也。郭璞筮遇需之復，曰「鼉也」。爲蟹者，巽交離也，蟹連兩目，重離也，託於蛇鱓之穴，亦巽也。鼈、蟹其中皆黄，坤之二、五乎？璞筮遇咸之井，曰「東方當有蟹食稼」，咸巽井離、坎，兑變震也。爲蠃者，兑交離也。附蠃生於池澤，蝸生於暑雨，螺生於月旋。震六二，旅六二、九四，巽上九，兑九四，噬嗑六二，變皆兑交離也。爲蚌者，離交坎也。千歲之燕爲蛤，雀爲蛤，伏翼爲蛤，雉爲蜃，鷗爲蠣，方諸泣月，蚌胎含珠，離、坎也。爲龜者，坎交離也。北方玄枵之次爲龜蛇，故龜游山澤，出入水火，含神負智，得坎、離之正乎？頤、損、益三卦皆然。

其於木也爲科上槁。康節論木曰：「枝、幹，土石也，故歲不易。葉、花，水火也，故歲易。」橫渠曰：「離爲乾卦，其於木也爲科上槁，附而燥也。」然則橫渠所謂「附而燥」，即康節所謂「葉、花」也。鄭康成曰「科上者，陰在内爲疾」，虞翻曰「巽蟲食心故上槁」，宋衷、孔穎達以科爲空中，然則諸儒又以科上蟲病爲槁矣。

爲牧牛者，坤爲牛，艮爲小子，艮、坤變離，牧牛也，謙初六變九是已。坤變離，柔麗中正，畜之以剛正，畜牛也，離六二、六五是已。牧者以柔養剛，畜者以剛制柔。王洙本作「牝牛」。

艮爲山，爲徑路，爲小石，爲門闕，爲果蓏，爲閽寺，爲指，爲狗，爲鼠，爲黔喙之屬，其於木也爲堅多節。

艮積於下，止於上，二陰含陽，土石聚焉。蒙、賁、剥、大畜、頤、艮、咸、遯、蹇、漸、旅皆曰山，以三畫卦言也。爲丘、爲陵、爲陸者，以重卦言也。高平曰陸，大陸曰阜，大阜曰陵，而丘有一成、再成、三成，如昆侖亦曰丘，故重艮以三爲陸，四爲陵，五爲丘，上爲山。太玄九地，七爲下山，八爲中山，九爲上山，準易也。漸九三艮漸坤，高者平矣，高平曰陸。上九動成六，六降九升，亦高者平也。同人九三動以四爲陵，震六二以四爲陵，漸五應二而歷四、三，亦曰陵。賁六五、頤六二拂五、涣四以五，皆曰丘。隨上六、升六四以九三升而之上，皆曰山。坎五艮言丘陵足矣，又曰山川丘陵者，坎變則蒙，極其險言之。五行以艮爲土，太玄以山爲金者，山，土石也，石者土之實，故爲土，石，金類也，故又爲金。

震爲大途，動而行，莫之止也，交艮爲徑路，止而行，行而止也，艮者震之反，山徑之蹊，則行者改步矣。又爲巷者，通乎家以達内外，二爲家。

山，土石也，水流山則土去而石見，故艮、坎爲石，爲小石，豫六二以四爲石是也。困六二否艮交坎，故「困于石」。漸六二曰「磐」者，二、五相易，坎變巽、艮，艮爲石也。

闢乾爲門，闔坤爲户，艮土東北，當啓閉之際，門闕也。艮爲宗廟者，六也，一六，坎也，坎者，鬼之所歸，太玄以一六爲廟，故艮爲門闕，在宗廟之位爲廟，萃、震、涣、損是也。爲宫者，止於中也，太一出陽入陰，息于中宫，坎、艮、坤爲宫。在旅爲次，在野爲廬。又爲牖者，宫之户，坎其傍以通明也，故艮、坤、坎、離爲牖。

巽爲草木，艮，陽止也，止於上爲果，止於下爲蓏。蓏，瓜瓠之屬，乾爲圜。

爲閽寺者，閽，守門者也，寺，守巷者也。郭璞筮遇豫之小過，曰「當有群魚入州城寺舍」，言小過艮也。

艮爲手又爲指者，在上體爲手指，止者動也，在下體爲足指者，動者止也，震動艮止，相反也。曰趾者，趾在下體之下，鼎足亦謂之趾，噬嗑初九，賁初九，鼎初六，艮初六，三爻以初應四，皆艮止震動而在下體之下，故曰趾。或曰：大壯、夬初九何取於艮？曰：大壯，遯之反也，遯艮爲指，反而成震，爲足指，夬即大壯積而成剛，故曰「壯于前趾」，前趾謂大壯也。趾又謂之拇者，拇，足大指也，拇，手大指也，陽爲大。咸初六感九四，解九四應初六，皆以陰變陽，而解者蹇之反，解震即蹇艮也。

爲狗，上言艮爲狗者，狗馬之狗也，此言爲狗者，熊虎子，字當作「豿」，爾雅曰「熊虎醜，其子狗」，蓋虎子未有文，猶狗也。虞翻、馬融、郭璞以兑、艮爲虎，艮者，寅位也，艮究成兑，故艮爲虎子，又爲黔喙之屬，成兑則坤交乾而有文矣。

爲鼠者，艮交坎也。天文虚爲鼠，玉衡之星爲鼠，其艮之九三爻乎？晉九四是也。郭璞筮遇咸之井，曰「東方當有蟹鼠爲災」，亦艮、坎也，坎虚在子，故子爲鼠，晝止者，艮也，夜動者，坎也，穴土者，艮也，隱伏而竊者，坎也，蟹或化鼠，焚蟹致鼠，坎離交也。艮反爲震，故有緣木之鼠。坎極成離，故有飛鼠、火鼠、豹文之鼠。鳥、鼠同穴者，坎、離之合乎？鼷鼠食牛者，水土相傷乎？傳曰「曾磎之鼠，水下出焉」，是亦艮、坎而已。

爲黔喙之屬者，坎爲玄，坎變艮則玄在前，故鄭康成曰「取其爲山獸」。寅爲虎，貍亦是也，寅即艮也。屯六〔一〕三艮、震爲鹿，角者，艮之陽，蹄者，震之陽，躁者，震也，止而伏者，艮也。陰生而鹿角解，震反巽也；陽生而麋角解，巽反震也。麋，鹿類也，故麋與鹿游，龍，震也，故鹿與龍游。劉牧曰：「鹿性決躁，其角反生，震象也。」頤六〔二〕四、革九五，兑、艮爲虎，上六爲豹，解九二、未濟，艮、坎爲狐。或曰：艮、兑一也，革上六何以爲豹？曰：上六陰爻，離九三文之過也。天文箕爲豹，尾爲虎，同在艮。履何取於艮乎？曰：伏艮也。

其於木也爲堅多節者，坤爲衆多，堅節，乾剛也，三索故多節。否九五堅多節之木在田上，上玄下黄，桑也。郭璞筮遇家人之蒙，巽變艮爲高松，松，堅多節也。

爲鼻者，傳曰「鼻者，面之山」，兑爲口，山澤通氣，故鼻口相爲用。噬嗑六二動，

〔一〕「六」，原作「九」，據通志堂本、四庫本改。
〔二〕「六」，原作「九」，據頤卦畫改。

故「噬膚滅鼻」。睽六三艮成兑，刑〔一〕其鼻也，故「其人天且劓」。或爲膚、爲皮革者，皮兼肌言之曰膚，肌，其陰也，肉爲陰，充其膚者，陽氣也，馬融曰「柔脆肥美曰膚」，皮者，捨肉而言，革則堅矣。通鳥獸言之，艮之陽也爲虎、爲狐。

兑爲澤，爲少女，爲巫，爲口舌，爲毁折，爲附決，其於地也爲剛鹵，爲妾，爲羊。

澤者水之聚，二陽沈於下，一陰見於上，乾陽爲美，陽沈於下，鐘美矣。太玄之沈曰：「陰懷于陽，陽懷于陰，在志玄宫。」然坎、兑一也，故坎壅成澤，澤決成川。

爲少女。

爲巫者，兑變巽，兑爲口，尚口而巽，進且退者，巫也，巽九二是也。或爲史，升而爲史，降而爲巫，尚口則一也。

爲口者，説見於外也；爲舌者，動於内也。口爲言，太玄四八爲金，於五事爲言。爲辭者，言成文也，乾三動成兑、離是也。笑者，目動而聲出於口，故兑、離又爲笑。爲嘻嘻者，笑无節也。嗟者，憂而發於聲也。笑者，得位、得應，喜而後笑也。嗟者，

〔一〕「刑」，原作「形」，據汲古閣本、通志堂本、四庫本改。

失位、失應，憂而後嗟也。號者，大聲出於口也。故兑、巽爲號，巽爲風，風者天之號令，風鳴竅穴，有號呼之象，號咷者，號哭之聲，號呼而又有哭象也。告者，決之也，或取決於彼。戒者，告戒也。問者，有所疑也。允者，口順從也。愬者，恐懼而愬也。食者，口就之也。不食者，口不應也。明夷初九〔一〕可食而不食者，義不食也。頤爲求口實者，兑變臨也。咸九五曰脢者，口之下、心之上也。

爲毁折者，陰見則陽毁，陰升則陽折，物極而窮。噬嗑六二、上九爲滅，離九四爲棄，毁也。豐大象、九三，離上九之五，鼎四之初爲折。泰兑變賁之離、坎、艮，爲「无敢折獄」。又爲刑殺者，兑正秋也，變坎爲刑，自決有罪言之，坎爲獄，自屠畜言之，坎爲血。故蒙初六曰「刑人」，豐曰「致刑」，歸妹曰「刲」，既濟曰「殺」。萃獨曰「用大牲」者，有殺牛之象，无坎血也。

爲附者，兑反艮也；爲決者，兑也。陰盛陽微則陽附陰，陽盛陰微則陽決陰。剥一陽五陰，故曰「山附於地」；夬一陰五陽，故曰「剛決柔也」。或附或決，時也。

〔一〕「九」，原作「六」，據明夷卦畫改。

其於地也爲剛鹵者，水動而往，剛留于澤，爲鹵，剛，而柔爲沙，需之九二是也。水畜于澤下爲鹹，鹹无水亦爲鹵，困之大象是也。主父偃所謂「地固澤鹹鹵，不生五穀」，鹹亦謂之鹵，鹹生鹵也。鹹澤之下成玄精，洞穴中水凝爲鐘乳，黄帝書曰「濕化生金石」，虞翻曰「乾二陽在下故剛，澤水潤下故鹹」。沙，水中之陽，陽動而水泉動，水動生沙，剛，其陽也柔者，散而未聚也，沙聚成石，沙石生金，兑反爲艮，艮、兑之陽皆乾。醫書寒入水府爲沙石，寒亦乾也。

爲妾者，遯九三兑女伏於下，與艮同位，艮小子，坤爲臣，臣，僕也，故以伏兑爲妾。六四兑來奔初爲妾，自初言之，得妾也，傳曰「聘則爲妻，奔則爲妾」。巽、離，女也，兑獨爲妾者，娶論年德，而得妾者以其子，故常少。

爲羊，鄭康成本作「陽」，虞翻本作「羔」，今從鄭。鄭曰：「此陽謂爲養，无家女行賃炊爨，今時有之，賤於妾也。」按爾雅「陽，予也」，郭璞引魯詩曰「陽如之何」，又曰「今巴、濮之人自呼阿陽」。璞筮遇咸之漸，曰「兑爲賤女，戲倒陰陽」，蓋咸兑變巽，陰陽顛倒。遯九三，鼎初六之四，爻位皆正，咸、漸之變，爻位不正，故爲賤妾，陽，妾之賤者也。歸妹六三，兑女不正爲須，須，賤女，陽之象乎？

爲常，先儒謂西方之神，誤也，當在坤後，簡編錯亂耳。易[一]坤爲常，以陰從陽，常也，地從天，子從父，臣從君，婦從夫，少從長，卑從尊，故坤「順得常」，又曰「後得主而有常」。屯[二]六二，二、五相易，「十年乃字」爲反常。需初九「需于郊，不犯難行」，須六四下交而後行。師六四陰從陽，當順九二，知其不可變而反次，皆曰「未失常」。

爲輔頰。乾、艮爲輔，乾爲首，艮止於上，輔也。又爲輔頰者，連兑也而悦於首，頰，面頰也。

周易説卦傳第九

〔一〕「易」，汲古閣本、通志堂本、四庫本作「且」。
〔二〕「屯」，原作「也」，疑描補致誤，據汲古閣本、通志堂本、四庫本改。

周易序卦傳第十

文王作易，以乾、坤、坎、離爲上篇之用，以艮、兑、震、巽爲下篇之用。上篇終於坎、離，下篇終於既濟、未濟，頤、大過、小過、中孚爲二篇之正。乾、坤者，易之本；坎、離者，乾、坤之用。離肖乾，坎肖坤，中孚肖乾，小過肖坤，頤肖離，大過肖坎。既濟，坎、離之交；未濟，坎、離之合。坎、離所以爲乾、坤用者，得天地之中也。斯聖人酬酢不倚，千變萬化不離乎其中歟。康節曰：「至哉文王之作易也，其得天地之用乎。」至夫子序卦，然後明生生不窮，而天地之藴盡矣，故太玄準之以玄圖。

有天地然後萬物生焉，盈天地之間者唯萬物，故受之以屯，屯者，盈也。屯者物之始生也，物生必蒙，故受之以蒙，蒙者，蒙也，物之穉也。物穉不可不養也，故受之以需，需者，飲食之道也。飲食必有訟，故受之以訟。訟必有衆起，故受之以師，師者，衆也。衆必有所比，故受之以比，比者，比也。比必有所畜，故受之以小畜。物畜然後有禮，故受之以履。履而泰，然後安，故受之以泰，泰者，通也。物不可以終通，故受之以否。物不可以終否，故受之以同人。與人同者物必歸焉，故受之以大有。有大者不可以盈，故受之以謙。有大而能謙必豫，故受之以豫。豫必有隨，故受之以隨。以喜隨人者必有事，故受之以蠱，蠱者，事也。有事而後可大，故受之以臨，臨者，大也。物大然後可觀，故受之以觀。可觀而後有所合，故受之以噬嗑，嗑者，合也。物不可以苟合而已，故受之以賁，賁者，飾也。致飾然後亨則盡矣，故受之以剥，剥者，剥也。物不可以終盡剥，窮上反下，故受之以復。復則不妄矣，故受之以无妄。有无妄然後可畜，故受之以大畜。物畜然後可養，故受之以頤，頤者，養也。不養則不可動，故受之以大過。物不可以終過，故受之以坎，坎者，陷也。陷必有所麗，故受之以離，離者，麗也。

上篇以乾、坤、坎、離爲用，天地之生萬物也，而有艮、兑、震、巽焉，天地萬物具而人道備矣。下篇以艮、兑、震、巽爲用，有萬物而後男女夫婦也，而有乾、坤、坎、離焉，人道備而天地萬物備矣。故曰「三才同科，厚薄相劘」。韓康伯不領此旨，謂「豈有天道、人事偏於上下哉」，讀序卦而不察者也。

雲行雷動，動必滿盈，故曰「屯者，盈也」。震者物之始生，坎者難也，故曰「屯者，物之始生也」。蒙，冥昧也，物生者必始於冥昧，勾萌胎卵[一]是也，故次之以蒙，蒙，童蒙也，物如此穉也。物穉而无以養之，則夭閼不遂，蓄德養才者亦然，故次之以需。震、坎爲酒，兑爲口，有飲食之道，飲食，所以養也。飲食必有訟，乾餱以愆，豕酒生禍，有血氣者必有争心，故次之以訟。訟者兩辭，必以衆起，故次之以師，師，衆也。衆不能以治衆，治衆者，至寡也，衆之所以比，執一以御之，則衆治矣，故以次之以比。比，相親比也，彼來比我，我必蓄之，故次之以小畜。物畜聚然後有上下尊卑之等，上下尊卑，所謂禮也，故次之以履。禮者，履而行之者也，所履者君子大道，則其心泰然而安，故次之以泰，泰者，萬物通也。物終通則无節，故次之以否，否，塞也。物終否則乖異不相爲用，故次之以同人，同人者，與人同也。與人同者物必歸焉，舜、大王是已，故次之以大有。認物之歸爲己有者必驕，驕則亢滿，大復爲累矣，有大者不可盈也，故次之以謙。物歸之矣，又持之以謙，猶富而守之以儉，豈不有餘裕哉？有大而能謙者必暇豫也，故次之以豫。事豫立則動而不跆，衆必隨之，故次之以隨。好上人

[一]「卵」，原作「卯」，據通志堂本、四庫本改。

者人之情也，以喜隨人，必有所事，臣事君，子事父，婦事夫，弟子事師，非樂於所事者其肯隨乎？故次之以蠱，蠱者，事壞而後有事者也，韓康伯曰「可大之業，由事以生」。臨者，以大臨小也，故次之以臨。觀者，自下觀上，物大然後可觀，是以王尚大，故次之以觀。在上而无可觀，則在下引而去矣，非可觀，其能有合乎？故次之以噬嗑，噬嗑者，噬而合者也。物不可以苟合，苟合者其終則離，必致飾焉，故次之以賁，賁，陰陽相飾也。致飾然後物亨，亨則盡矣，无以復加，故次之以剥，剥者，剥也，此商、周之末所以不勝其弊，文之末流也。物窮則反，不可終盡剥，陽窮於上而終反於下，故次之以復。復天理則无妄，无妄則其動也天，故次之以无妄。然後物物循理，乃可大畜，故次之以大畜。前曰比必有所畜者，比而後畜，其畜也小，故次之以小畜。物能畜止然後可養，雖養虎不外是也，故次之以頤，頤者，觀人之養也，求口實以自養也。聖人養賢，賢人養德，不養之則不能動，大過者，動而大過乎物也，故次之以大過，而大過六爻皆以居安不動爲忌。君子之所以過者，時也，過而不已則失中，失中則陷没，坎，陷也，陷必有所附麗，乃能出險，故次之以離，離，麗也。一本云「麗必有所感，故次之以咸，咸，感也」。

有天地然後有萬物，有萬物然後有男女，有男女然後有夫婦，有夫婦然後有父子，有父子然後有君臣，有君臣然後有上下，有上下然後禮義有所錯。夫婦之道，不可以不久也，故受之以恒，恒者，久也。物不可以久居其所，故受之以遯，遯者，退也。物不可以終遯〔一〕，故受之以大壯。物不可以終壯，故受之以晉，晉者，進也。進必有所傷，故受之以明夷，夷者，傷也。傷於外者必反其家，故受之以家人。家道窮必乖，故受之以睽，睽者，乖也。乖必有難，故受之以蹇，蹇者，難也。物不可以終難，故受之以解，解者，緩也。緩必有所失，故受之以損。損而不已必益，故受之以益。益而不已必決，故受之以夬，夬者，決也。決必有〔二〕遇，故受之以姤，姤者，遇也。物相遇而後聚，故受之以萃，萃者，聚也。聚而上者謂之升，故受之以升。升而不已必困，故受之以困。困乎上者必反下，故受之以井。井道不可不革，故受之以革。革物者莫若鼎，故受之以鼎。主器者莫若長子，故受之以震。震者，動也，物不可以終動，止之，故受之以艮，艮者，止也。物不可以終止，故受之以漸，漸者，進也。進必有所

〔一〕「物不可以終遯」，原脱，據汲古閣本、通志堂本、四庫本補。

〔二〕「有」下，通志堂本、四庫本有「所」字。

歸，故受之以歸妹。得其所歸者必大，故受之以豐，豐者，大也。窮大者必失其居，故受之以旅。旅而无所容，故受之以巽，巽者，入也。入而後説之，故受之以兑，兑者，説也。説而後散之，故受之以涣，涣者，離也。物不可以終離，故受之以節。節而信之，故受之以中孚。有其信者必行之，故受之以小過。有過物者必濟，故受之以既濟。物不可窮也，故受之以未濟終焉。

君子之道，造端乎夫婦。久於其道而後化，故次之以恒，恒，久也。進退升降，與時消息，不可久居其所而不去，故次之以遯。君子，萬物之主，終遯而不反，天地閉塞，故次之以大壯。大者壯則小者羸，可進之時也，故次之以晉，晉，日出地而進於晝也。進而不已，傷之者至，故次之以明夷，明夷日在地中，明有所傷也。物无不反其本者，疾痛則呼其父母，傷於外者未有不反於内，故次之以家人，家人，内也。治家者剛柔有節，過剛則厲，過柔則瀆，无節則道窮而親族乖離，故次之以睽，睽者，水火乖也。乖離則情不通而難生，故次之以蹇，蹇者，行有難也。難極必解，无終難之理，故次之以解，解，蹇難解也。難解則舒緩，解者蹇之反，五退而居二，緩也，緩則寬弛，必有所失，故次之以損，損，減也。減下而益上，有失之象，消久則息，損而不已者必益，損、益相反也，故次之以益。益久則盈，盈則必決，堤防是已，故次之以夬，夬者，陽決陰也。決則分，分則相遇，故次之以姤，姤者，陰出而與陽相遇也。物以類相從，遇而後聚，非其類，雖同居不相遇，故次之以萃，萃，二陽聚也。物相崇聚，其勢必升，積土是已，故次之以升，升者，聚而上之謂也。升而不知反，則力窮而困，故次之以困。困乎上者必反乎下，山剥是已，故次之以井，井，在下者也。井久則穢濁不食，治井之道，革去其害井者而已，三代之革，其禮相因，損益可知也，故次之以革。鼎之革物，以水濟火而熟之，革物者莫如鼎，故次之以鼎，鼎，器也。主宗廟之器者莫如長子，震，長子也，故次之以震，震者，陽動於下也。物不可以終動，動極則止，故止之，艮者，一陽止於上也，故次之以艮。物不可以終止，止極則動，故次之以漸，漸者，進有序也。進必有所歸，盈科之水是也，故次之以歸妹，歸妹者，女之歸也。得其所歸者必大，海善下是也，故次之以豐，豐，大也。前曰與人同者物必歸焉，故受之以大有，此曰得其歸者必大。大有次同人者，處大之道也，豐次歸妹者，致大之道也。已大矣而又窮之，必至於无所寄託，而失其所居之常，非特大名大位然也，孝亦如是，故次之以旅，旅者，君子之窮也。旅卦以柔順謙下爲吉，否則无所容矣，故次之以巽，巽者，陰入於陽之下也。天地之澤萬物，禮義之説人心，不入則不説，故次之以兑，兑者，説見於外也。説之而後散之，則説道不勞，无所不説矣，故次之以涣，涣者，險難離散也。離者必聚，散者必合，物无終離者也，聚者離之節，合者散之節，節之則无離散，故次之以節。天地之節不可以不信，不信則无以成萬物，而況於人乎？飲食起居，身之節也，不信則致疾，尊卑長幼，家之節也，不信則召亂，故次之以中孚，中孚，信也。行者足相過也，小過以陰過陽，有行之象，有其信者必行中无所疑也，故次之以小過。物各有量，不過則不能相濟，所過大則其濟亦大，是以智周萬物然後道濟天下，故次之以既濟，而止復入於未濟。物之相生，終不可窮，故以未濟終篇焉。

周易序卦傳第十

周易雜卦傳第十一

雜卦專〔一〕以剛柔、升降、反復取義，又揉雜衆卦以暢无窮之用，而歸藏、連山三代之易皆在其中，百世之後有聖人作，不外是也，康節曰「乾、坤三變，坎、離不動」，故太玄準之以玄衝、玄錯。

乾剛坤柔，比樂師憂。臨、觀之義，或與或求。屯見而不失其居，蒙雜而著。震，起也；艮，止也。損、益，盛衰之始也。大畜，時也；无妄，災也。萃聚而升不來也。謙輕而豫怠也。噬嗑，食也；賁，无色也。兑見而巽伏也。隨，无故也；蠱則飭也。剥，爛也；復，反也。晉，晝也；明夷，誅也。井通而困相遇也。咸，速也；恒，久也。涣，離也；節，止也。解，緩也；蹇，難也。睽，外也；家人，内也。否、泰，反其類也。大壯則止，遯則退也。大有，衆也；同人，親也。革，去故也；鼎，取新也。小過，過

〔一〕「專」，汲古閣本、通志堂本、四庫本作「傳」。

也；中孚，信也。豐，多故也；親寡，旅也。離上而坎下也。小畜，寡也；履，不處也。需，不進也；訟，不親也。大過，顛也。遘，遇也，柔遇剛也。漸，女歸待男行也。頤，養正也。既濟，定也。歸妹，女之終也。未濟，男之窮也。夬，決也，剛決柔也，君子道長，小人道憂也。

乾、坤易之門，凡剛皆乾也，凡柔皆坤也。剛柔相雜乃成諸卦，故曰「乾剛坤柔」。比得位而衆比之，故「樂」，師犯難而衆從之，故「憂」，憂樂以天下也。臨之九二在下，四陰與之，故能以大臨小，觀之九五在上，四陰求之，故能以上觀下，「或與或求」，乃成臨、觀之義。屯自震變，四之五，雖見於屯也，而不失其所居，所以大亨歟。蒙自坎變，五之上，陰陽相雜，雖雜也，而九自著見，陰豈能蒙之？所以蒙亨歟。陽起於坤而出震，則靜者動，陽止於艮而入坤，則動者靜，故起莫如震，止莫如艮也。損以九三爲上，由泰而損，始衰者也，益以九四益初，由否而益，始盛者也，故「損、益，盛衰之始」也。大畜以四、五之柔而畜三陽，時也。无妄九五、六二中正，而三、四、上爻爲无妄之疾，災也。關子明曰：「无妄而災者，災也。有妄而災者，其所宜也，非災之者也。」萃二陽萃於上，升二陽升於下，升者，往也，升往則不來矣，不來者，必聚於上也，氣之方升，誰能遏之？故曰「萃聚而升不來也」。謙自上降三，豫自初升四，謙故降也輕，豫故怠而止，故曰「謙輕而豫怠也」。噬嗑，除間者也，四爲頤中有物，故曰「噬嗑，食也」。賁自泰來，本无色也，剛柔交錯然後有文，故曰「賁，无色也」。陰隨陽升，説而見乎外，故曰「兑見」也；陽隨陰降，巽而伏乎内，故曰「巽伏」也。施説之道，小者亦伸，處巽之時，大者亦屈，无非天也。隨，隨時也，以是爲正，故曰「隨，无故也」。蠱，壞也，二往之五，飭蠱之道，故曰「蠱則飭也」。剥，爛也，五陰潰於内也。復，反也，剥上反於下也。晉之明進而至於晝，明夷之明降而至於誅，夷，誅也，其明熄矣，非誅之象乎？泰初之五，往來不窮，故曰「井通」；否上之二，陽遇陰而見揜，故曰「困相遇也」。或往而通，或來而困，唯其時也。以剛下柔，其感必速，故曰「咸，速〔一〕也」；剛上柔下，可以持久，故曰「恒，久也」。涣三陽涣離，故曰「涣，離也」；節三陽止而不去，故曰「節，止也」。陽離則三陰散，陽止則三陰來，陽者陰之表也。蹇二往五，涉難也，故曰「蹇，難也」；解五來二，復吉也，故曰「解，緩也」。來者爲緩，則往者當夙，故曰「有攸往，

〔一〕「速」，原作「感」，據雜卦傳正文改。

夙吉」。關子明曰：「明乎外者物自睽，故曰『睽，外也』；明乎內者家自齊，故曰『家人，內也』。」君子泰則小人否，小人泰則君子否，故曰「否、泰，反其類也」。四陽並進，六五以和易待之，可以止而仕也，故曰「大壯則止」；四陽偕往，二陰在內而執其柄，可以退而去也，故曰「遯則退也」。同人六二得中、得位而同乎人，同乎人則人亦親之，故曰「同人，親也」；大有六五柔得尊位而有其衆，有其衆則衆亦歸之，故曰「大有，衆也」。水火相革，革已廢也，故曰「革，去故也」；以木巽火，火方興也，故曰「鼎，取新也」。功成者退，方來者進，一去一取，天之道也。小過二陽在內，動而止，小者過也，故曰「小過，過也」；中孚二陰在內，伏而說，小者信也，故曰「中孚，信也」。豐泰二之四，進退不得其所，多故也，多故則難處，故曰「豐，多故也」；旅否三之五，失位无應，以其旅於外也，旅外者不如在內之爲安，故曰「親寡，旅也」。豐多故也，故四、五相錯然後有慶；親寡旅也，故五動二應而後有譽。離火炎上也，故陽爻多凶；坎水趣下也，故陰爻多凶。坎、離，相濟者也。小畜五陽而畜一陰，所畜者寡，故曰「小畜，寡也」。履一柔而履二剛，不處爲善，故曰「履，不處也」。需險在前，三陽需時而不進。關子明曰：「履而不處者，其周公乎？需而不進者，其仲尼乎？」險在下而陽上行，相過者也，故曰「訟，不親也」。

自「大過，顛也」而下，簡册錯亂，當曰「頤，養正也。大過，顛也。遘，遇也」，「遘」當作「姤」〔一〕。「柔遇剛也。夬，決也，剛決柔也，君子道長，小人道憂也。漸，女歸待男行也。歸妹，女之終也。既濟，定也。未濟，男之窮也。」頤一陽在上而養四陰，正也，故其卦以下養上爲顛。大過一陰在上，四陽无所託，顛也，故其卦初陰承陽，无失位之凶，陰宜在下也。姤以一柔而遇五剛，故曰「姤，遇也，柔遇剛也」。夬以五剛而決一柔，故曰「夬，決也，剛決柔也」。姤小人道長，君子道憂也，故「繫于金柅」。夬君子道長，小人道憂也，故「无號之凶」。女以外爲歸，乾男下而迎三，然後坤女行而歸，故曰「漸，女〔二〕歸待男行也」。歸妹以三易四，男行而女從，夫婦之正也，上六无應守正，而終不改之，義也，故曰「歸妹，女之終也」。既濟，虞翻曰「六爻得位，定也」，故曰「既濟，定也」。未濟，伊川曰「三陽失位」，故曰「未濟，男之窮也」。

周易雜卦傳第十一

〔一〕此句似夾注。

〔二〕「女」，原脱，據通志堂本、四庫本補。

附録一　周易卦圖

周易卦圖卷上

卦圖，所以解剥彖、象，推廣説卦，斷古今之疑，發不盡之意，彌縫易傳之闕者也。

河圖

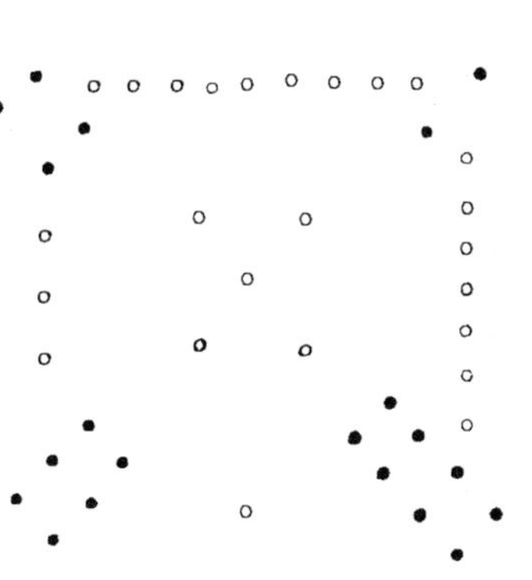

右河圖，劉牧傳於范諤昌，諤昌傳於許堅，堅傳於李溉，溉傳於种放，放傳於希夷。陳摶其圖，戴九履一，左三右七，二四爲肩，六八爲足，縱横十有五，總四十有五。列禦寇曰：「易者一也，一變而爲七，七變而爲九，九復變而爲一。」李泰伯曰：「伏羲觀河圖而畫卦。」禦寇所謂變者，論此圖也。一者，太極不動之數；七者，大衍數；九者，玄數也。泰伯謂畫卦亦未盡其實。大衍五十之數，寓于四十有五之中，黄帝書「土生數五，成數五」，太玄以五五爲土，五即十也。其在周官天府「凡國之玉鎮，大寶器藏焉」，大寶器，書所謂「天球、河圖在東序」是也，其在易則見於繫辭。王洙曰：「山海經云伏羲氏得河圖，夏后因之曰連山，黄帝氏得河圖，商人因之曰歸藏，列山氏得河圖，周人因之曰周易。」斯乃杜子春之所憑抑，知姚信之言非口自出，但所從傳者異耳。梁武攻之，涉于率肆。易曰「河出圖，洛出書，聖人則之」，仲尼曰「鳳鳥不至，河不出圖，吾已矣夫」，蓋聖人受命必有符瑞，若圖出不再，無勞歎傒。謂河伯不智，尤爲妄矣。

洛書

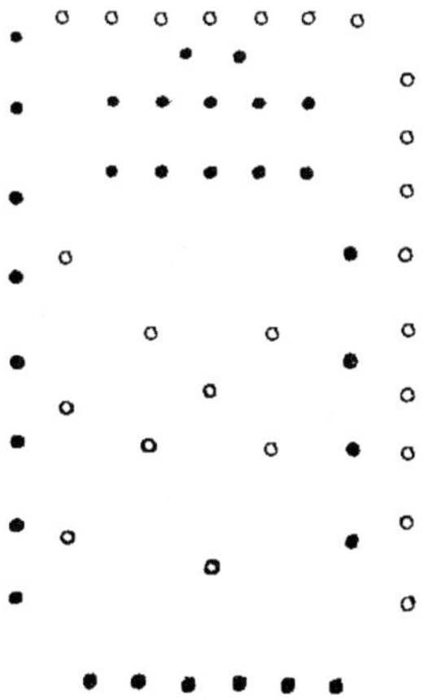

右洛書，劉牧傳之。一與五合而爲六，二與五合而爲七，三與五合而爲八，四與五合而爲九，五與五合而爲十。一、六爲水，二、七爲火，三、八爲木，四、九爲金，五、十爲土，十即五、五也。洪範曰：「二、五行。」太玄曰：「一與六共宗，二與七共朋，三與八成友，四與九同道，五與五相守。」范望曰：「重言五者，十可知也。」一、三、五、七、九，奇數二十有五，所謂天數，二、四、六、八、十，偶數，所謂地數，故曰「天地之數五十有五」，數五即十也。故河圖之數四十有五，而五十之數具，洛書之數五十有五，而五十之數在焉。惟十即五也，故甲、己九，乙、庚八，丙、辛七，丁、壬六，戊、癸五，而不數十，十，盈數也。

伏羲八卦圖

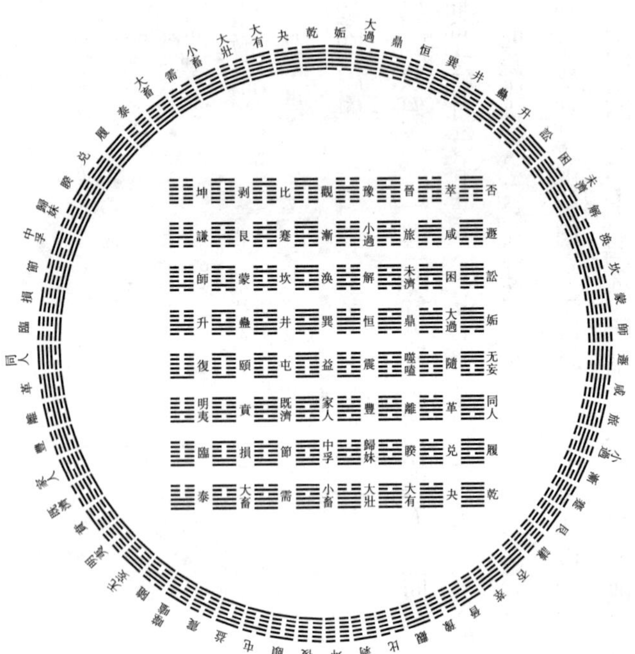
乾 姤 大過 鼎 恒 巽 井 蠱 升 訟 困 未濟 解 渙 坎 蒙 師 遯 咸 旅 小過 漸 蹇 艮 謙 否 萃 晉 豫 觀 比 剥 坤 復 頤 屯 益 震 噬嗑 隨 无妄 明夷 賁 既濟 家人 豐 離 革 同人 臨 損 節 中孚 歸妹 睽 兌 履 泰 大畜 需 小畜 大壯 大有 夬
坤 剥 比 觀 豫 晉 萃 否
謙 艮 蹇 漸 小過 旅 咸 遯
師 蒙 坎 渙 解 未濟 困 訟
升 蠱 井 巽 恒 鼎 大過 姤
復 頤 屯 益 震 噬嗑 隨 无妄
明夷 賁 既濟 家人 豐 離 革 同人
臨 損 節 中孚 歸妹 睽 兌 履
泰 大畜 需 小畜 大壯 大有 夬 乾

右伏羲八卦圖，王豫傳於邵康節，而鄭夬〔一〕得之。歸藏初經者，伏羲初畫八卦，因而重之者也。其經初乾，初奭坤，初艮，初兑，初犖坎，初離，初釐震，初巽卦，皆六畫，即此八卦也。八卦既重，爻在其中。薛氏曰：「昔神農氏既重爲六十四卦，而初經更本包犧，八卦成列而六十四具焉，神農氏因之也。」繫辭曰「神農氏作，斲木爲耜，揉木爲耒，耒耨之利，以教天下，蓋取諸益」，王輔嗣以爲伏羲重卦，鄭康成以爲神農重卦，其説源於此。子曰「天地定位，山澤通氣，雷風相薄，水火不相射」，天地定位即乾與坤對，山澤通氣則艮與兑對，雷風相薄則震與巽對，水火不相射則離與兑對。而説卦健、順、動、入、陷、麗、止、説，馬、牛、龍、雞、豕、雉、狗、羊，首、腹、足、股、耳、目、手、口，與夫別象次序，皆初卦也。夬曰乾之初交於坤之初，得震，故爲長男，坤之初交於乾之初，得巽，故爲長女，乾之二交於坤之二，得坎，故爲中男，坤之二交於乾之二，得離，故爲中女，乾之上交於坤之上，得艮，故爲少男，坤之上交於乾之上，得兑，故爲少女。乾、坤，大父母也，故能生八卦；復、姤，小父母也，故能生六十四卦。復之初九交於姤之初六，得一陽，姤之初六交於復之初九，得一

〔一〕「夬」，原作「史」，據四庫本改。

陰，復之二交於姤之二，得二陽，姤之二交於復之二，得二陰，復之三交於姤之三，得四陽，姤之三交於復之三，得四陰，復之四交於姤之四，得八陽，姤之四交於復之四，得八陰，復之五交於姤之五，得十六陽，姤之五交於復之五，得十六陰，復之上交於姤之上，得三十二陽，姤之上交於復之上，得三十二陰。陰〔一〕陽、男女皆順行，所以生六十四卦也。

文王八卦圖

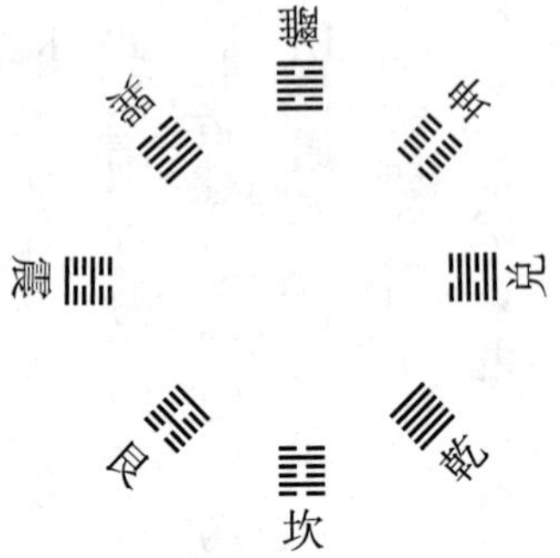

兌　乾　坎　艮　震　巽　離　坤

〔一〕「陰」，原脱，據四庫本補。

右文王八卦。說卦：「帝出乎震，齊乎巽，相見乎離，致役乎坤，說言乎兑，戰乎乾，勞乎坎，成言乎艮。」又曰：「震，東方也。巽，東南也。離也者，明也，萬物皆相見，南方之卦也。坤也者，地也。兑，正秋也。乾，西北之卦也。坎者，水也，正北方之卦也。艮，東北之卦也。」又曰：「動萬物者莫疾乎雷，撓萬物者莫疾乎風，燥萬物者莫熯乎火，説萬物者莫説乎澤，潤萬物者莫潤乎水，終萬物、始萬物者莫盛乎艮。」此説周易也。故管輅曰：「聖人何以處乾位於西北，坤位於西南？」邵康節曰：「置乾於西北，退坤於西南，乾統三男而長子用事，坤統三女而長女代母，坎、離得位而兑、震爲耦，以應地之方也，王者之法盡於是矣。」

太極圖

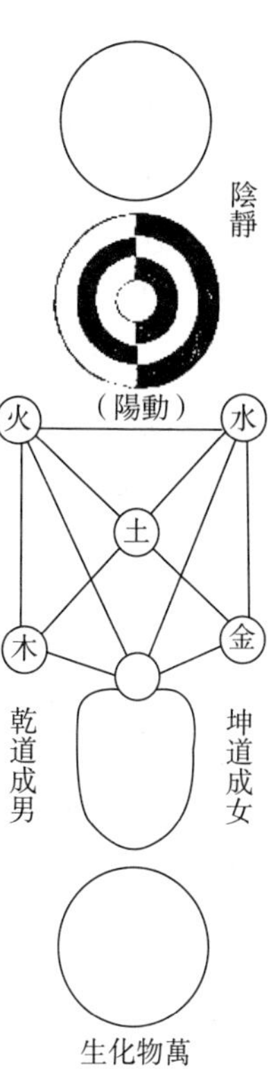

右太極圖，周敦實茂叔傳二程先生。茂叔曰：「無極而太極。太極動而生陽，動極而静，静極而生陰，静極復動。一動一静，互爲其根。分陰分陽，兩儀立焉。陽變陰合，而生水火木金土。五氣順布，四時行焉。五行，一陰陽也。陰陽，一太極也。太極本無極也。五行之生也，各一其性。無極之真，二五之精，妙合而凝。乾道成男，坤道成女，二氣交感，化生萬物。萬物生生，而變化無窮焉。唯人也，得其秀而最靈。形既生矣，神發知矣。五性感動而善惡分，萬事出矣。聖人定之以中正、仁義，聖人之道，仁義、中正而已矣。而主静，無欲則静。立人極焉。故聖人『與天地合其德，日月合其明，四時合其序，鬼神合其吉凶』。君子修之，吉；小人悖之，凶。故曰『立天之道曰陰與陽，立地之道曰柔與剛，立人之道曰仁與義』。又曰『原始反終，故知死生之説』。大哉易也，斯其至矣。」

變卦反對圖

六十四卦，剛柔相易，周流而變，易於序卦、於雜卦盡之。

乾坤二卦爲易之門萬物之祖圖第一（舊本曰功成無爲圖）

天行健　乾元亨利貞

萬物資始

乾老陽

乾道變化

稱乎父　用九天德不可爲首

地勢坤　坤元亨利牝馬之貞

萬物資生

坤老陰

坤厚載物

稱乎母　用六利永貞

乾坤相索三交變六卦不反對圖第二舊本「圖」下有「義」字

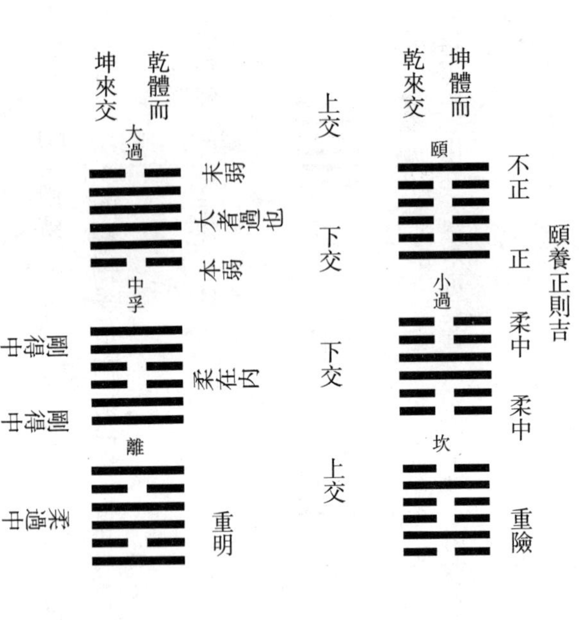

康節曰：「乾、坤之名位，不可易也。坎、離名可易，而位不可易也。震、巽位可易，而名不可易也。兑、艮名與位皆可易也。離肖乾，坎肖坤，中孚肖乾，小過肖坤。頤肖離〔一〕，大過肖坎，是以乾、坤、離、坎、中孚、頤、大過、小過，皆不可易者也。」

〔一〕「離」下原衍「坤」字，據邵雍集删。

乾卦一陰下生反對變六卦圖第三

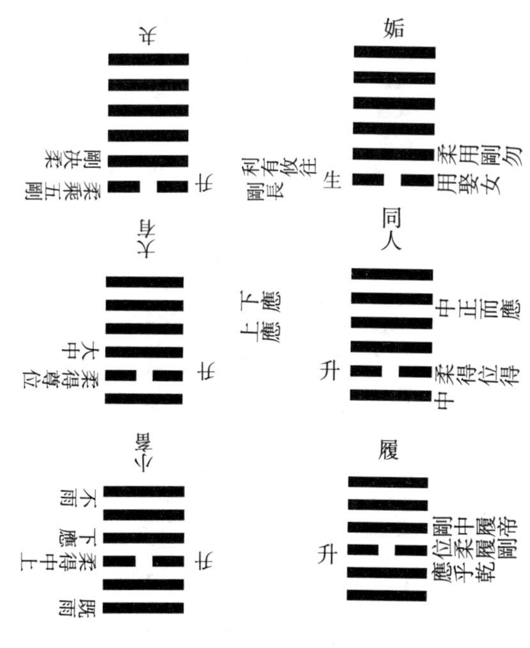

陸希聲曰：「頤、大過與諸卦不同，大過從頤來，六爻皆相變，故卦有反合，爻有升降，所以明天人之際，見盛衰之理焉，故徵象會意必本於此。」陸所謂反合、升降，即此圖也。

坤卦一陽下生反對變六卦圖第四

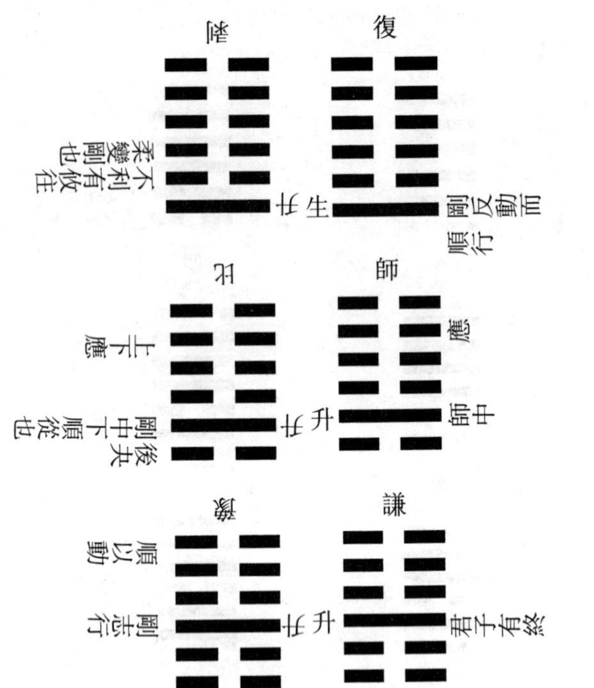

乾卦下生二陰各六變反對變十二卦圖第五

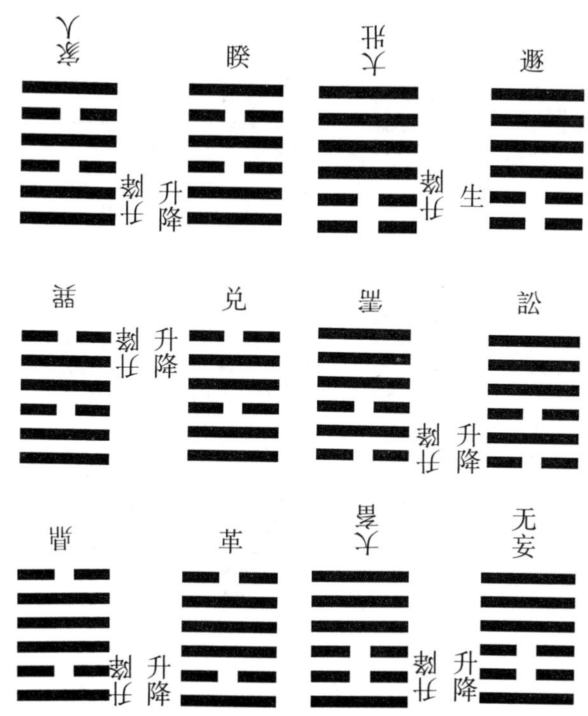

坤卦下生二陽各六變反對變十二卦圖第六

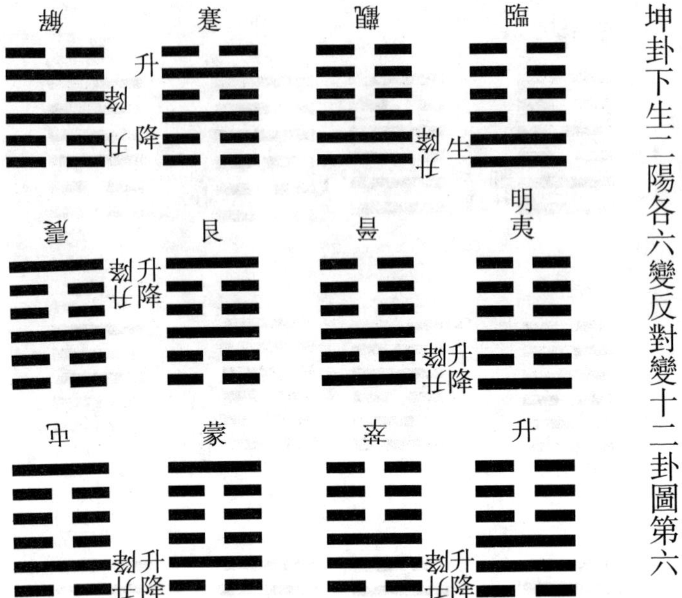

乾卦三陰各六變反對變十二卦圖第七

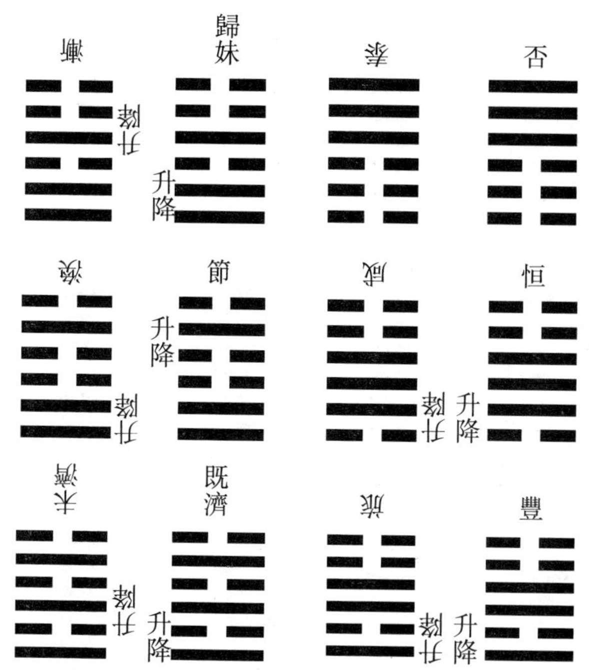

坤卦下生三陽各六變反對變十二卦圖第八

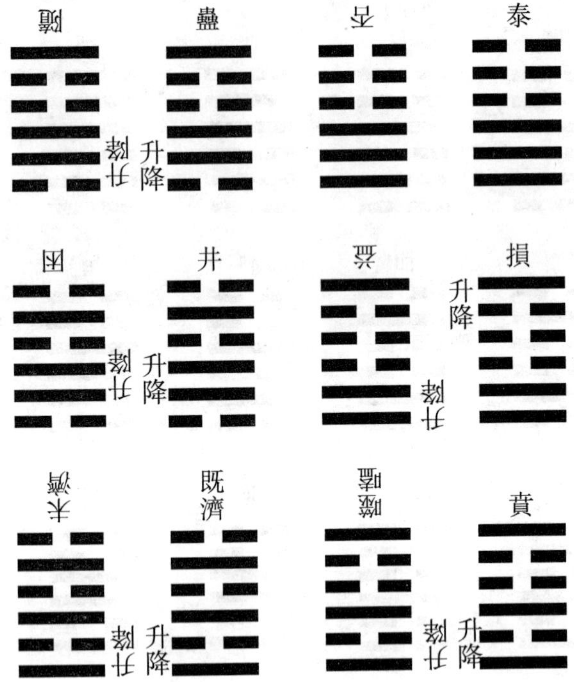

右李挺之變卦反對圖八篇。康節曰：「卦之反對，皆六陽六陰也。在易則六陽六陰者，十有二對也。去四正者，八陽四陰、八陰四陽者，各六對也。十陽二陰、十陰二陽者，各三對。」康節所謂六陽六陰者，否變泰、恒、咸、豐、旅、歸妹、漸、節、渙、既濟、未濟十二卦，泰變否、損、益、賁、噬嗑、蠱、隨、井、困、既濟、未濟十二卦。四正，頤、大過、中孚、小過也。所謂八陽四陰、八陰四陽者，遯變大壯、訟、需、无妄、大畜、睽、家人、兑、巽、革、鼎十二卦，臨變觀、明夷、晉、升、萃、蹇、解、艮、震、蒙、屯十二卦。十陽二陰、十陰二陽者，姤變夬、同人、大有、履、小畜六卦，復變剥、師、比、謙、豫六卦。乾、坤，天地之本；坎、離，天地之用。乾、坤交而爲泰，坎、離交而爲既濟。乾生於子，坤生於午，坎終於寅，離終於申，連山也。以應天時也。置乾於西北，伏羲初經乾上坤下，故曰：「天尊地卑，乾坤定矣。」退坤於西南，歸藏以坤先乾。乾統三男而長子用事，坤統三女而長女代母，坎、離得位而兑、艮爲耦，復歸於伏羲之初經。以應地之方也。王者之法盡於是矣。故易始於乾、坤，終於坎、離、既濟、未濟，而泰、否爲上經之中，咸、恒爲下經之首。乾、坤，本也；坎、離，用也。乾、坤、坎、離，上篇之用也。咸，兑、艮也；恒，震、巽也。兑、艮、震、巽，下篇之用也。頤、大過、小過、中孚，二篇之正也。故曰：「至哉文王之作易也，其得天地之用乎！」

六十四卦相生圖

虞仲翔於小過曰「當從四陰二陽臨、觀之例」，於豐曰「當從三陰三陽泰之例」，於无妄曰「此所謂四陽二陰，非大壯則遯來」。又問剥之變於彭城蔡景君。大過或變於五之初，或以謂三之五〔一〕。睽或變於大壯上之三，或以謂无妄二之五。蓋是時，其圖未見，故難於折衷，亦莫得其綱要。諸儒各伸臆説，至於紛然，而仲翔則知有此圖也。

乾坤者，諸卦之祖。

姤　䷫　乾一交而爲姤。

復　䷗　坤一交而爲復。

〔一〕此句似有錯訛、脱文。

復 剛反動而以順行。

凡卦五陰一陽者，皆自復卦而來，復一爻五變而成五卦。

師 剛中而應。

謙 君子有終吉。

豫 剛應而志行。

比 以剛中也。

剝 柔變剛也。

姤 柔過剛也。

凡卦五陽一陰者，皆自姤卦而來，姤一爻五變而成五卦。

同人 柔得位得中而應乎乾。

履 柔履剛也。

小畜 柔得位而上下應之。

大有 柔得尊位而上下應之。

夬 柔乘五剛也。

遯 乾再交而爲遯。

臨 坤再交而爲臨。

臨 剛浸而長，剛中而應。

凡卦四陰二陽者，皆自臨卦而來，臨五復五變而成十四卦。

第一四變

明夷

震

屯 剛柔始交而難生。

頤

第二復四變

升

坎 乃以剛中也。

解

蒙

第三復三變

小過 柔得中，剛失位而不中。

觀 大觀在上，中正以觀天下。

萃 剛中而應，故聚也。

第四復二變

蹇 蹇利西南，往得中也；不利東北，其道窮也。

晉 柔進而上行。

第五復一變

艮 上下敵應。

遯　小利貞，浸而長也。

凡卦四陽二陰者，皆自遯卦而來，遯五復五變而成十四卦。

第一四變

訟　訟有孚，窒惕，中吉，剛來而得中也。

巽〔一〕　剛巽乎中正而志行，柔皆順乎剛，初在下，二居四。

鼎　柔進而上行，得中而應乎剛。

大過　剛過而中，本末弱也。

第二復四變

无妄　剛自外來而爲主於内。

家人

離　柔麗乎中正。

革　水火相息。

〔一〕「巽」，原脱，據本圖體例補。

第三復三變

中孚

柔在内而剛得中。

大畜

大壯

第四復二變

睽

柔進而上行，得中而應乎剛。

需

第五復一變

兌

剛中而柔外。

否 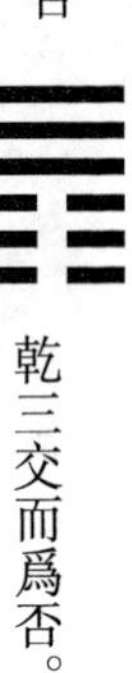 乾三交而爲否。

泰 坤三交而爲泰。

泰 小往大來。

凡卦三陰三陽者，皆自泰卦而來，泰三〔一〕復三變而成九卦。

第一三變

歸妹 歸妹，天地之大義也。天地不交而萬物不興。歸妹，人之終始也。

節 剛柔分而剛得中。

損 損下益上，其道上行。

〔一〕「三」，原作「二」，據四庫本改。

第二復三變

豐

既濟  剛柔正而位當也。

賁 柔來而文剛，分剛上而文柔。

第三復三變

恒 剛上而柔下。

井 巽乎水而上水，井，乃以剛中也。

蠱 剛上而柔下。

否䷋ 大往小來。

凡卦三陽三陰者，皆自否卦而來，否三復三變而成九卦。

第一三變

漸䷴ 女歸吉，進得位，往有功也。

咸䷞ 柔上而剛下。

旅䷷ 柔得中乎外而順乎剛。

第二復三變

渙䷺ 剛來而不窮，柔得位而上同。

困䷮ 剛揜也，以剛中也。

未濟䷿

第三復三變

益䷩ 損上益下，民説無疆。

隨䷐ 剛來而下柔。

噬嗑䷔ 柔得中而上行，雖不當位，利用獄也。

右李挺之六十四卦相生圖一篇，通變卦反對圖爲九篇。康節之子伯温傳之於河陽陳四丈，忘其名。陳傳之於挺之。始虞氏卦變，乾、坤生坎、離，乾息而生復、臨、泰、大壯、夬，坤消而生姤、遯、否、觀、剥。自復來者一卦，豫。自臨來者四卦，明夷、解、升、震。自泰來者九卦，蠱、賁、恒、損、升、歸妹、豐、節、既濟。自大壯來者六卦，需、大畜、大過、睽、鼎、兑。自夬來者一卦，同人。自遯來者五卦，訟、无妄、家人、革、巽。自否來者八卦，隨、噬嗑、咸、益、困、漸、涣、未濟。自觀來者五卦，晉、蹇、頤、萃、艮。自剥來者一卦。謙。而屯生於坎，蒙生於艮，比生於師，頤、小過生於晉，睽生於大壯，咸生於无妄，旅生於賁，咸生於噬嗑，中孚生於訟。小畜變需上，履變訟初，姤無生卦。師、同人、大有、兑四卦闕。李鼎祚取蜀才、盧氏之書補其三卦。大有闕。而頤卦，虞以爲生於晉，侯果以爲生於觀。今以此圖考之，其合於圖者三十有六卦，又時有所疑，不合者二十有八卦。夫自下而上謂之升，自上而下謂之降。升者，上也，息也。降者，消也。陰生陽，陽生陰，陰復生陽，陽復生陰，升降消息，循環無窮，然不離於乾、坤。一生二，二生三，至於三，極矣。故凡卦五陰一陽者皆自復來，復一爻五變而成五卦；師、謙、豫、比、剥。凡卦五陽一陰者皆自姤來，姤一爻五變而成五卦；同人、履、小畜、大有、夬。凡卦四陰二陽者皆自臨來，臨五復五變而成十四卦；明夷、震、屯、頤、升、解、坎、蒙、小過、萃〔一〕、觀、蹇、晉、艮。凡卦四陽二陰者皆自遯來，遯五復五變而成十四卦；訟、巽、鼎、大過、无妄、家人、離、革、中孚、大畜、大壯、睽、需、兑。凡卦三陰三陽者皆自泰來，泰三復三變而成九卦；歸妹、節、損、豐、既濟、賁、恒、井、蠱。凡卦三陽三陰者皆自否來，否三復三變而成九卦。漸、旅、咸、涣、未濟、困、益、噬嗑、隨。

乾、坤，大父母也；復、姤，小父母也。坎、離，得乾、坤之用者也。頤、大過、小過、中孚，得坎、離者也。故六卦不反對，而臨生坎，遯生離，臨生頤、小過，遯生大過、中孚。或曰：先儒謂賁本泰卦，豈乾、坤重而爲泰，又由泰而變乎？曰：此論之卦也。所謂之卦者，皆變而之他卦也。周易以變爲占，七〔二〕卦變而爲六十三卦，六十四卦變而爲四千九十六卦，而卜筮者尚之，此焦延壽之易林所以興也。聖人因其剛柔相變，繫之以辭焉，以明往來、屈信、利害、吉凶之無常也。故「君子居則觀其象而玩其辭，動則觀其變而玩其占」，占與辭，一也。故乾、坤重而爲泰者，八卦變而爲六十四卦也。由泰而爲賁者，一卦變而爲

〔一〕「萃」，原作「革」，據前圖改。
〔二〕「七」，疑當作「一」。

六十三卦也。或曰：剛柔相易，皆本諸乾、坤也。凡三子之卦言「剛來」者，明此本坤也，而乾來化之；凡三女之卦言「柔來」者，明此本乾也，而坤來化之。故凡言是者，皆三子、三女相值之卦也，非是卦則無是言也。謂泰變爲賁，此大惑也。曰：不然也。往來者，以內外言也，以消息言也。自內而之外謂之往，自外而之內謂之來。請復借賁卦言之，「柔來而文剛」者，坤之柔自外卦下而來，文乎乾之剛也；「分剛上而文柔」者，乾之剛自內卦上而往，文乎坤之柔也。於柔言來，則知「分剛上而文柔」者，往也；於剛言上，則知「柔來而文剛」者，下也。上者出也，下者入也，此所謂「其出入以度內外」，此所謂「上下無常」也。若言「柔來」者，明此本乾也，則不當言「分剛上而文柔」，當曰「剛來而文柔」矣。无妄之彖曰「剛自外來而爲主於內」，外卦乾已三畫矣，謂之「自外來」，則當自卦外來乎？故乾施一陽於坤，以化其一陰而生三子，坤施一陰於乾，以化其一陽而生三女者，乾、坤相易以生六子，成八卦也。上下往來，周流無窮者，剛柔相易以盡其爻之變也。爻之言往來、言上下內外者，豈唯三子、三女相值之卦而已哉？故曰「剛柔相推，變在其中矣」，又曰「往來不窮謂之通」，又曰「變動不居，周流六虛」。謂之「周流六虛」，則其往、其來，非謂三畫之卦也。近世楊傑、鮑極論卦變之義。楊曰：「泰者，通而治者也。故聖人變於節、賁、損、蠱、恒〔一〕、歸妹、大畜之象，以爲禦治之術焉。否者，閉而亂者也。故聖人變於咸、益、隨、涣、噬嗑、无妄、訟之象，以爲救亂之術焉。」鮑曰：「遯，陰長之卦，邪道並興，聖人易一爻而成无妄，欲以正道止其邪也。」楊謂否變无妄、訟，亦誤矣，然觸類而長，六十四卦之相變，其義可推矣。

周易卦圖卷上

〔一〕「恒」，原作「常」，據四庫本改。

周易卦圖卷中

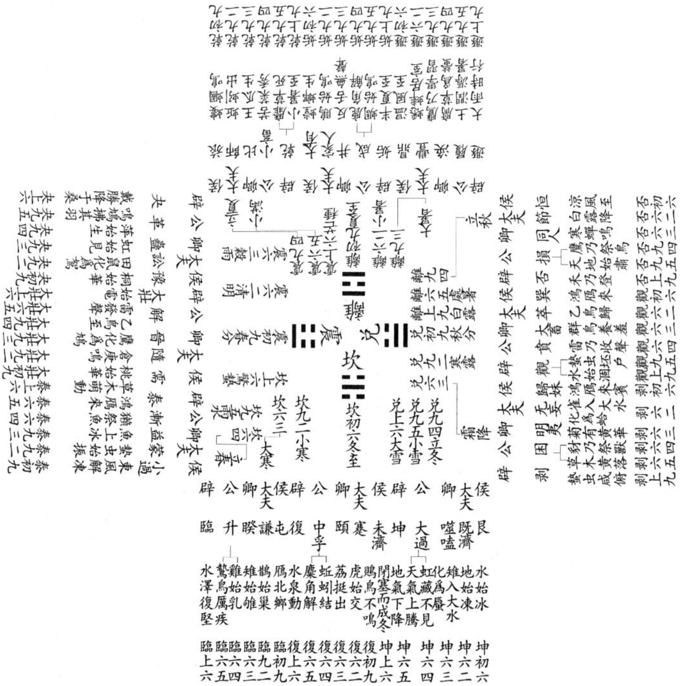

坎　震　兌　離

坎初六冬至　坎九二小寒　坎六三大寒　坎六四立春　坎九五雨水　坎上六驚蟄

震初九春分　震六二清明　震六三穀雨

兌九四立冬　兌九五小雪　兌上六大雪

侯	大夫	卿	公	辟	侯	大夫	卿	公	辟	侯	大夫	卿	公	辟
艮	既濟	噬嗑	大過	坤	未濟	蹇	頤	中孚	復	屯	謙	睽	升	臨

水始冰　地始凍　雉入大水　化爲蜃　虹藏不見　天氣上騰　地氣下降　閉塞而成冬　鶡鳥不鳴　虎始交　荔挺出　蚯蚓結　麋角解　水泉動　鴈北鄉　鵲始巢　雉始雊　雞始乳　鷙鳥厲疾　水澤腹堅

坤初六　坤六二　坤六三　坤六四　坤六五　坤上六　復初九　復六二　復六三　復六四　復六五　復上六　臨初九　臨九二　臨六三　臨六四　臨六五　臨上六

右李溉卦氣圖。其説源於易緯。在類是謀〔一〕曰：「冬至日在坎，春分日在震，夏至日在離，秋分日在兑。四正之卦，卦有六爻，爻主一氣，餘六十卦，卦主六日七分，八十分日之七。歲十二月，三百六十五日四分日之一，六十而一周。」孔穎達易疏解「七日來復」云：「易稽覽圖卦氣起中孚，故離、坎、震、兑各主一方，其餘六十卦，卦有六爻，別主一日，凡主三百六十日，餘有五日四分日之一，每日分爲八十分，五日分爲四百分，日之一又分爲二十分，是四百二十分，六十卦分之，六七四十二卦，別各得七分，每卦得六日七分也。」司馬温公曰：「冬至卦氣起於中孚，次復，次屯，次謙，次睽，凡一卦御六日二百四十分日之二十一，五卦合三十日二百四十分日之二〔二〕百五，此冬至距大寒之數也，故入冬至凡涉七日，而復之氣應也。」在易通卦驗曰：「冬至四十五日以次，周天三百六十五日，復當故卦。乾，西北也，主立冬；坎，北方也，主冬至；艮，東北也，主立春；震，東方也，主春分；巽，東南也，主立夏；離，南方也，主夏至；坤，西南也，主立秋；兑，西方也，主秋分。」鄭康成曰：「春三月候卦氣者，泰也、大壯也、夬也，皆九三、上六。坎九五、上六泰，震初九、六二大壯，震六三夬。〔三〕夏三月候卦氣者，乾也、姤

〔一〕「類是謀」，當作「是類謀」。

〔二〕「二」，當作「一」。

〔三〕此句小注，惠棟易漢學引作「坎六四、九五泰，坎上六、震初九大壯，震六二、六三夬。」

也、遯也，皆九三、上六。震九四、六[一]五乾，震上六、離初九姤，離六三、九三遯。秋三月候卦氣者，否也、觀也、剥也，皆六三、上九。離九四、六五否，離上九、兑初九觀，兑九二、六三剥。冬三月候卦氣者，坤也、復也、臨也，皆六三、上六。兑九四、九五坤，兑上六、坎初六復，坎九二、六三臨。」又曰：「冬至坎始用事而主六氣，初六爻也，小寒於坎直九二，大寒於坎直六三，立春於坎直六四，雨水於坎直九五，驚蟄於坎直上六。春分於震直初九，清明於震直六二，穀雨於震直六三，立夏於震直九四，小滿於震直六五，芒種於震直上六。夏至於離直初九，小暑於離直六二，大暑於離直九三，立秋於離直九四，處暑於離直六五，白露於離直上九。秋分於兑直初九，寒露於兑直九二，霜降於兑直六三，立冬於兑直九四，小雪於兑直九五，大雪於兑直上六。」先儒舊有此圖，故康成論乾、坤、屯、蒙、否、泰六卦之貞，曰「餘不見，爲圖者備列之」，所謂「備列之」者，謂此備列四正六十卦也。李鼎祚論剥畫隔坤、復來成震、七日來復之義曰：「先儒已論雖各指於日月，先儒褚氏、莊氏云：「五月一陰生，至十一月一陽生，凡七月，而云七日不云月者，欲見陽長須速，故變月言日。」後學尋討猶未測其端倪，略陳梗槩以俟來哲。」王昭素難孔穎達

[一]「六」，原作「九」，據震卦畫改。

六日七分，謂「坤卦之盡，復卦陽來，則十月節終，一陽便來，不得冬至之日，據其節終尚去冬至一十五日」。二家之學蓋未見此圖，是以其論紛然。鼎祚闕疑，請俟來哲，昭素已臆斷之矣，鼎祚於此其優乎？

乾鑿度曰：「曆以三百六十五日四分之一爲一歲，易三百六十析〔一〕，當朞之日，此律曆數也。五歲再閏，故扐而後掛，以應律曆之數。」鄭康成曰：「曆以記時，律以候氣，氣率十五〔二〕日一轉，與曆相應，則三百六十日粗爲終也。曆之數有餘者四分之一，參〔三〕差不齊，故閏定四時成歲，令相應也。」蘇洵曰：「震、離、坎、兑，各守其方，而六十卦之分散於三百六十日，聖人不以五日四分之一者，害其爲易，而以七分者加焉，此非有所法乎？日月星辰之度，天地五行之數也。以爲上之不可以八，而下之不可以六，故以七分者加之，使文〔四〕易者亦不爲元〔五〕，用於曆而已矣。」皇甫謐〔六〕曰：「天地之數三百有六

〔一〕「析」，武英殿本乾鑿度作「坼」。

〔二〕「率十五」，原作「章六十」，據武英殿本乾鑿度鄭注改。

〔三〕「參」，原闕，據武英殿本乾鑿度鄭注補。

〔四〕「文」，四部叢刊本嘉祐集作「夫」。

〔五〕「元」，四部叢刊本嘉祐集作「无」。

〔六〕「謐」，原作「泌」，據四庫本改。

十，所以當朞。凡歲，三百五十有四日，不充爻者，餘則歸閏。爻以存虚，虚所以待甲、癸之變，甲、癸者，舉十日之終始也。」胡旦亦曰：「卦之爻則實數也，歲之日則虚數也。歲月不盡之日，則加算焉。六日七分，實數也。三百六十五日有餘焉，故算而爲閏。」二十四氣、七十二候，見於周公之時訓，吕不韋取以爲月令焉。其上則見於夏小正，夏小正者，夏后氏之書，孔子得之於杞者也。夏建寅，故其書始於正月，周建子，而授民時，巡狩、承享皆用夏正，故其書始於立春。夏小正具十二月而無中氣，有候應而無日數，至于時訓，乃五日爲候，三候爲氣，六十日爲節。二書詳略雖異，其大要則同，豈時訓因小正而加詳歟？左氏傳曰「先王之正時也，履端於始，舉正於中，歸餘於終」，中謂中氣也，漢詔曰「昔者黄帝合而不死，名察庶驗〔一〕，定清濁，起五部，建氣物分數」，氣謂二十四氣也，則中氣其來尚矣。仲尼贊易時已有時訓，觀七月一篇，則有取於時訓可知。易通卦驗易家傳先師之言，所記氣候比之時訓，晚者二十有四，早者三，當以時訓爲定，故子雲太玄二十四氣、關子明論七十二候，皆以時訓。

〔一〕「庶驗」，史記曆書作「度驗」，漢書律曆志作「發斂」。

太玄準易圖

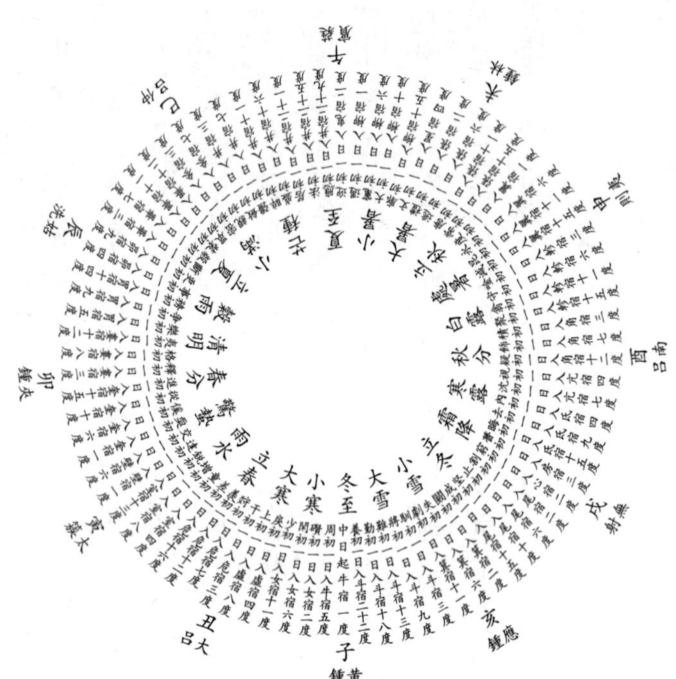
子 黃鍾
丑 大呂
寅 太簇
卯 夾鍾
辰 姑洗
巳 中呂
午 蕤賓
未 林鍾
申 夷則
酉 南呂
戌 無射
亥 應鍾
冬至
小寒
大寒
立春
雨水
驚蟄
春分
清明
穀雨
立夏
小滿
芒種
夏至
小暑
大暑
立秋
處暑
白露
秋分
寒露
霜降
立冬
小雪
大雪

右律曆之元始於冬至，卦氣起於中孚。其書本於夏后氏之連山，而連山則首艮，所以首艮者，八風始於不周，實居西北之方，七宿之次，是爲東壁營室。東壁者，辟生氣而東之；營室者，營陽氣而産之。於辰爲亥，於律爲應鐘，於時爲立冬，此顓頊之曆所以首十月也。漢巴郡落下閎運算轉曆，推步晷刻，以太初元年十一月甲子夜半朔冬至而名節會，察寒暑，定清濁，起五部，建〔一〕氣物〔二〕分數，然後陰陽離合之道行焉。然落下閎能知曆法而止，揚子雲通敏叡達，極陰陽之數，不唯知其法，而又知其意。故太玄之作，與太初相應，而兼該乎顓頊之曆，發明連山之旨，以準周易，爲八十一卦，凡九分共二卦，一五隔一四，細分之，則四分半當一日，準六十卦一日卦六日七分也。

中，中孚也。周，復也。礥、閑，屯也。少，謙也。戾，睽也。上、干，升也。狩、羨，臨也。此冬至以至大寒之氣也。差，小過也。童，蒙也。增，益也。鋭，漸也。達、交，泰也。耎、傒，需也。從、進，隨也。釋，解也。格、夷，大壯也。樂，豫也。争，訟也。務、事，蠱

〔一〕「建」，原作「違」，據武英殿本史記曆書改。

〔二〕「物」，原作「初」，據武英殿本史記曆書改。

也。更，革也。斷、毅，夬也。此立春以至穀雨之氣也。裝，旅也。衆，師也。密、親，比也。斂，小畜也。彊、睟，乾也。盛，大有也。居，家人也。法，井也。應，離也。迎，咸也。遇，姤也。竈，鼎也。大、廓，豐也。文，涣也。禮，履也。逃、唐，遯也。常，恒也。此立夏以至大暑之氣也。永，恒也。度，節也。昆，同人也。減，損也。唫、守，否也。翕，巽也。聚，萃也。積，大畜也。飾，賁也。疑，震也。視，觀也。沈，兑也。内，歸妹也。去，无妄也。晦、瞢，明夷也。窮，困也。割，剥也。此立秋以至霜降之氣也。止、堅，艮也。成，既濟也。闋，噬嗑也。失、劇，大過也。馴，坤也。將，未濟也。難，蹇也。勤、養，坎也。此立冬以至大雪之氣也。

日月之行有離合，陰陽之數有贏虚。踦、盈二贊有其辭而無其卦，而附之於養者，以閏爲虚也。踦，火也，日也。嬴，水也，月也。日月起於天元之初，歸其餘也。蓋定四時成歲者，以其閏月。再扐而後掛者，由於歸奇。六日七分必加算焉，以三百六十五日四分之，不齊也。坎、離、震、兑，四正之卦也。二十四爻，周流四時，玄則準之。日右斗左，秉巡六甲，東西南北，經緯交錯，以成八十一首也。一月五卦也，侯也，大夫也，卿也，公也，辟也，辟居於五，謂之君卦，四者，雜卦也，玄則準之。故一玄象辟，三方象三公，九州象九卿，二十七部象大夫，八十一首象元士。其大要則曆數也，律在其中也。體有所循，而文不虛生也。陸績謂自甲子至甲辰，自甲辰至甲申，自甲申至甲子，凡四千六百一十七歲，爲一元。元有三統，統有三會，會有二十七章，九會二百四十三章，皆無餘分。其鈎深致遠，與神合符，有如此也。善乎邵康節之言曰：「太玄，其見天地之心乎！」天地之心者，坤極生乾，始於冬至之時也，此之謂律曆之元。

論太玄當附於太玄八十一首準易圖後

或曰：太初之曆不作，子雲無以草玄乎？曰：不然。逸周書曰：「維十有一月既南，至昏昴、畢見〔一〕，日短極，其〔二〕踐長，微陽動于黄泉，降〔三〕慘于萬物。是月斗柄建子，始昏北指，陽氣虧，草木萌動，日月俱起于牽牛之初，右迴而行。月周天起一次而與日合宿，日行月一次而周天。曆會〔四〕于十有二辰，終則復始，是謂日月權輿。」又曰：「天地之

〔一〕「見」，原脱，據四部叢刊本逸周書補。
〔二〕「其」，四部叢刊本逸周書作「基」。
〔三〕「降」，四部叢刊本逸周書作「陰」。
〔四〕「會」，四部叢刊本逸周書作「舍」。

正，四時之極，不易之道。夏數得天，百王所同。」書所謂「日月俱起于牽牛之初」，即太初曆十一月朔旦冬至，「日月如合璧，五星如連珠」也。昔劉向藏三代之書，其子歆有所不知，以問子雲，子雲之於律曆之元，固已博極群書而知之矣，是以落下閎得其曆之法，而子雲獨得其意云。

乾坤交錯成六十四卦圖

荀爽曰：「乾始於坎，坎終於離；坤始於離，終於坎。」

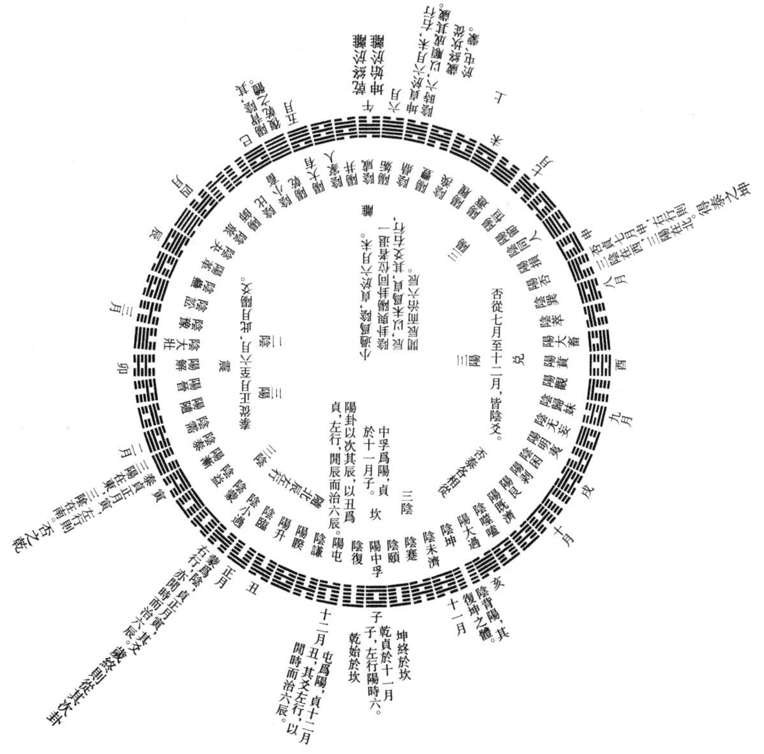

否從七月至十二月，皆陰爻。
中孚爲陽，貞於十一月子。
坎
陽卦以次其辰，以丑爲貞，左行，間辰而治六辰。
陽屯
坤終於坎
乾貞於十一月子，左行陽時六。
乾始於坎
屯爲陽，貞十二月丑，其爻左行，以間時而治六辰。

乾生三男震、坎、艮，故四卦所生爲陽卦。

坤生三女巽、離、兑，故四卦所生爲陰卦。

右圖。乾，陽也，坤，陰也，並如而交錯行。乾貞於十一月子，左行陽時六，貞，正也，初爻以此爲正，次爻左右者各從次數之。坤貞於六月未，乾、坤，陰陽之主也，陰退一辰故貞於未。右行陰時六，以順成其歲。歲終次從於屯、蒙，歲終則從其次，屯、蒙、需、訟也。屯爲陽，貞十二月丑，其爻左行，以間時而治六辰。蒙爲陰，貞正月寅，其爻右行，亦間時而治六辰，歲終則從其次卦。陽卦以次其辰，以丑爲貞，左行，間辰而治六辰。陰卦與陽卦同位者退一〔一〕辰，以未爲貞，其爻右行，間辰而治六辰。陰卦與陽卦其位同，謂與日若在衡也。陰則退一辰，謂左右交錯相避。否、泰之卦獨各貞其辰，言不用卦次，泰當貞於戌，否當貞於亥，戌乾體所在，亥又乾消息之月。泰、否、乾、坤體氣相亂，故避而各貞其辰。謂泰貞正月，否貞七月。六爻者，泰得否之乾，否得泰之坤。否貞申右行，則三陰在西，三陽在北。泰貞寅左行，則三陽在東，三陰在南。是則陰陽相比，共復乾、坤之體也。其共北辰左行相隨

〔一〕「一」，原作「十」，據下文雙行夾注改。

也。北辰左行，謂泰從正月至六月，此月陽爻，否從七月至十二月，此月陰爻，否、泰各自相隨。中孚爲陽，貞於十一月子，小過爲陰，貞於六月未，法於乾、坤。中孚於十一月子。小過，正月之卦也，宜貞於寅二月卯，而貞於六月，非其次，故言象法乾、坤，其餘卦則各貞於其辰，同位乃相避。三十二歲朞而周，六十四卦、三百八十四爻、一千五百二十復〔一〕貞，此乾坤交錯成六十四卦，陳純臣所謂六十四卦推盪訣是也。其説見於乾鑿度，而鄭康成及先儒發明之。京房論推盪曰：「以陰盪陽，以陽盪陰，陰陽二氣盪而成象。」又曰：「盪陰入陽，盪陽入陰，陽〔二〕交互，内外適變，八卦回巡，至極則反。」此正解繫辭「八卦相盪」之義，如六十卦圖本於乾坤並如、陰陽交錯而行，故傳圖者亦謂之推蕩。易，天下之至變者也，六位遞遷，四時運動，五行相推，不可執一者也。

〔一〕「復」前，武英殿本乾鑿度鄭注有「析」字。
〔二〕「陽」前，疑脱「陰」字。

律呂起於冬至之氣圖

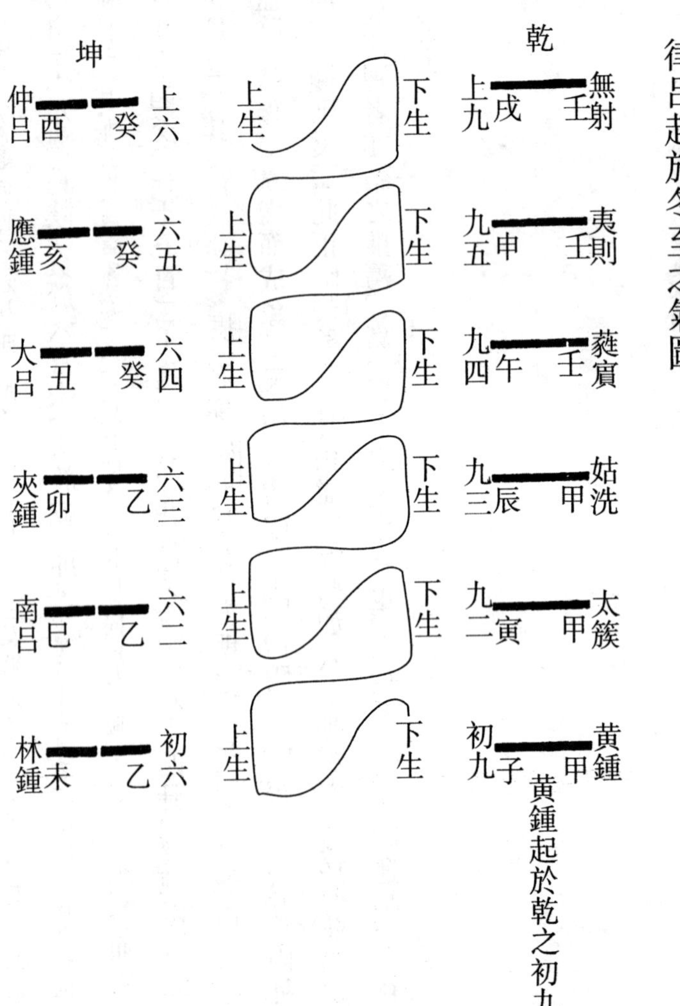
乾
坤
無射 壬 戌 上九 下生
夷則 壬 申 九五 下生
蕤賓 壬 午 九四 下生
姑洗 甲 辰 九三 下生
太簇 甲 寅 九二 下生
黄鍾 甲 子 初九 下生
黄鍾起於乾之初九
上生 上六 癸 酉 仲呂
上生 六五 癸 亥 應鍾
上生 六四 癸 丑 大呂
上生 六三 乙 卯 夾鍾
上生 六二 乙 巳 南呂
上生 初六 乙 未 林鍾

右圖。鄭康成注周禮太師云：「黄鍾，初九也，下生林鍾之初六，林鍾又上生太簇之九二，太簇又下生南吕之六二，南吕又上生姑洗之九三，姑洗又下生夾鍾之六三，夾鍾又上生蕤賓之九四，蕤賓又下生大吕之六四，大吕又上生夷則之九五，夷則又下生應鍾之六五，應鍾上生無射之上九，無射下生仲吕之上六。」臣謂不取諸卦而取乾、坤者，萬物之父母。

陽律陰呂合聲圖

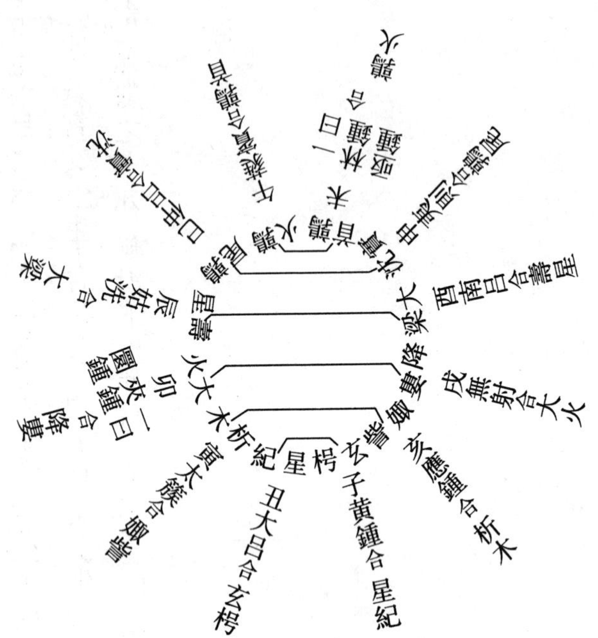

子黄鍾合星紀
丑大呂合玄枵
寅太簇合娵訾
卯夾鍾合降婁
二曰圜鍾
辰姑洗合大梁
巳仲呂合實沈
午蕤賓合鶉首
未林鍾合鶉火
一曰函鍾
申夷則合鶉尾
酉南呂合壽星
戌無射合大火
亥應鍾合析木
星紀
玄枵
娵訾
降婁
大梁
實沈
鶉首
鶉火
鶉尾
壽星
大火
析木

右圖。周官太師「掌六律、六同，以合陰陽之聲」。鄭康成曰：「聲之陰陽各有合。黄鍾，子之氣也，十一月建焉，而辰在星紀。丑也。大吕，丑之氣也，十二月建焉，而辰在玄枵。子也。太簇，寅之氣也，正月建焉，而辰在娵訾。亥也。應鍾，亥之氣也，十月建焉，而辰在析木。寅也。姑洗，辰之氣也，三月建焉，而辰在大梁。酉也。南吕，酉之氣也，八月建焉，而辰在壽星。卯也。蕤賓，午之氣也，五月建焉，而辰在鶉首。未也。林鍾，未之氣也，六月建焉，而辰在鶉火。午也。夷則，申之氣也，七月建焉，而辰在鶉尾。巳也。仲吕，巳之氣也，四月建焉，而辰在實沈。申也。無射，戌之氣也，九月建焉，而辰在大火。卯也。夾鍾，卯之氣也，二月建焉，而辰在降婁。辰〔一〕與建交錯貿處，如表裏然，是其合也。」

〔一〕「辰」，原脱，據清嘉慶二十年南昌府學本周禮注疏補。

十二律相生圖

十二律十二月消息卦。

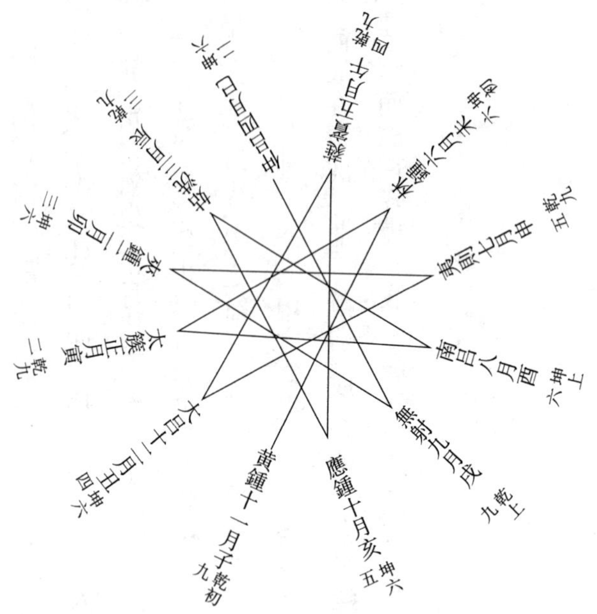

右圖。太玄曰：「黄鍾生林鍾，林鍾生太簇，太簇生南吕，南吕生姑洗，姑洗生應鍾，應鍾生蕤賓，蕤賓生大吕，大吕生夷則，夷則生夾鍾，夾鍾生無射，無射生仲吕。」説者謂陽下生陰，陰上生陽。獨陸績注太玄云：「黄鍾下生林鍾，林鍾上生太簇，太簇下生南吕，南吕上生姑洗，姑洗下生應鍾，應鍾上生蕤賓，蕤賓又上生大吕，大吕下生夷則，夷則上生夾鍾，夾鍾下生無射，無射上生仲吕。」其説謂陽生於子，陰生於午。從子至巳，陽生陰退，故律生吕言下生，吕生律言上生。從午至亥，陰升陽退，故律生吕言上生，吕生律言下生。至午而變，故蕤賓重上生。而績論律吕分寸與司馬遷律書特異，然黄鍾至蕤賓，律生吕者，自左而右，吕生律者，自右而左，蕤賓至仲吕，律生吕者，自右而左，吕生律者，自左而右。云夫六十卦，乾貞於子而左行，坤貞於未而右行，屯貞於丑，間時而左行，蒙貞於寅，間時而右行，泰貞於寅而左行，否貞於申而右行，小過貞於未而右行。七卦錯行，律實效之。黄鍾，乾初九也。大吕，坤六四也。太簇，乾九二也。應鍾，坤六五也。無射，乾上九也。夾鍾，坤六三也。夷則，乾九五也。仲吕，坤六二也。蕤賓，乾九四也。林鍾，坤初六也。初應四，二應五，三應上，故子、丑、寅、亥、卯、戌、辰、酉、巳、申、午、未謂之合聲。司馬遷曰「氣始於冬至，周而復生」，此所謂律數。

六十律相生圖

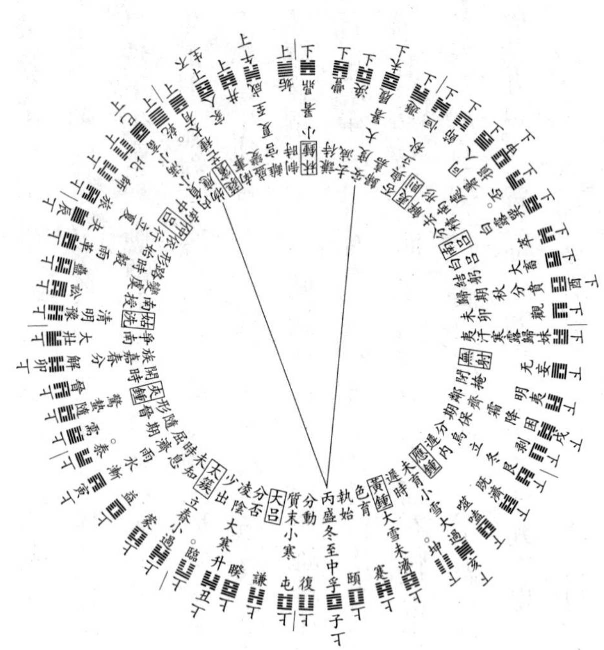

六十律六十卦，自黄鍾左行至于制時爲上生，自林鍾至于遲時爲下生。

右圖。太玄曰：「聲生日，律生辰。」乾鑿度曰：「日十者，五音也。辰十二者，六律也。星二十八者，七宿也。凡五十，所以閡物而出之者。」鄭康成曰：「甲乙，角也。丙丁，徵也。戊己，宫也。庚辛，商也。壬癸，羽也。六律益六吕、十二辰，四七二十八而周天。」觀康成所論，五音本於日，十二律生於辰，其學源於太玄。而子雲則觀大衍之數五十而知之。夫卦有十二消息升降於前後，五日而成六十卦。律有十二〔一〕，一律舍五聲，五聲之變成六十律。冬至之卦，復也，其實起於中孚，七日而後復，應冬至之律黄鍾也，其實生於執始，而執始乃在冬至之前。此律曆之元也，唯子雲知之。今北辰不動，紐爲天樞，而不動之處，其實在紐星之末一度有餘，非善觀天者，孰能知之哉。

〔一〕「二」，原作「一」，十二律乘五聲爲六十律，故改。

十二律通五行八正之氣圖

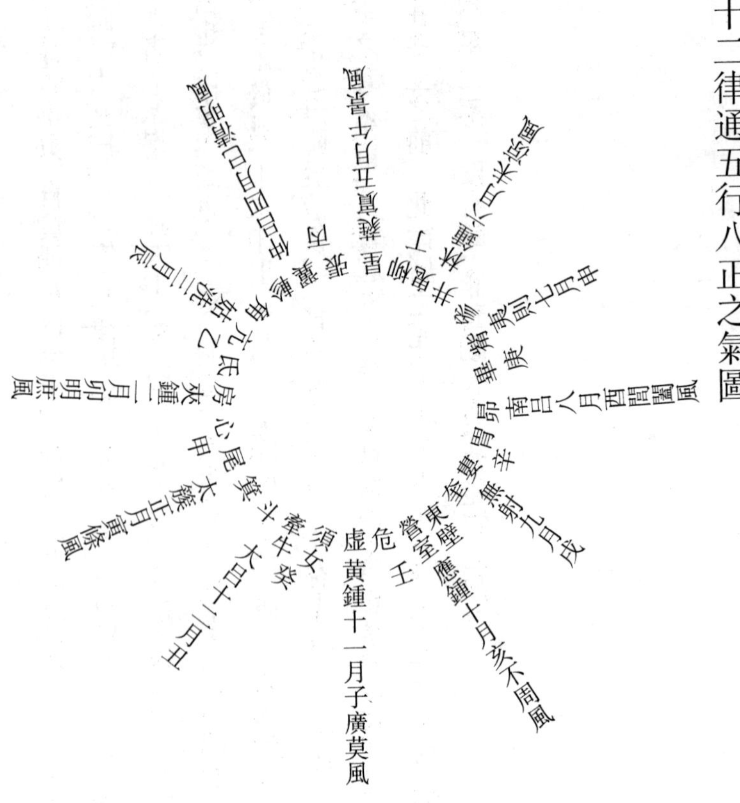

右圖。司馬遷律書論律曆，天所以通五行、八正之氣，其略曰：不周風居西北，東壁居不周風東，至於營室，至於危，十月也，律中應鍾，其於十二子爲亥。廣莫風居北方，東至於虚，東至於須女，十一月也，律中黄鍾，其於十二子爲子，其於十母爲壬、癸。十日爲母，則十二辰爲子。十日爲幹，則十二辰爲支。東至牽牛，東至於建星，建星六星在南斗北。十二月也，律中大吕。條風居東北，南至於箕，正月也，律中太簇，其於十二子爲寅。南至於尾，南至於心，南至於房。明庶風居東方，二月也，律吕夾鍾，其於十二子爲卯，其於十母爲甲、乙。南至於氐，南至於亢，南至於角，三月也，律中姑洗，其於十二子爲辰。清明風居東南維，西之軫，西至於翼，四月也，律中仲吕，其於十二子爲巳。西至于七星，西至于張，西至于注，柳八星，一曰天相，一曰天庫，一曰注。五月也，律中蕤賓。景風居南方，其於十二子爲午，其於十母爲丙、丁，西至於弧。參罰東有大星曰狼，下有四星曰弧。涼風居西南維，六月也，律中林鍾，其於十二子爲未，北至于罰。參爲白虎，三星貞〔一〕是也，爲衡石，下有三星，兑，曰罰。北至于參，七月也，律中夷則，其於十二子爲申。北至于濁，北至于留，律中〔二〕南吕，其於十二子爲酉。閶闔風

〔一〕「貞」，武英殿本史記作「直」。

〔二〕「中」，原作「吕」，據武英殿本史記改。

居西方，其於十母爲庚、辛，北至於胃，北至於婁，北至於奎，徐廣曰：「一作圭。」九月也，律中無射，其於十二子爲戌。太史公所論，即乾鑿度所謂五音六律七變，由此而作。故大衍之數五十，七變言七宿，四七二十八而周天。甲、乙、丙、丁、庚、辛、壬、癸四方，而戊、己當軒轅之宫。京房論大衍五十，謂「十日、十二辰、二十八宿爲五十，其一不用者，天之生氣」，鄭康成謂「天地之數五十有五，以五行氣通，凡五行減五，大衍又減一」，其説皆本於此。

天文圖

虞氏曰：「離艮爲星，離日坎月。」王輔嗣曰：「刚柔交错，天之文也。」

右圖。徐氏云「『天文也』上，脱『剛柔交錯』四字，故彖總而釋之：剛柔交錯，天文也；文明以止，人文也」，王昭素、胡安定皆用此義，石徂徠不然之，曰：「彖解『亨小利有攸往』，中間更無異文，即言『天文』者，言剛柔也者天之文也，天之文即剛柔二氣也，二氣交錯成天之文，『柔來文剛，分剛上而文柔』者，天文也。」臣曰：日爲陽，月爲陰，歲、熒惑、鎮爲陽，太白、辰爲陰，斗魁爲陽，尾爲陰，天南爲陽，北爲陰，東爲陽，西爲陰。日月東行，天西轉，日自牽牛至東井，「分剛上而文柔」也，月自角至壁，「柔來而文剛」也。五星東行，有遲有速，北斗西行，昏明迭建。二十八宿分配五行，各有陰陽，四時隱見，至於中外之宫，無名之星，河漢之精，皆發乎陰陽者也，則「二氣交錯成天之文」信矣。

天道以節氣相交圖

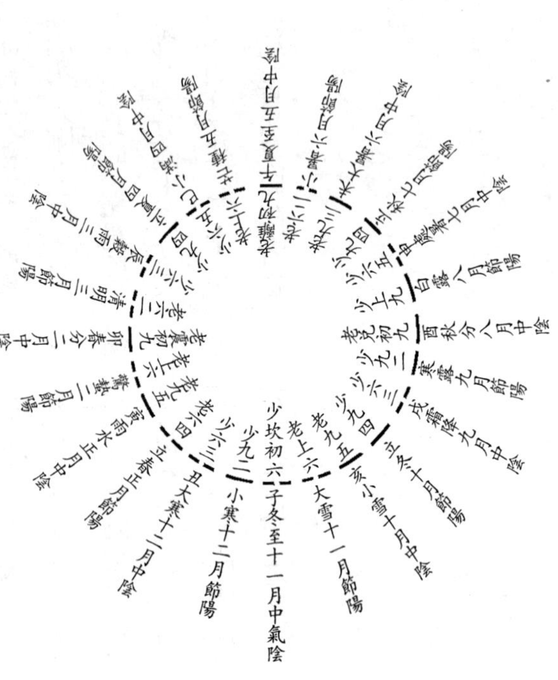

陸希聲曰：「天道以節氣相交，天文也。」

右圖。孔穎達曰：「四月純陽用事，陰在其中，故靡草死。十月純陰用事，陽在其中，故薺菜生。以此爲剛柔交錯，四時之變。」石徂徠謂：「政道失於下，陰陽之氣差忒於上，則天文乖錯。」臣曰：二者皆是也，故採虞、陸二家之學以兼明之。

斗建乾坤終始圖

太玄〔一〕曰：「斗之南也，左行而右旋。」

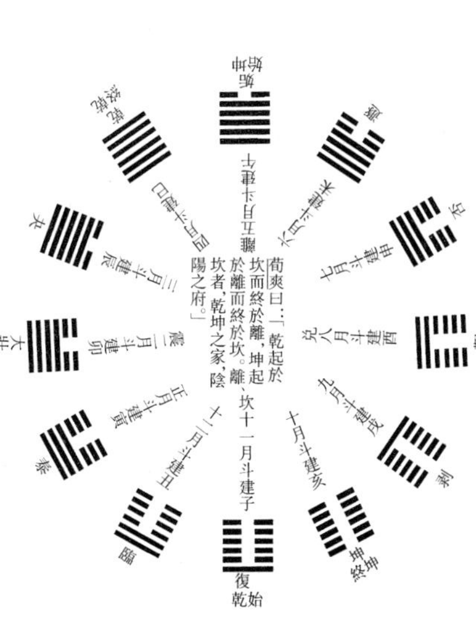

天地革而四時成。

〔一〕「玄」，原避諱作「元」，故回改，下均同。

日行十二位圖

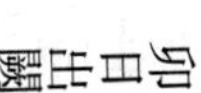

一午日中王
十未日昳臺
九申晡時僕
八酉日入僚
七戌黄昏隸
六亥人定輿
五子夜半皁
四丑雞鳴士
三寅平旦卿
卯日出闕
二辰食時公

右圖。楚丘曰：「明夷，日也。日之數十，故有十時，亦當十位，自王已下，其二爲公，其三爲卿。日上其中，食日爲二，旦日爲三。」杜預曰：「日中當王，食時當公，平旦爲卿，雞鳴爲士，夜半爲皁，人定爲輿，黄昏爲隸，日入爲僚，晡時爲僕，日昳爲臺。隅中、日出，闕不在第，尊王公也。」夫日右行，經天成十二位，子者，乾之始也，而終於巳，午者，坤之始也，而終於亥，故曰「大明終始，六位時成」。

卜楚丘所推十日，蓋如一月五卦，辟卦當五，以初爲諸侯，二爲大夫，三爲卿，四爲公也。又卦有六位，一元士，二大夫，三諸侯，四卿，五天子，六宗廟。易之用於卜筮，其術多矣。

日行二十八舍圖

太玄曰："日之南也，右行而左旋。"

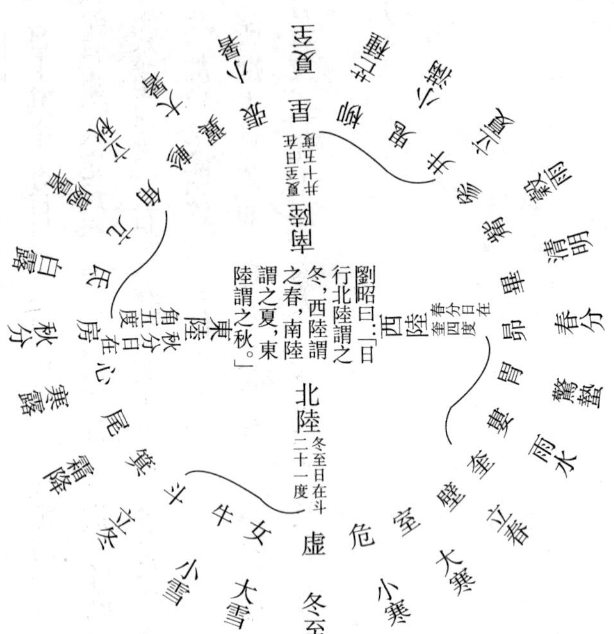

右圖。斗左行建十二次，日右行周二十八舍，則乾坤終而復始。子、寅、辰、午、申、戌，陽也，乾之六位。未、巳、卯、丑、亥、酉，陰也，坤之六位。位之升降不違其時，故曰「大明終始，六位時成」。太玄之序曰：「盛哉日乎，炳明離章，五色淳光。夜則測陰，晝則測陽，晝夜之測，或否或臧。陽推五福以類升，陰幽六極以類降。升降相關，大貞乃通。經則有南有北，緯則有西有東。巡承六甲，與斗相逢，曆以記歲，而百穀時雍。」所謂晝夜升降，經緯六甲，則「大明終始，六位時成」也。甲子、甲寅、甲辰、甲午、甲申、甲戌，謂之六甲。「大貞乃通」者，亨也。太玄明曆，故舉六甲。

北辰左行圖 九宮數即卦數。

七兌少女

六乾父

九離中女　五中央　一坎中男

陰起於午　陽起於子

四巽長女

三震長男

右九宮數者，乾鑿度曰「太一取其數從行九宮，四正、四維皆於十五」。鄭康成曰：「太一，北辰之神也。居其所曰太一〔一〕，常行於八卦日辰之間曰天〔二〕一。或曰太一出入

〔一〕「一」，原闕，據武英殿本乾鑿度鄭注補。

〔二〕「天」，原作「太」，據武英殿本乾鑿度鄭注改。

所由〔一〕，息紫宫之外，其星因以爲名。太一下行九宫，猶天子巡狩省方之事，每四乃還於中央。中央者，天地之所。太一以陽出，以陰入，陽起於子，陰起於午，是以太一下行九宫從坎始。坎，中男也。自此而從於坤宫，坤，母也。又自此而從於震宫，震，長男也。又自此而從於巽宫，巽，長女也。所行半矣，還自息於中央。既又自此而從乾宫，乾，父也。自此而從兑宫，兑，少女也。又自此而從於艮宫，艮，少男也。又自此而從於離宫，離，中女也。行則周於上下所由，息於太一、天一之星。而紫宫始於坎，終於離，且出從中男，入從中女，亦因陰陽男女之偶爲終始云。」臣曰：所謂太一，取其數從行九宫者，七、九、六、八之數也。一與八爲九，一與六爲七，三與四爲七，七與二爲九，陽變七爲九，陰變八之六，七與八爲十五，九與六爲十五，故曰「四正、四維皆於十五」。

〔一〕「由」，武英殿本乾鑿度鄭注作「游」，下同。

乾坤六位圖

乾六位

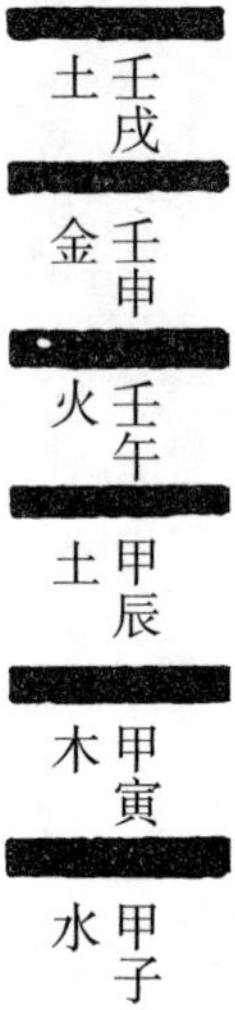

壬戌 土
壬申 金
壬午 火
甲辰 土
甲寅 木
甲子 水

坤六位

癸酉 金
癸亥 水
癸丑 土
乙卯 木
乙巳 火
乙未 上

震坎艮六位圖

震六位

庚戌 土
庚申 金
庚午 火
庚辰 土
庚寅 水
庚子 水

坎六位

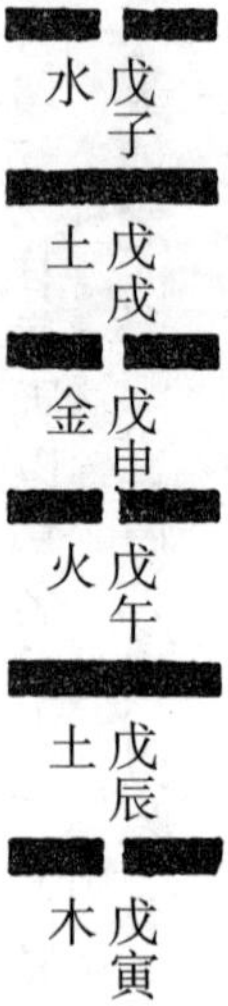

戊子 水
戊戌 土
戊申 金
戊午 火
戊辰 土
戊寅 木

巽離兑六位圖

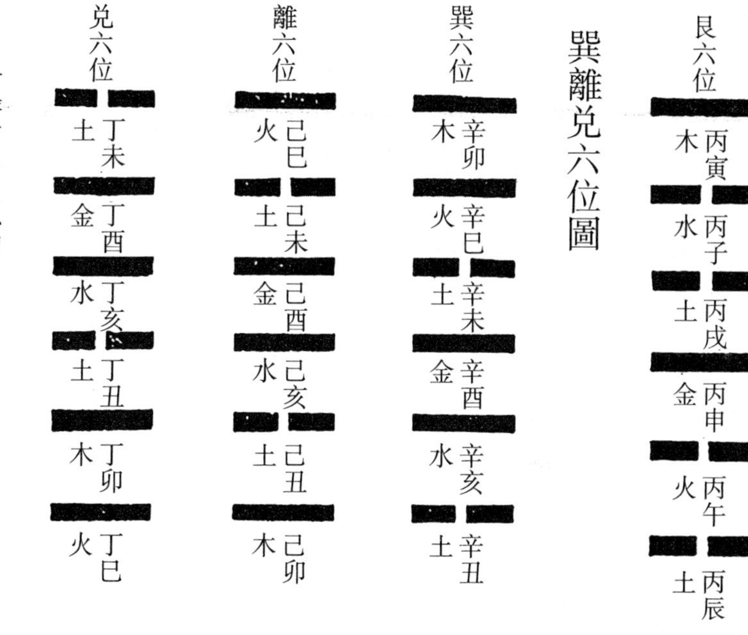
艮六位
木 丙寅
水 丙子
土 丙戌
金 丙申
火 丙午
土 丙辰
巽六位
木 辛卯
火 辛巳
土 辛未
金 辛酉
水 辛亥
土 辛丑
離六位
火 己巳
土 己未
金 己酉
水 己亥
土 己丑
木 己卯
兑六位
土 丁未
金 丁酉
水 丁亥
土 丁丑
木 丁卯
火 丁巳

右圖。京氏曰：「降五行，頒六位。」陸績曰：「十二辰分六位，升降以時，消息吉凶。」又曰：「天六，地六，氣六，象六。」天乾交坤而生震、坎、艮，故自子順行，震自子至戌六位，長子代父也，坎自寅至子六位，中男也，艮自辰至寅六位，少男也。坤交乾而生巽、離、兑，故自丑逆行，巽自丑至卯六位，配長男也，離自卯至巳六位，配中男也，兑自巳至未六位，配少男也。女，從人者也，故其位不起於未。易於乾卦言「大明終始，六位時成」，則七卦可以類推。

消息卦圖

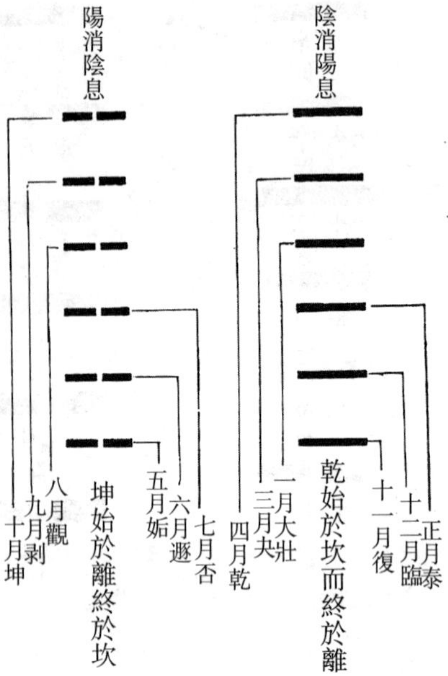

陰消陽息

正月泰
十二月臨
十一月復
乾始於坎而終於離
二月大壯
三月夬
四月乾

陽消陰息

七月否
六月遯
五月姤
坤始於離終於坎
八月觀
九月剥
十月坤

右圖。剥之象曰「柔變剛也」，純乾之卦而柔變之，一變爲姤，二變爲遯，三變爲否，四變爲觀，五變爲剥，此變卦見於易者也。陰陽升降，變而爲六十四。

周易卦圖卷中

周易卦圖卷下

日月納甲圖

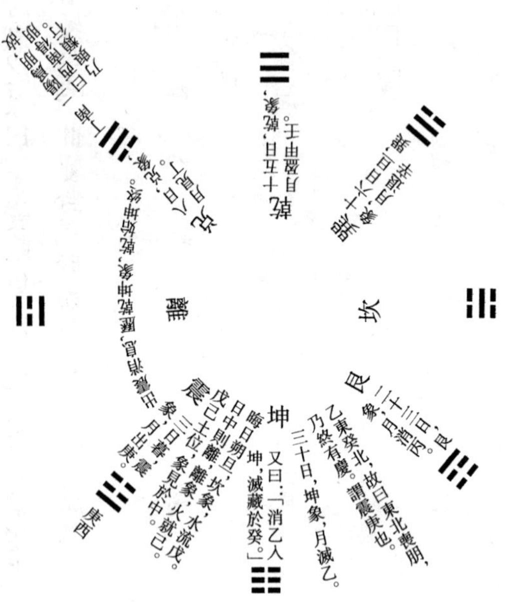

納甲何也？曰：舉甲以該十日也。乾納甲、壬，坤納乙、癸，震、巽納庚、辛，坎、離納戊、己，艮、兑納丙、丁，皆自下生。聖人仰觀日月之運，配之以坎、離之象，而八卦、十日之義著矣。

右圖納甲。繫辭曰「懸象著明莫大於日月」，虞曰「謂日月懸天成八卦象。三日暮，震象，月出庚。八日，兑象，月見丁。十五日，乾象，月盈甲、壬。十六〔一〕日旦，巽象，月退辛。二十三日，艮象，月消丙。三十日，坤象，月滅乙。晦夕、朔旦，則坎象，水流戊。日中則離，離象，火就己。成戊、己土位，象見於中，日月相推而明生焉」。坤彖曰「西南得朋，東北喪朋」，虞曰「陽喪滅坤，坤終復生」，此指説易道陰陽之大要也，又曰「消乙入坤，滅藏於癸」。

〔一〕「六」，皇清經解本周易虞氏義作「七」。

天壬地癸會於北方圖

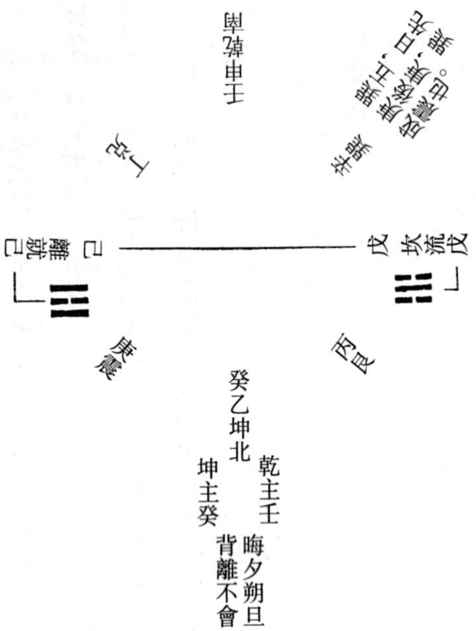

坎流戊
戊
離就己
己
丙艮
庚震
丁兌
壬乾甲
辛巽
癸乙坤北
乾主壬
坤主癸
晦夕朔旦
背離不會

右圖。坎，坤體，離，乾體，乾坤壬癸會于北方。乾以陽交坤而成坎，所謂流戊也。坤以陰交乾而生離，所謂就己也。戊，陽，土也，乾之中畫[一]也。己，陰，土也，坤之中畫也。

〔一〕「畫」，原作「盡」，據四庫本改，下同。

陽爲實，故月中有物。陰爲虛而白，故自正中則成白晝。日月十二會，不會則光明息矣。

乾甲

初變成乾，乾爲甲。
至二成離，離爲日，賁時也。
變三至四體離。
至五成乾，无妄時也。

右圖。蠱彖曰：「先甲三日，後甲三日，終則有始，天行也。」虞曰：「謂初變成乾，乾爲甲，至二成離，離爲日。乾三爻在前，故『先甲三日』，賁時也。變三至四體離，至五成乾，乾三爻在後，故『後甲三日』，无妄時也。易出震消息，歷乾坤象，乾爲始，坤爲終，故『終則有始』。乾爲天，震爲行，故『天行也』。」

震庚 所謂坤成於庚。

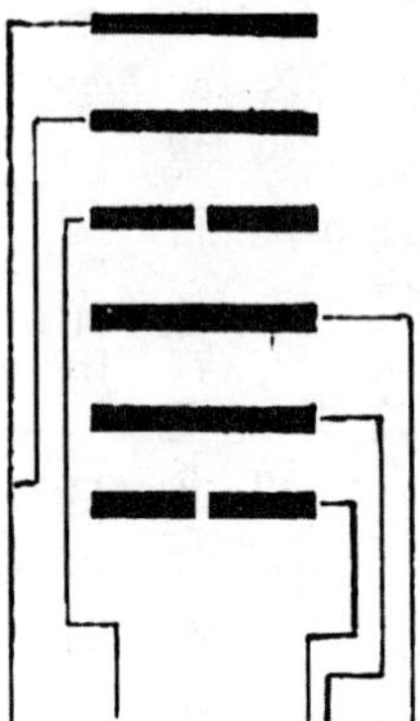

至三成震，震主庚，成風雷，益。

變初至二成離，離爲日。

動四至五成離。

終上成震。

右圖。巽九五：「貞吉悔亡，无不利，无初有終，先庚三日，後庚三日，吉。」虞曰：「震庚也，謂變初至二成離，至三成震，震主庚，離爲日，震三爻在前，故『先庚三日』，謂益時也。動四至五成離，終上成震，震三爻在後，故『後庚三日』也。巽初失正，終變成震得位，故『无初有終』，吉。震究爲蕃鮮，白爲巽也，巽究爲躁卦，謂震也。」又曰：「乾成於甲，坤成於庚，陰陽天地之終始，故經舉甲、庚於蠱彖、巽五也。」

天之運行圖

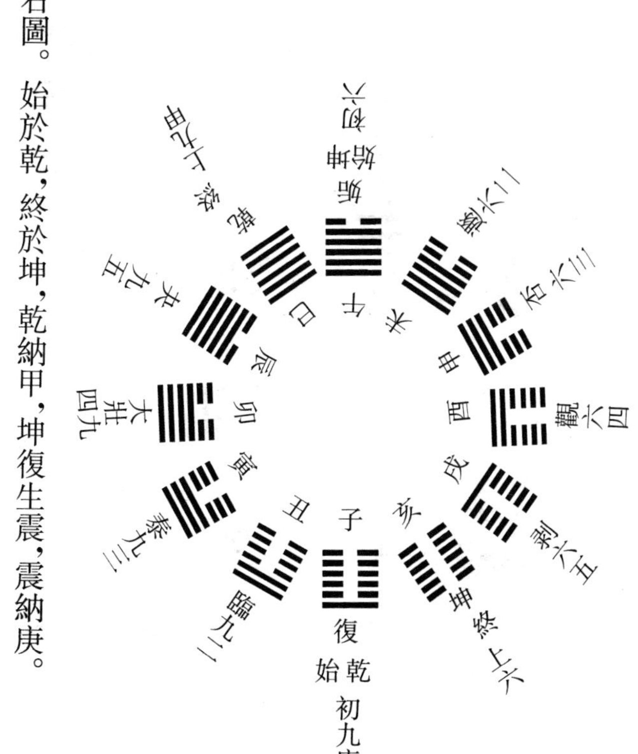

右圖。始於乾，終於坤，乾納甲，坤復生震，震納庚。

月之盈虛圖

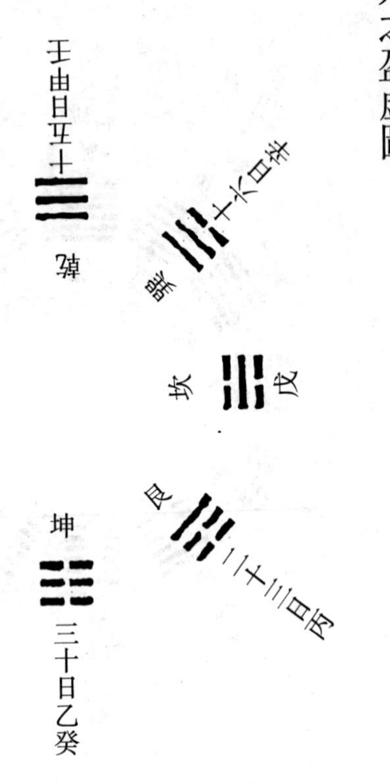

右圖。月三日成震，震納庚，十五日成乾，乾納甲，三十日成坤，滅藏於癸而復出震。

日之出入圖

右圖。春分旦出於甲，秋分暮入於庚。

虞氏義

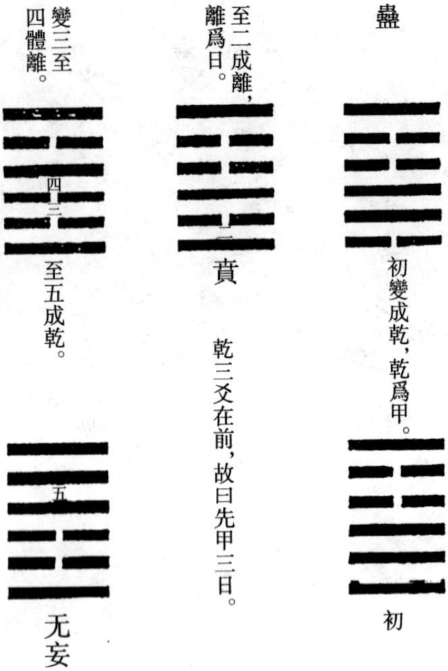

蠱

初變成乾，乾爲甲。

初

至二成離，離爲日。

二

賁

乾三爻在前，故曰先甲三日。

變三至四體離。

四

三

至五成乾。

五

无妄

右虞氏義圖，説與乾甲圖説同。

乾六爻圖

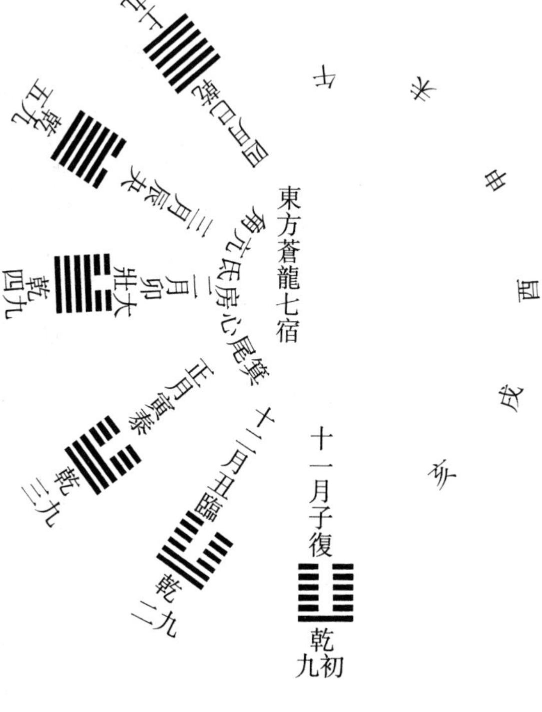

東方蒼龍七宿
角亢氐房心尾箕
十一月子復 乾初九
十二月丑臨 乾九二
正月寅泰 乾九三
二月卯大壯 乾九四
三月辰夬 乾九五
四月巳乾 乾上九

右圖乾六爻。震爲龍，而乾之六爻爲龍，何也？曰：奮乎重陰之下者，震之動也。潛升以時，其用不窮者，乾之健也。乾者，息震而成也。天文東方之宿，蒼龍之象，其角在辰，其尾在寅。震者，卯也，乾始於子，成於巳，故陽復於十一月者，乾之初九也，亦震也，說卦震曰「其究爲健」。玄之中，冬至之氣，象中孚也，其次三木也，東方也，故曰「龍出于中，首尾信，可以爲庸」。玄文曰「龍出乎中」，何爲也？曰：龍德始著者也，陰不極則陽不生，亂不極則德不形，所謂陰極生陽，則乾之初九也。

坤初六圖

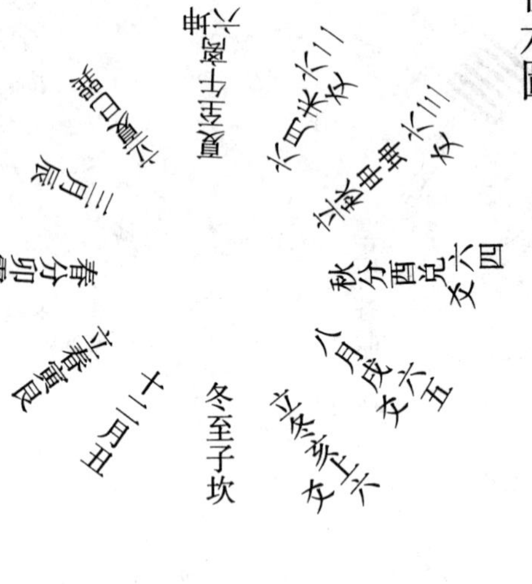

右圖坤初六。乾爲寒、爲冰，何也？曰：坤，坎之交乎乾也。露者，坤土之氣也。至于九月，坤交乎乾，白露爲霜，故霜降爲九月之候。冰，寒水也，乾交乎坎也。乾位在亥，坎位在子。大雪者，十一月之節，玄之難，大雪也，其辭曰「陰氣方難，水凝地坼，陽弱於淵」。夫坤之初六，五月之氣，姤卦也，是時豈唯无冰，而露亦未凝，何以言「履霜堅冰至」？曰：一陰之生，始凝於下，驗之於物，井中之泉已寒矣，積而不已，至于坤之上六，則露結爲霜，水寒成冰。是以君子觀其所履之微陰，而知冰霜之漸。乾爲金也，故霜肅殺而冰堅强。

坤上六天地玄黃圖

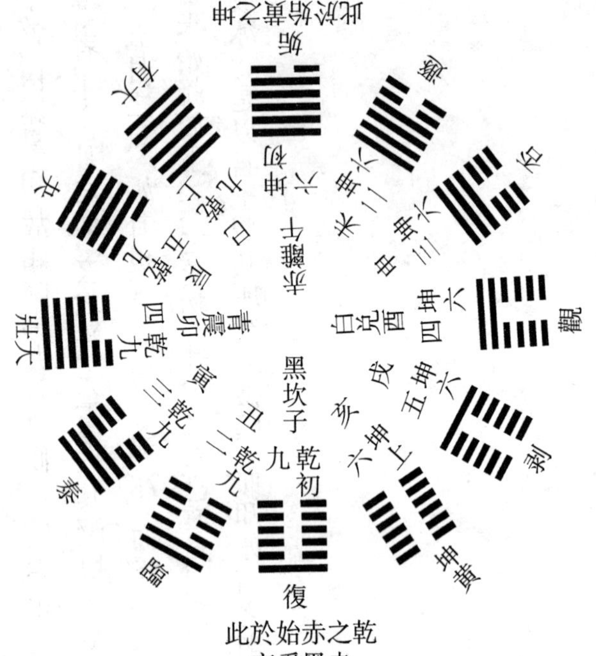
坤之黃始於此
始
遯
否
姤
觀
剝
坤
夬
乾
大壯
泰
臨
復
乾初九
黑坎子
丑二乾九
寅三乾九
青震卯
四乾九
辰五乾九
巳上乾九
赤離午
坤初六未
申二坤六
白兌酉
四坤六
戌五坤六
亥上坤六
此於始赤之乾
玄爲黑赤

右圖。消息之卦，坤始於午，至亥而成，陰之極也，道之窮也。乾，西北方之卦也。乾坤合居，陰凝於陽，爲其兼於陽也，故稱龍焉。古文周易曰：「爲其兼於陽也。」木剛則利，水凝則堅，陰凝於陽則必戰。侯果謂陰盛似龍，非也。震爲玄黄，何也？曰：以坤滅乾，坤終生陽，震，陽也。

天玄地黄，何也？曰：乾言其始，坤言其終也。坎爲黑，乾之初九始於坎，息而至巳，午爲火，大赤也，坎，黑也，赤黑爲玄。坤之初六始於離，離之中爻，坤也，息而至亥，成坤。故十一月陽氣潛萌於黄宫，黄宫者，乾始於坤也。坤之上六陰陽交戰，坤終而乾始，故曰玄黄。震者，乾始也。太玄謂十月之氣曰「深合黄純，廣含群生」，又曰「冬至及夜半以後者，近玄之象也」，冬至、夜半，子也，坎也，乾之始也。青、赤謂之文，乾、坤相錯也。赤、白謂之章，坤終乾也，纁者，坤始於離也。

乾用九坤用六圖

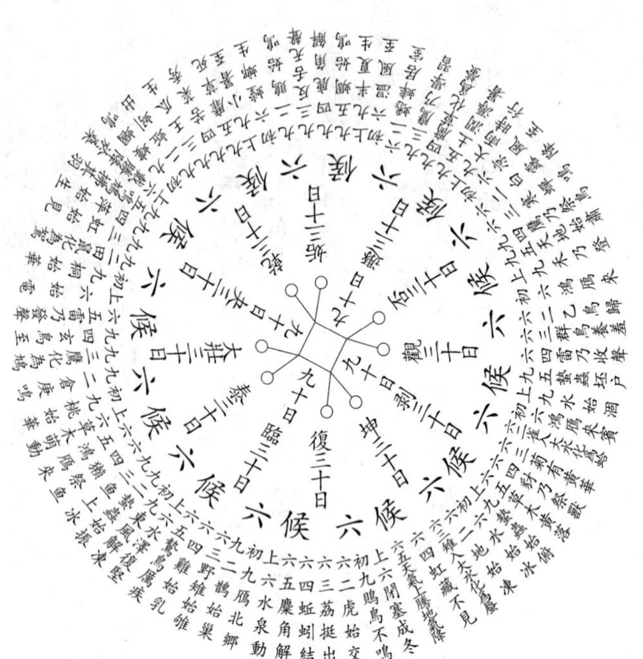

右。九、六者，陰陽之變也，陽至九而變，陰至六而變，九變則六，六變則九。陰陽合德，九、六相用，乾、坤未始離也。天之運行，自復九十日至於泰之上六，自大壯九十日至於乾之上九，自姤九十日至於否之上九，自觀九十日至於坤之上六，成三百六十日。爲陽候者三十有六者，九也；爲陰候者三十有六者，六也。積十有二月而七十二候。九、六之變，循環無窮，是以乾用九其策亦九，坤用六其策亦六。太玄，明乾坤之用者也，故天玄三曰中、羨、從，地玄三曰更、睟、廓，人玄三曰減、沈、成。首各有九，九九八十一，始於冬至，終於大雪，陰陽相合，周流九變。

坎離天地之中圖

乾

坤二五之乾

兑

巽

離

坤

乾二五之坤

艮

震

坎

右圖坎離天地之中。乾、坤，鬼神也。坎、離，日月水火也。艮、兑，山澤也。震、巽，風雷也。坎、離、震、兑，四時也。坎、離，天地之中也。聖人得天地之中，則能與天地、日月、四時、鬼神合。「先天而天弗違」，聖人即天地也。「後天而奉天時」，天地即聖人也。聖人與天地爲一，是以「作而萬物覩」。「同聲相應」，震、巽是也。「同氣相求」，艮、兑是也。「水流濕，火就燥」，坎、離是也。「雲從龍，風從虎」，有生有形，各從其類，自然而已。

臨八月有凶圖剛浸而長。

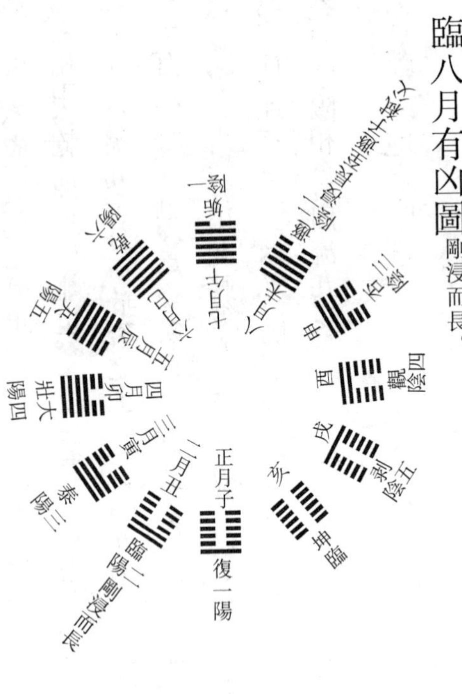

右。先儒論八月不同，孔穎達從建丑至建申，褚氏從建寅至建酉，何氏、王昭素、胡旦從建子至建未。考陰陽消息之理，二陽生則剛長，二陰生則柔長。剛長則君子之道息，小人之道消；柔長則君子之道消，小人之道息。易舉消息之理，以明吉凶之道。以建子至建未爲正。

論臨至於八月有凶

鄭康成、虞翻以八月爲遯，荀爽、蜀才以八月爲否，當從鄭、虞。文王繫卦辭，周月始建子，臨，丑月卦也，自子數之爲二月，至於未爲八月，遯，未月卦也。劉牧曰「遯之六二消臨之九二」，又卦略曰「臨剛長則柔危，遯柔長故剛遯〔一〕」，易傳亦然。

〔一〕此二句，原作「臨剛長則柔微柔長故遯」，據四部叢刊景宋本周易注改。

復七日來復圖

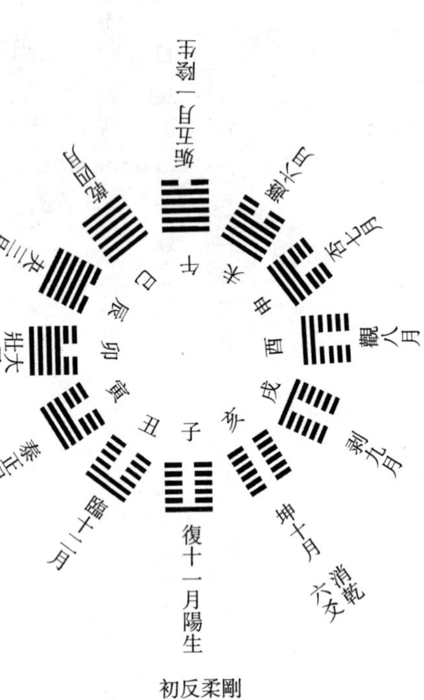

右圖七日來復。子夏曰：「極六位而反於坤，之復，其數七日，其物陽也。」京房曰：「六爻反復之稱。」陸績曰：「六陽涉六陰，又下七爻在初，故稱七日，日亦陽也。」虞翻曰：「消乾六爻爲六日，剛來反初。」蓋先儒舊傳，自子夏、京房、陸績、虞翻皆以陽涉六陰，極而

反初，爲七日。至王昭素乃始暢其説曰：「乾有六陽，坤有六陰。一陰自五月而生，屬坤，陰道始進，陽道漸消。九月一陽在上，衆陰剥物，至十月則六陰數極。十一月一陽復生，自剥至十一月，隔坤之六陰，陰數既六，過六而七，則位屬陽。」以此知過坤六位，即六日之象也，至於復爲七日之象。是以安定曰「凡歷七爻，以一爻爲一日，故謂之七日」，伊川「四七變而爲復，故云七日」，蘇子曰「坤與初九爲七」，其實皆源於子、午。夫陽生於子，陰生於午，自午至子，七而必復，乾坤消息之理也。故以一日言之，自午時至夜半復得子時；以一年言之，自五月至十一月復得子月；以一月言之，自午日凡七日復得子日；以一紀言之，自午歲凡七歲復得子歲。天道運行，其數自爾。合之爲一紀，分之爲一歲、一月、一日，莫不皆然。故六十卦當三百六十日，而兩卦相去皆以七日。且卦有以爻爲歲者，有以爻爲月者，有以爻爲日者。以復言「七日來復」者，明卦氣也。陸希聲謂「聖人言『七日來復』，爲曆數之微明」，是也。以消息言之，自立冬十月節至大雪十一月節，坤至復卦，凡歷七爻。以卦氣言之，自冬至十一月中氣，卦起中孚至復卦，凡歷七日。聖人觀天道之行，反復不過七日，故曰「七日來復」。象曰「七日來復，天行也」，王輔嗣曰「復不可遠也」，夫天道如是，復道豈可遠乎？豈惟不可遠，亦不能遠矣。

諸儒七日來復義

「七日來復」，彖曰「七日來復，天行也」。王輔嗣云：「陽氣剥盡，至來復時凡七日，以天之行，反復不過七日，復之不可遠也。」孔穎達曰：「陽氣始剥盡，謂陽氣始於剥盡之後，至於反復，凡經七日。案易稽覽圖云『卦氣起中孚』，故坎、離、震、兑各主一方，其餘六十卦，卦有六爻，别主一日，凡主三百六十日，餘有五日四分日之一者，每日分爲八十分，五日分爲四百分，四分〔一〕日之一又分爲二十分，是四百二十分。六十卦分之，六七四十二，卦别各得七分，每卦得六日七分也。剥卦，陽氣之盡，在於九月之末。十月當純坤用事，坤卦有六日七分，坤卦之盡則復卦陽來，是從剥盡至陽氣來復，隔坤之一卦，六日七分，舉成數言之，故輔嗣言凡七日也。」兩漢諸儒傳經皆用六日七分之説，故孔穎達述而明之，輔嗣論其大意而已。

至國朝王昭素、王洙、宋咸，始著論駁之。胡旦明其不然，今録其語而彌縫其闕云。王

〔一〕「四分」，原脱，據四部叢刊景宋本周易注補。

昭素曰：「注、疏並違夫子之義。序卦云物不可以終盡剥，窮上反下，故受之以復，以此知不剥盡也。況剥上九有一陽，取碩果之象，碩果則不剥盡矣。坤爲十月卦，十月純陰用事，猶有陽氣在内，故薺麥先生。直至坤卦之末，尚有龍戰之象，龍亦陽也。假使運有剥喪之時，則商王受剥喪元良，賊虐諫輔，乃億兆夷人，離心離德。當此之時，豈無西伯之聖德，箕子之賢良乎？則知陽氣必無剥盡之理。況陰陽者，剛柔迭用，變化日新，生生所資，永無盡矣。」

胡旦難昭素曰：「夫積陽則萎，凝水則載，男老則弱，女壯則雄，故靡草死於始夏，薺麥生於孟冬，數已盡而氣存，時已極而物反，天地之常理，陰陽之本性。陰之極有龍戰之災，故剥盡則復窮上反下，皆正理也。言窮者，剥之盡也。言反者，復之初也。何知西伯、箕子非剥喪之人哉？昭素未之辯也。」臣曰：陰剥陽盡而成坤，陰極陽反而成復，天之行也。以時言之，九月剥，十月坤，十一月復。以理言之，陽無剥盡之理，故坤之上六龍戰于野，爲其嫌於无陽也。上六則十月也，説卦曰「乾，西北方之卦也」，西北方亦十月也。序卦曰「物不可以終盡剥，窮上反下，故受之以復」，非特此也。五月一陰生，其卦爲姤，積而成坤，故坤下有伏乾。十一月一陽生，其卦爲復，積而成乾，故乾下有伏坤。反復相明，以見生生无窮之意。蓋書不盡言，言不盡意，天地陰陽不可以一言盡故也。王、胡達序卦之義，而未盡夫説卦變卦之妙，是以其論如此，然各有所長，不可掩也。

王昭素曰：「注云至來復時凡七日，注用凡字取七日之義，即約酌而已。然未見指歸也。疏引易緯：『六日七分，以十月純陰用事，有六日七分，坤卦之盡，則復卦陽來。』疏文此説未甚雅當。其六日七分，是六十四卦分配一歲之中時日之數，今復卦是乾、坤二卦陰陽反復之義，疏若實用六日七分以爲坤卦之盡、復卦陽來，則十月之節終，則一陽便來也，不得到冬至之日矣。據其節終尚去冬至十五日，則知七日之義難用易緯之數矣。」

今論七日者不離乾、坤二卦，天地陰陽之理。乾坤者，造化之本。乾有六陽，坤有六陰。自建子而一陽生，至巳統屬於乾；自建午而一陰生，至亥統屬於坤。

胡旦難昭素曰：「西漢京房以卦氣言事，皆有效驗，東漢郎顗明六日七分之學，最爲精妙。夫卦之爻則實數也，歲之日則虚數也。歲月不盡之數，積而爲閏，則加算焉。六日七分，實數也，三百六十五日有餘焉，故算而爲閏。昭素言從十月終至冬至尚有十五日，未明歲月之積閏，術數之精妙也。惜乎緯文喪失，京郎已亡，學者難知，但憑臆説，後生穿鑿，罕得師資，是以紛然而致論也。」臣曰：昭素知九月剥，十月坤，十一月復，而不知此言其大綱耳。坎、離、震、兑各主一方，六十卦分主一歲。卦有六爻，爻主一日，凡三百六十日餘五日四分日之一，又分於六十卦，每卦六日七分。氣之進退，推盪而成。如九月剥也，有艮，有既濟，有噬嗑，有大過，凡五卦，而後成坤。十月坤也，有未濟，有蹇，有頤，有中孚，凡五卦，而後成復。説卦言「坎，北方之卦也」，「震，東方之卦也」，「離，南方之卦也」，「兑，正秋也」，於三卦言方，則知坎、離、震、兑各主一方矣，於兑言正秋者，秋分也，兑言秋分，則震春分、坎冬至、離夏至爲四正矣。復大象曰「先王以至日閉關」，所謂「至日」者，冬至也。於復言冬至日，則姤爲夏至，而十二月消息之卦可知矣。復彖曰「七日來復」，則六十卦分主一歲，卦有六爻，爻主一日可知矣。繫辭曰「三百八十四爻，當期之日」，蓋六十卦當三百六十日，四卦主十二節、十二中氣，所餘五日則積分成閏也。大綱而言，則剥九月，坤十月，復十一月，故京房曰「剥、復相去三十日」。别而言之，復主冬至，冬至中氣起於中孚，自中孚之後，七日而復，故曰「七日來復」。譬如辰爲天樞，而不動之處猶在極星之下，聖人之言居其所者曰北辰，而占天者必曰極星之下，詳略異也。歷代先儒，唯玄能得其旨，故玄一中、二羡、三從、四更、五睟、六廓、七減、八沉、九成。中者，象中孚之卦。冬至之節，日起牛宿一度，斗建子，律中黄鐘，夏后氏之十一月也。其入牛宿之五度爲周，周者，象復卦冬至之後，周，復也，宋衷、陸績曰易「七日來復」是也。夫京房學於焦贛，其説則源於易矣。自揚子雲、馬融、鄭康成、宋衷、虞翻、陸績、范望並傳此學，而昭素非之，奈何。

王洙曰：「孔穎達雖據稽覽圖以釋王傳，而易緯消息之術，月有五卦，卦有大小，有諸侯，有大夫，有卿，有公，有辟，五卦分爻，迭主一日，周而復始，終月而既，不連主七日，則是剥盡至復，全隔一月。恐王傳之旨不在此義也。當以七爲陽數，陰陽消復，不過七日，天道之常也。凡消息，據陽而言之，陽尊陰卑也。」臣難王洙曰：「輔嗣之意，謂陽爲陰剥，其氣始盡，至於陽氣來復之時，凡七日而已。何故如是？以天道之行，反復不過七日，復之不可遠也。蓋本於天矣。穎達以易消息之術考之，月有五卦，五卦分爻，迭主一日，周而復始，終月而既，以成一歲，其六十卦之相去不過七日，陰陽消復，天道之常，則輔嗣所謂復之不可遠也，其言驗矣。孰謂王傳之旨不在此哉？」

宋咸曰：「卦氣起中孚，如何？」曰：「京房、郎顗、關子明輩假易之名以行其壬遁卜祝、陰陽術數之學，聖人之旨則無有焉。嗚呼，好怪之甚也！文王、周公、仲尼悉以陰陽、剛柔、進退、消長、得失、存亡之象爲之教云爾，又何以是卦直是月，是爻直是月云云之爲乎？夫卦氣何不起於他卦，而獨起於中孚乎？」臣難咸曰：「六壬，推日月行度，參以時日，得易之坎、離者也。遁甲、九宮、八門，得易之河圖者也。壬遁得易之一端，而不盡易之道，散而爲陰陽術數之學，易亦何往而非陰陽哉？故曰『易以道陰陽』，又曰『立天之道陰與陽，立地之道柔與剛』。聖人推陰陽、剛柔、進退、消長之理，爲得失、存亡之象，其道一歸於仁義，而未始不原於天地。咸信進退、消長，而不信消息之卦，是終日數十而不知二五也。又謂諸儒假壬遁言易學，以籠天下，不知壬遁實出於易，言易者亦何假壬遁哉？咸謂易書所不及者，爲聖人之旨无有焉，且如河圖、洛書，見於繫辭，而河圖四十五、洛書五十之數，傳於異人，安得以爲聖人之旨无有哉？中孚，十一月之卦也。以歲言之，陽始於冬至；以曆言之，日始於牽牛；以日言之，晝始於夜半；以人言之，慮始於心思。咸謂何不起於他卦，真不知者也。且不信直卦，則陽生爲復，陰生爲姤，臨至于八月有凶，八月不知果何月也。夫善味者別淄、澠之水，善聽者知要妙之音，善視者察秋毫之末。咸讀易疏，惡易緯之學，而並廢消息之卦，豈得爲善觀書者乎？」

劉遵曰：「天行纏次有十二，陰行其六，陽行其六，當於陰六，陽失位，至於七，則陽復本位，此周天十二次，環轉反復，其數如此，施之於年、月、日、時並同。故一日之中，七時而復；一月之中，七日而復；一年之中，七月而復；一紀之中，七歲而復。今云七日者，取其中而言，則時、月、年從可知也。」

胡旦難劉遵曰："一日之中，從夜半至日中；一年之中，從建子至建午。言其復也，亦以陰陽之數也。若一月之中七日，一紀之中七年，則未知陰陽之復如何也。若天之十二次，環轉反復，周而无窮，則未聞從玄枵至星紀，何者爲陰，何者爲陽？以寅、卯、子、丑言之，則天之十二辰也，其以子爲陽，丑爲陽耶？左轉之也，與天戾矣。劉遵之論妄也。"臣曰："遵論陰陽運行之數，得天道之行七日必復之理，但不本於乾坤二卦消息之象以論之，是以其言近乎漫漶。要之亦有所長，未可斥之以爲妄也。夫陽生於子，陰生於午，自午至子，七而必復。以一日言之，自午時至夜半而復得子時。自一年言之，自五月至十二月而復得子月。以一月言之，自午日凡七日而復得子日。以一紀言之，自午歲凡七歲而復得子歲。天道運行，其數如此，合之爲一紀，分之爲一歲、一月、一日，莫不皆然。故六十卦當三百六十日，而兩卦相去皆以七日。聖人所以存其七日來復於復卦者，明卦氣也。陸希聲謂『聖人言七日來復，爲曆數之微明』，是也。"

王洙曰："凡陰息則陽消，自五月至十一月，其日之歷，行天七舍，而陽氣乃復，故云七日來復。復初體震，震居少陽，其數七，復則君子道長，因慶之也，慶在乎始，其言速，故稱日，取乎日行一舍也。"臣難王洙曰："周天三百六十五度，二十八舍，日行一度爲一日行一舍，與月合朔爲一月。洙取日行一舍故稱日，蓋用褚氏、莊氏變月言日者，欲見陽長欲速，大同而小異。要之日行七舍，自是七月，安有變月言日之理。且如詩言一之日、二之日，止是省文，蓋言十一月之日、十二月之日也。」

王昭素曰：「乾有六陽，坤有六陰。一陰自五月而生，屬坤，陰道始進，陽道漸消。九月雖有一陽在上，无奈衆陰之剥物也。至十月則六陰數極，十一月一陽復生。自剥至十一月，隔坤之六陰，六陰盛時，一陽自然息迹。陰數既六，過六而七，則位屬陽。以此知過坤六位即六日之象，至於復爲七日之象矣。」

胡旦難昭素曰：「易緯以剥卦陽氣之盡在九月之末，十月純坤用事，隔坤一卦，六日七分，陽氣來復。昭素以五月一陰生，至九月雖有一陽，無奈衆陰之剥物，至十月六陰數極，十一月一陽復生，此則謂昆爲兄，竊褚、莊之美爲己力者也。」臣曰：昭素雖掠褚、莊之美，其論乾坤消息，陰陽六位，周而復始，得易之象。虞翻、陸績推六十卦，以解太玄八十一首，於中言象中孚，於周言象復，是於六日七分卦氣之學既篤信之矣。而翻注「七日來復」曰「消乾六爻爲六日，剛來反初，七日來復，天行也」，績注京房易傳曰「六陽涉六陰反下，七爻在初，故稱七日，日亦陽也」。豈唯虞、陸之學如此？論六十卦者，京房也，而房作復傳曰「七日來復，六爻反復之稱。蓋天地之間，有是理則有是象，有是象則有是術，其致一也」。故子夏曰：「極六位而反於坤之復，其數七日，其物陽也。」安定曰：「凡歷七爻，以一爻爲一日，故謂之七日。」伊川曰：「七變而爲復，故云七日。」蘇氏曰：「坤與初九爲七，皆言七日之象也，易之爲術，深遠矣。」故鼎祚於此請俟來哲，若陸希聲、劉牧、王洙、龍昌期以七爲少陽之數，則无取焉。

一曰策數。二曰爻數。三曰卦數。四曰五行數。五曰十日數。六曰十二辰數。七曰五聲十二律數。八曰納甲數。

少陽七　二十八策

老陽九　三十六策

少陰八　三十二策

老陰六　二十四策

右策數者，四象分太極數也。震「勿逐七日得」，仲翔曰「少陽七」，即此二十八策也。訟九二「不克訟，歸而逋，其邑人三百户无眚」，曰「乾爲百，坤爲户，三爻故三百户」。乾一爻三十六策，三陽一百八策。震象曰「震驚百里」，曰「陽爻三十六，陰爻二十四，震初九、九四，二陽二陰爲百二十〔一〕，舉其大數也」。陸希聲疏矣。

爻數

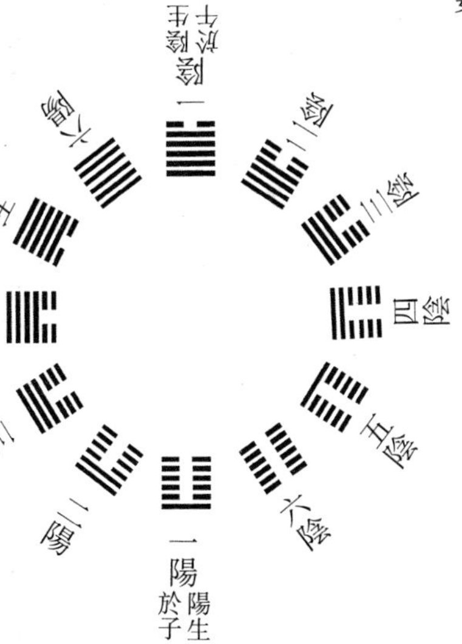

一陽 陽生於子
二陽
三陽
四陽
五陽
六陽
一陰 陰生於午
二陰
三陰
四陰
五陰
六陰

右圖爻數。自初數之，至上爲六。或以一爻爲一歲、一年：同人「三歲不興」，坎「三歲

〔一〕此句，周易集解引虞注作「謂陽從臨二，陰爲百二十」。

不得，凶」，豐「三歲不覿」，既濟「三年克之」，未濟「三年有賞于大國」。或以一爻爲一月：臨「至于八月有凶」。或以一爻爲一日：復「七日來復」。或以一爻爲一人：需「不速之客三人來」，損「三人行則損一人，一人行則得其友」。或以一爻爲一物：訟「鞶帶三褫」，晉「晝日三接」，師「王三錫命」，比「王用三驅」，睽「載鬼一車」，解「田獲三狐」，損「二簋可用享」，萃「一握爲笑」，革「言三就」，旅「一矢亡」，巽「田獲三品」。

卦數

四巽　九離　二坤

三震　五　七兌

八艮　一坎　六乾

右圖。八卦數者，河圖數也，此郭璞所謂「巽別數四，兑數七」，又曰「坎爲一年」，易鑑所謂「震三艮八」也。

五行數

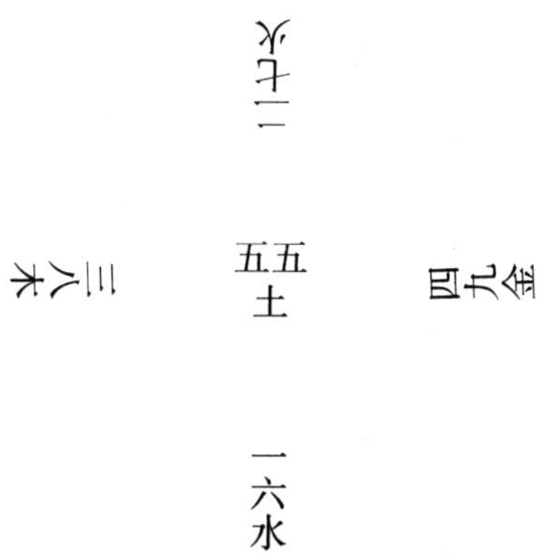

四九金

二七火　五五土　一六水

三八木

右圖。五行數者，洛書數也，此郭璞所謂「水數六，木數三」，又曰「坎數六」也。

十日數

五　坎　艮　三
八　巽　坤　二　十
一九　乾
四　兑　離　震　七
六

右圖。十日數者，八卦、五行分天地五十五之數也。虞翻曰：「甲乾、乙坤相得合木，丙艮、丁兑相得合火，戊坎、己離相得合土，庚震、辛巽相得合金，天壬、地癸相得合水，故五位相得而各有合。」崔憬曰：「天三配艮，天五配坎，天七配震，天九配乾，地二配兑，地十配離，地八配巽，地六配坤。不取天一、地四者，此數八卦之外。」臣曰：以三配艮、五配坎、七配震、八配巽，是也，餘論非也。遁甲，九天九地之數。乾納甲、壬，坤納乙、癸，自甲至壬，其數九，故曰九天，自乙至癸，其數九，故曰九地。甲一、乙二、丙三、丁四、戊五、己六、庚七、辛八、壬九、癸十，故乾納甲、壬配一、九，坤納乙、癸配二、十，震納庚配七，巽納辛配八，坎納戊配五，離納己配六，艮納丙配三，兑納丁配四，此天地五十五之數也。關子明曰：「蓍不止法天地而已，必以五行運其中焉。」

十二辰數

右圖。十二辰數者，十二卦消息數也。陽生於子，陰生於午，子十一月，午五月。郭璞以卯爻變未爲未之月，此論十二辰也。十二辰即月數，月數即消息數，或用之爲日數，則京房之積算也。

五聲十二律數

右圖。五聲十二律數者，太玄曰：「子、午之數九，丑、未八，寅、申七，卯、酉六，辰、戌五，巳、亥四。故律四十二，九、五、七而倍之，故四十二。呂三十六。八、六、四而倍之，故三十六。並律、

吕之數，或還或否，並律、吕而數之，得七十八也。八則丑、未，所謂還得吕而不得律，故或還或否。凡七十有八，黄鍾之數立焉，其以爲度也，皆生黄鍾。黄鍾之管，長九寸，圍九分，秬黍中者九十枚〔一〕，則其長數也，實管以上，籥合度量。」

甲、己之數九，乙、庚八，丙、辛七，丁、壬六，戊、癸五。聲生於日，律生於辰。聲以情質，律以和聲，律相恊而八音生。

大衍數

四因九得三十六。是謂乾一爻之策數。

四因六得二十四。是謂坤一爻之策數。

太極不用，所用者四象，故以四因九、六。九者，陽數；六者，陰數也。陽用極數，故九；陰用中數，故六。九而四之得三十六，爲乾一爻之策；六而四之得二十四，爲坤一爻之策。

〔一〕「枚」，武英殿本漢書律曆志作「分」。

六因三十六得二百一十有六。是謂乾一卦之策數。

六者，一卦有六爻。乾一爻之策三十有六，以三十六而六之，則二百一十有六，爲乾一卦之策也。

六因二十四得百四十有四。是謂坤一卦之策數。

六者，一卦有六爻。坤一爻之策二十有四，以二十四而六之，則百四十有四，爲坤一卦之策也。

乾、坤之策凡三百有六十。

二百一十有六合百四十有四，則三百六十也。

三十二因二百一十有六，得六千九百一十二。是謂三十二陽卦之策數。

陽卦有三十二卦，以二百一十有六而三十二之，則六千九百一十二，爲三十二陽卦之策數也。

三十二因百四十有四，得四千六百八。是謂三十二陰卦之策數。

陰卦有三十二卦，以百四十有四而三十二之，則四千六百八，爲三十二陰卦之策數也。

二篇之策萬有一千五百二十。

三十二陽卦之策六千九百一十二，三十二陰卦之策四千六百八，合而爲萬有一千五百二十，所謂二篇之策也。

右大衍數，邵康節傳其子伯温。

周易卦圖卷下

附録二　周易叢説

翰林學士左朝奉大夫知制誥兼侍讀兼資善堂翊善
長林縣開國男食邑三伯户賜紫金魚袋朱震撰

甲、壬得戌、亥者，均謂之乾，不一，其甲子、壬子也。乙、癸得申、未者，均謂之坤，不一，其乙未、癸未也。故論乾則甲子與壬子同，甲寅與壬寅同，甲辰與壬辰同，壬午與甲午同，壬申與甲申同，壬戌與甲戌同。論坤則乙未與癸未同，乙巳與癸巳同，乙卯與癸卯同，乙丑與癸丑同，乙亥與癸亥同，乙酉與癸酉同。

乾，陽物也，得于乾者皆陽物也，乾道成男是也。坤，陰物也，得于坤者皆陰物也，坤道成女是也。

陰陽家八卦變五鬼、絶命、天醫、生氣、絶體、遊魂、福德，其卦乾、坤、坎、離、震、巽、艮、兑相對而變，亦先天之序也。

疾者，陰陽偏勝而不得其正也，故卦以陰居陽、陽居陰者謂之疾，所得之偏者亦然，三疾是也。或曰：偏乎陰者資之以陽，偏乎陽者資之以陰。謂陰處陰則誤也，陰陽各得其正，非疾也。說卦以坎爲心病，坎者，乾之二、五交乎坤也，二陽不當位，疾也，五陽當位，通也，故坎又爲心亨。先儒槩以坎爲病，則誤也。曰心病、曰心亨者，二、五中也。

離爲飛鳥，鳳謂之朱鳥，離也，又謂之朱雀，故雀入大水爲蛤，離極成坎也。

變坎七變，艮二即五也。初自下爻三變，即前「參以變」也，次自中爻下而二變，次自中爻上而二變，即前「伍以變」也。參去伍，伍去參，皆不能變，此三所以爲極數，五所以爲小衍也。若一、若二，即未變也，故曰「天地定位，易行乎其中」。

巽爲號，又有「嗃嗃」者何？交乎離也。巽爲風，離爲火，大且急者，風火之聲，怒聲也。天下之大聲有四，曰雷，曰風，曰水，曰火，傳曰「衆怒如水火」。

或用一卦，或用一爻，或不可用，則曰「勿用」。天下之時，无不可用者，顧用之如何耳。

一索、再索、三索，先論揲蓍，次論策數，中便有八卦，次論畫卦，中坎、離互有四卦。

歸藏之乾有「乾，大赤」，乾爲天、爲君、爲父，又爲辟、爲卿、爲馬、爲禾，又爲血卦。

歸藏小畜曰「其丈人」，乃知丈人之言，三代有之。

臨川解睽六五「噬膚」曰「膚，六三之象，以柔爲物之間，可噬而合，此卦自二至上有噬嗑象」，此互體也。

「後説之弧」，一作「壺」，爻有坤、坎、離、艮而无震足，當作「弧」。

明夷之離爲小過之「飛鳥」，无妄之坤爲睽之「掣牛」。

離「畜牝牛」，離中之陰即坤之陰也。坎爲「馬脊」，坎中之陽即乾之陽也。

「莧陸」，澤草也，生於三月、四月。莧，蕒也，葉柔根堅而赤，陸大於莧，葉柔根堅，堅者，兑之剛也，堅而赤，赤者，乾之色也。

困，九月霜降氣也，故曰「株木」、曰「蒺藜」。「蒺藜」者，秋成也。大過，十月小雪氣也，故曰「枯楊生稊」、「枯楊生華」。姤，五月夏至氣也，故曰「以杞包瓜」，生瓜生於四月中氣故也。夬，三月清明氣也，故曰「莧陸夬夬」，莧陸，三月、四月生也。

關子明曰「接物者，言接之而已，非同之也，故濯物心无所瀆汙，謂之洗心，言洗濯其接物之心，无所瀆汙，故謂之洗心」，而注者誤以爲洗濯萬物之心。

郭璞洞林得豫之小過曰「五月晦日，群魚來入州城寺舍」，注以乙未爲魚星，非也。豫艮爲門闕，震爲大塗，六三變九三，互有巽體，巽爲魚，豫五月卦，坤爲晦日。

兑爲妾，變爲巽，巽爲近市利，則倚市門矣，故洞林咸之漸，兑成巽，曰「妾爲倡」。

王弼謂頤初九「不能使物由己養」，誤也。夫使物由己養，有命存焉。初九在下，未能養人，而當自養以正，故以「朵頤」戒之。

易之有説卦，猶詩之有詁訓也。

天命聖人以祐下民，微陰浸長，民將内潰。聖人含章不耀，中正自處，委任賢佐，厚下安宅，盡人謀以聽天，雖有隕越，自天隕之，吾志不動也，不舍天之所命也。周公曰「我弗敢知」，孔子曰「天生德於予，桓魋其如予何」。

王洙曰：「木之始紐引乎甲，觸地而出，能破磽确，无所不通，巽之上剛是也。根柢散之，自固其植，巽之下柔是也。以至華實成落，而不反其故處。雜卦曰『升不來也』。」

震亦爲王者，五行更王，始於震也。震，乾之一索也，其王之始基乎。故大王、文王與武王之南狩，皆用此象。升之三不用此象者，決燥也。

「分陰」者，六、八也。「分陽」者，七、九也。「迭用柔剛」者，互變也。

人疑繫辭非孔子作，乃門人所作，不然「子曰」何也，此大不然。答問者，所以起意也。如困之上六「困于葛藟，于臲卼[一]，曰動悔有悔，征吉」，此爻言人，曰動必有悔，雖有悔也，征則吉，可不動乎。

「鮒」，子夏作「蝦蟇」，此五月卦也。

初奇二偶，三奇四偶，五奇六偶。卦有取於奇偶爲象者，如乾九四曰「淵」，淵，重坎也，自四至上有重坎象。

五兵之有戈，上鋭，將有兵者，刀劍有光，離也。

郭璞筮升之比，升二、三、五，變也，五變坎，曰「和氣氤氲，感潛鴻」，坎下伏離，離爲飛鳥，鵝、鳧同象。

郭璞爲東海世子母病筮，得明夷之既濟，坤變坎。曰「不宜封國列土以致患，母子不並貴」，坤爲國邑，坎折之，坤母坎子，土克水也。又曰「當有牛生一子而兩頭」，一子謂坤變坎，此説卦所謂子母牛也，兩頭者，坎、離相應，離中爻有田。

[一]「卼」，原作「硊」，據四庫本改。

璞得大有䷍之泰䷊，云「七月中有蛇在屋間，出食雞雛」。案離爲飛鳥，變坤，互〔一〕中有震，震爲大木者，梁也，己在上爻，故云屋，此大過云「本末弱」，取棟橈象也。

洞林以巽爲大雞，酉爲小雞者，酉，巽之九三〔二〕爻也。以此推之，午爲馬，乾之九四也，丑爲牛，坤之六四也，寅爲虎，艮之上九也，辰爲龍，震之九三也，未爲羊，兑之上六也。

八卦兼用五行，乃盡其象，管輅、郭璞共用此術。

巽爲風，蟲蟲以風化，故爲蠱。

又筮遇節䷻之噬嗑䷔，曰「簪非簪，釵非釵」，此以内卦兑言也。兑爲金，大抵斷卦當先自内。又曰「在下頭斷髭鬚」，所謂頭者，坎中之乾也，須者，在首下而裔也柔，坎也。

顧士羣母病，得歸妹，七日亡者，歸妹，女之終也。

卦有取前卦以爲象者，有取後卦以爲象者，有一爻而取兩象者，有一象而兼二爻者，有一爻變動而二爻共取以爲象者，其言可謂曲矣。然而盡萬物之理，不如是無以致曲焉，不如是其言亦不能以中矣。

〔一〕「互」，原作「玄」，據四庫本改。
〔二〕「三」，原作「二」，據四庫本改。

乾策三十六，陽也；坤策二十四，陰也。陽合於陰而生震、坎、艮者，二十八策；陰合於陽而生巽、離、兑者，三十二策。乾、坤六爻，其策六十。

澤中有火，非火居澤下也，如以剛限之，故火不見滅，是水在鼎中，火巽鼎下之象，非革象也。蓋水火之性，寒熱燥濕皆有常，然澤中有火，則水火之性革其常矣。息，止也，火炎上而水息之，水潤下而火息之，有「二女同居，其志不相得」之象，故曰「水火相息」。若以剛限之，則无同居之象。郭璞言有温泉而無寒焰，璞其知革、睽之象歟。

「兩儀生四象」。孔氏謂「金木水火稟天地而有」，土則分王四季，且金木水火有形之物，安得爲象哉？孔氏失之遠矣。莊氏之實象、假象、義象、用象，於釋卦中破之。何氏謂「神物、變化、垂象、圖書」，此易外別有。「易有四象，所以示也」，此象謂爻卦之象。七、八、九、六乃少陰、少陽、老陰、老陽之位，生八卦之四象也。天一、地二、天三、地四，兼天五之變化，上下交易，四象備其成數，而後能生八卦，于是坎、離、震、兑居四象正位，各〔一〕以本位數存三以生餘數，則分乾、坤、艮、巽之卦。四象既列，五居四位，此河圖五十有

〔一〕「各」，原作「冬」，據四庫本改。

五居四位之數。

劉氏曰「八純卦兼兩儀、四象，而盡五十五數」，謂先布五十五位，後除天地四方數，餘以奇耦數排之，便見八卦之位，此説不通。所謂乾者，天〔一〕也，坤，地也。所謂坎者，北方也，離，南方也，兑，西方也，震，東方也。今除天九地六，四方四數而分布八卦，即八卦所用止三十六，而十九數爲贅矣。夫八卦皆本於乾坤，而坤之數乾兼有之，故八卦不出於三十六。夫三十六數，六、九也，九，老陽之數也，此小成之卦也。若大成之卦，三十二策也，二十八策也，二十四策也，而三十六策皆兼有之。蓋天地之數五十有五，自一衍而五，大衍爲五十，五十則五十五在其中。其用四十有九，則一在其中，更不論五十五也。若除天地四方之數，又於四象二儀之外而有八卦矣，故曰其論不通。

劉氏曰：「内十五，天地之用，九、六之數也，兼五行之數四十，合而爲五十有五，備天地之極數也。」曰九與六合爲十五，水一、六，火二、七，木三、八，金四、九，土五、十，凡四十數，配合論之則不通。虞翻曰：「甲乾乙坤相得合木，丙艮丁兑相得合火，戊坎己離相得

〔一〕「乾者天」，原作「天者乾」，據四庫本改。

合土，庚震辛巽相得合金，天壬地癸相得合水。」翻謂天地者，言乾坤也。十日之數，甲一乙二，丙三丁四，戊五己六，庚七辛八，壬九癸十，故乾納甲、壬配一、九，坤納乙、癸配二、十，震納庚配七，巽納辛配八，坎納戊配五，離納己配六，艮納丙配三，兑納丁配四，此天地分五十五數也。

水一，火二，木三，金四，土五，五行之生數也；水六，火七，木八，金九，土十，五行之成數也。一、三、五、七、九，奇數二十五；二、四、六、八、十，偶數三十。奇耦之數五十有五，此五行分天地五十有五之數也。太玄三、八爲木，四、九爲金，二、七爲火，一、六爲水，五、五爲土，五五者十也，洛書之數也。劉牧曰「十五，天地之用，九、六之數也，兼五行之數四十，合而爲五十有五，備天地之極數」者，誤也，言五行之成數，則九、六在其中矣。

韓氏曰：「衍天地之數，所賴者五十，其用四十有九，則其一不用也。不用而用以之通，非數而數以之成，斯易之太極也。」此言是也。四十九數總而爲一者，太極也。散而爲四十九，即太極在其中矣。故分而爲二以象兩，揲之以四以象四時。四時者，坎、離、震、兑，此六、七、八、九之數也。

又曰：「夫无不可以無明，必因於有，固常於有物之極，必明其所由宗。」此言未盡也。四十九因於太極，而太極非无也，一氣混淪而未判之時也，天地之中在焉，故謂之太極，極，中也。

京房云：「五十者，謂十日、十二辰、二十八宿也。凡五十其一不用者，天之生氣，將欲以虚來實，故用四十九焉。」此言五十數之見於天者，其成象如此，謂其一不用爲天之生氣，則非也。

馬融云：「易有太極，謂北辰也。太極生兩儀，兩儀生日月，日月生四時，四時生五行，五行生十二月，十二月生二十四氣。北辰居位不動，其餘四十九運轉而用也。」季長之論，不若京房。蓋兩儀乃天地之象，而北辰不能生天地也，故邵雍曰「萬物皆有太極、兩儀、四象之象」。

荀爽曰：「卦各有六爻，六八四十八，加乾坤二用，凡五十。初九『潛龍勿用』，故用四十九也。乾用九，坤用六，皆在八卦爻數之内。潛龍勿用，如『勿用娶女』之類。」

鄭康成云：「天地之數，以五行氣通，凡五行減五，大衍又減一，故用四十有九。」康成所謂「五行氣通」者，蓋謂十日、十二律、二十八宿三者。五行之氣通焉爲五十五，減五行之數爲五十，大衍又減一爲四十九，其說本於乾鑿度，與京房爲一說，而「五行氣通」其說尤善，但後學一例抵之，不詳觀耳。

董遇云「天地之數五十有五者，其六以象六畫之數，故減而用四十九」，非也。董謂五十有五減卦之六畫爲四十九，不知五十有五天地之極數，大衍之數五十，其一太極不動，而四十九運而爲八卦，重而六十四，若去六畫，即說不通矣。

顧懽云：「立此五十數以數神，神雖非數，因數以顯，故虛其一數以明其不可言之義，所謂神雖非數，因數以顯是也。」然其說大而無當，不及韓說。劉氏謂韓注虛一爲太極，即未詳其所出之宗，而顧之未詳又可知矣。

劉謂「天一居尊而不動」，則與馬季長言北辰不動何異？若謂不動，則筮者當置一策以象天一不動，不當言其用四十有九也。動靜一源，顯微無閒，知四十有九爲一之用，即知一爲四十有九之體矣。

劉曰：「天一者，在數爲天一，在日爲甲，在象爲六之中位，在純卦爲坎之中爻，在重乾爲初九，在復爲陽爻，在辰爲建子，在五行爲水，在律爲黃鐘。」劉所謂一者，言一之定位也，不知五十去一則一在四十九中，使四十九去一則一又在四十八，凡有數則未嘗无一，而一之所在無往而不爲萬物之祖。得此而不失，是謂執天地之機。

又曰：「一用天德，天德者，九也。乾用九者，謂『天德不可爲首』也。用之如何，『見群龍無首吉』也，此存乎其人也。坤用六者，『利永貞』是也，非謂一用九也。」

又曰「乾道包坤，陽得兼陰」，此論用之於八卦小成，其三十六爻皆出於乾可也。若謂乾三兼坤之六成陽之九，斡運五行成數而通變化，則誤也。

劉前論天地之數十五，四方之數四，九〔一〕十有九，通八卦之爻三十六爲五十五，今論七、九、六、八之策，又曰先分天地數爲二十，後兼四時爲二十四，何其紛紛耶。

少陽七者，謂天五駕地二爲七。前言地以二上交於天五而生七，七爲少陽之數也。陽以進，故進二之九，爲老陽之數，此一進也。若以四位合之，則少陽數七，四七二十八也，又四位進二見八，二十八進八，故老陽數三十六也。又以天地四時數因之，天地分二，少陽數七，二七則一十四也，四七則二十八也，成一百六十有八數。陽生自復至乾凡六卦，每卦進八，故老陽數二百一十有六。若天五駕地二爲七，二進之爲老陽，四位合之，

〔一〕「九」，疑當作「合」，十五合四爲十九，再合三十六則爲五十五。

四七二十八，又四位進二見八，二十八進八爲三十六。四位者，指四時之位也。天地四時之數二十四，以天地四時數因之，天地分二，少陽數七，二七則一十四，四七則二十八，二七十四又四七二十八，凡四十二，又四因之成一百六十有八數。陽生自復至乾凡六卦，復、臨、泰、大壯、夬、乾，每卦進八，故老陽數二〔一〕百一十六，謂於一百六十有八之上又進六八四十八，成二百一十六，爲老陽之數，謂之老陽者，皆乾爻也。

少陰數八者，謂天五駕天三爲地八，陰以退，故退二之六，六爲老陰之數，此一退也。若以四位合之，則少陰數八，四八三十二也。又四位每位退二見八則一十六，四八則三十二也，成一百九十二。陰生自姤至坤凡六卦，每卦退八，故老陰數一百四十有四也。

劉氏論咸、恒二卦，不繫之於離，其論過於韓注。至言天地之數五十有五，循十日而周一元，三周而萬物之數足，則爲可疑也。夫劉氏配五行生成之數，五十居中，水火居右，木金居左，始於丙丁，終於庚辛，周而復始，六十日之納音盡矣。此一律含五音而成六十律之説也，而配於易之上經三十卦，則不合矣。雖甲子始於乾，而癸亥終於離，則不合

〔一〕「二」，原作「一」，老陽數二百一十六，故改。

也。乾當甲金，而二十九卦豈盡然哉？繫辭言二篇之策當萬物之數，而謂三周五十五數一百八十爻爲萬物之數足，則未之聞也。

易有以一策當一日者，乾坤之策是也。有以一爻當一日者，「七日來復」是也。有以策數七、八、九、六言日者，「勿逐七日得」是也。易之取象豈一端而盡？六十卦直日，兩卦相去皆七日，其實則六日七分，猶書稱期三百有六旬有六日，其實三百六十五日四分日之一，禮言三年之喪，其實二十七月，詩言一之日、二之日，其實十一月、十二月之日，何於此六日七分而疑之乎？先儒以此候氣占風效，證寒温，而劉氏易之以五卦各主五日，則吾不知其説也。

劉氏曰：「鄭氏雖以四正卦之爻減二十四之數，與當期之日相契，則又與聖人之辭不同也。」四正之卦，四六二十四爻，主二十四氣，此先儒舊傳，非鄭氏配合也。劉氏用六十卦主期之日，則四正之卦主二十四氣不廢也，故曰策數當日而不取，爻數則一爻一日，五卦一月，何謂也？

遯、臨卦義不同，何氏從建子陽生至建未爲八月，褚氏自建寅至酉爲八月，孔氏以建丑至否卦八月。劉氏云：「若從建子則卦辭當在復卦之下，否之六三當消泰之九三，又更臨卦之九二，不應今以遯之六二消臨之九二。」則於我爲得，則是劉氏取何氏之説而條達之也。又曰：「臨象曰浸而長，遯象亦曰浸而長，二卦之爻相偶，而象辭皆有陰陽消長之義。」又王氏卦略云「臨剛長則柔危，遯柔長故剛遯〔一〕」，故伊川亦用此説。

周公作爻辭多文王後事，則知文王之旨，周公述而成之。故以周正言易有三名，夏曰連山，商曰歸藏，周曰周易。連山，神農氏之别號也，歸藏，軒轅氏之别號也，並是代號，所以易題周以别餘代，猶周書、周禮之謂也。周公不得不以周之正朔定其月也。

劉氏以天地五十五數布之五行，自丙丁至甲乙爲一周，其辰子丑午未，自甲乙至壬癸爲一周，其辰寅卯申酉，自壬癸至庚辛爲一周，其辰辰巳戌亥。故上經三十卦，三周而成六十卦，六十卦當期之日，其策一萬一千五百二十。

子雲子午九，丑未八，寅申七，卯酉六，辰戌五，巳亥四，以六辰相配成十二支之數，蓋有得於納音之説也，其於十日亦然。

鄭康成言四象曰「布六於北方以象水，布八於東方以象木，布九於西方以象金，布七於南

〔一〕此二句，原作「臨剛長則柔微柔長故剛遯」，據四部叢刊景宋本周易注改。

方以象火，備爲一爻，而正謂四營而成。」

乾鑿度曰：「三百六十五日四分日之一以周事，一卦六爻，一爻一日，凡六日，用事，一曰諸侯，二曰大夫，三曰卿，四曰三公，五曰辟，六曰宗廟，爻辭善則善，凶則凶。」流演曰諸侯在初，大夫次，尊王官也。

又曰：「三畫以下爲地。四畫已上爲天。」

又曰：「易氣從下生，故動於地之下則應於天之下，動於地之中則應於天之中，動於地之上則應於天之上，故初以四，二以五，三以六，此之謂應。」

十日、十二辰、二十八宿凡五十，大衍之數也。

又曰：「曆以三百六十五日四分之一爲一歲，易以三百六十析當期之日，此律曆數也。」

兑、乾，金也，而乾爲大赤，故兑金從火革。

坎生於坤，本乎地也，故潤下；離生於乾，本乎天也，故炎上。

占法以八卦絶鄉爲墓。金生巳，故乾、兑墓在艮。木生亥，故震、巽墓在申。水生申，故坎墓在巽。火生寅，故離墓在乾。土生申，故坤、艮墓在巽。此合河圖、洛書而言之也。

七爲少陽，九爲老陽，八爲少陰，六爲老陰。一、五、九，老陰變老陽。二、五、六，少陽變老陰。三、五、七，少陰變少陽。四、五、八，老陽變少陰。反復數之，其變無窮。

「我仇有疾」，王弼以六五爲九二仇，伊川以初六爲九二仇，鄭、虞以九四爲九二仇。按先儒説，我據四之應，四承我之應，故曰「我仇」，四爲毀折之象，故曰「有疾」。而子夏傳亦曰：「四以近權，惡我專任，四之覆餗，正无幾矣，豈輒謀我哉。」怨偶曰仇，當以四爲仇。

安定胡先生以「陸」作「逵」。案虞氏所傳之象，上之三成既濟，三，陸也。夫上之所生者進也，所反亦進也，兹所以動而不窮歟。漸至九五極矣，進至上九亢矣，是以上反而之三，然後安處。考之鴻象，坎象既退，自南而北嚮之時也，宜以陸爲正。或曰：鴻漸至此，千里之舉也。曰：不然，鴻飛冥冥，潔身而去之象也，非漸也。

漸卦，虞氏之象以否坤之三上之四，乾之四下之三，而初、上二爻不正，故所變之爻止於初、三、上三爻而已，餘二、四、五爻不動。六四，否坤之三也，故卦以爲「婦孕不育」，以爲寇，小人之爻也。九三，乾之四也，故戒以「夫征不復」，順以相保，不中之爻也。

中孚，王洙曰「柔在内而巽説，合和之性也；剛得中而上下信，化育之道也」。中孚，天理之端，叶於教化之義，若鳥之孚卵，柔渾於内而剛鷇於外，嫗伏化羽，不違其期，自然之信也。此與小過旁通，自中孚而變，故小過有飛鳥之象焉。

小過，虞曰：「離爲飛鳥，震爲音，艮爲止。晉上之三，䷢晉變䷽小過，離去震在，若飛鳴而音止，故『飛鳥遺之音』。上陰乘陽，故不宜上。下陰順陽，故宜下大吉。」俗説或以卦象二陽在内，四陰在外，有似飛鳥舒翼之象，妄矣。

先儒論重卦者六家，王弼、虞翻曰伏羲，鄭康成曰神農，孫盛曰夏禹，司馬遷、揚雄曰文王，而孔穎達、陸德明、陸希聲則以弼論爲是。臣曰皆是也。繫辭曰：「古者庖羲氏之王天下也，仰則觀象於天，俯則觀法於地，觀鳥獸之文與地之宜，近取諸身，遠取諸物，於是始作八卦，以通神明之德，以類萬物之情。」則伏羲氏所畫者，八卦而已。然「結繩而爲網罟，以佃以漁」，則已取重離之象，何則？離，麗也，離爲目，巽爲繩，以巽變離，結繩而爲網罟之象也。罟網，目也，離爲雉，巽爲魚，以佃以漁之象也。下繫曰：「八卦成列，象在其中矣。因而重之，爻在其中矣。」謂之在其中者，蓋既畫八卦，因而重之，雖未爲六十四卦，而三百八十四爻之變固已具然存乎其中矣。是以神農氏、黄帝氏、堯、舜氏，因其所重八卦，觸類而長，取於益，取於噬嗑，取於乾坤，取於渙，取於隨，取於豫，取於小過，取於睽，不特四聖人然也。自伏羲氏没，其間聖人取重卦以利天下者多矣。是以取大壯，取大過，取夬，謂之後世聖人，則夏后氏、商人亦在其中矣。伏羲氏畫卦，因而重之者，襲其氣之母也。群聖人重之者，用其子孫也。莊生曰「伏羲得之以襲氣母」，是也。考之歸藏之書，其初經者庖羲氏之本旨也。卦有初乾、初奭、坤也。初艮、初兑、初犖、坎也。初離、初釐、震也。初巽八卦，其卦皆六畫。周禮「大卜掌三易之法，一曰連山，二曰歸藏，三曰周易，其經卦皆八，其別皆六十四」，所謂經卦，則初經之卦也。又山海經：「伏羲氏得河圖，夏后氏因之曰連山，黄帝氏得河圖，商人因之曰歸藏，列山氏得河圖，周人因之曰周易。」列山氏，世譜所謂神農氏也。以是觀之，則弼、翻所論，舉其大要，康成、孫盛、遷、雄之言，各舉其一，而遷、雄又指周易言之也。然三易之卦，其次各異，首艮者連山也，首坤者歸藏也，首乾者周易也，即周禮所謂「其別各六十四」者也。故説卦之文，叙天、地、山、澤、雷、風、水、火，健、順、動、入、陷、麗、止、説〔一〕之性。八卦之象則先經卦，而以文王八卦震、巽、離、坤、兑、乾、坎、艮次之，而序卦所次，皆文王所重之卦也。聖人猶慮後世未知三易之變，故於雜卦一篇雜糅

〔一〕「説」，原作「決」，八卦之象，兑爲説，故改。

衆卦，錯綜其義，以示變易之无窮。虞氏曰「聖人之興，因時而作，隨其事宜，不必因襲，當有損益之意」，其知三易之説歟。

漢書藝文志「易經十二篇」。論彖、大象、小象、文言，班固以文王作上下篇，孔氏爲之彖、象、繫辭、文言、序卦之屬十篇，先儒自鄭康成、王弼、孔穎達尊是説。其後諸儒疑之：正義補闕曰「夫子因文王彖而有彖」，王昭素、胡旦亦云。范諤昌著易證墜簡曰：「諸卦彖、象、爻辭、小象、乾坤文言並周公作，自文言以下孔子述也。」臣以經傳考之，明夷之彖曰「内文明而外柔順，以蒙大難，文王以之；利艱貞，晦其明也，内難而能正其志，箕子以之」，則彖非文王作，斷可知矣。案司馬遷曰「孔子晚喜易，序彖、繫、象、説卦、文言」，信斯言也，則彖、象、説卦、文言古有之矣，孔子序之、繫之、説之、文之而已，所謂述而不作也。昔者子貢問於孔子曰：「夫子聖矣乎？」孔子曰：「聖則吾不能。」夫聖，孔子不居，而繫辭之言及於卦象彖爻，必抑揚其辭，以聖人稱之。曰「聖人設卦觀象，繫辭焉而明吉凶」，此所謂「繫辭者」，指卦下之辭而言之也。又曰「彖也者，言乎其象也；爻也者，言乎其變也」，夫爻辭言一爻之變，彖辭言一卦之象，則文王卦下之辭又謂之彖矣。孔子序述其彖之意而已，故名其篇曰「彖」，使文王卦下之辭不謂之彖，孔子何爲言？知者觀其彖辭，則思過半矣。夫子自謂如此，非遂以出之之義也。蓋彖者，孔子贊易十篇之一，先儒附其辭於卦辭之下，故加「彖」以明之。諤昌以乾彖釋「元亨利貞」，文言又從而釋之，疑其重複，謂非孔子之言，且引穆姜之言證之，此又不然。文言者，文其言也，猶序彖、説卦之類，古有是言，或文王或周公之辭，孔子因其言而文之，以垂後世，傳曰「言之不文，行之不遠」，故以「文言」名其篇。左氏成公十六年，穆姜往東宮筮之，襄公二十二年孔子生，上距穆姜二十四年，穆姜之時雖已誦隨繇之辭，因就乾卦文言，然其言與今易稍異，穆姜之言曰「元，體之長也；亨，嘉之會也；利，義之和也；貞，事之幹也。體仁足以長人，嘉德足以合禮，利物足以和義，貞固足以幹事」，以今易考之，删改者二，增益者六，則古有是言，孔子文之，爲信然矣。諤昌遂以六十四卦之彖皆出於周公，則誤也。或曰：彖非周公，則孔子繫乾何謂舉其全文而釋之？如曰「時乘六龍，以禦天也」「雲行雨施，天下平也」。曰：臣固曰古有是言也，古有是言又舉而釋之，與乾坤六爻屢稱而明之，其意一也。諤昌又謂乾卦答問以下爲孔子贊易之辭，非文言也，此亦誤也。孔子作十篇以贊易，彖也，大象也，小象也，繫辭上下也，乾文言也，坤文言也，説卦也，序卦也，雜卦也。若以答問以下爲非文言，則先儒未以文言附於乾坤之下，其辭當列於何篇耶？蓋文言之後又有此言，贊乾坤六爻之義，故通謂之文言，如繫辭之中廣述困、解、否、豫、復五卦之爻是也。聖人以易之藴盡在乾坤，而六十二卦由此而出，故詳言爻義以例諸卦耳。譚昌又謂大象、小象皆出於周公，亦誤也。且「八卦成列，象在其中矣；因而重之，爻在其中矣」，「聖人有以見天下之賾，擬諸其形容，象其物宜，是故謂之象」，有卦之象焉，有爻之象焉。「象也者，言乎其象者也」，言卦之象也；「爻象動乎内」，言爻之象也。方設卦變爻之時，其象已具乎卦爻之中，故史墨對趙簡子曰「在易卦雷乘乾曰大壯」，觀此，則「雷在天上，大壯」之類，有卦則有此象矣。如曰「君子以非禮勿履」，則孔子所繫之大象也，何以明之？且以復卦大象言之，曰「雷在地中，復，先王以至日閉關，商旅不行，后不省方」，考之夏小正，十一月萬物不通，則「至日閉關，后不省方」，夏之制也，周制以十一月北巡狩至于北嶽矣，以是知繫大象之辭非周公作也。崔杼欲娶東郭偃之姊，筮之遇困之大過，陳文子曰「不可娶也，且其繇曰困于石，據于蒺藜，入于其宫，不見其妻，凶」，其繇與今困卦六三爻辭正同，是特小象之作，故文子曰「困于石，往不濟也，據于蒺藜，所恃傷也，入于其宫，不見其妻，凶，无所歸也」，使小象亦周公作，則文子必稽之矣，故曰譚昌誤也。由是論之，遷之言蓋不誣矣。先儒數十篇之次，其説不一，獨胡旦爲不失其指，故今從之。

崔憬、陸震謂文王作爻辭，馬融、陸績謂周公所作，考之爻辭，馬融、陸績爲是。明夷九三「明夷于南狩，得其大首」，六五「箕子之明夷」，隨上六「王用亨于西山」，升六四「王用亨于岐山」，蓋南狩伐商之事，西岐王業所興。武王數紂曰「囚奴正士」，而追王西伯，在翦商之後，則爻辭爲周公作審矣。韓宣子適魯，見易象、春秋，曰「周禮盡在魯矣」，吾乃今知周公之德也。孔穎達嘗正此義，今申其説，以證崔、陸之誤。然琴書有言曰「文王在羑里，演易，作鬱厄之辭，困于石，據于蒺藜」，蓋爻辭亦有文王之辭，豈周公述而成之歟？

文王作卦辭，周公作爻辭，通謂之繫辭。仲尼贊二聖人繫辭之意，成上下篇，名曰繫辭，猶序文王之彖而名其篇曰彖也。凡繫辭所稱「繫辭焉」者，或指卦辭，或指爻辭而言，如「聖人設卦觀象，繫辭焉而明吉凶」，指卦辭爲繫辭也，如「聖人有以見天下之動，而觀其會通，以行其典禮，繫辭焉以斷其吉凶，是故謂之爻」，指爻辭爲繫辭也。古文周易上下二篇，上篇三十卦，下篇三十四卦，孔子作彖、象、繫辭、文言、説卦、序卦、雜卦，别爲十篇，以贊易道，與周易異卷，如詩、書之序不與詩、書同卷。前漢費直傳古文周易，「以彖、象、繫辭、文言十篇解説上下經」是也。費氏之易至馬融始作傳，融傳鄭康成，康成始以彖、象連經文。所謂經文者，卦辭、爻辭通言之也，即費傳所謂「上下經」也。魏王弼又以文言附於乾、坤二卦，故自康成而後，其本加「彖曰」、「象曰」，自王弼而後，加「文言曰」。至於文辭連屬，不可取以附六十四卦之爻，則仍其舊篇，今繫辭上下、説卦、序卦、雜卦是也。魏高貴鄉公問博士淳于俊曰：「今彖、象不連經文而注連之，何也？」俊對曰：「鄭康成合彖、象於經者，欲便學者尋省易了，孔子恐其與文王相亂，是以不合。」則鄭未注易經之前，彖、象不連經文矣。揚子雲作太玄九卷準易，首一卷，贊三卷，測一卷，衝、錯、攡、瑩一卷，數一卷，文、棿一卷，圖、告一卷。范望注解合贊於首，散測於九贊之下，而學者自贊爲經辭，此亦準文王卦辭、周公爻辭通謂之經也。隋書經籍志漢費直注周易四卷，鄭康成注周易九卷，魏王弼注周易六卷，韓康伯注繫辭三卷，鄭、王二家之易本於費氏，康伯之學卒於輔嗣，則費氏之後，易經上下離爲六卷，繫辭而下五篇合爲三卷矣，是以二家所注皆九卷也。今易乾卦自乾至用九「見群龍无首，吉」，即古易之本文，坤卦而下，鄭、王之所附也。范諤昌不知卦爻之辭同謂之經文，同謂之繫辭，故謂周公作爻辭、彖、象、文言，別次兩卷目曰繫辭，孔子於卷末贊成其義，上卷明彖，下卷明爻，後儒附經，留繫辭之目，以冠孔子之述，何其誤耶。胡旦又謂經有上下，理合自分，卦有彖、象，必非別出，其誤與諤昌何異？説卦脱誤比於諸篇特多，荀氏易本乾後有四象，坤後有八，震後有三，巽後有二，坎後有八，而又一「揉」爲「撓」，離後有一，艮後有三，兑後有二。虞氏易本以「龍」爲「駹」，「及」爲「陂」，「專」爲「叀」，「寡」爲「宣」，「科」爲「折」，「羊」爲「羔」。鄭本以「廣」爲「黄」，「乾」爲「幹」，「黔」爲「黚」。京氏本以「畀」爲「未」，「蠃」爲「螺」，「果蓏」爲「果墮」。其餘陸績、王肅、姚信、王廙，偏傍點畫，亦或不同。蓋焚書之後周易雖存，至漢已失説卦三篇，後河内女子得而上之，故三篇之文容有差誤。今隨文辨正，歸於至當，疑則闕之。

陸氏易傳削去爻象，自謂彌縫其闕，是乎？曰：仲尼繫三百八十四爻之象，文皆中律，是謂少而法，多而類，世罕知者，故陸氏作傳，諧音以發其辭體，正如子雲作太玄，俾學者爲進易之梯階，至於陸氏言義，則自有中否。

周易論變，故古人言易，雖不筮，必以變言其義。史墨論乾之初九曰「在乾之姤」，九二曰「其同人」，九五曰「其大有」，上九曰「其夬」，用九曰「其坤」，坤之上六曰「其剥」。以史墨之言推之，則乾九三當曰「其履」，九四曰「其小畜」。伯廖舉豐上六曰「其在周易豐之離」，知莊子舉師初六曰「在師之臨」。至今占亦然。崔武子遇困之大過，六三變也。莊叔遇明夷之謙，初九變也。孔成子遇屯之比，初九變也。南蒯遇坤之比，六五變也。陽虎遇泰之需，六五變也。敬叔得觀之否，賈逵曰「觀爻在六四，變而之否」。三國時關羽敗孫權，使虞翻筮之，得兑下坎上，節五爻變之臨。凡所謂之某卦者，皆變而之他卦也。繫辭曰「變動不居，周流六虚，上下无常，剛柔相易，不可爲典要，唯變所適」，信斯言也。則易之爲書，无非變也。商瞿而下傳易者多矣，而論卦變者可指數也。考之於經，其説皆有所合。説卦震曰「其究爲健」，案消息卦坤一變震，二變兑，三變乾，乾，健也。乾一變巽，二變艮，三變坤，剥易曰「柔變剛也」，序卦曰「物不可以終盡，剥窮上反下，故受之以復」，剥之上九窮而反初，乃成復卦。此京房八卦相生，變而成六十四卦之説也。巽曰「其究爲躁卦」，乾鑿度曰「物有始、有壯、有究，故三畫而成乾」，究言巽之九三、上九也。虞翻曰「動上成震」，巽三變成震，震三變成巽，舉巽一卦，則知乾三變成坤，坤三變成乾，離三變成坎，艮三變成兑。説卦曰「天地定位，山澤通氣，雷風相薄，水火不相射」，六子皆以乾坤相易而成，艮、兑以終相易，坎、離以中相易，震、巽以初相易，終則有始，往來不窮，不窮所謂通也，此虞翻、蔡景君、伏曼容旁通之説也。説卦曰「乾，天也，故稱乎父；坤，地也，故稱乎母。震一索而得男，故謂之長男。巽一索而得女，故謂之長女。坎再索而得男，故謂之中男。離再索而得女，故謂之中女。艮三索而得男，故謂之少男。兑三索而得女，故謂之少女」，此陸績所謂「陽在初稱初九，去之二稱九二，則初復七。陰在初稱初六，去初之二稱六二，則初復八」矣。卦畫七、八，經書九、六，七、八爲象，九、六爲爻，四者玄〔一〕明，此左氏所記卜筮之言曰「之某卦」之説也。雜卦曰「既濟，定也」，既濟六爻陰陽得位，是以定也。乾文言曰「雲行雨施」，又曰「大明終始」，雲雨，坎也，大明，離也，乾卦而舉坎、離者，言其變也。陰陽失位則變，得位則否，九二、九四、上九陽居陰位，故動而有坎、離之象，此虞氏所論動爻之説也。訟彖曰「剛柔而得中」，隨彖曰「剛來而下柔」，蠱彖曰「剛上而柔下」，噬嗑彖曰「剛柔分，動而明」，賁彖曰「柔來而文剛，分剛上而文柔」，无妄彖曰「剛自外來而爲主於内」，大畜彖曰「剛上而尚賢」，咸彖曰「柔上而剛下」，損彖曰「損下益上」，又曰「損剛益柔」，益彖曰「損上益下」，又曰「自上下下」，渙彖曰「剛來而不窮，柔得位乎外而上同」，節彖曰「剛柔分而剛得中」。剛者，陽爻也，柔者，陰爻也，剛柔之爻，或謂之來，或謂之分，或謂之上下，所謂惟變所適也，此虞氏、蔡景君、伏曼容、蜀才、李之才所謂自某卦來之説也。夫質之於經而合，考之義而通，則王弼折之，亦可謂誤矣。

先儒以魚爲巽，其多白眼乎？巽爲風，蟲類之大者唯魚與蛇，故魚有吞舟，蛇或吞象，如蠡魚

〔一〕「玄」，疑當作「互」。

亦云厲蛇所化。

北方層磎鼠在冰下，西域火鼠毛可爲布，坎、離之相易也。運斗樞曰「玉衡散而爲鼠」，玉衡、斗星亦言乎坎也。

易无非象也，象著而形，乃謂之器，如坎有弓象，非木非繩，則其器不備，巽變爲坎，然後弦木爲弧，乃有器之名矣。

自離至夬十三卦，序聖人「備物致用，立成器以爲天下利」者，皆取重卦之象，故其制器取法，皆有内外之象，其用亦然。網罟、耒耜、市貨、衣裳、舟楫、牛馬、門柝、杵臼、弧矢、棟宇、棺椁、書契，兩象也。佃漁、耒耨、交易、垂衣裳、濟不通、引重致遠、待暴客、濟萬民、威天下、待風雨、治百官、察萬民、封木、喪期，亦兩象也。

罔，舉綱紀通言之，罟，止言其紀而已。傳言「斷罟」，又言「罟目」是也。巽爲繩，變爲離，離爲目，結繩爲目，罟也。重目爲綱，自二爻至四爻有巽體，巽爲魚，多白眼也。自三至五有兑體，兑爲澤，網罟入澤而魚麗之，「以漁」也。離爲雉，「以佃」也。觀乎此，庖羲氏既重六爻矣。

天地能變化成萬物者，必水、火、雷、風、山、澤合一焉，所謂「陰陽合德，剛柔有體」也。陰陽者,「在天成象」也。剛柔者,「在地成形」也。萬物既成,各得其一,故健、順、動、入、陷、麗、止、説,其性各不同。能備萬物而兼有之者,人也,故下舉八畜、八體而終之以男女。帝乘萬物,出入終始,所可見者,萬物之迹,而其用蓋妙乎萬物,不可得而見焉,故曰「神也者,妙萬物而爲言」。易之乾坤,「分陰分陽,迭用柔剛」,「上下不居,周流六虚」,蓋象乎帝也,故曰「陰陽不測之謂神」。聖人用易,立法制器,變通不倦,故曰「利用出入,民咸用之,謂之神」。

水、雷、山,乾也;火、風、澤,坤也。「雷風相薄,山澤通氣」,「水火不相射」,乾坤不相離也。天地之撰物者如此,而萬物皆有乾坤六子之象。觀乎物,則神明之德見矣。故易之六爻變化,必陰陽合德,而剛柔有體,其立法制器亦然。

王弼曰「爻苟合順,何必坤乃爲牛;義苟應健,何必乾乃爲馬」,不知凡健、順者,皆乾坤之象。爻有變化,雜而成文,如不以健、順論乾、坤之性,則説卦爲贅矣。輔嗣自繫辭而下不釋其義,蓋於象數窮矣。

周以子爲正,而孔子彖、象皆用建寅,故以復爲十一月,姤爲五月,故曰「行夏之時」。虞氏已有此論。

烏其乾、巽乎，四月，純乾也，黑者，乾也，占風者，巽也，巽變則離，故其目赤，又爲日中之烏。

史言流火爲烏，又有赤烏、白烏，亦離、乾、巽之變乎。

貴賤、剛柔、吉凶、變化，四者皆天地之固有。首言乾、坤者，六子皆本於乾、坤也。乾、坤之道觀乎天地萬物之變化，其道較然著見矣。然反觀吾身，乾、坤安在哉？蓋善端初起者，乾也；身行之而作成其事者，坤也。人皆有善端，不亦「易知」乎？行其所知，不亦「簡能」乎？飢而食，渴而飲，晝作而夜止，豈不簡且易哉？蓋以此推，天下未有不知而不從者也。我知之，人亦知之，故有親；我行之，人皆行之，故有功。有親則俟百世而不惑，有功則放諸四海而準。可久者謂之德，可大者謂之業。賢人之德業，至於配天地，成位乎兩間，可謂久且大矣，然不過健、順而已。而健、順者，在乎反求諸身而已，豈不至易、至簡哉。知此，則天尊地卑，八卦相盪在乎其中矣。古之傳此者，唯曾子、子思、孟子則然。

易之爲道，天地之道耶，人之道耶？易兼明之矣。「繫辭焉而明吉凶」，明人道也。「剛柔相推而生變化」，明天地之道也。象非見天下之賾者不足以明之，故「聖人設卦觀象」。所謂吉凶、剛柔、變化，无非象也。得失之初，微於毫髮，及其有吉、有凶，則得失之象見矣。憂慮虞度，躊躇而不決者，得失未判之時也。及其有悔、有吝，而憂虞之象見矣。凡此者，明乎人之道也。陰陽進退於子午，孰知其然哉？萬物蕃鮮而摇落，則進退之象見矣。所謂變化者，不盡於是也，此特其凡耳。糾錯相紛，死生相纏，無非其變化也，故曰「變化者，進退之象也」。日之升降於大空之中，本無晝夜，猶地而上觀之，則出乎地爲晝，入乎地爲夜，然南極大暑，北極大寒，東西出入之際，晝夜長短與中國自不同。故剛柔之象亦然，自六位觀之，初爲剛，二爲柔，三爲剛，四爲柔，五爲剛，六爲柔，自陰陽之數觀之，七、九爲剛，六、八爲柔。老陽之剛變爲陰柔，老陰之柔變爲陽剛，故曰「剛柔者，晝夜之象也」。凡此者，明乎天地之道也。吉凶也，悔吝也，變化也，剛柔也，四象之見，動于六爻之中，而六爻之動不過乎三，三者，極之道也。蓋有天地斯有萬物，是以卦之變不過乎三。六位者，重三也。九數者，三三也。邵康節曰：「易有貞數，三是也。」爲是故君子所居而安者，易之序也，其安於高卑貴賤之位乎；所樂而玩者，爻之辭也，其玩於吉凶悔吝之辭乎。若夫有爲有行，動而之焉，則觀乎剛柔變化，而吉凶悔吝之來，可以前知矣。夫高卑、貴賤、吉凶、悔吝、剛柔變化，無非天地也。吾之動静不離乎此，則福自己求，命自我作，天地其不祐乎。

屯卦本坎二之初，九二，陽也，初六，陰也，陽貴陰賤，故曰「以貴下賤，大得民也」。「動乎險中」者，非善下不能得衆，非剛强不能濟弱，故屯卦之用在此一爻。

坤雖臣道，五實君位，故爲之戒，云「黄裳元吉」，黄，中色，裳，下服，言守中居下，則元吉。蓋伊尹、周公之事也。或曰：安知非妻道也？曰：妻道之美，盡於六三爻。

賁自泰來，泰上之乾二，乾二之坤上，剛柔相文，故曰賁天玄地黄，玄黄者，天地之雜也。夫子筮賁，愀然其色不平，曰「以其離乎」，所謂離者，即乾上坤下相文之爻也。

王弼云「卦變不足推致五行」，然釋中孚六三曰「三、四居陰，金、木異性」，木、金云者，五行也。五行乾、兑爲金，坤、艮爲土，震、巽爲木，唯坎水、離火不二，中不可以有二故也。天積氣而爲金者，以位言也。兑位西，乾位西北，自東言之，震木生離火，離火生坤土，坤土生兑、乾金，兑、乾金生坎水。艮，止也，土也，萬物之終始也。

蘇氏以復卦爲始興之象，故於彖論違天不祥，於六四言自託，於六五言陰之方盛，而自度不足以抗初九，於上六言乘極盛之末而用之不已，不知初九又已復，又曰「盛必驟勝，故敗在其終也」。

伊川訓「拂經」爲違常，其説本於王肅。

頤，虞氏謂晉四之初，李挺之謂臨九二之上。虞以頤初九爲晉離，離爲龜。案頤肖離，頤通大過，大過肖坎，坎、離交故亦有龜象。郭璞得大壯之頤，曰「柔内剛外則畜緇」。

易象難知者，當以卜筮決之，如郭璞以頤爲龜是也。

既濟，虞曰泰五之二，李曰泰二之五，其實一也。二升而之五，然後五降而之二，當從李圖。

伊川解既濟九五曰「中實，孚也」，與虞氏「孚實」之象同。又曰「中虚，誠也」，與郭璞筮得中孚之需，曰「虚中象道若虚舟」同。以此見伊川其於象，蓋講之矣。

既濟之九三，以剛處剛而用濟者，故用二、五爻象以發此爻用剛濟物之義。乾，君也，坤爲國，爲昏亂，爲鬼，二之五成坎，互成離，有兵戈之象，故「高宗伐鬼方，克之」，「三年」者，三爻也。坎爲勞卦，故曰「憊也」。必於九三言之者，蘇子曰「三之爲五用也」。

九三剛正，處諸侯之位，古者諸侯入爲六卿，出總六師。

未濟，虞曰否二之五，圖亦然。

未濟九四動而正，故「吉悔亡」，象曰「貞吉悔亡，志行也」，九四之剛，其大臣沉勇而能斷大事者乎？

言不能盡意，須觀象乃默然而自喻。伏羲畫卦無文字，文王作易乃有象，周公作爻辭，至仲尼作彖、象、文言、繫辭、説卦，觀其所遭之時，考其言之詳略，則可知矣。

同人，蜀才曰夬九二升上、上六降二，圖姤初六升二、九二降初，當從圖。

郭璞曰「魚者，震之廢氣也，巽王則震廢」，故虞以巽爲魚。

坎，虞曰乾二、五之坤，圖作臨初九升五、六五降初，今從圖。

坎五，虞曰「乾爲歲，五從乾來」。案三男之卦無不自乾來者，又坎自臨初之五，蓋上六一爻動不以正，而體重險，動則陷于險中，不得出矣，失道然也。故聖人取象，專以失道言之，動不以正，失道也。上六動則成巽，巽，繩也，乾爲歲首，亦以觀巽言之也。

易傳謂十爲數極，又「十年不克征」爲終不可行，而坎之上六「三歲」爲終不得出，若以始終言之，上六，終也，若以三歲言之，三非極數。

内外者，卦之位；進退者，爻之時。

震、巽皆爲木者何？巽之初，草之根也；震之初，木之根也。巽之二、三，木之在上也；震之二、三，草之在上者也。木有柔者，木之草也；草有剛者，草之木也。説卦舉一隅爾。

皇甫謐〔一〕謂互體不可取，而論明夷曰：「明久傷則坎體復，而師象立矣，得非武王以之

〔一〕「謐」，原作「必」，據四庫本改。

乎？」不知明夷九三互有坎體，師象已見，乃成「南狩」。

易曰「剛柔相摩，八卦相盪」，先儒謂陰陽之氣旋轉摩薄，乾以二、五摩坤成震、坎、艮，坤以二、五摩乾成巽、離、兑。故「剛柔相摩」，則乾、坤成坎、離，所謂卦變也。「八卦相盪」，則坎、離卦中互有震、艮、巽、兑之象，所謂互體也。

王弼譏互體、卦變，然注睽六二曰「始雖受困，終獲剛助」，睽自初至五成困，此用互體也。注損九二曰「柔不可全益，剛不可全削，下不可以无正」，初九已損剛以順柔，九二履中而復損己以益柔，則剥道成焉，此卦變也。故王昭素難弼曰：「若九二損己便成剥道，則初九損剛，九二弗損，合成蒙卦。」

三者，易之極數也。小成之卦三，大成之卦六，六即三也。故雜卦反對，陽生者六，陰生者六，而卦變本於陰陽所生十二卦，他卦之變本於十二卦往來升降，而成所謂「旁行而不流」。或者復以八卦所生變六十四卦解之，不知其變具於十二卦中。師道不立，有不知而作者也。

劉曰：「乾爻辭易，睽爻辭怪，坎爻辭僻。」所謂辭易、辭怪、辭僻，所謂辭有險易也。漸，虞曰否三之四，圖亦然。

漸之成卦在六四一爻，漸者，否三之四，柔進得位，往承五而有功。虞以四爲婦，漸巽上艮下，有男下女之象，故其卦以夫婦明相交之義。

虞謂三動離毁，上之三成既濟，誤也。九五「婦三歲不孕」者，天地不交之時。六四「柔進得位，往有功」，則既交矣。六四婦貞，九五之所願得也。如明夷上六，初登于天，離明出地上以明，後入于地，此之謂曲而當。

九五言陵，亦借否象言之。艮爲山，巽爲高，大阜之象。

上九，極矣，而言陸者，明進退也。

虞氏論象太密，則失之於牽合，而牽合之弊，或至於无説，此可删也。

説卦不論進退、往來、上下、内外，則不足以明周流六虚矣。

漸有進退之象，故諸爻以鴻明之。

豐，虞曰從泰二之四，又曰從噬嗑上來之三，今圖從泰。

豐象不取二之四爲義，而以兩體明之，曰「明以動故豐」。

星月之光，皆離之陽也，故坎、離以中相易，而賁「分剛上而文柔」。

輔嗣以初九配在四，初、四俱陽爻，故曰均。

輔嗣以九三應在上六，志在于陰，亦未足免於闇也。横渠云欲絶去上六，亦此意也。

輔嗣以九四陽居陰，「得初以發夷主，吉」，諸儒皆不以得初發夷主，蘇氏用之。

輔嗣以六五以陰之質來適尊陽之位，能自光大。

輔嗣以上六以陰處極而最在外，不履於位，深自幽隱絶跡深藏者也。

蘇氏曰六五、上六，處上而闇者也。初九、六二、九三、九四，處下而明者也。案豐本泰卦，二之四成豐，所謂九四即乾之九二往而成離者也，故皆有明象，五、六本坤陰，故皆有闇象。

初九配四與上同，然以初因適五，五亦求陽。爲均則不同，蘇氏言五求陽，然一陰納二陽，不得爲均。

四適五，五爲「夷主」，謂九四當位，則明照天下，似通乎象矣。

六五「來章」爲虚己以來二，陽謂之來者，我來彼也，勝於輔嗣。

肱，輔上體者也，此象越諸儒之表。

蘇氏曰「來二陽則陰陽交錯而成章」，亦論象矣。

横渠凡言往者，皆進而上，知此象者也。

涑水以六二蔀覆幽塞不見知於人，張弼以巽爲蔀。案震、巽爲草莽，上與坤交，亦有蔀之象。然則「豐其蔀」、「其旆」、「其蔀」、「其屋」，皆就本爻言之。輔嗣曰「蔀，覆曖鄣光明之物」，又略例曰「大闇之謂蔀」。鄭康成作「菩」，云「小席也」。陸希聲曰：「茂盛周匝之義也。」案坤爲冥闇，震、巽爲草莽，豐之離在震、巽之下，而交於坤，是明爲草莽周匝蔽蔀之象。

天文東方三十星爲蒼龍，南方六十一星爲朱鳥，西方五十星爲白虎，北方二十三星爲玄武。蒼龍、白虎、朱鳥、玄武相望而跱，勾陳六星在紫宮中，騰蛇二十二星在營室北。營室，天子之宮，皆中宮經星也。二十八舍經星隨天右行，一歲三百六十五度，北斗魁、杓隨月而建左行。以正月言之，蒼龍在寅，白虎在申，朱鳥在巳，玄武在亥，勾陳在丑，騰蛇在辰，斗杓隨月，是以蒼龍正在寅，二在卯，三在辰，其餘五位隨天而改。

孟喜、京房之學，其書槩見於一行所集，大要皆自子夏傳而出。

鄭氏傳馬融之學，多論互體。

陸績之學始論動爻。

胡旦論豐上六曰：「乾極則悔，泰極則隍，豫極則冥，萃極則歎，履考祥而元吉，賁白色而无咎，井勿幕而有孚，艮敦艮而厚終，人道之美可不念哉。」

如明夷之飛爲小過之鳥，井之乾爲初九之禽，豐之乾爲上六之翔，皆取離卦一爻爲象。

儀禮少牢饋食「資黍」注云「今文資作齎」，今易文「齎」，注作「資」解，則齎、資古通用也。

説文「卦，筮也」，徐鉉曰「從掛省」，章督曰「掛之牆壁以觀其兆」。案筮宅儀，主人北面，命筮者在主人之右，筮者東面抽韇執之，南面受命，既命，筮人許諾，北面而筮，卦者在左，畫爻，卒筮，執卦以示命筮者，命筮者受，主人視，反之東面旅占，卒，進告于命筮者與主人，則畫爻掛之旅占，其從否當從掛省矣。

巽爲繩，汲水爲「繘」，九二「汔至」，此未及泉也。自二至四，有反巽之象，故又爲「亦未繘井」，言未收繘而至井也。荀爽解中孚曰「兩巽對合，外實中虚」，則古人取象有用反卦爲象者，於此可見。

井初六「井泥不食，舊井无禽」者，乾之初九去而坤之六五來也。九二「井谷射鮒，甕敝漏」者，動而求則乖也。九三「井渫不食」者，正可任也。「爲我心惻，可用汲」者，上六病也。「王明並受其福」者，九三進也。六〔一〕四「井甃无咎」者，陰守正也。九五「井冽寒泉食」

〔一〕「六」，原作「九」，據井卦畫改。

者，乾之初九位中正也。上六「井收勿幕」者，上六安位可戒也。「有孚元吉」者，上六下而汲，九三引而上，則功乃大也。

乾爲美，又爲嘉，嘉，美之至也。乾坤合德，乃有是象。

坎，北方也，其色玄者，赤黑也。赤者，乾陽也；黑者，坤陰也。其在藏爲腎，腎有二，左腎藏精，陽也，右腎藏血，陰也。其在卦爲坎、兑，坎，陽也，兑，陰也。

乾，金也，兑又爲金。坎，水也，兑又爲澤。艮，土也，坤又爲土。震，木也，巽又爲木。離，火也，火藏於木。以此見无一物不具陰陽者。

爻有一爻而取兩象者，丁寧重複而非繁也，鼎之初六取「顛趾」、「出否」，又取「得妾以其子」，皆喻得人。

亨有就卦體言之，不論應與者，震亨、兑亨是也。

虞曰：「陽爻三十六，陰爻二十四，三爻一百二十，曰三百者，舉大槩也。」

易傳曰：「乾坤之變爲巽、艮，巽、艮重而爲漸，在漸體而言，中二爻交也，由二爻之交，然後男女各得正位。」觀此則伊川亦用卦變矣。

剛柔相推，推移也，剛柔之爻相推移則變化生。

或曰：坤爲民者，謂全坤也。曰：不然也。陽卦一君而二民，陰卦二君而一民。君，乾也，民，坤也，豈謂全坤、全乾哉。

一元之氣變爲四時，人自嬰兒、少壯、老耄、死亡，亦止於四變。

荀爽九家集解「坎爲狐」，子夏傳曰「坎稱小狐」，孟喜曰「坎，血〔一〕也，狐穴居」，王肅曰「坎爲水，爲險，爲隱伏」，物之在險〔二〕，穴居隱伏，往來水間者，狐也。

乾爲馬，坤陰變之爲牝馬，此通一卦之象言也。乾六龍，而於卦象不言者，乾散爲三百八十四爻之象也。

乾卦取象自坤變，積坎成乾，又逐爻變，初變巽，二〔三〕變離，三變兑，四變巽，五變離，上變兑。坤卦取象自乾變，姤積而成坤，又逐爻變，初震積而成乾，言乾坤无首尾也。

「正」字足以盡貞乎？曰：不足以盡之。貞有堅固守正之意，有以守柔爲正者，有以守剛爲正者，有雖柔也，當堅守乎其剛，所謂用六也。元亨利貞四者，皆周流圓轉，以盡易之

〔一〕「喜」，原作「素」，「血」，原作「六」，據本書卷九改。
〔二〕「險」，原作「狐」，據本書卷九改。
〔三〕「二」，原作「一」，據四庫本改。

用，故非知變不足以盡之。或厲、或悔、或吝，不善用之者也。

聖人既畫卦，如畫陽三爻也，命之曰乾，乾，健也，健一字足以盡三畫之義，而乾之中又包元亨利貞四德，此四字亦聖人圓融會合以形容其用，如明道要忠恕合爲一字，終不能也，聖人以仁字合而言之。

王肅曰：「西南陰類，故得朋；東北陽類，故喪朋。」荀曰：「陰起午至申，得坤之一體；陽起子至寅，喪坤之一體。」京曰：「女既嫁，降父之服；臣既仕，先公後私。」

斗六星二十六度，天廟也。危二星十度，冢宰之官，主邑居廟堂祭祀之事。又曰北方入冥，而天形也，爲祠、爲廟。北方，鬼神之府，幽暗之方。

乾、坤之變同生於震，何也？乾自震變，坤亦自震變，此迎之莫見其首，隨之莫見其尾也。先天坤生震，震生離，離生兑，兑生乾，乾生巽，巽生坎，坎生艮，艮生坤，坤復生震，此大易之祖也，故於乾、坤象之。

乾一變復，坤一變姤，獨乾又一變巽，再變離，三變兑，與坤不同，何也？三、五之變，八卦皆同，而始於乾，故於乾盡之，尊卑等也。

明夷，傷也，傷者必有所過，故明夷變小過。訟者，不信也，信則无訟，故訟變中孚。

乾貞於子而左行，今占家自子至戌順行六位。坤貞於未而右行，今占家自未至巳逆行六位。

有因前爻之動以爲象者，如咸九五「咸其[一]脢」，明夷之二「夷于左股」。

離爲日，坎爲月。離，乾體也，而坤索之；坎，坤體也，而乾索之。乾，天也，日月得乎天之理，是以久照。乾，陽也，坤，陰也，陰陽之精互藏其宅，是以不息。日行天之一度者，坤體也；月行天之十三度有奇者，乾體也。日月十二會，會必於二十八舍者，乾坤之合也。同道則食，相望則薄，精不可以貳也。既午則昃，已望則食，中不可以過乎。

乾坤三變而成六卦，乾一陰下生，三變而成六卦，坤一陰下生，三變而成六卦。乾卦二陰下生者，六變成十二卦，坤卦二陽下生，六變成十二卦，六變亦三也。乾卦三陽下生者，六變成十二卦，坤卦三陽下生，六變成十二卦，大抵皆三以變也。

五陰一陽自復來，一爻五變成五卦；五陽一陰自姤來，一爻五變成五卦。四陰二陽自臨來，五復五變成十四卦；四陽二陰自遯來，五復五變成十四卦。三陰三陽自泰來，三復

[一]「其」，原作「在」，據咸九五爻辭改。

三變成九卦；三陽三陰自否來，三復三變成九卦。大抵皆五以變、三以變也。卦以剛柔升降通内外之變，遂成天地之文也。

九，極陽也；六，極陰也。九、六相變，陰陽迭用，遂定天下之象，此制器者所以尚象也。

易无思也，无爲也。「寂然不動」，太極未分時也。「感而遂通天下之故」，兩儀、四象、八卦生吉凶也。

仁者見其静則謂之仁，智者見其動則謂之智，君子之道則合仁與智。

策以十六合十二則二十八者，少陰之策也。二十四合三十六，五十也；二十八合三十二，亦五十也，非大衍五十而其用四十有九乎？

剥五陰潰於内，猶魚爛也。復一陽自外來而復於内，則亂極而反正〔一〕也。玄曰：「陰不極則陽不芽。」

王弼注賁曰「坤之上六來居二位，柔來文剛之義也。乾之九二分居上位，分剛上而文柔之義也」，此即卦變也，而弼力詆卦變，是終日數十而不知二五也。

〔一〕「正」，原作「曰」，據四庫本改。

至隱之中，萬象具焉，見而有形，是爲萬物。人見其無形也，以爲未始有物焉，而不知所謂物者，實根於此。今有形之初本於胞胎，胞胎之初源於一氣，而一氣而動，絪緼相感，可謂至隱矣，故聖人畫卦以示之。一畫之微，太極、兩儀、四象、八卦无所不備，謂之四象，則五行在其中矣。

太極者，陰陽之本也。兩儀者，陰陽之分也。四象者，金木水火土也。八卦者，陰陽五行布於四時而生萬物也。故不知八卦則不知五行，不知五行則不知陰陽，不知陰陽則不知太極，人孰知太極之不相離乎？不知太極則不可以語易矣，故曰「易有太極」。

乾納甲、壬，甲子、甲寅、甲辰而闕甲午、甲申、甲戌，於壬亦然；坤納乙、癸，乙未、乙巳、乙卯而闕乙丑、乙亥、乙酉，於癸亦然者何？此納甲也，非納音也。納音則十日、十二辰合而成聲，納甲則八卦納十干，而十二辰各從其一。亥、子水，辰、戌、丑、未土，寅、卯木，巳、午火，申、酉金，不以納音論也。甲、壬得戌、亥者，均謂之乾，不以其甲子、壬子也；乙、癸得未、申，均謂之坤，不以其乙未、癸未也。故論乾則甲子、壬子同，甲寅、壬寅同，甲辰、壬辰同，甲午、壬午同，甲申、壬申同，甲戌、壬戌同；論坤則乙未、癸未同，乙巳、癸巳同，乙卯、癸卯同，乙丑、癸丑同，乙亥、癸亥同，乙酉、癸酉同。

或曰：「參伍以變」者，乾一變姤，二變遯，三變否，四變觀，五變剥，此伍以變也，五變極矣。故四變晉，下體復乾爲大有。又乾一變巽，二變離，三變震，三變極矣。故四變兑，五變坤，六變坎，復三變，又七變艮。是乎？曰：非也，三、五不相離也。五者，參天兩地而倚數。三，極數也，而具五行，小衍也，三在其中。以重卦論之，乾三變坤，姤巽也，遯艮也，否坤也，參以變也。四變觀亦巽也，五變剥亦艮也，伍以變也。伍以變則復以三變，故艮變離，下體坤復變爲乾，亦三變也。以大〔一〕有卦論之，乾一變巽，二變離，三變震，三以變也。次自中二爻變而下，故四變兑，五變坤。次自中爻變而上，故六變坎，七變艮。二即五也，初自下爻三變，即前參以變也。次自中爻下而二變，次自中爻上而二變，即前伍以變也。參去伍、伍去參，皆不能變，此三所以爲極數，五所以爲小衍也。天地之運也，陰陽三五，一五而變爲七十二候，二五而變爲三十六旬，三五而變爲二十四氣，凡三百六十五，周而復始，日月軌度積於餘分，或以參綜伍，或以伍綜參，交錯而行者也。

〔一〕「大」，原作「小」，周易只有大有卦，故改。

長女東南，中女正南，少女正西，母西南，長幼相次，三女夾母而處，親之也。父西北，中男正北，少男東北，長子正東，長子代父，二子隨行而立，尊之也。親之故同養，尊之故異宮，父母位嚴，男女異長，天地萬物之理則然矣。

劉牧畫圖，爲乾者四，爲坤者四。乾天左旋，坤地右轉，乾坤上下自然相交而成六子，則非數策之義也。

氣聚爲精，精聚爲物，形始化曰魄，氣能動曰魂。傳曰「心之精爽是爲魂魄」，子産曰「人生始化曰魄，既生魄，陽曰魂」。及其散也，形散而魄散，氣散而魂散，故季札曰「魂氣則无不之也」。魄，陰也，魂，陽也，陰陽轉續，觸類成形。聚者不能無散，散者不能無聚，屈伸相感，陰陽之變也。神，申也，其氣聚而日息；鬼，歸也，其氣散而日消。物，其形也；散，其情也。然則氣何從生乎？曰：太虚者，氣之本體，人容也，動則聚而爲氣，静則散爲太虚，動静聚散，有形無形，其鬼神之情狀乎。太史公曰「儒者不言鬼神而言有物」，何也？曰：人之死也，各反其根，體魄，陰也，故降而在下，魂氣，陽也，故升而在上，升則無不之矣。今也魄降而氣不化，非物而何？所以不化者，物欲蔽之也。子産曰：「其用物也洪矣，其取精也多矣。」故聖人死曰神，賢人死曰鬼，衆人死曰物。聖人清明在躬，志氣如神，故五帝配上帝，傳説上比列星；賢人得其所歸；衆人則知富貴，生而已，其思慮不出於口腹之間、衽席之上，誇張於世，以自利焉，物欲蔽之，不能自反其初，故謂之物。然物之乘間而出，豈離乎五行哉？五行即陰、陽二端也。故管輅論杜伯、如意、宋無忌，皆以五行推之。今人行氣中，或聞鬼哭，或聞鬼呼，其人逢之，愕然忤視，俄且化矣，謂誠有是也，而不知氣也，非氣之不化者乎。觀此，則知鬼之與物矣，謂鬼爲物，察之而未至也。

蓍四十九，總而爲一，參天也，分而爲二，兩地也。掛一者，參天也；揲之四者，兩地也；歸奇於扐者，兩地而又參天也。四者，七、九、六、八也。七者，少陽；九者，老陽；八者，少陰；六者，老陰。三變而成爻，十有八變而成卦。三變者，參天也；十有八變者，兩地也。故曰：「觀變於陰陽而立卦。」三變者，參天也；五變者，參天而又兩地也。變而上，三變而兩；變而下，兩變而三。上下无常，變動不居，故曰「發揮於剛柔而生爻」，曰「發揮」、曰「生」者，言變動也。陰、陽，天剛地柔也。立卦之前象未著，故曰陰、陽，以立天道也；立卦之後象乃見，故曰剛、柔，以立地道也。陰陽，用也；剛柔，體也。用之謂道，體之謂德，體用無間，和會爲一。順而行之，則動静語默皆得其宜，故曰「和順道德而理於義」。天地萬物共由一理，其理順而不妄，深明其源，乃能一天人，合内外，體用无間矣，此之謂盡性。盡性則通晝夜之道，而知其於窮達壽夭，以正受之，不貳其心矣，此之謂立人道。道德有義，性命有理，義也、理也，同出於一。

太極者，中之至也，天地之大本也，所以生天地者也。天地分太極，萬物分天地，人資天地之中以生，觀乎人則天地之體見矣，故曰「惟皇上帝降衷于民」。而人之心者，又人之中也。「寂然不動」，太極含三也。「感而遂通」，則天地位矣，萬物育矣。自一歲言之，冬至也。自一日言之，夜半也。此太玄八十一首所以起於中歟。

小過者，明夷初之四，二卦相因而成。明夷初九曰「明夷于飛」，小過彖曰「飛鳥遺之音」。

震爲出，巽爲入者，以陽爲主也。自坤出震成乾，自乾入巽成坤。消息盈虛，與時偕行。出者，升也；入者，降也。

鬼神，无形者也，而曰乾爲神，坤爲鬼，何也？曰：鬼神者，天地之用，二氣之良能，不可以形求者也。聖人仰觀俯察，四時之運，日月之行，寒暑晝夜，一幽一明，萬物由之以死，由之以生。故寓之於乾、坤，萬物資始於乾，資生於坤，莫不有天地之體，而各有所本。本於天者，動物也，故以呼吸爲聚散之漸；本於地者，植物也，故以陰陽升降爲聚散之漸。聚之謂生，「精氣爲物」也；散之謂死，「遊魂爲變」也。其始生也，氣日至而滋息，至之謂神，以其申也；及其既盈，氣日反而遊散，反之謂鬼，以其歸也。天曰神，地曰示，人曰鬼神。示者，歸之始也；人鬼者，來之終也。寒來則暑往，夜盡則晝明。屈伸相感，生生不窮，而亦未嘗死，未嘗生。聖人以此觀天地，以此知死生，以此知鬼神。天地也，人也，鬼神也，一而已矣。管仲曰：「流行於天地之間謂之鬼神，藏於胸中謂之聖人。」

坎，北方卦也，冬至坎始用事，陰氣方難，水凝地坼，而物生亦難，陽陷乎陰中也，故坎爲險難。又爲勞卦者，坎用事則水歸其澤，物歸其根，勞也，故坎水上行亦謂之勞，井「勞民勸相」是也。

至者何？往者以外爲至，來者以内爲至。

伊川易傳損六三曰：「三陽同行，則損九三以益上；三陰同行，則損上以爲三，三人行則損一人也。上以柔易剛而謂之損，但言其減一耳。上與三雖本相應，由二爻升降而一卦皆成，兩相與也。初、二二陽，四、五二陰，同德相比，三與上應，皆兩相與，則其志專，皆爲得其友也。」傳言「損三益上，損上爲三，以柔易剛，二爻升降」，此正論卦變也。

橫渠易解損六三〔一〕、上九曰「六三本爲上六」、「上九本爲九三」，解益曰「否卦九四下而爲初九，故曰天施地生，又曰損上益下，又曰自上下下」，則橫渠言卦變矣。

蘇氏解需「光亨」曰「光者，物之神也」，此關子明之説也。或問：神曰日月在上，其明在地，夫日月之形，其大如盤盂，光之所燭，被乎萬物，非神乎？蓋神難言也，故以光形容之。君子動而有光，廣大无所不及，故易言「未光」，未光大者，皆狹且陋也。

訟，反需者也。需四之五，剛往而得位，二陰避之，故曰亨；訟三之二，剛來而失位，二陰塞之，故曰窒。需有孚而亨於外，故物需之；訟有孚而窒於内，故己訟之。

或曰：乾當在上，處乎下則必升；坤當在下，處乎上則必降。此言否、泰可也，於訟、无妄不通矣。訟四剛來而得中，无妄曰「剛自外來而爲主於内」，二卦陽爻皆四畫，蓋訟者，遯三之二，无妄者，遯三之初，凡言來者，皆自外來，初、二視三則外矣。

小畜以陰畜陽，惟九三一爻受畜，所畜者寡矣。履以柔履剛，六三不有其位，履之而不處也。

〔一〕「六」，原作「九」，據損卦畫改。

王弼謂比九五爲比之主，而有應在二，顯比者也。比而顯之，則所親狹矣。則以不變論易。於初六言處比之首，應不在一，心無私吝，則莫不比之，故於九五應二則言其狹也。天地之間，陰必比陽，未有无應而相比者。初六不變則缶虛而不汲，失「有孚盈缶」之象矣。三驅之禮，禽逆來趣己則舍之，背己則射之，顯比也，雖有愛惡，而愛惡出於彼之來去，吾豈容心哉。三苗逆命，禹乃徂征，不比也。七旬來格，舜則捨之，顯其比也。比之與否，舜、禹非私也，用中之道也。若曰顯比非大人之吉，此可以爲言所使，使之者誰歟？舜命禹征，亦使之也。

「咥人」，胡旦云「咥」當作「齸」，音垤，齧堅聲也，古字與「咥」通用。

附録三　漢上先生履歷

除春秋博士告詞

敕迪功郎朱震：孔子曰「吾志在春秋」，又曰「知我者其惟春秋乎」，是經之不用於世，果遵何説哉？朕比詔立學官，用以取士。命汝往處師席，爾其推明三家之同異，與諸生切磨，以求合於聖人之意。罔俾漢儒專以名家，則稱朕旨。可特授依前官守太學春秋博士。

靖康元年五月九日

除太學春秋博士告詞

敕宣教郎朱震：孔子作春秋而亂臣賊子懼，豈特當時爲然？使千百載之後，猶凛然畏之，此經所以久鬱而不明也。朕比命列子博士，訓迪諸生。爾以脩潔詠洽而膺是選，必能明聖人作經之旨，使學者有攷焉。勉稱厥職，予則汝嘉。可特授依前宣教郎太學春秋博士填見闕。

靖康元年十月二十日

除祕書郎告詞

敕宣教郎太學博士朱震：中祕讎書，極天下豪俊之選。異時貴臣用事，至參用醫、卜之流，牛、驥同群，可爲太息。肆朕初載，遴柬儒術之英。爾以文藝有聞，首寘茲選，進與群髦之列，益觀未見之書。三篋已亡，且詢安世，勉思刻厲，將有試焉。可特授依前宣教郎祕書省校書郎。

靖康元年十一月六日

除祠部員外郎告詞

敕左宣教郎朱震：朕旁求俊乂，列寘文昌，非徒使之分職率屬，允釐庶事，而衆正在位則朝廷自尊。爾涉道精淳，存心樂易，强學力行，白首不衰，聞望之休，溢於予聽。嘉其敷奏之美，喜見德人之容。郎選甚高，祠曹務簡。往共乃職，體朕眷私。可特授依前官守尚書祠部員外郎。

紹興四年十月五日

除祕書少監告詞

敕左奉議郎守尚書祠部員外郎朱震：朕惟否、泰二卦，論君子、小人消長之理甚明，或者謂消長繫乎時數，此大不然。「上下交而其志同」，於時爲泰，故君子「以其彙征」。「上下不交而天下無邦」，於時爲否，故「君子以儉德避難」而已。爾學古通經，特立守正，粹然君子人也。固窮鄉閭，累經除召，今者惠然肯來，就我榮禄，朕以爾之避就卜時，否、泰其庶幾焉。蓬山寶藏，乃今日養才之地也。用爾爲貳，蓋不徒然，朕知爾舊矣，奚俟深訓。可特授依前官試祕書少監。

紹興五年二月十六日

除祕書少監兼侍講告詞

左奉議郎試祕書少監朱震：可特授依前左奉議郎試祕書少監兼侍講。左朝奉大夫守宗正少卿兼直史館范沖等：學之爲王者事，其已久矣，雖二帝、三王，蓋嘗汲汲於此。朕於國家多艱之際，不廢祖宗故事，爰命儒學之臣環侍，便坐講經史，敷求政禮以廣聰明。爾等操履端方，學問詼洽，通今古，達於治亂之原，其必有裨吾不逮。宜自卿監之聯，兼陪經幄之職，益思報稱以副旁求。可依前件。

紹興五年閏二月五日

轉承議郎告詞

敕左奉議郎試祕書少監兼侍講朱震：朕纂極之初，推曠蕩之澤，士大夫京秩而上，例進一等，蓋祖宗舊制也。爾方投閑在遠，積有歲年，而恩未霑及。恬退之風，有足嘉者。序進厥官，往其祇服。可特授左承議郎依前祕書少監兼侍講。

紹興五年三月九日

除起居郎告詞

敕左承議郎祕書少監兼侍講朱震：孔子稱「天下歸仁」，曰「非禮勿言，非禮勿動」。人君託于王公之上，一言一動則必記之，是欲克己復禮，俾天下之歸也，設官之意其深矣乎！以爾習於春秋，明乎褒貶，經筵勸講，開益爲多，命爾立螭，記予言動。官分左右，職固不殊。朕知戒非禮之爲，爾其謹必書之職。可特授依前左承議郎守起居郎兼侍講。

紹興五年五月三日

除兼資善堂贊讀告詞

敕左承議郎守起居郎兼侍講賜緋魚袋朱震：朕惟蒙之象曰「山下出泉，蒙，君子以果行育德」。蓋泉之初未有所之，如人之蒙未知所適。泉決之東、西，蒙導之邪、正，亦惟其人而已矣。以爾純白内備，博見洽聞，羲易麟經，尤所精貫。華光勸講，宏益滋多。方開學於南宫，久注心於舊德。贊讀資善，汝往惟諧。既正朕之不難，宜誨蒙之無倦。兼職雖衆，應用莫窮。勿嫌拜賜之頻，實緊稽古之力。其益懋哉！可特授依前官兼侍講兼資善堂贊讀。

紹興五年六月三日

除中書舍人兼資善堂翊善告詞

敕：昔者周穆繼南征之後，無討賊之心；逮乎平王爲東遷之君，無興復之志。觀其告命，泰然與成、康之世無異，君子是以知周德之衰矣。烏乎！有能宣吾惻怛難喻之情，如建武奉天詔書，以助中興之功者乎？左朝奉郎守起居郎兼侍講兼資善堂贊讀賜緋魚袋朱震，學博而造深，行和而志正。以道獻替，簡于朕心。陞擢綸誥之司，仍卒金華之業。尚賢西學，諭教如初。夫士以得君爲難，而朕之知汝者厚矣。論思潤色，尚往欽哉。必無媿於古人，乃有辭於永世。可特授依前官試中書舍人兼侍講兼資善堂翊善。

紹興五年八月十七日

轉朝散郎告詞

敕：典謨訓誥，皆上古之書。筆削春秋，著先王之志。其文雖史，垂世爲經。朕仰奉孫謀，恭繩祖武。覽裕陵之實録，悼私史之謗言。譬夫氛祲之興，或掩昭回之象。乃詔群彦，同次舊文。左朝奉郎試中書舍人兼侍講兼資善堂翊善賜紫金魚袋朱震，學貫九流，趨皇極會歸之要，識深五傳，窮古人述作之原。頃預編摩，克嚴去取。兹閲奏篇之上，彌嘉汗簡之勞。十九年之勳德既昭，千萬世之楷模斯在。祖宗有慶，非出朕私。爵秩所加，式爲爾寵。名附不刊之典，實彰有永之辭。可特授左朝散郎，依前試中書舍人。

紹興五年十月七日

轉左朝請郎告詞

敕：朕惟帝王之治，求端於天。是以察璿璣者協時月正日，陳洪範者省歲月日時，本天理而時措之。後王用智力而持世，曲學判天人爲兩途。凡曆象授民之妙，散爲術家。至於閏餘失次，攝提無紀，以爲是固然，而不知其拂天害民，亂之大者也。左朝散郎試中書舍人兼侍講兼資善堂翊善賜紫金魚袋朱震，學深象數，智潛幽眇，會於道要，得其本原。屬曆法之有差，視筭家而參正。成書來上，七政以齊。雖史遷之起太初，子雲之明三統，不得專美，予用嘉之。序進一官，少旌勞績。是謂德賞，往其欽承。可特授左朝請郎，餘依前。

紹興五年十月二十二日

除給事中告詞

敕：自昔有事，殿内之臣不過侍左右、掌顧問而已。然猶遴擇名儒，以充此選。矧今萬務出入，皆屬東臺。時當艱危，動關興廢。其或行事不協于中，任官不厭于衆，雖有君命，皆得駮而正之，其職可謂重矣。肆求聞人，今以命汝。左朝請郎試中書舍人兼侍講兼資善堂翊善賜紫金魚袋朱震，學際天人，識窮理亂，年德俱懋，望實素隆，演誥西垣，榮問益暢，進司瑣闥，公議允諧。夫糾其乖違，俾庶政孚于群聽；審其奏述，使下情得而上通。則朕爲得人，而汝爲稱職，豈不休哉？可特授依前左朝請郎試給事中，餘如故。

紹興六年正月十六日

轉左朝奉大夫告詞

敕：朕深惟國本，茂建宗支。朝夕端士之親，冀性習於爲善；博約前言之識，俾學富於多聞。聿就終篇，可無褒律？翰林學士左朝請郎知制誥兼侍讀兼資善堂翊善賜紫金魚袋朱震〔一〕，心潛六藝，文貫九流。廷論倚如蓍龜，正人賴爲領袖。雍容視草，何獨潤色之工；密勿告猷，備罄論思之益。屬宗藩之諭教，嘉術業之嚮成。疇稽古之勤，既車服之是錫；懋增秩之渥，抑典故之具存。尚堅調護之功，用究師儒之效。睠予耆艾，奚假訓詞。可特授左朝奉大夫依前翰林學士知制誥，餘如故。

紹興六年十一月三日

乞宫觀差遣不允詔

敕：朱震省劄子奏乞除一在外宫觀差遣，事具悉。朕以王教存乎篇籍，方儒學之是咨，老成重於典刑，實朝廷之所賴，故詳延於瓌碩，以參斟於古今。鄉道術深明，文辭英妙。耆名高義，足以爲群士之羽儀；博物洽聞，足以備一時之訪問。禁林遞直，歲律載周。侍經幄之燕間，謹宗藩之訓導。國僑潤色，非有官職之甚勞；陸贄腹心，尚倚神明之克壯。奉身而退，匪朕所聞。其體睠懷，毋重來請。所請宜不允，仍不得再有陳請。故兹詔示，想宜知悉。

〔一〕「震」，原爲避諱闕字，以意補之，下均同。

再乞宫觀不允詔

卿文足以達意，學足以明理，行足以正人。兼是三者，故處以視草横經之地，且使從吾嗣子之遊，既有年矣。遽覽奏章，引疾丐外，辭意甚切，朕爲之動心焉。夫德齒俱懋，固平日之所尊；氣體失平，亦老者之常事。姑務休養，以期清明。使朝廷之所寶惟賢，則四方必仰朕之德，豈小補哉？所請宜不允，故兹詔示，想宜知悉。

辭免翰林學士不允詔

敕：朱震省所奏辭免翰林學士知制誥恩命，事具悉。昔陸贄爲學士，國有大政，參裁可否。興元戡難之功，實多文懷之助。卿學造壼域，識通繫表；文章典雅，無愧昔人；議論堅明，有補當世。越朕初載，杖策軍門，誼先國家，節貫華皓。老成在服，厥有典刑。俾代予言，以紓素緼。豈特資其討論潤色之益，亦將託以腹心耳目之寄焉。尚執謙撝，殆非所望，亟共乃服，毋復費辭。所請宜不允，故兹詔示，想宜知悉。

再乞宫觀不允詔

敕：朱震乞除在外宫觀，事具悉。鄉學高諸儒，名映一代。從朕艱難之際，實惟舊人；藹然德義之風，信於多士。契闊累歲，登崇近班。大册高文，佐時戡難。博物彊記，益朕多聞。國有老成，衆無異論。朕方知九德之行，灼見三俊之心。庶無遺材，用齊多故。雖山林隱居之士，尚當結綬而來；顧朝廷領袖之賢，乃欲奉身而去。況神明之克壯，何疾病之可言？覽觀來章，殊咈朕眷。勉安厥位，毋復有云。所請宜不允，故兹詔示，想宜知悉。

辭免建國公聽讀尚書終篇恩命不允詔

敕：朱震所奏辭免轉一官恩命，事具悉。朕擇本支，以隆國勢。修勸導而備官司，其有成勞，可無褒命？卿經術深懿，獨高諸儒；德性純明，自傾多士；爲時耆舊，適副簡求。日陳道義之言，助予詩禮之訓。肆稽故事，以寵畢章。朕方擢先王厲世之規，通天下赴功之志，雖疎遠之吏，摽末之庸，並録不遺，以勸爲善，況如卿者，其可辭乎？何爲上書遽求反，令固難曲徇，其趣欽承。所請宜不允。

再辭不允詔

朕以卿道藝深明，行能高妙，傳授經業，訓迪宗藩，俾通上古之書，宜從增秩之賞。而乃屢陳悃愊，力避寵榮。夫尊賢顯功，蓋人主馭臣之柄；而難進易避，亦師儒厲俗之規。使勤勞而見知者，尚或固辭；則虛僞而幸進者，庶幾有恥。豈惟勉從於爾志，抑亦少勸於士風。載亮沖懷，不忘嘉歎。

乞宫觀不允詔

朕寤懷英賢，共圖康濟，雖山林隱逸之士，尚不倦於招徠，矧朝廷耆艾之儒，豈忍使其輕去？卿學窮聖域，行允廷僉，論必據經，文推華國。揚歷禁塗之久，備觀辰告之忠。不獨朕知卿之既深，亦惟卿守義之甚固。老成在列，多士朋來。胡爲抗章，遽欲引退？與其潔身而辭位，希廉士之風；孰若盡道以致君，卒賢人之業。勉體至意，毋重有陳。所請宜不允。

贈官告詞

敕：死生之道，通乎晝夜，達者以爲當然；君臣之義，篤於始終，有國以爲令典。逮此告終之問，敢忘哀贈之恩。故翰林學士左朝奉大夫致仕長林縣開國男食邑三百户賜紫金魚袋朱震，蚤以詞華，亟躋膴仕，晚由學術，荐更禁塗。驚怛化之無常，悵徽音之如在。子有憖遺之感，人懷殄瘁之悲。攷於故常，申此贈典。百身可贖，興懷不朽之規；一鑑云亡，徒有無從之涕。精爽不昧，宜歆此恩。可特贈左中大夫，餘如故。

紹興八年七月三日

回朱八行子發啓胡文定公安國

薦章交剡，公議甚孚。凡屬俊游，共欣榮問。學正八行，賦才雄鶩。受業精通，手披萬卷之書；要歸卓約，筆掃千軍之陣。恥尚浮華，有言必務於躬行，所得多繇於心了。家庭素履，豈求聞達之方；郡國諸侯，樂任賓興之職。夜鶴不驚於佩帳，大鵬正假於扶摇。言念迂愚，久敦情好。論交莫逆，固蘄美譽之彰；讒沸誤吹，初絶游談之助。盍相忘於微笑，尚伸貺於長牋。過形引重之詞，彌服推先之義。然賢者名高而責備，物情利及而争歸。聖門之實學，難窮人境之虚榮易惑。平居把袂，最欽松桂之姿；得路彯纓，更礪冰霜之節。證明吾道，倚杖英摽。

祭文

維紹興八年，歲次戊午，七月庚申朔十七日辛丑，左朝散郎試尚書吏部侍郎兼詳定一司敕令晏敦復，左朝散大夫試尚書户部侍郎兼詳定一司敕令李彌遜，左中大夫試尚書禮部侍郎曾開左朝請郎試尚書兵部侍郎張燾，左朝奉大夫新除尚書兵部侍郎兼資善堂翊善兼侍講吴圭，左朝奉大夫試給事中兼侍講張致遠，左朝奉大夫試給事中兼史館修撰勾濤，左朝奉郎試中書舍人兼直學士院兼侍講吕本中，左朝請郎試中書舍人樓炤，左朝請郎試中書舍人勾龍如淵，左朝請郎權尚書吏部侍郎魏玒，左奉議郎權禮部侍郎張九成，謹以清酌庶羞之奠，致祭于故侍讀内翰翊善朱公之靈：

惟公老於田畝，困於州縣。白首窮經，意則不倦。視彼世人，奚貴奚賤。不義而得，吾亦不願。一昨召來，遇知明主。金馬玉堂，四涉寒暑。以經決事，隨事有補。位高職卑，亦莫公侮。不傳之要，自得之妙。惟公知之，固世所笑。彼笑何傷，公亦自强。愈老愈壯，雖死不亡。識公日淺，相知則深。公病不起，孰不痛心。涼風應時，白露日侵。薄酒寓哀，公或肯臨。尚饗。

附録四　進周易表

右臣伏奉四月二十九日聖旨，令臣進所撰周易集傳等書，仍命尚方給紙札書吏者。臣聞商瞿學於夫子，自丁寬而下，其流爲孟喜、京房，喜書見於唐人者猶可考也，一行所集房之易傳，論卦氣、納甲、五行之類，兩人之言同出於周易繫辭、説卦。而費直亦以夫子十翼解説上下經，故前代號繫辭、説卦爲周易大傳爾。後馬、鄭、荀、虞各自名家，説雖不同，要之去象數之源，猶未遠也，獨魏王弼與鍾會同學，盡去舊説，雜之以莊、老之言，於是儒者專尚文辭，不復推原大傳，天人之道自是分裂而不合者七百餘年矣。

國家龍興，異人間出。濮上陳摶以先天圖傳种放，放傳穆修，修傳李之才，之才傳邵雍。放以河圖、洛書傳李溉，溉傳許堅，堅傳范諤昌，諤昌傳劉牧。修以太極圖傳周敦頤，敦頤傳程頤、程顥。是時張載講學於二程、邵雍之間，故雍著皇極經世之書，牧陳天地五十有五之數，敦頤作通書，程頤述易傳，載造太和、三兩等篇，或明其象，或論其數，或傳其辭，或兼而明之，更唱迭和，相爲表裏，有所未盡，以待後學。

臣頃者遊宦西洛，獲觀遺書，問疑請益，徧訪師門，而後粗窺一二。造次不捨，十有八年，起政和丙申，終紹興甲寅，成周易集傳九卷，周易圖三卷，周易叢說一卷。以易傳爲宗，和會雍、載之論，上採漢、魏、吴、晉、元魏，下逮有唐及今。包括異同，補苴罅漏，庶幾道離而復合。不敢傳諸博雅，姑以自備遺忘。豈期清問，俯及芻蕘。昔虞翻講明祕説，辨正流俗，依經以立注，嘗曰「使天下一人知己，足以不恨」，而臣親逢陛下曲訪淺陋，則臣之所遇，過於昔人遠矣。其書繕寫一十三册，謹隨狀上進以聞。謹進。

附録五　建炎以來繫年要録（節選）

建炎元年三月辛卯朔

太學博士朱震致仕。震，邵武人也。

紹興二年六月庚寅朔

丁巳。左宣教郎主管江州太平觀朱震爲司勳員外郎。

紹興二年秋七月己未朔

乙丑。給事中胡安國入對，上稱善，安國因薦司勳員外郎朱震。

紹興三年五月乙卯朔

戊寅。新除尚書司勳員外郎朱震依舊主管江州太平觀，震初爲胡安國所薦，故引疾而有是命。

紹興四年三月辛亥朔

戊午。端明殿學士江南西路制置大使趙鼎參知政事，時鼎已召而未至也。上命鼎薦舉人才，鼎即以王居正、呂祉、董弅、林季仲、陳稾、朱震、范同、呂本中上之。

紹興四年九月丁未朔

庚午。左宣教郎主管江州太平觀朱震守尚書祠部員外郎，兼川、陝、荆、襄都督府詳議官。震言：「荆、襄之間，沿漢上下，膏腴之田七百餘里，土宜麻麥，古謂之神皋。若選良將民所信服者，領部曲鎮之，招集流亡，務農重穀，寇來則禦，寇去則耕，不過三年，兵食自足。又給茶鹽鈔於軍中，募人中糴，可以下江西之舟，通湘中之粟。觀釁而動，席卷河南北，以逸待勞之意也。」詔送都督府。震奏以此月壬申行下。時震始入見，上首詢以易、春秋之旨，震以所學對，上大善之。

紹興五年二月乙亥朔

丙子。祠部員外郎朱震試祕書少監。詔布衣陳得一就祕書省別造新曆，令少監朱震監視。

紹興五年閏二月乙巳朔

宗正少卿直史館范沖、祕書少監朱震並兼侍講。

紹興五年三月甲戌朔

丁丑。詔侍講朱震、范沖專講春秋左氏傳，孫近、唐煇仍講論語、孟子，鄭滋、胡交修讀三朝寶訓。上雅好左氏春秋，故擇儒臣講焉。

紹興五年夏四月甲辰朔

壬申。祕書少監兼侍講朱震守起居郎。

紹興五年五月甲戌朔

己亥。貴州防禦使瑗爲保慶軍節度使，封建國公。制略曰：「眷求屬籍，早毓宸闈。迨茲就傅之初，式舉出封之典。」學士孫近所草也。宗正少卿兼直史館兼侍講范沖徽猷閣待制提舉建隆觀兼史館修撰兼侍講資善堂翊善，起居郎兼侍講朱震兼資善堂贊讀，仍賜震五品服。初，上面諭鼎以二人除命，鼎以沖親嫌爲懇，上不從，鼎退，不復批旨。孟庾、沈與求奏其事，雖親筆付出。制曰「朕爲宗廟社稷大計，不敢私於一身。選於屬籍，得藝祖七世孫，鞠之宮中，茲擇剛辰，出就外傅。宜有端良之士，以充輔導之官。博觀在廷，無以易汝沖。德行文學，爲時正人。乃祖發議嘉祐之初，乃父納忠元祐之末。敷求是似，尚有典型。顧質善之方開，史館經筵，姑仍厥舊。朕方求多聞之益，爾實兼數器之長。施及童蒙，綽有餘力。蔽自朕志，宜即安之。」時張浚在潭州，聞建國公當就傅，亦薦沖、震可備訓導，朝論以二人爲極天下之選，或謂浚繇此與鼎始有隙。

紹興五年六月癸卯朔

己酉。是日，建國公初出資善堂，上命見翊善范沖、贊讀朱震，皆設拜。

壬子。起居郎朱震言：「竊見陛下經營荆、楚。控制上流。已命王彦領兵直入江陵，遂與襄陽表裏相應。在兵法所謂先發者制人，誠得禦侮之上策。然一方之民，久罹荼毒，若不優加綏撫，則民未有息肩之期。且如峽州四縣，兵火之後，多用軍功，如胥吏攝知縣，欄頭補鹽税，椎膚剥髓，民無告訴。伏望取峽州、江陵府、荆門、公安軍州縣官闕，令吏部破格差注，或委安撫司别行踏逐可任之人，奏辟一次。庶使德澤下流，民瘼上聞，荆、湖之人，得免塗炭。」乃詔四郡官屬，並令彦具名奏辟，内知通朝廷審量除授。其曾充胥吏人，毋得舉辟及權攝，如違，各科違制之罪。

紹興五年八月壬寅朔

癸丑。起居郎兼侍講兼資善堂贊讀朱震試中書舍人，陞翊善。

紹興五年九月辛未朔

辛巳。中書舍人朱震、徽猷閣待制兼史館修撰范沖以資善堂職事同班入對。

紹興五年冬十月庚子朔

戊午。布衣陳得一造新曆成，賜號通微處士，官一子。中書舍人朱震以監視之勞進秩。太史局官吏推恩有差。

紹興六年春正月己巳朔

癸未。中書舍人兼侍講資善堂翊善朱震試給事中，徽猷閣待制提舉建隆觀兼史館修撰兼侍講資善堂翊善范沖陞徽猷閣直學士，他職並如舊。

紹興六年二月己亥朔

乙卯。給事中朱震言：「國家改官之法，選人六七考，用舉主五員，始改京秩。所以周知民情，練達世務，養之以久，然後舉而任之。近歲戎馬生郊，士多失職，陛下覽群臣之議，給宫廟之禄，待之固已優矣。而又用其考第，求薦於前執政之門，以充舉主五員之數，無乃太優乎。臣愚乞自今而後，有用宫廟年月改官者，須一任知縣，或縣丞補足合用考數，然後兩任官陞知州，一如舊法。不歷州縣者，不得任朝廷之官。若異才實能，朝廷之所擢用者，不在此例。如此則抑僥倖之俗，止奔競之風，施之於政，庶無妄作害民之事矣。」詔吏部勘當。

紹興六年五月戊辰朔

癸酉。給事中兼侍講資善堂翊善朱震兼權直學士院。辛卯。給事中兼侍講兼資善堂翊善兼權直學士院朱震爲翰林學士。兼侍讀仍兼翊善。

蔡州進士謝克念特補右迪功郎，用朱震請也。震言：「臣竊謂孔子之道傳曾子，曾子傳子思，子思傳孟子，孟子之後無傳焉。至於本朝西洛程顥、程頤，傳其道於千有餘歲之後，學者負笈摳衣，親承其教，散之四方，或隱或見，莫能盡紀。其高弟曰謝良佐，曰楊時，曰游酢。時晚遇靖康、建炎之間，致位通顯，諸子世禄。酢仕至監察御史，出典州郡，亦有二子仕宦。獨良佐終於監竹木務，名在黨籍，著於石刻，終身不遇。雖以朝奉郎致仕，奏補一子克己入官，後克己逢巨賊於德安府，舉家被害。一子度嶺入閩，死於瘴癘。一子克念今存，流落台州，貧窶一身，朝夕不給。竊見黨籍諸人及上書得罪，身後無人食禄者，陛下皆寵之以官。良佐之賢，親傳道學，舉世莫及，又遭禁錮而死，諸子衰替，最爲不幸。伏望許依黨人及上書人例，特官其子克念，使奉良佐之祀，以昭陛下尊德樂道之實。」故有是命。

紹興六年六月丁酉朔

辛酉。翰林學士朱震言：「竊見陛下念虔州之民，屢干邦憲，選任郡守，使牧其民，固已得治虔州之策矣。臣謂虔民弄兵，其説有二。越人勁悍，其俗輕生，見利必争，有犯必報。農事既畢，則徑度潮、梅、循、惠四州，驅掠良民，剽劫牛馬。此其一也。自軍興以來，守令多非其人，政令苛虐，科斂無藝，小民無告，横遭荼毒，互相扇動，遂萌姦心，徒黨浸多，乃成巨盜。原其本意，豈願屠戮，自取滅亡，良由吏失其職，奉法不虔，激之使然，罪至不赦。此其二也。凡虔之民，均是人耳，烏有不治者？臣願詔孫佑，令到任條具本州及諸縣官吏有貪墨無狀、巽懦不職、無益於民者，一切罷去。聽佑選擇慈祥仁惠之吏，忠厚愿慤之人，異時治蹟顯著者，咸以名聞，朝廷優加獎勸，或令再任。宿弊盡去，人樂其生，雖誘之爲盜，亦不爲矣。臣又願陛下詔樞密院，令於潮州安泊一軍，以斷賊路。今韶州已有韓京一軍，賊度嶺欲寇南雄、英、韶等州，則有所畏憚矣。如别置一軍，屯於潮州，姦盜之心，自息於冥冥之間，不待誅鉏勦絶，而老盜宿姦，心知其不可爲矣。至於本州掌兵之官，亦乞選用立功邊徼、有名於軍伍者爲之。如是而三年不治者，未之有也。」時新除守臣孫佑方入辭未去，乃以付佑焉。

紹興六年秋七月案是月丁卯朔

己巳。翰林學士朱震言：「湖南去歲大旱，民多流亡，今夏又復旱，而一路連興大獄，無辜就逮，死於狴犴者甚衆。望特降旨，除有罪當繫者治之，其餘干繫，一切疏放。」詔本路憲臣躬親巡行如震請。後五日，左司諫王縉又請諸路並依湖南已得指揮，從之。

己卯。翰林學士朱震乞廢靖州爲縣。上曰：「前朝開拓邊境，似此等處，尤爲無益。」趙鼎曰：「非徒無益，且復傾數州事力，供輸不暇，至今爲害。」上曰：「朝廷拓地，譬如私家買田。倘無所獲，徒費錢本，得之何用。當時首議之臣，深可罪也。」乃命本路帥司相度，後不行。日曆，震劄子以此月己丑行下，疑是差十日。

紹興六年九月丙寅朔

癸巳。翰林學士朱震言：「按大理國本唐南詔，大中、咸通間，入成都，犯邕管，召兵東方，天下騷動。藝祖皇帝鑒唐之禍，乃棄越巂諸郡，以大渡河爲界，欲寇不能，欲臣不得，最得禦戎之上策。今國家南市戰馬，通道遠夷，其王和譽遣清平官入獻方物。陛下詔還其直，卻馴象，賜敕書，即桂林遣之，是亦藝祖之意也。然臣有私憂，不可不爲陛下言之。今日干戈未息，戰馬爲急，桂林招買，勢不可輟。然而所可慮者，蠻人熟知險易，商賈囊橐爲姦，審我之利害，伺我之虚實，安知無大中、咸通之事？願密諭廣西帥臣，凡市馬之所，皆用謹信可任之士，勿任輕猥生事之人，務使羈縻而已。異時西北路通，漸減廣馬，庶幾消患未然。」詔劄與廣西帥臣。

紹興六年十有二月甲午朔

德音降廬、光、濠州、壽春府，雜犯死罪已下囚，釋流已下。制曰：「朕以眇質，獲承至尊。念國家積累之基，遭外侮侵陵之患。誠不足以感移天意，德不足以綏靖亂源。致彼叛臣，乘予厄運，頻挾敵勢，來犯邊隅。直渡淮濱，將窺江滸。所賴諸將協力，六師争先，雖逆雛暫逭於天誅，而匹馬莫還於賊境。載循不道，深惻於心。俾執干戈，皆朕中原之赤子；重爲驅役，亦有本朝之舊臣。迫彼暴虐之威，陷兹鋒鏑之苦。繇予不德，使至於斯。申戒官司，務優存没。知朕興懷於兼愛，本非得已而用兵。宜錫茂恩，以蘇罷俗。」赦文，學士朱震所草也。

壬寅。尚書左僕射同中書門下平章事兼知樞密院事都督諸路軍馬兼監修國史趙鼎充觀文殿大學士兩浙東路安撫制置大使，兼知紹興府。制曰：「粤惟入輔之初，密贊親征之議。力與同列，共濟多虞。協股肱心膂之爲，張貔虎熊羆之氣。捷方奏而祈去，章屢卻而復來。」其詞，學士朱震所草也。詔鼎辭日，令上殿出入如二府儀。丁巳。翰林學士朱震乞以自古循吏傳編成一書，遇守令有治行者賜之。上曰：「不若有治行者，或進官，或擢用，無治行者，隨輕重責罰。賞罰既行，自有懲勸。賜循吏傳，恐無補於事。」

己未。左司諫陳公輔言：「朝廷所尚，士大夫因之，士大夫所尚，風俗因之，此不可不慎也。國家嘉祐以前，朝廷尚大公之道，不營私意，不植私黨，故士大夫以氣節相高，以議論相可否，未嘗互爲朋比，遂至於雷同苟合也。當是時，是非明，毁譽公，善惡自分，賢否自彰。天下風俗，豈有黨同之弊哉？自熙、豐以後，王安石之學，著爲定論，自成一家，使人同己。蔡京因之，挾紹述之説，於是士大夫靡靡黨同，而風俗壞矣。仰惟陛下天資聰明，聖學高妙，將以痛革積弊，變天下黨同之俗，甚盛舉也。然在朝廷之臣，不能上體聖明，又復輒以私意取程頤之説，謂之伊川學，相率而從之。是以趨時競進，飾詐沽名之徒，翕然胥效，倡爲大言，謂堯、舜、文、武之道傳之仲尼，仲尼傳之孟軻，孟軻傳之程頤，頤死無傳焉。狂言怪語，淫説鄙喻，曰此伊川之文，幅巾大袖，高視闊步，曰此伊川之行也，能師伊川之文，行伊川之行，則爲賢士大夫，舍此皆非也。臣謂使頤尚在，能了國家事乎？取頤之學，令學者師焉，非獨營私植黨，復有黨同之弊，如蔡京之紹述。且將見淺俗僻陋之習，終至惑亂天下後世矣。且聖人之道，凡所以垂訓萬世，無非中庸，非有甚高難行之説，非有離世異俗之行，在學者允蹈之而已。伏望聖慈，特加睿斷，察群臣中有爲此學，相師成風，鼓扇士類者，皆屏絶之。然後明詔天下以聖人之道，著在方册，炳如日星，學者但能參考衆説，研窮至理，各以己之所長而折中焉，唯不背聖人之意，則道術自明，性理自得。故以此修身，以此事君，以此治天下國家，無乎不可矣。毋執一説，遂成雷同。使天下知朝廷所尚如此，士大夫所尚亦如此，風俗自此皆知復祖宗之時。此今之務，若緩而急者。」輔臣進呈，張浚批旨曰：「士大夫之學，宜以孔、孟爲師，庶幾言行相稱，可濟時用。覽臣僚所奏，深用憮然。可布告中外，使知朕意。」先是范沖既去位，公輔以沖所薦，不自安，會耿鎡等伏闕上書，或者因指公輔靖康鼓唱之謗，公輔懼，見上求去，因上此疏。詔：「公輔，朕所親擢，非由薦引，可令安職，毋得再請。」時朱震在經筵，不能諍，論者非之。

紹興七年春正月癸卯朔

癸酉。翰林學士兼侍讀朱震引疾求在外宫觀，不許。先是，董弅免官，震乃白張浚求去。徽猷閣待制胡安國聞之，以書遺其子徽猷閣待制寅曰：「子發求去，晚矣。當公輔之説纔上，若據正論力争，則進退之義明。今不發一言，默然而去，豈不負平日所學？惜哉。且復問宰相云：某當去否？既數日，又云：今少定矣。此何等語？遇緩急則是偷生免死計，豈能爲國遠慮，平生讀易何爲也？」於是安國自上奏曰：「士以孔、孟爲師，不易之至論。然孔、孟之道久矣，自程頤始發明之，而後其道可學。而至今使學者師孔、孟，而禁不得從頤之學，是入室而不由户也。夫頤之文，於諸經、語、孟則發其微旨，而知求仁之方，入德之序；鄙言怪語，豈其文哉？頤之行，則孝弟顯於家，忠誠動於鄉，非其道義，一介不以取予；則高視闊步，豈其行哉？自嘉祐以來，頤與兄顥及邵雍、張載，皆以道德名世，如司馬光、吕大防莫不薦之。頤有易、春秋傳，雍有經世書，載有正蒙書，惟顥未及著書。望下禮官討論故事，加此四人封爵，載在祀典，比於荀、揚之列。仍詔館閣裒其遺書，以羽翼六經，使邪説不得作，而道術定矣。」

丁亥。閤門祇候充問安使何蘚、承節郎都督行府帳前準備差使范寧之至自金國，得右副元帥宗弼書，報道君皇帝、寧德皇后相繼上仙。張浚等入見於内殿之後廡，上號慟擗踊，終日不食。浚奏：「天子之孝，與士庶不同，必也仰思所以承宗廟奉社稷者。今梓宫未返，天下塗炭，至讐深耻，亘古所無。陛下揮涕而起，斂髮而趨，一怒以安天下之民，臣猶以爲晚也。」上猶不聽。浚等伏地固請，乃少進粥。是日，百官詣行宫西廊發喪。故事，沿邊不舉哀。特詔宣撫使至副將以上即軍中成服，將校哭於本營，三日止。時事出非常，禮部長貳俱闕，而新除太常少卿吴表臣未至，一時禮儀，皆祕書省正字權禮部郎官孫道夫草定。方議論之際，翰林學士朱震多依違，人或罪其緘默。

紹興七年二月癸巳朔

庚戌。吏部尚書孫近等請謚大行太上皇帝曰聖文仁德顯孝，廟號徽宗。於是監察御史已上先集議，而後讀謚於南郊，用翰林學士朱震、給事中直學士院胡世將請也，自是遂爲故事。

己卯。尊宣和皇后爲皇太后。先是上諭輔臣曰：「宣和皇后春秋已高，朕朝夕思之，不遑安處。」翰林學士朱震乃奏引唐建中故事，乞遥上寶册。且言：「陛下雖從權宜，而退朝有高世之行，謂宜供張別殿，遣三公奉册，以伸臣子之志。册藏有司，恭俟來歸。」詔禮官條具。太常少卿吴表臣請依嘉祐、治平故事，俟三年禮畢，檢舉施行，乃先降御札播告中外焉。

紹興七年九月庚申朔

壬申。特進守尚書右僕射同中書門下平章事兼樞密使都督諸路軍馬監修國史張浚罷爲觀文殿大學士，提舉江州太平觀。制曰：「春秋之義，責備於股肱；賞罰之功，必先於貴近。朕行法而待人以恕，議罪而不忘其功。用能全君臣進退之恩，成風俗忠厚之美。粤有定命，告於外庭。張浚頃嘗奮身，事朕初載。入勤王室，位冠樞機。出捍疆陲，謀專帷幄。乃疇宿望，俾踐臺司。期左右於一人，庶贊襄於萬務。屬者式遏戎寇，經理淮壖。番休禦侮之師，更戍乘邊之將。而乃撫御失當，委付非才，軍心乖離，卒伍亡叛。郵傳沓至，駭聞怨怒之情；封奏踵來，請正失謀之罪。然念始終之分，察其平昔之懷，許上印章，退休真館。錫名祕殿，庸示眷私。於戲！栒邑遺兵，鄧禹致威權之損；街亭違律，武侯何貶抑之深。尚繼前修，免圖來效。」學士朱震之詞也。浚爲相凡三年。

辛巳。合祀天地於明堂，太祖、太宗並配，受胙，用樂，赦天下。故事，當喪無享廟之禮，而近歲景靈宫神御在温州，率遣官分詣，至是禮官吴表臣奏行之。今年四月甲子，翰林學士朱震言：「王制：『喪三年不祭，惟天地社稷爲越紼而行事。』春秋書『夏五月乙酉，吉，禘於莊公』，公羊傳曰『譏始不三年也』，穀梁傳曰『喪未畢而舉吉祭，故非之也』。國朝景德二年，真宗居明德皇太后之喪，即易月而除服，明年遂享太廟，合祀天地於圜丘。當時未行三年之喪，專行以日易月之制可也，在今日行之則非也。」詔侍從、臺諫、禮官參議。

紹興七年冬十月庚寅朔

詔依舊間一日開講筵，用右正言李誼奏也。初，權禮部侍郎陳公輔建議，以爲上日臨講筵，有妨退朝居喪之制，乞令講讀官供進口義。今年八月己未。事既行，而講讀官孫近、胡交修、朱震論：「天子之孝，有百姓四海，其勢不得與諸侯卿大夫同也。且以古今論之，喪禮唯而不對，今陛下親庶政，決萬幾，可否天下事，其可唯而不對乎？喪禮，未葬，衰麻不去身，今越紼行事，被黼服冕，其可不去衰麻乎？今便殿按弓馬，撫將士，金革之事有不避也，何獨至於講筵而疑之？真宗咸平元年，在諒闇之中也，是年正月，詔訪明達經義者，召崔頤正講尚書於廣福殿，又於苑中説大禹謨。二年，置翰林侍講學士，命邢昺講左氏春秋，亦在三年之中。伏望以時開講筵，見儒生，臣等不勝大願。」兵部侍郎兼直學士院兼侍講胡世將時爲給事中，言「神宗皇帝治平四年四月，同知諫院傅卞請開經筵，詔俟祔廟畢取旨。按祖宗舊制，即無前件供進口義典故，況陛下親御經筵，講明治道，與其餘事體不同。臣恐於居喪之制，實無所妨，伏望更令侍從官討論事故」。奏可。

紹興七年十有一月按是月己丑朔

乙卯。爲徽宗皇帝、顯肅皇后立虞主，不視朝。故事，山陵埋重於皇堂之外。及將祔徽宗主，翰林學士朱震言不當虞祭，又請埋重於廟門之外，上命禮官議。閏月辛巳。太常以爲不可，乃埋重於報恩觀，立虞主，昭慈之喪也。工部侍郎韓肖胄題虞主，至是震引漢、唐及永、昭陵故事爲言，乃不題。

紹興八年春正月戊子朔

甲午。詔建國公聽讀尚書終篇，本閣及資善堂官吏以下並減二年磨勘。先是翊善翰林學士左朝奉大夫朱震，贊讀左奉議郎太常少卿蘇符皆用例進秩。已賜告，復改命之，自是恩始殺矣。

紹興八年夏四月丙辰朔

庚辰。翰林學士兼侍讀朱震乞在外宮觀。趙鼎之免相也，自劉大中、范沖、林季仲、呂大中已下，皆相繼補外，震獨居近侍如故。至是震乞祠之章，以謂「夙夜自竭，圖報上恩，不敢雷同，上辜任使。知臣者以臣爲守義，不知臣者以臣爲守株。自非陛下斷而行之，則如愚臣黜已久矣。今則大明垂照，公論漸伸，既俊乂相率而在官，則支離豈煩於攘臂」。不許。

壬午。命翰林學士朱震知貢舉，是歲增參詳官二員。翌日，禮部言，參詳官左司員外郎程克俊、點檢試卷官左宣教郎黄豐嘗考太學秋試，乃命官之。

紹興八年五月按是月乙酉朔

丙申。詔韓愈昌黎集中，有佐佑六經、不牴牾於聖人之道者，許依白虎通、説文例，出題以取士，用翰林學士知貢舉朱震等請也。震尋以病出院，遂卧家不起。

辛丑。徽猷閣待制提舉江州太平觀胡安國上遺表，詔賜銀帛二百匹兩。時已除安國直學士致仕，然未受命也。已而翰林學士朱震奏：「安國正義直指，風節凜然。時晚歸衡山，講道自樂，遭遇聖明，學遂顯行，蓋其功不在先儒之下。去年有旨召其子寅於永州，寅過衡山，安國已病，徘徊不進，欲留侍疾，安國勉令如期而發。手作書遺臣曰：寅已促令上道矣。其書具在。安國義不忘君，有如此者。夫昔人有一節可稱，猶褒之以謚，列諸史傳，況安國孝於親，忠於君，好學不倦，安貧守道，身死而言立，不可飾其終乎？伏望下太常禮官，特賜以謚，用爲儒林守道之勸。」乃謚文定。後數月，詔曰：「安國所進春秋解義，著百王之大法，朕朝夕省覽，以考治道，方欲擢用，遽聞淪亡，可撥賜銀帛三百匹兩。令湖南監司應副葬事，賜田十頃，以給其孤。」

紹興八年六月乙卯朔

丁丑。翰林學士兼侍讀兼資善堂翊善朱震疾亟，上奏乞致仕，且薦尹焞代爲翊善。夜，震卒，年六十七。中夕奏至，上達旦不寐。戊寅，輔臣奏事。上慘然曰：「楊時既物故，胡安國與震又亡，同學之人，今無存者，朕痛惜之。」趙鼎曰：「尹焞學問淵源，可以繼震。」上指奏牘曰：「震亦薦焞代資善之職，但焞微瞶，恐教兒童費力，俟國公稍長則用之。」乃詔國公往奠，賜其家銀帛二百匹兩，例外官子孫一人，又命户部侍郎向子諲治其喪事。

附録六　朱震傳

見宋史儒林傳

朱震字子發，荆門軍人。登政和進士第，仕州縣以廉稱。胡安國一見大器之，薦於高宗，召爲司勳員外郎，震稱疾不至。會江西制置使趙鼎入爲參知政事，上諮以當世人才，鼎曰：「臣所知朱震，學術深博，廉正守道，士之冠冕，使位講讀，必有益於陛下。」上乃召之。既至，上問以易、春秋之旨，震具以所學對。上説，擢爲祠部員外郎，兼川、陝、荆、襄都督府詳議官。震因言：「荆、襄之間，沿漢上下，膏腴之田七百餘里，若選良將領部曲鎮之，招集流亡，務農種穀，寇來則禦，寇去則耕，不過三年，兵食自足。又給茶鹽鈔於軍中，募人中糴，可以下江西之舟，通湘中之粟。觀釁而動，席捲河南，此以逸待勞，萬全計也。」

遷秘書少監兼侍經筵，轉起居郎。建國公出就傳，以震爲贊讀，仍賜五品服。遷中書舍人兼翊善。時郭千里除將作監丞，震言：「千里侵奪民田，曾經按治，願寢新命。」從之。轉給事中兼直學士院，遷翰林學士。是時，虔州民爲盜，天子以爲憂，選良太守往慰撫之。將行，震曰：「使居官者廉而不擾，則百姓自安，雖誘之爲盜，亦不爲矣。願詔新太守，到官之日，條具本郡及屬縣官吏有貪墨無狀者，一切罷去，聽其自擇慈祥仁惠之人，有治效者優加奬勸。」上從其言。故事，當喪無享廟之禮。時徽宗未祔廟，太常少卿吴表臣奏行明堂之祭。震因言：「王制：『喪三年不祭，惟天地社稷爲越紼而行事。』春秋書：『夏五月乙酉，吉，禘于莊公。』公羊傳曰：『譏始不三年也。』國朝景德二年，真宗居明德皇后喪，既易月而除服，明年遂享太廟，合祀天地于圜丘。當時未行三年之喪，專行以日易月之制可也，在今日行之則非也。」詔侍從、臺諫、禮官參議，卒用御史趙涣、禮部侍郎陳公輔言，大饗明堂。七年，震謝病丐祠，旋知禮部貢舉，會疾卒。

震經學深醇，有漢上易解云：「陳摶以先天圖傳种放，放傳穆脩，穆脩傳李之才，之才傳邵雍。放以河圖、洛書傳李溉，溉傳許堅，許堅傳范諤昌，諤昌傳劉牧。穆脩以太極圖傳周惇頤，惇頤傳程顥、程頤。是時，張載講學於二程、邵雍之間，故雍著皇極經世書，牧陳天地五十有五之數，惇頤作通書，程頤著易傳，載造太和、參兩篇。臣今以易傳爲宗，和會雍、載之論，上采漢、魏、吴、晉，下逮有唐及今，包括異同，庶幾道離而復合。」蓋其學以王弼盡去舊説，雜以莊、老，專尚文辭爲非是，故其於象數加詳焉。其論圖、書授受源委如此，蓋莫知其所自云。

附録七　漢上學案見宋元學案

漢上學案序録

祖望謹案：上蔡之門，漢上朱文定公最著。三易象數之説，未嘗見于上蔡之口，而漢上獨詳之。尹和靖、胡文定、范元長以洛學見用于中興，漢上實連茹而出，顧世之傳其學者稍寡焉。述漢上學案。梓材案：漢上傳本在上蔡學案，自謝山爲别立學案。

文定朱漢上先生震

朱震，字子發，荆門軍人。登政和進士第，累仕州縣。胡文定安國大器之，薦召爲司勳員外郎。趙忠簡鼎復薦其「廉正守道，士人冠冕，使備講讀，必有裨益」，再召始至。首問易、春秋之旨，上悦，改除祠部員外郎，兼川、陝、荆、襄都督府詳議官。遷祕書少監，侍經筵。轉起居郎兼建國公贊讀，與翊善范元長沖，人謂極天下之選。遷中書舍人兼翊善，轉給事中，累遷翰林學士。太常吴表臣議行明堂之祭，先生言：「王制，國有大喪，三年不祭，惟天地社稷爲越紼而行事。春秋譏吉禘于莊公，謂不三年也。國朝景德三年合祀天地，遂享太廟，時真宗未行三年之喪，以日易月，在今日行之則非矣。」其言不用。紹興七年，謝病丐祠，卒。上慘然曰：「楊時物故，安國與震又亡，朕痛惜之！」録其子官。先生經學深醇，有漢上易解云：「陳摶以先天圖傳种放，种放傳穆修，穆修傳李之才，之才傳邵雍。放以河圖、洛書傳李溉，李溉傳許堅，許堅傳范諤昌，諤昌傳劉牧。修以太極圖傳周敦頤，敦頤傳程顥、程頤。是時，張載講學于程、邵之間，故雍著皇極經世書，牧陳天地五十有五之數，敦頤作通書，程頤述易傳，載造太和、參兩等篇。臣今以易傳爲宗，和會雍、載之論，上采漢、魏、吴、晉，下逮有唐及今，包括異同，庶幾道離而復合。」蓋其學以王弼盡去舊説，雜以莊、老，專尚文辭爲非，故其于象數加詳焉。其論圖、書授受源委亦如此，蓋莫知其所自云。雲濠案：四庫書目經部收録漢上易集傳十一卷，卦圖三卷，叢説一卷。

祖望謹案：漢上謂周、程、張、劉、邵氏之學出于一師，其説恐不可信。其意主于和會諸家，而反不免于晁氏所譏舛錯者也。然漢上之立身，則粹然真儒也。

附録八　漢上易傳提要見四庫全書總目提要

漢上易集傳十一卷，卦圖三卷，叢説一卷。兩江總督採進本

宋朱震撰。震字子發，荆門軍人。政和中登進士第，南渡後趙鼎薦爲祠部員外郎，官翰林學士，事蹟具宋史本傳。是書題曰漢上，蓋因所居以爲名。前有震進書表，稱起政和丙申，終紹興甲寅，凡十八年而成。其説以象數爲宗，推本源流，包括異同，以救莊、老虚無之失。陳善捫蝨新話詆其妄引説卦，分伏羲、文王之易，將必有據雜卦反對造孔子易圖者。晁公武讀書志以爲多采先儒之説，然頗舛謬。馮椅厚齋易學述毛伯玉之言，亦譏其卦變、互體、伏卦、反卦之失。然朱子曰：「王弼破互體，朱子發用互體，互體自左氏已言，亦有道理，只是今推不合處多。」魏了翁曰：「漢上易太煩、卻不可廢。」胡一桂亦曰：「變、互、伏、反、納甲之屬，皆不可廢，豈可盡以爲失而詆之。觀其取象，亦甚有好處。但牽合處多，且文辭繁雜，使讀者茫然，看來只是不善作文爾。」是得失互陳，先儒已有公論矣。

惟所叙圖、書授受，謂陳摶以先天圖傳种放，更三傳而至邵雍。放以河圖、洛書傳李溉，更三傳而至劉牧。穆脩以太極圖傳周敦頤，再傳至程顥、程頤；厥後雍得之，以著皇極經世；牧得之，以著易數鉤隱圖；敦頤得之，以著太極圖説、通書；頤得之，以述易傳。其説頗爲後人所疑。又宋世皆以九數爲洛書、十數爲河圖，獨劉牧以十數爲洛書、九數爲河圖，震此書亦用牧説，與諸儒互異。然古有河圖、洛書，不云十數九數。大衍十數見於繫辭，太乙九宫見於乾鑿度，不云河圖、洛書。黑白奇偶，八卦五行，自後來推演之學，楚失齊得，正亦不足深詰也。